U0580607

汉字语象学

概论

李强◎著

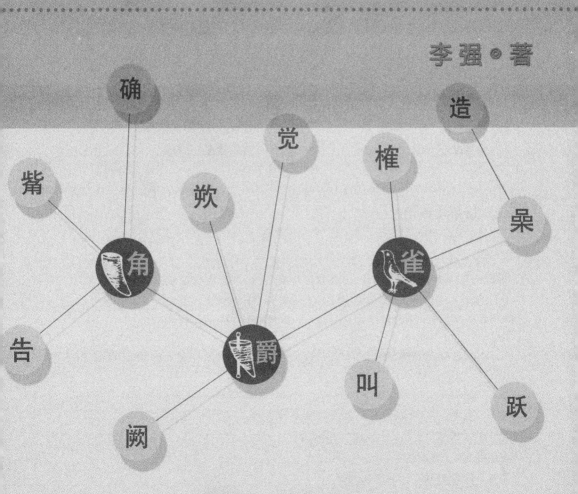

知识产权出版社

全国百佳图书出版单位

图书在版编目（CIP）数据

汉字语象学概论/李强著. —北京：知识产权出版社，2015.5
ISBN 978 - 7 - 5130 - 3190 - 5

Ⅰ.①汉… Ⅱ.①李… Ⅲ.①汉字—研究 Ⅳ.①H12

中国版本图书馆 CIP 数据核字（2014）第 276564 号

内容提要

该书是对认知语言学和文字学进行双向研究形成的创新性成果，因而也是具有语言学和文字学双重价值的新型学说。一方面它把意象阐发为语象，并通过对字象和词象的字例分析形成了汉字研究的新观点和新方法；另一方面它又以意象的系统分类为基础，通过对意象和语言内在关系的把握对认知语言学分散的各家学说进行了集成化概括。该书围绕汉字音形义孳乳的语象分析构建了一套全新的概念术语和研究范式，不仅对于汉字的孳乳研究具有良好的概括力和解释力，同时对于语源学和音韵学等相关学科的研究也具有积极的借鉴意义。

责任编辑：兰　涛　　　　　　　　　　责任校对：董志英

封面设计：周云飞　　　　　　　　　　责任出版：孙婷婷

汉字语象学概论

李　强　著

出版发行：知识产权出版社 有限责任公司　　网　　址：http://www.ipph.cn

社　　址：北京市海淀区马甸南村 1 号　　邮　　编：100088

责编电话：010 - 82000860 转 8325　　　责编邮箱：lantao@cnipr.com

发行电话：010 - 82000860 转 8101/8102　发行传真：010 - 82000893/82005070/82000270

印　　刷：三河市国英印务有限公司　　　经　　销：各大网上书店、新华书店及相关专业书店

开　　本：787mm×1092mm　1/16　　　印　　张：22.75

版　　次：2015 年 5 月第 1 版　　　　　印　　次：2015 年 5 月第 1 次印刷

字　　数：396 千字　　　　　　　　　定　　价：68.00 元

ISBN 978-7-5130-3190-5

出版权专有　　侵权必究

如有印装质量问题，本社负责调换。

前　言

　　自从人类有了语言，思维就有了可传递可感知的物理表现形式。但有声语言可听而不可视是其一大不足，就知识的传播和积累而言，语言单纯诉诸口耳在时间和空间上有着极大的局限性，因此世界上早期发达的文明莫不创制和使用文字。文字不仅弥补了有声语言的不足，使思维有了有形表现形式，同时也为我们今天研究思维的认知发展和语言的孳乳演化提供了丰富有效的资料和凭借。

　　汉字是结构性表达语义的象征性意象符号，同时也是音形义相匹配、侧重于形义关联的表意文字。在表现语言思维的内容上，汉字具有更强的题引性、形象性、生动性和理据性。在研究汉字具形表意和孳乳演化的过程中，如果能同研究语言思维机制的认知语言学有机结合起来，不仅可以开阔视野，还能解决汉字中大量存在的阙如待定问题，收到明源清流的效果。

　　认知语言学是20世纪70年代兴起的语言学流派，主要由一些持基本相同理念的语言学家所提倡的研究范式和语言学观点构成。认知语言学是在汲取了语言学、哲学、认知心理学、系统论以及人工智能等多学科的基础上形成的。它把人的认知规律与语言学研究结合起来为语言学的发展提供了新的理论工具，因而它比传统语义学显示出了更大的优势。文字学作为语言学的一个重要组成部分，有必要积极吸收认知语言学的养分，以新的视角、新的方法求得更深入的发展。以认知视角研究文字学，主要是借鉴认知语言学的一些基本理念和研究方法来研究汉字的孳乳机理。

　　东汉的刘向对汉字"六书"的称谓多冠以"象"字，象形、象事、象意、象声，等等，显然这些称谓是基于其对汉字"字从象出，义由象生"的体验提出的。汉字的具形表意方法的确是以对客观对象的特征或结构关系的摹写为基础的，这与认知语言学对语言认知所持的相似性和邻连性观点正相暗合。以许慎《说文解字》为代表的传统文字学，虽然没有明确提出认知语言学那样的理论观点，但已经包含了大量与认知语言学原则理念相契合的训解方法。比如，以"六书"为基本框架说解字形字义；再比如大量使用的"象某某"，"如某某"等术语，究其意涵其实都是在讲文字的构造同所表事物意象的相似性关系。另外，在对字义解读时也是从意象的不同抽象层次多方面展开的，其所秉持的明显也是"字从象出，义由象生"的基本观念。

大量的字例可以证明，无论是汉字的创制还是发展，都是以相似性和邻连性原则为认知基础展开的。正因为汉字是有孳乳关联理据和系统意联关系的文字，所以汉字比较容易借鉴认知语言学的研究范式来拓展研究思路，丰富研究方法。

本书姑妄把借鉴认知语言学的理念对汉字进行的研究称之为语象学，其原因一方面是为了服从概括性表述的需要；另一方面也是为了使这项研究独立化系统化。概括地说，语象学是从人的认知规律出发，借助意象范畴研究汉字及其孳乳演化机制的方法和学说。

语象学是对认知语言学和文字学进行双向研究形成的创新性成果，因而也是具有语言学和文字学双重价值的新型学说。一方面它把意象阐发为语象，并通过对字象和词象的字例分析形成了汉字研究的新观点和新方法；另一方面它又以意象的系统分类为基础，通过对意象和语言内在关系的把握对认知语言学分散的各家学说进行了集成化概括。

从这两点来看，语象学具有双重意义，即语言学的认知意义和文字学的方法意义：

语言学的认知意义，是指语象学是汇集了认知语言学一系列成果形成的一种系统方法和学说。它不是对某一家认知语言学观点的简单照搬和套用，而是结合汉字实际，在对认知语言学分散的各家学说进行整体借鉴基础上的改造性集成运用。从这一点上来说，语象学应该能为发展中的认知语言学贡献一些实在的资料和参考。

语象学对文字学的意义突出表现在研究方法上。具体说语象原理可以用于汉字研究的以下方面：其一，辨析基础汉字的元象本义；其二，用于汉字字义的引申和元衍孳乳关系的分析；其三，用于组合字的会意结构分析；其四，用于汉语语词的源流考训。

语象学围绕汉字音形义孳乳的语象分析构建了一套全新的概念术语和研究范式，不仅对于文字的孳乳研究具有良好的概括力和解释力，同时对于语源学和音韵学等相关学科的研究也具有积极的借鉴意义。具体地说，语象学以意象为基本范畴，划分了元象、概象、图式、意景、象域、析象、合象和构象等分类意象。其分类的目的是想把从认知规律和意象角度对汉字的研究范式化，形成关于汉字意联机理和孳乳机制的系统研究方法。

另外，对字象与字象义进行的区分，有利于从性质上分辨语表结构的字义与心表结构的字象之间的关系。同时，这样做还可以在揭示文字的本义与引申义、元生字与衍生字的理据联系时，收到简化表述形式降低阐释难度的效果。

对于汉字的本义研究，本书采取的是按相同字素系联，因字象连锁印证的考训方法。具体说，就是以甲文和金文字形为基础，以字素相同为字形系联线索，以字象关联为理据来探求本义。从实际效果来看，通过字象连锁印证基本能够解决以往本义考训中存在的旁证不足的问题。

应该说，用语象学方法研究汉字是一种新的尝试，其中难免存在不成熟之处，所以真心期待研究汉字的同仁们热心指正，以便能使这种方法在进一步的探索中得到完善。

本书引用的甲金文字形分别采撷于邹晓丽先生的《基础汉字形义释源》、左民安先生的《细说汉字》和谷衍奎先生的《汉字源流字典》，在此一并敬谢。

李　强

2014 年 9 月于北京

目　录

第一章 绪 论

汉字作为一种绵延久远连续使用的古老文字，给人的印象可以说是既真切又朦胧。说它真切，是因为它是我们实际在用的读写工具；说它朦胧，是因为对于很多汉字的元初造意还没搞清楚，特别对元生字与衍生字之间的孳乳机制我们还缺乏透彻的了解。尽管有关文字学的专注卷帙浩繁，但要想理清汉字发展的系统脉络，仍然不是一件容易的事情。

比如，我们常用的"我"字，它在造字之初表示什么？有的字典告诉我们："我"字开始表示的意思是"杀"，譬如，用"我"组成的"義"字，就是"杀羊"的意思。但"杀羊"跟"正义"有什么关联？往往就语焉不详了。如果我们再进一步追问，表"杀"的"我"，与表第一人称的"我"以及与"饿"和"娥"又有什么关系？得到的解答常常是"假借"和"形声"，意思就是说没有意义上的关联，只是借字表音而已。其实这类没有原委的解答只是陈述了一种表面现象，基本等于没有解答。应该说，在汉字体系中像"我"这样萦绕着种种待解之谜的字不在少数，这就需要我们通过新途径找到破解这些谜团的新方法。

语象理论就是一种破解汉字谜团的新方法。它是一种把认知语言学原则同汉字的孳乳实际相结合，从意象范畴发掘出来对字词演化进行关联研究的新方法，同时也是一种关于语言文字学的新观点。本书把意象阐发为语象理论的目的，主要是想以语言思维中的意象为线索来梳理汉语字词演化中的意联理据和孳乳机理。

一提起意象，有人就会想到，它是文学理论中常用的术语，一般写诗作画都讲求意象表现，其实这是对意象狭义的理解。广义的讲，意象不是文学艺术专用的表现工具，而是普遍运用的一般思维工具。比如，在实际沟通交流中，有人好打个比方，开个歇后语的玩笑；在想问题办事情时，头脑里要过一过"电影"，这些都是运用意象进行思维的表现。现代人运用意象思维想问题做交流，古人也同样会运用意象思维来演绎概念敷衍字词。

第一节　汉字的孳乳媒介

一般认为，汉字是存在广泛孳乳关联的表意文字，但汉字是靠什么实现的孳乳关联，应该说这个问题的答案还不是很清楚。当然，现代的文字学著述都是以字义为理据来说解汉字孳乳关系的，但姑且不说假借字和形声字因为没有字义孳乳线索等于留下了理据说解空白，就是有理据说解的会意字，有很多从字义角度进行的解读也显得比较牵强。而且，由于对字义内涵的宽严把握标准不同，还导致了不少视角错位无法验证的歧说异议。

一、汉字的两种孳乳媒介

字义对汉字孳乳关系的不理想疏解效果等于提出了一个一直以来被忽略的问题：即汉字的孳乳媒介是什么？从实际情形看，汉字明显存在着两种孳乳媒介：一种是字义孳乳媒介；一种是字象孳乳媒介。所谓字象就是字义概念的心理表征意象；所谓孳乳媒介，就是文字形义孳生所借助的中间过渡环节。从字义和字象二者的关系上论，用字象孳乳媒介可以说通字义孳乳涵盖的内容，而用字义孳乳媒介却不能说通字象孳乳涵盖的内容。因此可以认为，汉字的形义孳乳媒介主要是字象，是字象造就了汉字的孳乳机制。当然，这不是就汉字中有无字义孳乳而言，而是就汉字孳乳的机制和总体情形而言的。

从认知机理上分析，汉字的字象是具象与抽象相结合的结构化心理表征形态和认知结构。它不是从实相摹写出的简单摹象，而是以摹象为基础通过意识加工形成的包含不同抽象结构形态的思维行载工具，是实现语言思维和现实世界贯通互动具有文字形义孳乳功能的中介结构。汉语概念和语义的结构性也主要来源于字象的结构性，字象结构是汉语概念结构和语义结构的形成基础。

其实，用字象作为媒介来分析汉字的表意机理，从"六书"范畴一产生就开始了。"六书"就是以"字从象出，义由象生"为表意机理提出的。在

《说文》中，"象某某，如某某"等术语以及所谓"形训"基本就是许慎以字象为基础对文字展开的说解。在许慎之后，文字的训解大多也是以字象为媒介进行的，只是大家还没有清晰地认识到字象和字义的性质差别，因而没能做到从观念上有意识地把二者分开而是混同在了一起。从实际情形分析，汉字的元生字与衍生字以及本义与引申义之间的孳乳主要是以意象关联为理据展开的。意象不仅是汉字表意的构形基础，同时也是汉语字词实现拓殖发展的孳乳媒介。基本可以这样说，了解汉字本末源流的过程其实就是一个梳理汉字意象关联的过程。意象清则字源明，字源明则流脉清，字与字之间系统关联的孳乳演化关系就能够得到疏通。

字义一般是指汉字所表示的语言意义或概念，字象则是指字义概念的心理表征意象。从这两个内涵出发，汉字的孳乳媒介可分为字义媒介和字象媒介。抛开字形从一般性来说，字义媒介就是意义媒介或概念媒介，字象媒介就是意象图式媒介。从认知原理上来说，意义相当于概念，是关于客观事物对象的观念性知识；意象是与观念知识相对应的心理形象或样式。意义和意象是特性不同的两种孳乳媒介。简单地说，意义孳乳具有抽象一维性，而意象孳乳则具有具体意象和抽象图式相结合的多维网络性。下面我们分别来看看两种孳乳媒介的具体情况。

二、意义孳乳媒介

不论是对于字义引申还是文字衍生，意义孳乳都明显体现出以义核一致和类义相通为原则，按相同、相近或相对的线性路径，通过连续引申而形成抽象孳乳的一维性。这里所说的"义核"，指的是字词的核心意思或抽象概念。"类义"指的是义核相似或相对但语用功能和搭配条件有一定区别的字词意义。类义可以用有相似或相对意思的同义词、近义词和反义词来转译，一个字的本义和引申义之间有很大一部分属于类义关系。譬如，"约限"是"节"的义核，也是节约、节俭、节制几个词彼此贯通的共有义核，那么这几个词就是"约限"的"类义"。从意义孳乳而言，以一个字词的本义为义核，通过线性孳乳形成的所有引申义都属于这个字词的类义。也就是说，在意义孳乳的框架中，类义指的就是同字词本义存在相似或相对关系的引申义。从这个角度上来讲，意义孳乳又可以称作类义引申孳乳。

按引申出的类义同本义义核相比有无相对变化，可以把类义引申分成两种：一种是同质性类义引申；另一种是变异性类义引申。这是就字义的孳乳而言的。从文字的孳乳而言，文字因类义引申、字义增加而出现字形分化的情况也可以分成两种类型：一种是分化出的衍生字同其由以分化的元生字相比类义相同；另一种是分化出的衍生字因搭配字素的介入和濡染作用，同元生字相比类义发生了相对性关联变化。这两种情形我们都称之为文字的类义孳殖。此外还有一种情形，就是某个元生字用在衍生字中的字素义虽然也属于从其本义引申出的类义，但由于其在衍生字中与其他搭配字素构成的是会意关系，所以使衍生字同元生字相比在字义上发生了完全不属于类义的变化。虽然这种情况下孳乳出的衍生字，已经超出了由类义引申形成的字形分化范畴，本该归入概念会意的范围，但由于用作字素的元生字所表示的字素义仍属于引申出的类义，因而概念合成出的会意字仍然可以纳入意义孳乳的范围来看待。这样一来意义孳乳就包含了四种类型：同质性类义引申、变异性类义引申、文字的类义孳殖和概念会意中的字素义变化。下面具体来看看这四种意义孳乳的情况：

（一）同质性类义引申

同质性类义引申又可称作类义变通，是指语用搭配条件不同，但义核仍保持相同或相似的字义引申，也即字义孳乳上的通义性变化。类义变通主要是语境关联所致，也即义核受语境影响发生谊合性变化所致。

1. 扬：显扬→赞赏→举荐→称赞→张扬→昂扬

可以看出本义"显扬"是这些引申义的义核。引申的类义以义核为脉络呈线性延展态势，引申义身上都带有不同搭配对象和关联语境的影子。

2. 诵：抑扬顿挫的朗读→念出→凭记忆背出→述说→颂扬→公开宣明

可以看出"诵"的这些引申义，都有一个共同的义核就是"公开说"。虽然因语用条件不同而呈现出相对不同的语用义，但这些语用义的类义概念是一致的。

（二）变异性类义引申

变异性类义引申又可以称作类义通变，是指语用功能和搭配条件不同，义核也随之出现相似或相对性变化的字义引申。其中意义出现相近变化的引申称作关联性变异引申；意义出现相反或相对变化的引申称作相对性变异引申。导致类义通变的原因有两方面：一方面是语境关联所致；另一方面则是概念关联所致。因为义核概念相通，在使用中意义指向很容易发生相对性转连变化。

1. 关联性变异引申

（1）说：解释→谈说→讲述→阐明→告诉→劝告→责备→言论→主张

《说文》："说，释也，从言，从兑。一曰谈说。"就字义概念而言，所谓"释"就是指"说"的义核 是"释放"。"解释"与"谈说"都属于对"释放"的关联变异引申，此外"说"的一系列类义都是"谈说"的变异引申，虽然这些类义之间略有不同，但都属于因使用语境不同而形成的相对变异性引申关系。这也是字义在关联搭配使用中的一般属性，在识解上基本都没超出心理可及的义核映射范围。

（2）食：吃→给吃（喂养）→享受→食物→俸禄

可以看出，"食"的本义为吃。由于语境条件和搭配对象的不同，"食"从吃到给吃和享受，再到食物和俸禄，其义核虽然相似，但其语用功能性质却发生了很大变化。

2. 相对性变异引申

相对性变异引申也就是意味性变异引申。一般来说，当我们确指或确认一种情况存在时，往往就意味着同时也确指或确认了一种与之相对情况的存在。比如，确指了"好"就意味着有"坏"存在；确指了"来"就意味着有"去"存在；确认了"高"就等于认可了有"低"存在，等等。这是认知的结构关联性规律使然，反映到意义孳乳上就形成了意义的相对性变异引申。虽然有的相对性变异引申方向相反，但仍属于线性引申。

譬如，前面说的"诵"，它还有一个引申义是"曲言讽谏"。这是"诵"字一个相对性反义引申的意思。"诵"的义核是"公开说"。"公开说"就意味着"直接说"。"直接说"就是"诵"的相对近似意义。与"直接说"反向相对就是"不直接说"、"绕弯说"，也就是"曲言讽谏"，所以"曲言讽谏"属于"公开说"、"直接说"的反向变异引申，其仍属于相对性变异引申的范围。

再如，"阮"，开始表示土埂的意思。由于高埂与低洼相对存在，逐渐的"阮"就由表示"高埂"转移到了表示"凹坑"的意义上。这明显也是字义的相对性变异引申现象。

（三）文字的类义孳殖

1. 同质性类义孳殖

同质性类义引申转移到文字孳乳上，就是文字分化的类义孳殖。例如：

①摇，动也。→榣，树动也

显然，"动"是抽象义核，"树动"是具体的类义，这两个字属于义核相同存在孳殖关系的类义字。如果以"动"为类义线索，从"义核一致，类义相通"的孳乳原则来看，那么"谣"（歌谣）、"鹞"（鹞鹰）"徭"（劳役）和"遥"（远）就属于同"摇"没有意联关系的纯粹形声字。

②颠，头顶；→巅，山顶；→槙，木顶

这一组类义字的抽象义核为"顶"，山顶、木顶都是"顶"的具体类义。照此类义来看，"癫"（疯癫）和"颠"就等于没有意联关系，"颠"在"癫"字中自然就是"借字表音"的声符。

2. 变异性类义孳殖

变异性类义引申对应到文字孳乳上就是变异性类义孳殖。具体说也是两种表现：对应于关联性变异引申的文字孳乳称作关联性类义孳殖；对应于相对性变异引申的文字孳乳称作相对性类义孳殖。

（1）关联性类义孳殖

浓，露多也；→秾：花木盛也；→襛：衣厚貌；→醲：厚酒也

这一组类义字的义核是"稠密"，但因为彼此形旁表示的"义类"不同，义核便发生了谊合性的关联变化，这种变化可称作关联定义。这里涉及的"义类"与"类义"是两个不同的概念。"义类"一般指汉字部首所代表的类属范畴或意义范围。由于受形旁影响形成关联定义，所以同一个义核"稠密"，关联于"露水"就变异成了"多"；关联于"花木"就变异成了"盛"；关联于"衣"和"酒"就变成了"厚"。虽然有这些变异，但我们还是可以清楚地感到，浓、秾、醲和襛的类义是相通的，存在的只是文字表现形式的区别。

（2）相对性类义孳殖

相对性变异引申对应到文字孳乳上就是相对性类义孳殖。相对性类义孳殖可以分为相对性变异孳殖和相反性变异孳殖两种类型。譬如，"受——授"就是一般所熟知的相反性变异孳殖的典型例子。至于相对性变异孳殖，我们来看一下"解——懈"这组字例：

《说文》："解，判也。从刀判牛角。""解"的本义是肢解，义核是分解。通过类义引申，"解"有"涣散"的相对意义。

《说文》："懈，怠也。从心解声。""懈"的本义为心散，懒怠。

显然，"解"有涣散的类义，"懈"从涣散之义同"心"组合就是"心

散"的意思。但"懈"字不一定是在"解"有了"涣散"义之后才形成的分化字，所以还是应该从"分解"义直接来看待"懈"的孳殖。"解"的"分解"义是施事者主动发出的动作，而到了"懈"字中则转换成了受事者被分解形成的状态，因此"解"在"懈"字中的字素义是一个产生了相对变异的引申义，这样来看，"懈"就属于一个从"解"的"分解"义通过相对性变异引申形成的孳殖字。

（四）概念会意中的字素义变化

类义引申不仅表现在文字的类义孳殖中，同样也表现在概念合成会意的字素义变化上。由相互作用和谊合性要求所致，字素在会意字中所显示出的字素义同样会因为发生类义引申变化而显得有所不同。下面通过"兑"在假借和形声字中的情况来具体看一看：

《说文》："兑，说也。"显然，许慎认为"兑"是"说"的初文。"说"的意思是"释"，那么"释"也是"兑"的抽象义核。也有人认为"兑"的本义是"喜悦"。其实，从类义的抽象角度看"释"与"喜悦"并不矛盾，因为"喜悦"也可以称作"释怀"。从"兑"在假借和会意使用中的情况来看，其所表示的意思基本都是和"释"相通但存在引申变化的类义。具体如下：

1. 兑的假借义

"兑"最常用的假借义是表示八卦之一的卦象：湖泽或沼泽。抽象的称谓又叫丽泽。丽泽就是释放出光彩的水泽。这样看"丽泽"就是从"释"引申出的变异性类义。

"兑"还有"兑换"的用义，算不算假借义不见确说，但明显不算是从"释"或"喜悦"引申出的的类义。

2. 兑的字素义

"兑"在说、悦、脱、蜕、阅、锐等衍生字中充当字素，下面具体来看一看它的字素义表现：

（1）说

从许慎的解释来看"说"应该是"兑"的后起字。在实际语用中"说"通"悦"（快乐）、"税"（休憩）、"脱"（解脱）。单从"说"所表示"谈谈"来看，"兑"的字素义可以按类义"释出"来解释，这样"说"的概念会意结构就是"言释出"的意思。

（2）悦

《尔雅·释诂上》："悦，乐也。"本义指高兴、快乐。如果把"兑"的字素义按类义"释然"理解，那么"悦"就是"心情释然"的意思。

（3）脱

《说文》："脱，消肉臞也。从肉，兑声。"许慎认为"脱"的本义指减肉，"脱衣"的意思是引申义。其实也许正相反。从字形构造上看，"肉"旁在很多组合字中的字素义是肢体的意思，譬如，"腰、腿、臂、膀"。因此，"脱"的构造可以会意出"肢体释出"的意思。"肢体释出"是"脱衣"的相对性类义。"脱相"应该是"脱衣"的类比或抽象说法，也即"脱去原有相貌"的意思。从孳乳关系来看，"减肉"的意思应该是从"减衣"引申而来。"脱"有把冠带"卸下放松"的意思，原本是用"说"或"税"来表示的。"说"和"税"的义核为"释"，用于表示"脱衣"就是"释衣"、"减衣"。从类义上说，这几个说法的意思是相通的，因此"消减"也是通过相对性变异从"释"引申而来的类义。以后为分化"说"所表示的"脱衣"义才又有了"脱"字。所以说"脱"字的"肉消减"义是从"脱衣"义而来的引申类义。

"脱"字的概念会意结构与"蜕"基本相同，"蜕"指蝉或蛇褪下的皮，也指蜕皮的动作。按字素会意的结构关系说，"蜕"就是"虫钻出"的意思。

（4）税

《说文》："税，租也。"从字素会意结构上说，"兑"的意思可以按"释出"的类义"交出"理解。这样，"税"字就是"交出之禾"的意思。许慎用"租"解"税"是比附性说法，其实二者是有区别的。春秋之前"普天之下，莫非王土"，实行的是土地国有制。农民耕种"王土"收获的粮食分成两部分，其中，交给国家的粮食称"租"，自家留用的粮食称"私"。"租"从"且"，"且"在此表敬献，"租"即"敬献之粮"的意思。"私"从"厶"，"厶"原本表示小孩，小孩属自家所有，因而"厶"引申表示"私有"义。"厶"加"禾"即"私有之粮"的意思，进而引申为"私产"。后来鲁国实行初税亩有了"私田"，在"租"之外便增加了"税"的概念。"税"指交给官家的粮食，也有与"私"相对的内涵，因而"兑"在"税"字中除了"交出"的字素义还有"公开"的意思，"公开"也是"释出"的相对性类义。"税"与"赋"不同，一般官粮称税，军粮称赋。在实际语用中，"税"可以通"说"，表放置；通"悦"，表和悦；通"脱"，表示脱下冠带放松。

（5）阅

《说文》："阅，具数于门中也。"本义为查点计算。从本义来看，字形构造应该是从清点出货而来的造意。引申的类义有：视察、检阅、浏览、经历，等等。"兑"在"阅"中的字素义可以按"释"的具体类义"出货"理解。

（6）锐

《说文》："锐，芒也。"许慎所说的"芒"未必就是实指禾芒，从字形取"金"旁来看，本义应该指尖兵利刃，抽象义指锋利，禾芒是引申义。其中"兑"的字素义可以按"释出"的类义"亮出"或"尖出"理解，这样"锐"的意思就是"尖矛利刃"的意思。

以上都是以意义为媒介对文字的孳乳所做的分析。其中，有的字义孳乳没有理据解释，譬如，"兑换"。还有的虽然解释通了，但很可能让人感觉有些牵强的味道，应该说这是"义解"❶的局限所致。显而易见，在字义的引申孳乳中，意义的媒介作用表现比较突出，甚至可以说是主要的孳乳媒介，但在文字的孳乳中就不那么突出了。在文字的类义孳乳中，"兑"的情况是比较典型的，也是比较少见的例子。大部分汉字的孳乳如果仅从这个视角去观察，往往是很难解通意义关联关系的。下面我们再来看看以文字意象为媒介的孳乳情况。

三、意象孳乳媒介

意象孳乳一般表现为以相似性和邻连性为原则，通过通象映射和连象转代向多维方向孳乳的网络化特性。相似性指的是两个意象之间整体或某个方面彼此相像的属性。邻连性指的是两个意象彼此邻近相连的属性。通象指的是把有相似特征或意象图式但属于不同类属的事物，按相同来看待所形成的一致性意象。连象指的是把同一个事物所包含的属性特征，按不同意象看待所形成的分解性意象。同时，连象还指对应不同事物的意象由于在实际经验中往往相连而形成的关联意象。

因为后文有详细介绍，所以此处只是简单介绍一下意象所涉及的几个概念，目的是让大家通过这几个概念所涉及的具体字例，来比较一下字象孳乳与字义孳乳的区别，并对字象的媒介作用有个初步的印象。

---

❶ "义解"是本书所用的术语，专指从字义或类义角度对孳乳关系进行的疏解。不同于"义训"，"义训"是包括喻训、形况等多种内涵的传统训诂方式，是一种意象和意义混同不分的训解方式。

我们先以"亭"字为例，来分析一下意象在汉字孳乳中所起的媒介作用，并通过它和衍生字的意联关系来体味一下其中的孳乳机理。这里所说的意联关系，既指类义关联关系，也指意象关联关系。

（一）"亭"的孳乳与意象的联系

关于"亭"，许慎在《说文》中是这样解释的："亭，民所安定也。亭有楼，从高省，丁声。"按许慎的术语简单理解，"亭"是一个由简化了的"高"字放在上面表意，再由一个表声的"丁"字放在下面构成的形声字，其所指是一种供人安歇的处所。"亭"有衍生字"停"，直接从类义关系上看，"亭"是一种建筑，"停"是一种动作，二者谈不上什么意联关系。

其实，"亭"除了指安息处所外，还指古代按一定里程设在官道旁边具有地理标示性的简单建筑，类似于今天带歇宿条件的车站。"亭"的主要功能是供行人歇息使用，因而"亭"有"中途止歇"的功用意象。把这个意象解析出来与象征止歇主体的"人"旁组合起来便造出了一个表示"中途止歇"义的"停"字。也就是说，"停"是"亭"的一种使用功能，二者在意象上属于邻连性关系。"亭"字通过连象转代可以表示"亭"的经停意象，加"人"旁主要是为了凸显"亭"的"经停"功能，这是从意象角度的解读。有的字典从形义角度解释："亭"因为丁立不动可以引申为"不动"，所以与"亻"组合会意为人停止行动的"停"字。虽然结果也对，但在意联机理的疏解上是不妥的。因为在实际中丁立不动的事物很多，譬如说"房子、柱子"，为什么单选"亭"作为"停"的组合字素呢？这是因为"房、柱"没有"中途止歇"的经停意象。进一步说，在文学表现中，"亭"还有"离别"的意象，这也是通过邻连性关系转代出来的连象。在实际中，"亭"往往也是人们送别分手的地方。譬如，"长亭外，古道旁，芳草碧连天"，表现的就是学友之间即将分别的意境。

（二）"农"的意象孳乳

在前面介绍类义孳乳时，我们涉及过"浓"的字例，稍加注意就可以发现，"浓"是由字素"农"加"水"旁构成的。"农"的意思是耕作，"浓"的意思是露多。可以说，无论是从类义相通还是概念会意哪方面看，"浓"与"农"都没有意联关系。这也是一些文字学者把"农"看成纯粹表音声符的原因。但这是从字义关系来看的，如果是从意象关系来看，情况就不是这样了。

【按】农：甲文 金文

"农"在甲文（简称甲文）中有两种字形：一是从臼（表双手操作，非杵臼之'臼'）从辰会意；一是从林、从辰会意。从考古发现来看，"辰"是早期农业使用的蚌镰。"林、辰"会意为蓐，表示采集。"臼、辰"会意到金文在"臼"中间加了"田"，以后又经隶变上部讹变为"曲"，整个字形就成了"農"。从字形构造来看，"農"的意象是除草或收割。从意象关系上说，无论是采集、除草还是收割，都有枝叶和谷草"稠密"的邻连性意象，所以"农"通过连象转代可以转移到表示"稠密"上，进而同"水"组合即可会意出"露多"的意思。这是从抽象的角度而言的。从具体的角度而言，采集、除草或收割等农事活动往往要赶早开始，此时正是谷草沾满露水之时，因此农事劳作同"露多"就形成了邻连性关系，于是通过连象转代用"农"加"水"来凸显这个意象便会意出了"露多"的意思。显然，从会意结构关系看，"浓"的字形构造也并不难理解，其中"农"表示除草或采收，"水"表示谷草所沾"露水"，造意表现为偏向会意结构，会意指向为"露多"。其实，这种会意结构同"休"基本是一样的，只不过"浓"因为读音从"农"而归入了形声字而已。

也许有人会问，"农、水"组合难道就不能表示"浇地"吗？当然可以，但这里有两点制约，一是从字形上讲，"農"的构造指明了劳作的工具为镰刀，解释成"浇地"不符合实际生产经验。再有就属于怎样选择指向意义和怎样规约用义的问题了。从本质上讲，文字不是写实绘画，而是象征性媒表符号，其构造只要起到了概念题引作用，就算尽到了职责。譬如，"休"字，从构造上看把它定义为"植树"，也没有什么不可以，但造字之初没有这样规约，它就不能表示"植树"。因此，切不可用写实的要求相较。

通过"亭——停"和"农——浓"的分析可以看出，意象媒介比意义媒介在孳乳途径上要宽泛得多，在方式上要灵活得多，在功能上也要强大得多。

接下来我们再看看意义媒介和意象媒介在汉字形义孳乳中哪一个更具基础性和根本性的问题。

四、汉字的基础孳乳媒介

从前文可知，意义媒介在字义引申中占有主要地位，不用意象媒介基本也能够训通本义和引申义的意联关系。但是如果从汉字形义孳乳总的情况来看，就可以说字象媒介比字义媒介所起的作用更基础也更根本。之所以这样说，主要在于用字象媒介可以说通字义孳乳所涵盖的内容，而用字义媒介却不能说通字象孳乳所涵盖的内容。因此可以认为，汉字的形义孳乳媒介主要是字象，是字象造就了汉字的孳乳机制。下面还是通过字例来看看具体情况。

（一）"我"的字形内涵及其意象孳乳

【按】我：甲文𢽬　𢽬　金文𢦏

《说文》对"我"的解释是："我，施身自谓也。或说，我，顷顿也。从戈，从禾。或说古垂字。一曰古杀字。"当代有学者认为"我"是锯类工具，字义是"杀"。从甲文字形看，许慎"从戈从禾"的析形不对，对字义概念的解释基本已是其所处时代的习用义。当代学者解释为锯类工具，除了依托"假借"外，基本也解释不出"我"与"施身自谓"究竟有什么理据关系。而把"我"的字义定为"杀"，显然是从"義"字可能有"杀"意中推测而来，虽然勉强能回解"義"的字义，但仍然无法解释"我"同"鹅、娥、饿"等组合字之间有什么理据联系。那么"我"所象征的究竟是何物呢？其实"我"字所象征的事物对象就是后世所称的钉耙。这个结论可以通过历史背景，并按照"义从象生"的原则，通过"我"的引申用法和相关衍生字的意象关联来梳理清楚。

从甲金文来看，"我"是个从钉耙意象而来的象形字，其字形构造方式为适应平面表达和特征凸显的需要，把刃首部分从垂直于柄杆转换成了平行于柄杆的结构。应该说，这本是文字写意与图像写实在表现方法上应有的差别，但却给后世对字形的把握造成了误会空间。其实考察一下木工发展史就可以发现，在中国历史上，从来就没出现过一种长把短齿的锯，即使在现代社会，类似的锯也是用手锯捆绑长杆临时组成的。如果再考察一下农具发展史就更容易发现，中国在夏商之前就有了基本完备的农具系统，其中就包括"钉耙"这种农具。一般认为"锯"是春秋战国时期的公输班（鲁班）发明的，其出现的时间要比"钉耙"晚很多，殷商时期有没有"锯"尚不可知。所以，把"我"理解为"钉耙"比理解为"锯"更有实据可依。

因为"我"字所象征的钉耙具有弯首"顷顿"、分齿回向的形象特征，在耪地开垄时又有向怀回搂的使用意象，所以，与"自"字指"自己"的转义机理一样，都是因为有"回向"的意象才转用到了"施身自谓"上，这种情形在意象孳乳上就属于相似性通象映射。也就是说，用"钉耙"回搂与用手

"回指"，在抽象层次上都属于同一个图式的相似性意象。同一个图式通过映射，可以使字词从表示"甲义"转移到表示"乙义"之上。

在以"我"作为字素的组合字中，因为使用频度高而显得比较突出的是"義"字。"義"，从羊从我会意。"我"在"義"字中并不表"杀"义，而是表"分播布施"之义。"我"的刃口分齿，使用上有疏垅播种的功用意象，因而"義"的构造可以从抽象图式的角度理解为分施羊肉。"分施羊肉"是"義"的意象，其指向意义是"善举"，通过通象映射才引申表示"正行"和"公益"。

在渔猎时代，一般不易捕到大型动物，一旦捕到往往是大家分吃共享，这种"有肉大家吃"的做法到后世逐渐演化成了乡飨习俗。乡飨习俗一方面体现的是人们贫富相济互帮互助的远古遗风；另一方面也是当时社会对于富人的一种道德要求，所以古人为富一般都要"兴义"。"兴义"一般是在某个祭祀日或有人从军时，以羊肉为主设宴招待乡邻勉励征人。之后，"兴义"之家往往会把羊头骨挂上钉耙插在门旁，用意是向人们彰显本家善待乡邻热心公益的行为。当然，这其中也不排除有炫富的意味，但总的来讲是受当时社会肯定的。现代在南方客家人中仍有类似的习俗，只不过由于所用的食材改成了猪肉，因而钉耙挂羊头骨的形式也演化成了栅栏挂猪头骨的形式。由此说来，"義"字的构形应该来源于钉耙挂羊头骨的意象。显然，"義"的构形在造字之初并不像我们今天看上去那么抽象。

"乡飨兴义"是一种聚会，也是一种礼仪场合，所以形声字"议"和"仪"都是通过邻连性映射从"義"而来的衍生字。"议"，表示聚在一起议论事。"仪"，开始用"義"表示，以后加"人"旁分化，指聚会的行为规范和人应有的举止风度。

借助通象映射，"我"孳乳出了很多衍生字。比如，因为"我"有梳整土地的功用意象故而衍生有"娥"字，表示平和梳顺的美女；因为有曲颈的意象故而衍生有"鹅"字；因为有顷顿点头的意象故而与"人"旁组合衍生有"俄"（点头）和"哦"（点头应声）字；因为有稀疏播种的意象故而衍生有"饿"（食稀，吃不饱）字；因为立起后有俯瞰的意象故而又衍生有"峨"字。总之，这些从"我"之字，大多与"我"字所表示的钉耙意象有某方面的相似性关联，而在字义上却难以讲清与"我"字有什么关联。

以上是意义孳乳不能涵盖意象孳乳的例子，我们再来看看意象孳乳可以涵

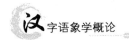

盖字义孳乳的例子。

（二）"兑"的孳乳同意象的关系

在本书中，意象概念是一个从具体到抽象包含多种意象类型的范畴，其中，抽象的意象类型就包括图式。图式又称意象图式，它不是具体形象的事物意象，而是一种从具体事物的功能属性或动变方式以及内外结构关系抽象出来的心理表征样式。关于图式，这里只是简单介绍（详细可参看本书第三章的内容），目的是用来说明意象孳乳对字义孳乳的涵盖关系。

前面以字义为媒介分析过"兑"同引申义和衍生字的意义孳乳关系，下面我们参照示意图，再从图式角度来看看"兑"与其引申义和衍生字的意象孳乳关系。图中圆圈内的字代表衍生字，方框内的字表示图式及其表征的意义（见图1-1）。

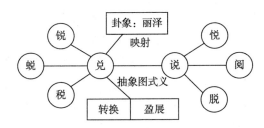

图1-1　"兑"的引申义和衍生字示意图

【按】兑：甲文　　金文　　篆文

"兑"，从人、八、口会意。"人八口"即人开口，字象实际表征的是人有说有笑，边说边笑。从这个意象可以抽象出两个基本图式，一是"盈展外释"图式；二是"转换"图式。喜笑颜开的人显得外向展盈，这个形象抽象化就形成了"盈展外释"图式。这个图式用于表征卦象就是抽象的"丽泽"义，丽泽就是波光盈展的水泽。"盈展外释"图式用于同其他偏旁组合则可以会意出新字新意。

"兑"的意思增多后，边说边笑的意思改用"说"表示。以后概念分化，"说"转指"言语盈展"，于是又造了"悦"字来表示"心情盈展"。心情盈展也就是开心快乐的意思。很显然，从"兑"到"说"再到"悦"，都是"盈展"图式映射的结果。

在"脱"中"兑"表示的也是"盈展"图式，"脱"中的"月"表人的身体，加"兑"，表示把身体盈展出来，也就是把衣服脱下来；

抽象地说，在"阅"中，"门"和"兑"都有"盈展"图式，但门可以实指打开的门口，"兑"可以具体表示人展目查对，实际是指查点出门的东西。

在"蜕"字中，"虫"表蛇，"兑"表盈展释出，"蛇盈出"也就是蛇蜕皮。

在"锐"，字中，金表示刀矛；兑表示尖利闪光，也是盈展图式。

"兑"在衍生字"税"中表示的仍是盈展图式，"税"即盈展释出之禾，实际指交给国家的官粮。

在实际中，边说边笑是不断转化进行的，因而"兑"又有从一种形态向另一种形态变化的"转换"图式。"兑换"就是由"转换"这个抽象图式表征出来的意思。"兑换"是前面用字义孳乳无法分析出意联关系的一个意思，现在用意象图式来分析就比较清楚了。

由此不难看出，意义孳乳中所说的义核，其实就是由意象的抽象图式所表征出的概念或意义，而类义则是由相似图式或变异图式表征出来的差别性意义。

显然，用意象媒介来分析汉字的形义孳乳，不仅能够涵盖意义媒介的内容，而且还能达到比意义媒介更细化更深入的层次。因为意象分析够细致地深入到汉字形义孳乳的深层关系，所以意象分析也就有了反过来验证和推导汉字本义的功能。应该说，在"我"字的本义考释中这一点已经有所体现，下面我们再用意象作媒介来考释一下常用字"岁"的本义，以便对意象媒介验证和推导本义的功能有一个更加明晰的认识。

（三）"岁"字本义的意象考释

【按】甲文𢧢 𢧑 金文𢧒

《说文》："岁，木星也。……从步戌声……"许慎解释的是引申义，析形从小篆而出。在早期甲文中，字形"从两点间夹戌"，在后期甲文和金文中，字形皆"从两止间夹戌"，小篆改为"从步间夹戌"。关于"岁"的意源由出以往也是众说不一。除了许慎的"木星"说外，还有一种说法，是"刖刑说"。"刖刑说"把"戌"解读成大斧，并从字素义会意的角度把字形构造解释成用利斧砍脚。至于如何引申指"年"，则认为是从用利斧剁刑徒之脚以为岁祭而来。"刖刑说"的问题出在两点上：一是受字义分析方法的局限所致；二是忽略了甲文前后期字形的关联。甲文前期的字形是"从两点间夹戊"，后期是"从两止间夹戊"。古代早期的兵器都是从农具发展而来，因此在字形象征性表现字象时往往是二者兼表。"戊"在"岁"字中象征的是一种翻耕土地的农具。小篆之所以变"戊"为"戌"，是因为二者形制接近。"戌"薄而轻，是用于点种、灭草的锄具。"戊"是一种比"戌锄"更厚重的弯铲，刃口为相连的双弧形，主要用于翻耕土地和开荒，也兼作杀具。这种农具从古到今一直都在沿用，南方称为"镢头"，北方称为"大铲"。使用时，一般要两腿拉开步式，双手抡起把刃口切在两脚之间的地方，继而把土翻起、簸掉、并用侧面敲碎，然后再进行下一步。这种劳作称为铲地或锄地，起的是犁地的作用。甲文早期"戊"字上下加的两点象征的是粘在"戊铲"上的秸草土末，后期换成了象征步式的两个"止"，前后期字形的取象都比较写意。从字形分析，"岁"的意象应该是出自"春耕"，从用例上看最早引申表达的是"农时、年景、农情"等概念。夏商时期以立春为年首，立春要行"岁祭"，为的是求神保佑当年风调雨顺，作物丰收。岁祭之后，由主祭者带领族人开始春耕。由于年始与"岁耕"基本同期，故而通过连象转代"岁"便转连到表示"年景和年"的意思上，以后又引申出了"年月、年龄"等意义。因此可以说"岁"字是一个"从步从戊"的象意字。有句俗语称作"太岁头上动土"，其中"太岁"中的"岁"字表示的就是"铲地"的意思，"太岁"指的是铲地动土的祖师，犹如"鲁班门前弄大斧"中的鲁班。

显然，即使知道了"岁"表"春耕"，如果不借助意象媒介而只借助字义媒介，要想疏解"春耕"同"年月"之间的意联关系和衍转机理也还是很困难的。

第二节　意象及其特性

综上可知，意象在汉字的发展中蕴含着重要的孳乳媒介作用和意联理据意义。因此，要梳理汉字元生字和衍生字以及本义和引申义之间的关系，首先要了解一下意象及其特性。

一、意象的内涵

一般而言，思维是以概念加工和意义建构为核心形成知识观念及其组织方法的意识活动过程。思维是以语言来表现的，语言中的词汇所表达的意思就是人们头脑中的知识观念和思想方法。这些知识观念和思想方法，从内在于思维意识上来说称为概念，从外显于语言表达上来说称为语义。概念是观念形态的客体知识，是人脑在感觉信息加工基础上所形成的关于认知对象的概括性认识。语义有双重内涵，一是指是同一定语形符号结合的相对固化概念；二是指靠特定语境关联来具体定义的概念所指意义，这两重含义的语义是相互贯通对立统一的关系。

概念作为观念形态的客体知识，在思维中并不是虚无的心理状态，它会有某些心理表现形式，这些表现形式要么是一些具体生动的事物摹象；要么是一些动静状态或结构关系的抽象图式，总之，都表现为一定的心理样式。这种概念在心理形成的内显样式称作心理表征形态。心理表征形态是认知系统对思维加工信息的成果及过程所采取的工艺性行载样式安排。简单来说，就是概念在心理反映出的动态心象模式。一般把心理表征形态对于思维概念内容所采取的表征样式称作意象或意象结构，所以概括地说，意象就是与概念对应的客体对象在心理表征出来的生动形象或抽象样式。意象虽说是概念在心理表征出来的形态样式，但这种形态样式不是一般意义上的形式，而是具有思维能动属性和心理演绎效能的概念行载工具。

【按】日：甲文⊟　金文⊖

譬如，看到"日"这个字，我们头脑中就想到了"太阳"，太阳就是"日"这个字在人心里表征出来的意象。

再如，看到"打"字，就容易让人联想到抡锤钉打的捶击动作，捶击动作的抽象态势就是图式，它可以用轨迹符号"乀"来表现。

进一步来说，意象是人在与客体对象的互动中，因认知所采取的关注视角不同和抽象程度有别而形成的所有心理表征样式的总和。因为意象是人的意识对客观事物对象进行摹写演绎或抽象加工形成的心理图像，所以意象也称心象。意象不仅是人脑对客观事物对象的直观反映，而且是渗入了大量主体经验观念，经过概括和抽象加工用以表达和识解意图和信息的有形心象系统。也就是说，意象对于事物对象的表征既不是绝对的客观关系，也不是绝对的主观关系，而是在具体条件下主观与客观互动的产物。

【按】也：甲文　金文　篆文

比如，"地"字，从土，也声，表示大地。从甲文的字形中可以看出，"也"字是蛇的象形。为什么蛇和土合成就表示"地"呢？这里就有阴阳观念掺杂其中。在古人观念中地和蛇都属"阴"，所以用"蛇"与"土"合起来表示"地"的概念。当然，也可以从"蛇行所在之处"做具体理解。

二、意象结构

从上述例子可知，意象不仅可以表征直观可感的具体概念，也可以通过关联性和结构性的变化来间接的表征抽象概念。如此一来，意象对概念的表征就变得复杂起来。从意象可以抽象表征概念的关联转化性和结构凸显性来看，意象属于一种可以结构化的心理表征形态，或者说意象具有结构属性。

实际上，很多意象在意识中往往是彼此关联的呈现。比如，我们想到一个猎人在森林中打猎，其中就包含着猎人、狗、弓箭、森林、猎物等很多关联在一起的意象。另外，同一个意象在意识中也能被切分成具有一定关系的多个意象成分。比如，要认识一个人，在头脑中就要对他的高矮胖瘦、五官模样、行为习惯等方面做一些结构性的展现。可以说，这两种情形都表明意象具有结构属性。

意象具有结构性，它可以通过反映加工形成结构化形态。从意象具有的结构属性而言，意象又称为意象结构。意象结构包括两重内涵，一是指通过心理解构或多个意象组合形成的包含一定主次关系和不同凸显结构的意象构成；二是指从一个意象关联或析解出来的能够通过分立或重组另行表意的意象成分和构成元素。为了分化意象结构的这两重含义，我们把可以通过分立或重组表意的意象成分称为象元。而把包含主次和凸显结构关系的意象构成称作域象结构。这样一来意象就不再是一个简单的意象，而是变成了一个由不同的象元按照一定主次关系和结构方式组合而成的域象结构。

所谓象元，就是指从一个意象析出、转连或映射出来具有独立表征概念功能的意象元素或关联成分。一般而言，一个意象可以通过关联或切分生成多个不同的象元。譬如从"太阳"的意象中分解出"光、热"和"时间"，这就属于多个不同的象元。

其实在相对的视角下，所有可以结构化表征概念的意象，包括从实相而来的原型性意象都可以视作一定结构关系中的象元。这就是说意象和象元的区别具有相对性，孤立视角下的意象在结构视角下可以转化成象元，反之亦然。譬如"人"的意象，独立的看它是一个原型性意象，但在"休"字的结构中，它又是一个相对结构关系中的象元。

所谓域象结构就是象元的结构方式，指的是由凸显意象、关联意象或事域背景共同构成的、体现着一定主次关系和结构凸显形态的意象或象元组合。一个意象结构可以因象元的不同主次关系和结构凸显形态构成不同的域象结构，而不同的域象结构则可以表征出不同的概念意义。譬如，"休"字就属于由"人和树"共同构成的一种意象结构，其中"人"和"木"是这个意象结构中的两个象元。"休"有两个基本意义，一个是"歇息"；一个是"荫蔽"。这两个意义就是由"人"和"树"这两个象元的不同结构形态凸显出的域象结构形成的。在表征"歇息"义的域象结构中，"人"是主角象元，"树"作为域景是配角象元；在表征"荫蔽"义的域象结构中，"树"是凸显象元，"人"则变成了配角象元。

在相对的视角下，域象结构和象元是可以相互转化的。在孤立视角下的域象结构，在更大组合结构或关联视角下可以转化成象元，反之亦然。譬如，"日"字，当表示"一天"时，它的表征意象是由太阳和天空共同构成的域象结构。但当它被组合进"明"字的域象结构时，它的意象就转化成了一个表征"光亮"的象元。

域象结构和象元是通过实相反映和意象加工过程形成的，这个过程一般称作意象的结构化，意象的结构化也就是意象的抽象化和范畴化。它不仅是意象进行结构化孳乳的基础，也是概念和语义形成结构化拓殖的基础。

三、意象的特性

除了前面已经涉及的抽象概括性外，意象还有诸多特性，譬如，摹写再现性，是指人对于经历过的事物可以在头脑中形成摹写性的记忆，并在需要的时候再现出来；再如，动态演绎性，是说心理形成的意象当需要思考时它会活动起来，就像动画一样形成关联性演绎变化。这些都是意象的一般特性。此外，意象还有一些同语言文字密切关联的特性。

（一）主观自由性

意象在表征主客观概念时有极大的主观自由性。意象既可以表征有形之象，也可以表征无形之象，其所表征的对象形态可以是接近事物对象的具体摹象，也可以是结构化或概括化的事物属性和特征，还可以是高度抽象化的事物、事件及其过程关系的图式或模式，它基本没有具形表现形式的局限。

【按】光： 𝌆 𝌆 𝌆 　明：甲文 🝢—期 🝢—期

譬如，"光明"这个概念，在我们的意识中要想用意象表征它非常容易，它可以是抽象的一片白光，也可以是具体的火光、月光或阳光。但是我们要用文字来表现这个概念就无法直接表现。在甲文中，"光"的字形从人从火会意，是用人在火下来象征性表示的。"明"的字形开始是用灶口（囧）组合月亮表示，后来演化成了用太阳组合月亮表示，这都是象征性的手法。显然，由于有具形表现形式的限制，文字只能用相对具体的形象来象征性表现抽象的概念。

（二）概念的连动性

意象与概念有连体变动的特性，概念变则意味着意象也变，反之亦然。概念是思维的内容，意象是概念的心理表征样式。所以，一般认为意象和意象结构基本等于概念和概念结构，二者是形式与内容的内在统一关系。从这种关系上来说，讲意象、意象结构就是在讲概念和概念结构，讲意象关联关系就是在讲概念的关联关系。

【按】受：甲文 一期 **金文** 西周早期 春秋石鼓

例如，"受"字，造字初始只有一个"受"字，字形是一个人从另一个人手中接过一舟，表示的是"接受"概念。但在实际中也可以把这个意象所表征的概念理解为是一个人把一舟转给了另一个人，这样同一个意象结构由于在关注视角上改变了方向，所表达的概念就由"接受"转变成了相反的"授予"。以后在"受"字上加"扌"，才区别了二者的意义。从"受"与"授"的这种意联关系中我们能清楚地感受到意象与概念连体变动的特性。

（三）概念的孳乳性

意象不仅是事物对象或思维意图在心理空间的反映样式，而且还是孳乳概念敷展思维的主要内在工具。不同意象结构的形成过程也是概念从具体到抽象、认知从孤立到范畴的孳乳敷展过程。特别在语言的发展演化中，概念化的过程以及概念系统的形成基本都是以意象结构为心理媒介孳乳演绎的，不同的意象关联和视角选择会敷展出不同的意义指向，不同的意义指向就会孳乳出不同的概念。

【按】妾：甲文 一期 三期

比如，"接"字，表示"交接"。这是一个通过意象媒介从"妾"孳乳而来的概念。"妾"，从辛（刑罚）从女会意，指被罚作奴隶的侍女。单纯从意义上看，"妾"与"接"没有关系，但从意象上看就有了关联。朱芳圃《殷周文字释丛》："妾，《释名·释亲属》：'妾，接也，以贱见接幸也。'即被俘获之妇女，除服役外，兼荐枕席，后渐转为多妻制度中等级之名。"❶这是在用"接幸"解释"妾"如何由"女奴"演变成"次妻"的概念，但从字形上看，倒像是在说"接"是由"妾"孳乳出的概念。当然"妾"孳乳出"接"的概念未必这么间接曲折。从直接的角度来讲，"妾"为近侍，一般常侍候在主人身边，主人用什么东西大多要由侍妾传送接递。久之，"妾手"就成了专门对应"接"的代表，于是便衍生出了"接"的概念。显然，不论"妾"从"女奴"演变为"次妻"，还是衍生出了"接"，都反映了意象作为媒介对于概念的孳乳性。

（四）外连表现性

意象是一种具有外连性的内在表现形式。所谓外连性的内在表现形式，是说意象作为概念的表征形式，一方面内在地隐藏在人的意识活动之中；另一方面又有显著的外向表现属性。不仅具体的事物对象可以表现，就是比较抽象的动作或结构关系，它也可以诉诸于图画、镜头、图示、符号、公式、音节、旋律等有形有声的外在形式表现出来。所以，意象可以被认为是连结内在认知和外在表现的媒介。在语言的形成发展中，意象的这种内外连接的媒介性具有重要的机理意义，它是语形符号同概念意义之间实现生成转换、构建对应关系的基础。

【按】贝：甲文《》 金文臼 篆文貝 丹：甲文曰—期 金文舟西周早期

比如，比较具体的事物概念"贝壳"和"丹砂"，当想到这两个概念时头脑中会出现它们的形象或存在环境。当需要把它们表现出来的时候，还可以把它们的大致意象摹写出来。譬如，上面列出的两个甲文，表现的就是"贝"和"丹"的心理意象样式。再如"歇息"是比较抽象的概念，但意象可以把它具体表征为"人在树下"，并用"休"字的构形把它摹写出来。这些所体现的都是意象的外向表现性。

第三节 意象和语言的关系

通过前面的介绍，我们对意象大致有了一个简单的了解。但意象与语言文字之间是一种错综复杂的关系，除了概念之外还存在其他一系列关联环节，所以只有把意象同语言系统联系起来，才能真正弄清意象和语言各要素的关系。

---

❶ 转引自殷寄明. 说文解字精读 ［M］. 上海：复旦大学出版社，2011.

　　语言文字来自生产和生活的沟通交流需要。沟通交流既离不开人对客观对象及其相关信息的认知识解，也离不开人对主观体验和意图的认知表达。显然，沟通交流涉及认知主体和客体以及它们同认知信息的关系。同时，认知信息的传递还离不开一定的媒介符号。这样一来，沟通交流就成了主体和客体以及认知信息和媒介符号之间的互动生成和转换对应的系统关系。稍加分析就可以发现，这个系统关系涉及客体、主体、符号、信息以及概念、意义、意象等众多环节，再加之沟通交流的动态场合性，这些环节便构成了彼此交叉、互动相生的复杂网络关系。显然，全面阐述这个复杂网络的内涵是一个较大的工程，不是本书所能全面担负的，因此本书只能根据主题需要梳理出一些紧要的环节和关系。下面我们结合语象——语义图来逐层梳理一下这些环节和相应的关系（见图1-2）。

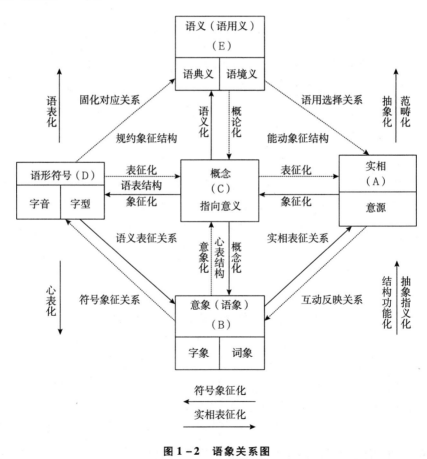

图1-2　语象关系图

一、意象同概念及指向意义的关系

先看语象图的右下方，也就是由 A、B、C 构成的区间，这个区间表现的是意象同实相和概念的生成转化关系。具体说明如下：

（一）意源和实相

1. 意源

意象来自人同认知对象互动产生的反映和体验，当客体进入实践过程触发人的感觉体验成为意象和概念的生成来源时它便转化成意源。抽象而言，整个客观世界都是意源。具体而言，只有被主体加以关注而形成一定意象概念的客体对象才属于直接的意源。譬如，耕地中用的"犁"，就属于形成"力"这个字所表意象和概念的意源，"力"在初始时表示的就是"犁"的概念。

2. 实相

意源是从概念来源角度对客体对象的称谓，如果从被人所关注并区别于意象而言，客体对象则称作实相。实相即与意象相对应的认知对象，它既包括静态的客体对象又包括动态的实际情形，指的是被人纳入观察体验范围的一切客体对象。

实相与意象是客体与主体以及外在与内在之间不断互动的生成转化关系。

其一，实相是意象的来源。意象来源于客观实相，是内化的实相。人可以通过观察体验和主观选择，从实相中撷取意象和概念，并通过与实相的不断互动来丰富意象、拓展概念。

其二，意象可以复创实相。从交流识解而言，意象可以反映为语义识解成果。也就是说，人通过对语言信息的识解加工可以结构化的复创出符合实相的意象。这种复创出的结构化意象，虽然还表现为心表形式，但却已经具有了还原客体对象的性质。换言之，人通过概念合成或语义识解表征出来的意象有着等同于实相的性质。

其三，意象可以创新实相。人可以通过对既有意象的析解重组或相应概念的引申会意创建出新的意象和概念，并由此而改造和创新实相。创新的实相在实质上属于外化的意象。

其四，意象与实相互相贯通。实相与意象是对应关系，虽然存在外在和内在的区别，但相对于概念生成而言，意象等同于实相。从原理上而言，概念是意识对意象加工的间接产物。但一般而言，也可以认为概念是意识对实相加工的直接产物。

（二）摹象和意象

通过与人互动，实相及所传递出的信息会被意识模拟而形成初级反映形态的摹象。这里所说的摹象不是仅指视觉表象，而是指包括实相所有视听信息在内的感性印象。当摹象经过意识加工构建出一定知识或观念时，摹象便转化成了相应的意象。所以，摹象与意象是既有区别又有联系的关系。

首先，摹象并不等于意象，二者性质不同。虽然作为视觉表象的摹象接近于元生意象，但在整体上意象是实相和相关认知体验相互作用所生概念的心理表征样式，属于在概括或析解加工基础上形成的观念化实相，其中包含着大量的主观理性因素。而摹象只是一种心理反映成像，更多体现的是客观感性因素。

其次，意象与摹象密切关联，摹象可以转化成意象。当摹象被心理关注所加工解构为有效信息单元，并与人的某种认知需要构成一定的对应关系时，摹象就转化成了表征一定概念和意义的意象。换言之，意象是摹象在被意识加工后，携带了一定认知信息和概括观念并结构性表征这些信息和观念的思维单元和行载样式，只有成为一定意义载体的摹象才属于意象。也就是说，单纯的摹象还不属于意象，只有通过一定关注视角对应出某种认知观念或指向意义的摹象才属于意象。如果更简单一点理解，也可以说只有表征语义概念的摹象才属于意象。

（三）意象和指向意义

意象是概念的心理表征形态，反过来看，概念就是意象生成的指向意义。指向意义和概念都是人在主观意图和认知目的的引导下，通过对意象进行析解概括和选择加工得出的抽象成果。或者简单一点来说，指向意义是意识通过对意象进行结构化加工形成的抽象观念。指向意义是相对于意象基础而言，抛开意象，指向意义就是"意义"或"概念"。从都相对于同一意象而言，概念和指向意义是转换关系。一般来看，从一个意象生成的指向意义可以有多个，每个指向意义都是一个概念。每个概念只是这个意象众多指向意义中的一个。从一个意象析解出的不同域象结构和象元可以是多个概念的表征形态，这些以同一个意象的不同意象结构为表征形态的多个概念都是从这个意象建构出来的指向意义。从这层关系上说，概念是从指向意义转化而来的抽象观念。一个意象建构出了什么样的指向意义，就等于拓殖出了什么样的概念，而意象本身则转化成了这些意义和概念的共同表征基础。当然，这是就不加析解的意象整体而言。

指向意义和概念虽然重叠但相对性质不同。具体来说，指向意义和概念的认知背景和运用框架不同：指向意义是相对于一定感知觉和表象形式以及语言使用的意义建构而言的。它可以相对于一定视听表象和特征所形成的意象观念或体验评价而言，也可以相对于一定意象或概念的结构性会意而言，还可以相对于一定语形符号的象征性赋义而言。而概念则总是相对于一定客体对象和方式方法的抽象观念而言。概念可以用语言的指向意义表现，但它可以不依赖语义独立存在而表现为一种心理观念。概念本身虽然是观念形态，但其所对应的客体对象却可以表征为意象形态，所以概念和指向意义是复杂的交叉重叠关系。虽然因二者都与一定的意象表征相关联而构成某种生成转化关系，但并非是简单同一的对应关系，而是两个不同视角下的范畴。

显然，意象本身不会自动生成或转换出意义，也不会主动引申建构出意义，单纯的意象同所有的自在事物一样没有指向意义。指向意义是人根据自身的需要和意图，结合意象对应事物的属性，通过选择性加工建构出来的对人具有某种认知价值的知识和观念。就意象同概念的关系来看，意象虽然表征一个概念，但并不等于这个概念，同一个概念也可以用不同的意象结构来表征。因此，一个意象表征什么概念或怎样的意义，一方面同意象本身的属性特征有关；另一方面则与人的能动选择和建构意图有关。意象形成指向意义的关键还在于主体需要支配下的择取，是人的需要性择取为意象赋予并确定了指向意义。显然，这不是说意象的指向意义是由人任意确定的，而是说指向意义是由人通过与客观对象的互动并结合自身的需要确定的。

意义是客观反映性和主观能动性相互作用的产物。意象的结构和功能属性在本质上来源于客观事物。因此，确定指向意义既离不开意象的结构功能属性，也离不开意象之间的相互作用以及相似性和邻近性关联，这是意义形成的客观反映性和理据性。同时，意义在主观上决定于人的意图取向和认知选择以及相应的类比转代和析解加工，这是意义确定的主观能动性和选择性。

正是因为意义的确定有主观选择和客观激发的双重作用包含在其中，所以意象结构只是一种意义形成的能指结构，它在客观上所蕴含的指向意义在没有被使用所激活并被选定为所指意义之前，只是属于意义指向。意义指向是意象结构所客观蕴含的，在与人互动中才能够激发出某种被选择意义的属性。

（四） 意象的概念化与结构化

从主体与客体互动形成意象，再从意象形成思想观念是一个概念的形成过程，这在认知上称作概念化。概念化既是一种认知过程，又是一种认知结果。概念化的结果就是形成了抽象概念。

概念化是意象经过选择加工生成指向意义的过程，指向意义的形成就意味着意象走向了概念化。反过来看，概念化同时意味着概念表征意象的抽象功能化、范畴结构化和符号象征化。通过概念化，意象不再是实相简单直观的摹写反映，而是变成了表现一般功能属性能够结构化会意的思维行载媒介。

意象的概念化过程也是一个结构化的过程，意象概念化导致的结果就是意象本身和其所表概念和语义的结构化。经过结构化，意象转化成了意象结构，相应的，意象所表征的概念则转化成了概念结构。从概念和指向意义的关联来说，一方面，同一个意象可以因心理视角的变视生成不同的域象结构和象元，不同的域象结构和象元可以表征不同的概念；另一方面，同一个意象可以转代表征不同的概念，但表征不同概念的域象结构和象元却是不一样的。所以，不同凸显的域象结构或象元等于不同的概念。

由于一定的概念总有一定的意象或意象结构予以表征，二者如影随形，所以在语义表征的视角下，可以把概念等同于意象。但在意象生成概念和孳乳语义的视角下还需要把二者区别来看，这是由于概念和意象都具有抽象性和范畴性，概念和意象并非一一对应关系。譬如，"统治"这个概念，在古埃及的圣书字中是用"王笏"的意象符号象征的●，而在汉字中却是用"王（钺）"的意象符号象征的。在汉字中，"王"字一般表国君概念，但在《经法·六分》："王天下者之道有天焉，有人焉，有地焉"的语句中，"王"又表"统治"概念。这表明，同一个概念可以用不同的意象表征，同一个意象也可以因凸显结构的不同而表征不同的概念。所以从原理上论，概念和意象以及概念结构和意象结构并非完全等同。

（五） 意象的结构功能化和指义化

换个角度来看，意象的结构化导致了其所生成的指向意义的结构化，这就使指向意义转化成了具有结构会意功能的概念，所以结构化的过程也是意象和其所表概念实现结构功能化的过程。

● 裘锡圭. 文字学概要 [M]. 北京：商务印书馆，1988.

概念是意象凸显结构形成的指向意义。从意象抽象出概念的过程也就是意象形成指向意义的过程，这个过程又称作意象的指义化过程。由于指义化后意象会凸显出概念，而意象本身则会相对弱化变成不再突出的虚象符号，所以指义化的反面就意味着意象本身的符号象征化。

（六）概念和实相的关系

相对于概念生成而言，意象等同于实相。这就意味着，概念同意象和实相的关系具有同等性质。概念是抽象的意象，意象是具形的概念，二者是观念化象征和具象化表征的关系。从这个关系顺伸，概念与实相也属于象征和表征的关系。也就是说，从实相到概念同从意象到概念一样，都属于压缩性和抽象性的象征关系；而从概念到意象和实相，则属于展开性和具象性的表征关系。从概念、意象和实相三者的相对关系来看，概念是抽象化、范畴化、结构化和符号化的意象或实相；意象是由语言概念提示出来或是由某种实相在心理映射而成的心理实体，是具象化的概念；实相则是对映于意象的客观事物对象，是概念或意义的实际所指。

（七）表征化和象征化

象征一般指用概括压缩或意符转代等形式来表现丰富内涵的情形，表征则是指以析解展开或拟情具象等形式来表现实际内涵的情形。一般而言，象征多指外显、简化的外在表现形式，表征则多指内隐、复杂的内在心表形式。但从原理而言，外在表现形式是内在心表形式的外化反映，因而象征不仅存在于内外关系的表现之中，同样也存在于内在心象关系的表现之中。譬如，看到"日"这个字，心理出现了太阳的心象。这时"日"这个字就是"太阳"这个概念的外在象征形式，而心理反映出的"太阳"意象则是"日"这个符号的内在表征形式。但在"间"这个字中，"日"又由表征"太阳"进一步表征光线，这样先前表征出的"太阳"就转化成了"光线"的象征形式。显见，象征和表征，一方面是针对外在表现形式和内在表现形式所做的区别；另一方面则是相对于一个具体对象的压缩简化还是析解展开所做的区别。

把一个具体对象或形式压缩简化的过程称作象征化，把一个抽象对象或形式析解展开的过程称作表征化。一般而言，表达就是一个象征化的过程，而识解则是一个表征化的过程。结合图 1－2 来说，从实相到概念再到语形符号以及从实相到意象再到符号的衍转过程都属于象征化过程，反之则属于表征化过程。

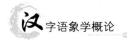

二、语形符号同意象和语义的关系

语象图（图1－2）的左方，是由 B、C、D、E 构成的区间，这个区间表现的是语形符号同意象、概念和语义的生成转化关系。具体涉及以下一些环节：

（一）语形

语形即语形符号，是指固化对应一定概念或意义的语词文字符号。就汉语而言，由于汉字本身存在着字音表词字形表义的对立，所以汉语的语形可以分为字音和字形两种媒介符号。

文字学和语源学的大量研究表明，语形符号和其所对应的概念都与相应的实相和意象存在直接或间接的关联。换言之，语形符号基本来源于同其所表概念直接对应或间接关联的实相和意象，这一点在汉语中表现的尤其明显。就基础汉字而言，其构形基本都来自其所表概念的某种意象结构，甚至可以说就是相应概念表征意象的简化形式，而汉字的读音大多也都与其所表实相的某种声响意象辗转关联。因此可以认为，汉语的语形符号是以实相为来源，以所表概念的视听意象为基础，通过直接摹拟或间接关联创制而成的意象符号。

对于汉语而言，语形是来自相应概念的视听意符，这就意味着汉字具有双重象征和对应内涵：一方面，汉字象征并对应一定的概念，概念同一定的汉字结合就转化成了语义。其中，对应于字音听觉符号的概念或意义称为词义，对应于字形视觉符号的概念或意义称为字义。一般来说，汉字所表示的词义和字义是一致的，只不过诉诸表现的符号形式不同，但这并不意味着对应于字形的字形义自然等于字义或词义；另一方面，汉字象征相应概念的视听意象。视听意象与一定的汉字结合就转化成了语象。其中，表征字音词义的意象称作词象，表征字形字义的意象称作字象。之所以这样区分，是因为作为汉字的字音其实就是包含词义的语词。由于汉语的语词要比文字形成的时间要早，而汉字又不是直接表音的文字，所以其对应于字音词义的词象和对应字形字义的字象在具体层次上是存在错落关系的。也就是说，汉语的词象和字象不同于拼音语言，它不是由一套意象构成的表征系统，而是由两套意象耦合而成的表征系统。所以，只有区分词象和字象并研究二者的耦合机理，才能更好的弄清汉语字源和语源的演化脉络。

（二）语义

语形符号是对应于一定概念的语音文字符号。反过来看，对应于一定语音文字符号的概念或指向意义就是语义，语义是概念或指向意义在对应于语形符号时的转化性称谓。

语义又称作"意义"，按习惯来说，一般把不需要深度结合语境理解的字词义称作语义，而把需要结合语境做深度理解的语句义、语段义和语章义称作意义。但这只是相对性区分，在实际中不需要结合语境理解的语义只能在假设条件之中存在，所以"意义"是对于语义更抽象些的一般性表述。因为语言学界对"意义"有多种表述，所以这里也需要界定一下本论的定义。如果就汉语而言，意义是主体通过与客体互动，以撷取于认知反映中的相关符号来象征表现的、具有沟通交流价值的有效信息。如果就一般语言而言，意义是主体通过与一定的客体和符号互动建构出来的具有认知价值的有效信息。这两种界定都是从认知语言学的观点出发，通过概括意义的形成过程和所涉及的基本关系得来的。

很显然，意义对于人而言是一种有认知价值和交流效用的信息。意义的建构既同人与认知对象互动所反映出的意象属性有关，又同人在主观意图、价值取向和认知方法上对客体意象及其不同侧面的选择有关，同时还同一定的语形符号有关，这些因素都是在关联互动中发生着循环演绎和拓殖变化的。从客观实际到人的认知，从人的认知再到语言符号，三者之间只有通过相互贯通的关联互动和循环演绎，才能促成语言文字的形成和所表概念的不断发展。因此可以认为，语言文字及其相应意义的产生和发展是主客观因素相互作用的产物。

思维和认知都是客观反映、主观选择和意义建构的能动统一。以思维科学的这一观点来看，从客观反映到意义建构都离不开一定目的引导下的主观选择，而主观选择与客观反映的对应和贯通又离不开内在形式的意象表征和外在形式的符号象征。汉语是用外化的意象符号汉字表现的，所以汉语的意象是兼容了主观与客观、外现与内显、抽象与具体、能指与所指等一系列对立统一关系的中介环节。

（三）语形和语表结构

在语象图（图1-2）中，由C、D两框构成的是语表结构。语表结构是相对于心表结构而言的，它是指由一定概念或意义同一定语言符号结合构成的表达形式。在实际交流中，概念是用语形符号来象征表现的，概念和语形符号结合可以外化为语言文字，用于口头和书面的交流，所以，结合了一定概念内涵的语形符号称为语表结构。

语表结构有两层意涵：一是说同一个概念可以和不同的语形符号相匹配，构成一个概念的不同表达形式。譬如，汉语的"狗"、"犬"和英语的"dog"，表达的是同一个概念，但却是三个不同的语表结构；二是说语义由一定的语形和概念组合而成，携带概念内涵的语形符号具有结构性表达复杂意义的功能。它可以根据不同信息量的语言表达要求，通过措辞选择和复合搭配来表达更大的概念。表示同一个概念的不同语表结构之间可以构成互训互译关系。用不同的语表结构表示同一个概念或意思，还可以形成不同色彩的语言风格，譬如，"保温瓶"和"暖壶"。

（四）意象和心表结构

意象是概念在心理形成的表征形态，概念是思维根据主体需要从意象选择建构出来的指向意义。因为概念和其表征意象都隐含在心理发生，所以把对应于一定概念或指向意义的意象称为心表结构，所谓心表结构，就是指表征一定概念或意义的意象形态或心理样式。

心表结构是一种内在于心理的知识观念和表征形态的统一体，它是由概念和一定的表征意象配合构成的。从原理上讲，同一个概念可以用不同的意象结构表征，而同一个概念和不同的意象结构配合就形成了不同的心表结构，不同的心表结构之间往往属于义类相同而意象相异的交叉重合关系。具体一点来说，概念属于义类相同关系，但心理表征出的意象形态却并不一定完全一致。

由于相对于概念而言实相等同于意象，这就意味着心表结构体现着人同一定实相的互动关系，因而心表结构也可以理解为由概念对应一定实相体验构成的文化心理结构。一般来说，不同文化之间都存在着一些文化心理差异。这种文化心理差异从源头上看当然来自生产生活方式所形成的认知框架不同，但从语义表征上看则属于同一个概念在心理表征中所反映出的意象结构或对应实相有别，也即概念在心表形态上存在着差异。譬如，"杯子"这个概念，在中国人的心理其表征形态可能是带把的瓷杯，但在西方人的心理可能就是高脚玻璃杯。这两种杯子义类相同，属于同一范畴中不同材质不同款式的品种，所以在语义表征中就属于同一概念之下的两种心表结构。

（五）意象是沟通语表和心表的媒介

概念与一定的语形符号匹配就构成了语表结构，与一定的意象匹配就构成了心表结构。语表结构是表现概念的外在形式，心表结构是表现概念的内在形式。由于内外贯通可以相互转化，因而心表结构和语表结构都可以成为语义生成和孳乳的基础。由于通过外化功能可以左右语形符号形成和变化的主要是概念和意象，所以在根本上心表结构是语义建构的基础。

从共时性来看，在概念、语义和意象三者的关系中概念是中心，但从历时性来看，概念、意象和语形三者却有着更多层次的关系。以"日"为例，其关系图示如下：

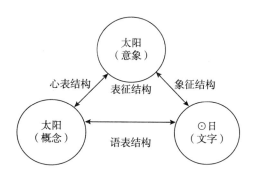

图 1 - 3 概念、意象和语形关系图

从图 1 - 3 可见，第一层关系以意象为中心构成：一方面"日"的概念来自"太阳"意象的指向意义；另一方面"日"的字形来自"太阳"意象的写意符号。第二层关系以字形为中心构成：一方面字形象征"太阳"概念构成的字义；另一方面，字形象征"太阳"的意象；第三层关系以概念为中心构成，一方面概念是"太阳"意象的抽象观念；另一方面概念是字形"日"字的抽象语义。在这三层关系之中，由于处在了语义概念和语形文字形成的基础地位，所以意象便成了统一三者对立关系的媒介。这是概念、语形和意象在汉语和汉字中所呈现出的历时性关系。在拼音语言中，由于其词形已经疏离了视觉意象成了单纯的语音符号，所以从词形上看不出其与意象的表层关联。但如果把事物对象的声响也纳入意象来考察，便可以发现词的语音形式在历时性上也并非是随便的声音符号，它同样和相应对象的声响意象保存着或近或远的表层关联，这一点同形声汉字所表现出的情形应该有着基本一致的机理。

综上可知，语表结构和心表结构有很大区别，但不是决然疏离的关系，而是互动相生相互贯通的关系，这一点在汉语汉字中表现得比较明显。在汉字中，由于意象不仅是概念生成和拓殖的基础，同时也是语形符号生成和孳乳的基础，所以在概念等同于意象的同时，又造成了字形也有等同于意象的性质，如此一来，意象便成了沟通语表结构和心表结构的媒介。

（六） 词汇与概念的关系

词汇就是语形符号和固化概念结合构成的语表结构。因为词汇含有并可以表达概念，所以一般把词汇等同于概念，但概念与词汇并不是一一对应关系。一方面，实际中说话与行文都需要措辞表达，一个概念可以用多个词汇来对应表达，广泛存在着"一义多词"的现象；另一方面，在实际交流中，存在着很多概念只能意会难以言传的情况。

显然，概念虽然用词汇表达，但概念并非就等于词汇。尽管每个词汇都有概念与之形成对应关系，但反过来看能够与概念对应的词汇并非就是固定的一个，还有的概念没有对应词汇，二者并不完全统一。这些现象表明，概念具有独立于语表结构的性质。

如果说作为心表结构的意象是一种具有外连性的内在形式，那么作为语表结构的词汇则是一种具有内连性的外在形式。这是因为词汇包含着概念，而概念又连接着意象，因而所有语言都可以通过概念和意象实现心表结构的贯通和语表结构的转译。

（七） 语义化、概念化和意象化

在语象图（图 1−2）中间纵贯线上，分别列有意象 B、概念 C 和语义 E 三个图框，三个图框旁边分别有语义化、概念化和意象化的标注。

具体说，从 B 框的意象到 C 框的概念，是意象形成指向意义的概念化过程，这个过程一般发生在表达过程中。从概念到形成意象的反过程就是意象化过程，从原理上说，这个过程一般发生在理解过程中。

从 C 框到 E 框，也就是从概念到语义的过程，是概念同一定的语形符号结合转化成语义的过程，这个过程就是概念的语义化。语义化也即概念的语形符号化和抽象化，一般在对概念的措辞表达过程中语义化反映得比较明显。反过来看，从语义向概念和意象转化的过程则是一个语义化的反过程。从原理上来说，这个从语义到概念再到意象的反过程就是意象化，一般体现在语言理解过程中。显然，在语象图里，语义化、概念化和意象化是相对于表达和理解的相对关系和不同转换过程而言的。

概括而言，概念化、语义化和意象化是相互贯通相互转化的互动关系。具体而言，概念化的过程有两个维度方向：一个是从语义到概念再到意象的理解维度；一个是从意象到概念再到语义的表达维度。在实际交流过程中，这两个维度相互转换构成的是交叉关系。由于其中的概念正处在两个维度方向转换的交叉点上，所以概念化既可以从意象而来指向语义化，也可以从语义而来指向意象化。如果这个过程抛开了意象，那么概念化就等于语义化，语义化也等于概念化。

概念化和语义化，乃至于概念结构和语义结构，在本质上形成于人们对事物多种属性和多样联系的结构化、抽象化和范畴化认知，在思维机理上则形成于相应意象的结构化、抽象化和范畴化加工。正是通过不同视角的结构性关注，才使认知对象转化成了意象结构，才能在意图的引导之下经过对不同意象结构的选择和凸显实现语义的建构。

三、语义同概念和实相的关系

语象图（图1-2）的上半部分，是由 D、E、C、A 构成的区间，这个区间表现的是语形符号和语义以及概念和实相之间的生成转化关系。有如下几个问题值得讨论：

（一）**语典义和语境义**

语义可以分成语典义和语境义：所谓语典义，主要是指通过约定俗成与语形符号构成稳定对应关系的概念。所谓语境义，是指字词在实际语用中通过语境的关联影响所形成的指向意义。

语义具有静态和动态两种互相关联的内涵：静态情形下，语义指通过约定俗成同一定语形符号固化对应的概念。这种语义或者罗列于词典的词条中，或者存在于既成的典籍用例中，因此可以称其为语典义：动态情形下，语义指随附于语形符号的概念在特定语境的关联中所形成的谊合性意义。这种语义一般称作语用义，更准确的称谓应该是语境义。实质上，语义就是语用义，语典义和语境义都属于语用义。语典义不过是历史用例中语典化了的语用义，语境义则是现实和随机用例中没有语典化的语用义，二者的区别主要是由语言规约的静态固化性和语言使用的动态谊合性共同造成的。所以，语典义和语境义不是决然分立的两个范畴，而是既成与动变相互转化、对立与统一相互贯通的关系。

（二）**规约象征结构和能动象征结构**

语义是由一定语音文字符号表示的概念或意义，所以语义包含语形符号和概念涵义两个要素。作为交流工具，语言要满足通识性和效率性两个基本的原则要求，这两个原则反映到语义中，就要求语表结构要同时具备两个特性，其

一、语表结构要具备规约性，只有具备规约性的语表结构才能在交流中为大家所通识；其二、语表结构要具备能动性，只有具备能动性的语表结构才能以较少的语形符号提示出更多的概念信息，从而使交流更有效率。

因为要同时具备规约性和能动性，所以由语表结构所表示的语义相对于实相真意而言属于一种提示性的媒表象征结构。这种媒表象征结构具有双重特性，往往既表现为规约象征结构又表现为能动象征结构：

一方面，语表结构由一定语形符号和概念在通识使用基础上匹配而成，所以语形符号和其所表涵义具有固化对应属性，一般这个属性在静态语典之中体现为规约象征结构。所谓规约，指的就是约定俗成。通过规约，语形符号和语义在抽象层次上可以构成相对稳定的固化对应关系；

另一方面，在实际使用中，语形符号的所表涵义具有语境谊合属性，这个属性使语表结构在动态语境中体现为能动象征结构。在实际语用中，语义既可以通过彼此配合和关联互动来表达概念，又可以通过语境谊合能动的表达意义。所以，语义的主要功能是通过所指和能指的互动转换来实现对真意的能动性提示。

语表结构的双重性表明，语义只是在静态条件下与一定语形符号结合在一起的相对稳定概念，而不是绝对不变的僵化概念。语义在动态条件下可以随语境的变化而变化，具有极大的能动象征性，所以在实际语用中，只有用能动的观点来看待语义，才能更准确的理解语表结构所象征的真意。

（三）概念的语义化

前面从表达和理解关系的角度讨论过语义化，如果从形成过程上说，概念同一定符号结合转化成语义的过程就是语义化。或者说，语义化就是概念的符号象征化。一般而言，伴随着符号象征化的概念还同时包含着抽象化和范畴化，因而概念的语义化还具有以下涵义：

一方面，概念本身就是一种意义真值，它可以同一定的语形符号结合转化成一定的语义。语义可以表达概念，但不等于概念，而是概念的表现者。概念可以和不同的语形符号对应而构成多个语表结构，这从一个概念能用不同的语言和词汇表述可以体会出来，譬如，"狗"还可以用"犬"来表述；

另一方面，概念作为抽象属性化和义类范畴化的象征性意符，也是一种特殊的意义载体，它可以在不同的语境关联中构建出新的语境义或谊合性的深层意义。换言之，概念同意象一样都是以主体的意图为指向来建构意义的被动者。这从同一个概念能够表现不同意义的现象中可以体会出来。譬如，"狗"的概念，一般是指一种随附于人的家畜。但在汉语中当说一个人是"狗"时却可以表示多种意义。它可以表示一个人狐假虎威，也可以表示一个人助纣为虐。总之，这时的"狗"不再指"狗"这种动物，而是范畴化和抽象化的指"狗"的所有属性特征。

（四）语义和概念的关系

语义和概念是既有联系又有区别的关系，主要区别在于它们相对的背景框架不同。概念是认知信息经过加工在人脑中所形成的概括性认识，是客体对象内化于主体认知所形成的观念和知识。而语义既可以指对应于一定语形符号的固化概念，又可以指随语形符号在语境关联中产生谊合性变化的能动概念或义类范畴。这说明，概念是相对于客体和主体之间的认知关系而言的，而语义则是相对于语形符号和其所表概念的一体关系而言的。

一般而言，语义和概念的本质关系是象征性关系，不只语形符号同对应的概念是象征性关系，语形符号所表的概念对于语言意义也是象征性关系。语义的这种连续递进的象征性是形成概念拓殖和意义层次的基础。所以，语义和概念在本质上是一种语表结构和心表结构的动态象征关系（见图1-4）。

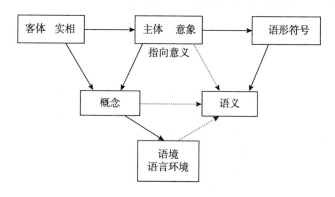

图 1-4　语义和概念的动态关系

四、语象和语象义

以上是结合语言体系对意象所做的一般性介绍，下面再专门来讨论一下语象和语象义。图 1-5 是从图 1-2 引出的简化图，它省略了意源实相部分，突出了语象和语象义同概念和语义的衍转关系。下面我们结合图 1-5 来讨论一下语象和语象义及有关问题。

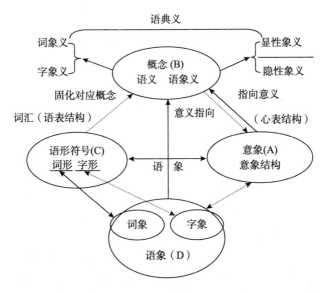

图 1-5　语象与语象义示意图

（一）语象

　　意象是概念的心表形态，当概念同语形符号结合转化为语义时，就等于意象也随着概念一起同语形符号结合而转化成了语义的表征形态，这样一来，表征概念的意象就转化成了表征语义的语象。显然，语象和意象是有所区别的，意象仅同概念对应并表征概念，而语象不仅同一定的概念对应并表征概念，同时还表征同概念对应的语形符号。因此可以说，语象是对应于一定语形符号所表概念的意象。或者说，语象是对应于一定语义和相应语形符号的心表形态。意象转化成语象的过程如图 1-6 所示：

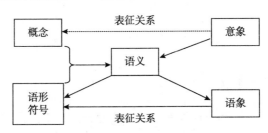

图 1-6　意象和语象转化图

从图 1-6 可见，意象原本单纯表征概念，概念结合于语形符号转化成语义后，意象便转化为表征语义的语象，并通过语义同语形符号建立起了间接的表征关系。由此，意象就通过表征语义转化成了同时表征概念和语形符号的语象。这是以概念为中心分析性的来看待语象的形成。从语言文字形成的历史实际来看，意象、语音（词形）和概念是一体产生的，而且早期的象形文字也都有接近于意象的性质，所以就不能认为语象非要通过概念转化为语义才能形成。也就是说，语象因来自和接近于实相而更具根本性和基础性，语象所表征的意义和语形符号实际上直接来自意象本身的结构化。

（二）词象和字象

语象可以直接对应于语形符号并表征语形符号的所表内涵。由于汉字是间接表现语词字音的，所以汉语可以分为字音和字形两种语形符号。在实际中为了区分文字和语词，我们用词形来指称汉字所表示的语词。词形是相对于字形而来的称谓，实际所指的就是汉字字音所表示的语词。从直接对应于汉字所表词形和字形而言，语象可以分为与词象和字象。其中，词象是指与一定语音词形和其所表概念对应的意象或意象结构；字象是指与一定字形符号和其所表概念对应的意象或意象结构（见图 1-5 或图 1-7）。

就汉字而言，由于字形在主要表现概念和意象的同时还兼表语音，所以可以清楚地分开字象和词象。在英文中也有词形，虽然其词形也有区分词义的作用，但它依然属于表音性质的语词，所以其语象在总体上只有词象不存在字象。由此说，汉字是双语象语形符号，拼音文字是单语象语形符号。

（三）语象义

简单地说，语象义就是语象的指向意义。语象可以通过一定的意象结构生成并表征相应的指向意义及其转化概念，指向意义及其转化概念因来源于语象所以又称作语象义。在以语象为中心的视角下，指向意义或概念就转换成了由语象生发出来的语象义（见图 1-5）。

从意象对转为语象的角度说，语象义具有心表结构和语表结构的双重属性：一方面语象义随附于语象属于心表结构中的概念；另一方面语象义又随附于同语象对应的语形符号而属于语表结构中的概念，所以语象义同概念一样也是联结心表结构和语表结构的纽带。语象义是以语象为主导而来的称谓，但它更突出体现的却是语象的语表化和语义化取向，所以语象义一般可以指语象投射和对应到语表结构中的意义（见图 1-7）。

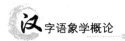

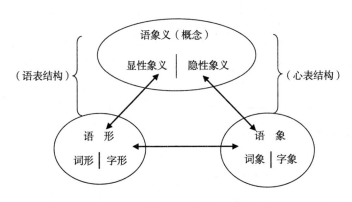

图 1-7　语象义、语象和语形关系图

语象义可以分为显性象义和隐性象义两部分。其中显性象义就是指由语形符号在实际语用中所表现出来的一般字词义，也即由常用字义和词义构成的语典义。隐性象义是指隐藏在语象结构之中还未成为明确语典义的潜在意义。如果我们把语典义看作是一般语义的话，那么一般语义仅属于语象义中的一部分。因为语象义中除了包括对应于一般语义的显性象义之外，还包括着隐性象义。所以从原理而言，一般语义等于语象义，但语象义不等于一般语义（见图 1-7）。

就汉语而言，语象义对应于语象，语象分为词象和字象，相应的语象义则分为词象义和字象义。其中，由对应一定词形的意象所表征的语象义称为词象义；由对应一定字形的意象所表征的语象义称为字象义。一般所说的词义或字义都属于语象义的一部分（见图 1-5）。

需要指出的是，字象义和词象义都属于语象义，但不等于语象义。语象义同指向意义一样不仅涵盖字象义和词象义，同时还涵盖着词组义、语句义，等等。

在语象义的视角下，一方面，一般语义（字词义），不再简单地被看成是与一定语言符号任意结合的产物，而是被看成与语言符号所表实相的某种视听语象存在关联的产物，其主要凸显的是概念与语言符号结合的理据性；另一方面，一般的实际事物对象都具有多方面的特征和属性，具体到语形符号选取怎样的语象视角表征出怎样的语象义，却会因时因地因人而异。这所凸显的是概念与语形符号结合的能动性或选择性。所以，语形与语义通过一定语象的表征所实现的对应结合，是理据性与任意性对立统一的关系：其中理据性是指在根本上存在着客观联系，体现的是认知对实际事物对象的反映性；能动性是指在理据性基础上的主观选择性，体现的是认知需要的目的性和创建性。

从图 1-5 中还可以看出,作为语表结构的语义(显性象义)与作为心表结构的语象义是同时对应于同一语象的对转关系,二者彼此呼应但不是等同的镜像关系。相对于实相而言,语象义的内涵要比语义丰富得多。作为心表结构的语象对实相是全面的、联系的、完整全息性的能动表征,所以由语象所形成的语象义既包括显性象义,又包括隐性象义。而作为语表结构的语义虽然也是从心表结构的意象投射出来的语象义,但由于其成为显性象义后有了相对固化的制约,因而它对实相或语象而言只是片面的、有限的、结构提示性的静态象征。所以,一般语义只是指固化了的语典义,而不包括语象结构中可能存在的隐性象义。当然,隐性象义会在语用中会被一定的语境激活而转化为显性象义,但这并不意味着所有的隐性象义一经激活都会转化成显性象义。在一般情况下,大部分的隐性象义往往只是在特定的语境条件中随机的显现一下而已。

(四) 语象和汉字的关系

汉字是与内在语象和概念对应的外在视觉符号,是象征性表现词义和词形的综合语表结构。汉字的字形一般是取自相应概念的意象结构,因而它直接象征相应字义概念的字象,同时还间接象征相应概念的语音词象。由于汉字同时兼表语音所提示的词象和字形所提示的字象,所以汉字属于双意象的语象符号。

具体来说,汉字的词象与字象是存在一定区别的。比如说"角"和"爵"。"爵"是一种酒具,早期的"爵"是由"角"制成的。由于在词象上存在关联,所以"角"的语音便从"爵"的语音转语而来。但从字形上看,"角"同"爵"没有什么关联,因而也就不存在字形和字象之间的孳乳关系。虽然存在这种错落现象,但总的说来,汉字的词象和字象在孳乳原理上是基本一致的。

汉字的词象一般显得比较抽象,表示的概念众多,词形之间包含着复杂的语源分化和转语关系,这从大量存在的同音字现象中可见一斑。汉字的字象概念一般相对具体,其中的形声字还包含着大量的词象衍转关联和概念分化迹象,不仅涉及同音词,而且还涉及到近音词。所以,讨论汉字的字象孳乳就是从根本上讨论汉字孳乳和语源流变的互动演绎机理。再进一步说,汉字的字象和字义孳乳与其所表词象和词义的孳乳机理是一致的,如果把汉字的孳乳扩充性地看作是语源分化标记的话,那么弄清汉字的孳乳机理也就等于同时弄清了词义孳乳和语源分化的机理。

总之,语象作为语言认知环节在语义建构、概念拓殖和语形孳乳过程中都发挥着主要的媒介作用,因此有必要把它突出来认真地加以研究。

第二章 字象和字象义

第一节 字象和字象结构

一、字象的涵义

字象是文字字形所表概念的心表意象，是具有意义衍转功能的能指结构。简单来说，字象是由意象对应到文字字义的表征上形成的。但从根本上来说，意象来自于实相。实际事物对象反映到心理形成代表一定意义的文字后就转化成了字象，所以字象所反映的是实际事物对象。譬如，一看到"山"这个字，就使人联想到自然界崎岖高峻的地貌，崎岖高峻的地貌就是"山"这个字的字象。

二、字象结构

一个字所代表的意象经过头脑加工可以拆解成多个子意象，几个字的意象通过字素组合也可以形成一个统一的字象。相对于字象拆解和组合后的结构形态而言，字象又叫字象结构。字象结构就是指字象经过概括整合和析解加工形成的合成意象或结构性意象。字象在结构化的分解组合过程中，头脑中往往会形成多个凸显意象和域景交叠表征或演绎的情景，所以从分解视角上可以把字象结构简单分为象元和域象结构。

（一）象元

象元即意象成分，指的是从一个意象凸显出来的结构成分或转连出来的相关意象。比如，"红"的字象本指刺绣工艺，进而又指红色。红色就属于从刺绣字象中凸显并析解出来的象元。再如，"矢"的字象本指箭，因为在实际中人们往往折箭起誓，所以"矢"字在上古典籍中又常用作"誓"，譬如，"夫子矢之曰：天厌之，天厌之"。"起誓"的字象就是从"箭矢"的字象转连出来的象元。

（二）域象结构

域象结构又称意景，指的是由多个意象和多层域景构成的具有一定主次关系或不同凸显指向的象元组合形态。

【按】甲文 𦥑 一期 𦥑 三期　　**金文** 𦥑 西周早期

例如，"羞"字。"羞"的构形本从羊、又会意，又亦声，后改为从羊从丑（抓扭），表示持羊和抓羊。早期字义表进献美食，后来字义扩展表示羞怯、拒与的意思。一般认为"羞"字早期的字形从"又"表示"持羊"，和"羞怯、拒与"的意思无关，"进献"之外的意思是假借义。其实，"羞"的字形，无论是从"又"还是从"丑"，都与抓羊有关，试想不抓羊，又怎么能持羊？应该说，单纯从字义角度来看，"羞"开始表示的进献义确实与"羞怯、拒与"义无关，但从字象角度来看就不然了。"羞"的两个意义属于从一个字象而来的两个域象结构。一个字象，就是字形所提示的人抓羊。两个域象结构：第一个域象结构由抓羊人和抓羊目的构成。抓羊是行为，进献是目的。域象结构的指向意义为"进献"；第二个域象结构由抓羊的行为和羊的反应情态构成。其情景是人抓羊，羊因害怕自然往羊群里退却躲避，因而表现出拒绝顺遂、羞怯不前的情态。显然，这也是一个与"羞"字所表抓羊动作密切关联的域象结构，这个域象结构的"拒与"意义正是"抓羊"这个原因造成的结果。

"羞"的字形只是象征性的提示了"人抓羊"这样一种简单的字素构成，但在心理表征中，它的字象却是由抓羊人、羊群以及潜在的抓羊目的和羊的反应等多个象元构成的字象结构。这个字象结构经过不同表达意图的选择，可以形成不同凸显的域象结构，进而也就可以建构出不同的指向意义。

再如，"休"，"休"字表示三个主要意义：一个是"歇息"；一个是"荫蔽"；再一个是"赏赐"。其中"歇息"义和"荫蔽"义就来自"休"的字象所投射出来的两个不同域象结构，而"赏赐"则是从"荫蔽"进一步引申而成的意义。"休"的字形由"人"和"木"两部分构成，所以它的域象结构是由字形结构明示出来的。对于这种明示出来的域象结构，我们一般称之为显性域象结构。这就是说，域象结构除了有显性域象结构之外，还有字形没有明示需要借助识解互动才能联想出来的隐性域象结构。在汉字的表意机理中，隐性域象结构要比显性域象结构表现得更普遍。比如，上面说过的"羞"字，虽然字形通过字素构造提示出了一定的域象结构，但它的域象结构仍然是隐性的。

隐形域象结构不仅存在于合体字之中，同样也存在于独体字之中，譬如，"日"字。

【按】日：甲文⊝　金文⊖

从甲文字形可以看出，造字之初"日"象征性表现的是太阳，但在人们对太阳的长期体验中，太阳与光热、明暗、时间的变化密切相连，于是就把光热、明暗和时间也用"日"来表示。譬如，在衍生字"暴、晒"中"日"就表示"光热"；在衍生字"时、间"两字中，"日"就表示"时空间"；在衍生字"明、暗"两字中，"日"就表示"光亮"；另外"日"还表示"一天"。这样，同一个"日"字就表示了多个意思，这几个意思都与"日"字所表示的太阳有关。从字象的角度说，"光热"和"光亮"就属于从太阳析解出来的象元，而"一天"和"时间"则是从太阳和天空的关系中析解出来的隐性域象结构。

（三）象元和域象结构的关系

细加分析可以发现，象元和域象结构的划分不是绝对的。譬如，"光热"，如果孤立来看它是象元，如果把光热同太阳一起来看它就是隐性的域象结构。所以，象元和域象结构只是从相对角度对字象成分和结构关系所做的区分，二者在不同关注视角下是可以互相转化的（见图 2 - 1 其中的箭线表示所指）。

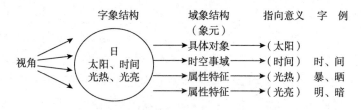

图 2 - 1 　"日"字的象元和域象结构

象元和域象结构可以用作意象分析，但主要作用还是为了表明意象在表征概念时的结构属性和关联属性。这同"机器是由零件按照一定结构组成的"一样，只是简单的定性表述。也就是说，象元和域象结构只是简单的分析工具，不是系统的细化分析工具。如果需要做细化分析，还需要对象元和域象结构做进一步的析解分类。

从汉字使用的实际来看，一个独体字在作偏旁使用时，象征的往往是既有象元也有隐性的域象结构。一般在需要做性质分析时，可以把概念表征意象的属性特征视作象元，把存在关联作用或相对背景关系的意象视作域象结构。如果只是简单分析，还可以更笼统地说它们都是通过视角变化从字象中析解出来的不同字象结构，不同的字象结构可以形成不同的指向意义。如果要做更加细化的分析，则需要借助后面才介绍到的字象类型。

第二节　字象的结构化

一、字象结构化的涵义

字象转化成字象结构的过程称为字象的结构化。从文字发展史上来看，字象结构化是文字形成的主要标志之一。

从起源来看，原始文字肇始于记事图画。因为记事不需要具备与语言对应的结构性质，所以只要笼统绘画就可以造成对所记事件的联想和回忆。

现代文字学家唐兰在《中国文字学》里曾经引用过一幅"人射鹿"的原始岩画（见图2－2）。❶ 内容是一个人张弓搭箭与一只鹿对峙的情景。这幅画具体要表现什么意思只能猜测，如果把它看作一个会意字，那么显然它是由多个意象构成的字象结构。根据字象结构的一般指义规律，它的指向意义可以概括为"猎"。换一个角度说，如果这幅图画是个字象结构，那么它所表现的意景是可以分解成多个子意象的。唐兰在这幅图画下边对应给出了"人"、

图2－2

"射"、"鹿"三个字。显然，一经分解这幅画就分出了"人"、"射"、"鹿"三个能够同语言表达结构匹配的文字。如果我们把"人射鹿"这幅图画视作

---

❶　转引自裘锡圭. 文字学概要［M］. 北京：商务印书馆，1988.

一个字的话，那么分解它的过程就是字象的结构化。当然，字象结构化的内涵要比这丰富得多。

从形式上看，把"人射鹿"这幅图画字分解成三个字的结构化做法很简单，但其背后的成因却并不简单。字象结构化既有认知发展规律的形成基础，也有思维方式和方法的形成基础。它反映了人对文字所表客观对象从具体到抽象，从抽象再到具体不断向抽象化和范畴化发展的认知规律，也反映了思维方式向类型化、象征化、结构化和模式化方向演进的复合规律。字象结构化，一方面体现出对字象概念进行选择概括、判断推理、分解重组以及跨域映射和关联转代等一系列加工方法的运用；另一方面也体现出相似性、邻连性、凸显性和效率性认知原则的贯彻与施行。所以从根本上来说，字象结构化是心理认知走向结构化、模式化和抽象化的反映。

二、字象结构化对汉字的影响

在汉字中，字象结构化往往意味着字义或字形的孳乳。虽然，画"人射鹿"岩画的民族有没有字象结构化的后继做法不好推断，但汉字却是通过字象结构化发展起来的文字。这可以从汉字的孳乳特征和孳乳标记观察出来，特别是汉字的孳乳特征，基本能够反映出汉字通过字象结构化演化发展的脉络。

在汉字的孳乳特征中，字象结构化一般体现为某种字象关联，其中有些字象关联在字形上往往是以相同字素作为孳乳标记来显示的。这就是说，字素相同的汉字在字象上一般都存在着某种关联。

例如，"禽"，本身是一个独立字（不等于独体字），同时它还在"擒"字中充当字素，所以，"禽"就是两个字存在字象关联的孳乳标记。"禽"的字象本来是用罗网捉鸟，这是一个内涵比较大的字象，然而表征的却是内涵比较小的"捉住"概念。显然，"捉住"的字象结构与"用罗网捉鸟"的字象相比只是个结构性字象，是舍掉了罗网和鸟而来的部分字象。以后，"禽"的字象中又分化出了"飞禽"（鸟类）的字象结构，这样"禽"字就有了两个字象概念。为了区别这两个字象概念，于是又造了加"扌"旁的"擒"字来表示"捉住"概念，并用"禽"转表"飞禽"概念。以后，"禽"字在"飞禽"之外又孳乳出了"禽兽"（动物）的字象概念，但却没有再分化出新字，而是仍用"禽"字表示。因此从字象结构化角度说，"捉住"、"飞禽"和"禽兽"三个字象结构都属于从"禽"字"用罗网捉鸟"的字象中分解出的子意象。其中"捉住"和"飞禽"属于有字象（字素）孳乳标记的结构化，而"飞禽"和"禽兽"则属于没有字象孳乳标记的结构化，也即一般所说的字义引申。

在汉字的孳乳中，字象结构化一般可以分为有标结构化和无标结构化。有标结构化指的是：随着一个字的字象析解为多个字象结构，文字也相应衍生为由同一字素相关联的多个字形，如此一来，便形成了文字的孳乳。因为有字形变化作为明显标记，所以把这种字象结构化称作有标结构化。无标结构化指的是：虽然字象分解成了多个字象结构，但字形却没有相应分化增加，只是字形所表示的意思相应扩充，形成的是字义的孳乳。因为扩充出的字义仍然用原有的字形表示，没有明显的字形变化标记，所以把这种字象结构化称作无标结构化。

字象结构化对汉字孳乳的影响是多方面的，概括而言主要有以下几个方面：

（一）促进了汉字字形构造的结构化

与汉字字象的结构化相一致，汉字的字形也不断走向结构化和符号化。字形的结构化和符号化是字象结构化的外化反映。就甲文而言，早期的字形大多具有"画成其物，随体诘诎"的性质，但到后来基本就成了结构化的意象符号。

【按】足、疋：甲文 🦵 甲文 🦶一期 🦶一期 🦶西周晚期

譬如，"足"，从早期的甲文字形一看就知道是一条连脚的小腿，到了后来就演化成了由"口"和"止"构成的结构化意象符号。类似的字不在少数，譬如，"爵"、"赢"、"何"、"考"的字形都是通过结构化从象形字演化而成的。

（二）促进了汉字字义与字形的孳乳

字象的结构化既可以形成文字所表字义的拓殖，也可以促成文字的分化孳乳。就拿从"人射鹿"图画字分解出的"鹿"字来说，它还可以通过字象结构化进一步得到分解。就单一字象而言，"鹿"的字象表现的是一种大型食草动物。通过字象的结构化，"鹿"的字象中还可以分解出表征"鹿类"和"鹿性"两个范畴的字象结构。譬如在衍生字"麋、麝、麂、麒麟"中，"鹿"所表示的是"鹿类"范畴的字象结构；在"麈"（扬尘）、"慶"（喜庆）、"麞"（金鼓声）、"麓"（山林）❶等衍生字中，"鹿"所表现的则是"鹿性"范畴

---

❶　"慶"字原本从鹿、文声，后又从心、鹿会意，再后才加上"攵"。鹿有美纹和欢动习性，故而加文或心旁凸显，用以表示喜兴，引申表示祝贺。"麞"，如鹿群奔踏的金鼓声。"麓"，如鹿角般高耸的山林。

的字象结构。显然，"鹿"这个字经过字象结构化的分解便使表意内涵得到了扩大。一般而言，字象结构化可以使字义得到引申形成"一字多义"，还可以使字形分化形成文字的孳乳。

这里附带说明一点，本书一般把拥有孳乳衍生字的基础汉字称作元生字，把以元生字为基础通过孳乳而来的次生字称作衍生字。譬如，"鹿"就是个元生字，"麇"和"塵"就是衍生字。衍生字的字象结构与元生字的字象之间具有相对转化性和分化平等性，这也是字象结构化孳乳的特点之一。从元衍关联的角度看，衍生字的字象是从元生字字象分化出来的衍生字象，二者存在包含关系。但如果抛开元生字仅从衍生字本身来看，它从元生字由以得来的衍生字象，就是其自身的字象，元生字和衍生字的字象又是平等关系。从功能上看，衍生字象同字象一样都是能够独立运用于思维的心表意象单元，在敷展思维上二者都是意象，具有平等的表征功能。在相对更大范围的组合运用上，元生字和衍生字的字象都是语言意义建构中的字象结构。譬如，"鹿"和"塵"，从结构孳乳关系而言，我们说"塵"的字象是从"鹿"的字象析解或转连而来的，但从语言使用关系上说，二者的字象关系是平等的，都属于语言意义建构中的字象结构。

（三）促成了汉字具体与抽象字象的结合

一般来看，汉字的字形基本都属于从所表实相概括或截取出来的部分意象符号，那么反过来看，字形所象征的实相就是字形符号所直接对应的完整字象。在字象结构化的情况下，汉字的字形所对应的字象会逐渐演化成由多个衍生字象构成的小系统。在这个字象小系统中，元生的字象大多是具体的，而衍生的字象大多是抽象的，所以汉字所表示的字象概念一般都具有具体字象与抽象字象结合的属性。具体来看，具体字象和抽象字象的结合有两个方面的原因：

一方面，一个字在造字之初其所象征的也许是具体的字象概念，但后来基本都衍生出了抽象的字象概念。这些抽象的字象概念有的体现在引申义之中，有的体现在组合字的字素义之中。如此一来，就形成了具体与抽象的字象概念相互结合、同聚一字的情形。

譬如，"日"造字之初表示"太阳"，属于具体的字象概念；但在引申义中表示"一天"，在组合字中表示"光热"，都是抽象的字象概念。这样同一个"日"字便同时拥有了具体和抽象两种字象概念。

另一方面，有的字虽然一造出来象征的就是抽象的字象概念，但由于字形所借助的是具体的意象符号，这样一来也形成了具体字象与抽象字象同聚一字的情形。所以，在以一个字的构造义为基本视角的前提下，一个字所表征的字象概念，不论造字之初情况如何，其一般都表现为具体字象概念与抽象字象概念聚于一字的情形。

【按】丙：甲文 ⎰—期　⎰五期　⎰春秋　厂：⎰—期　⎰—期

例如，"丙"。"丙"一造出来表示的就是"莹焕"和序数"第三"的抽象概念，字形是两个"厂"对合的构形，这是从张开的蚌壳摄取的意象。蚌壳舒张可以抽象出"舒张莹焕"的字象结构，因而映射表示草木破土后叶分两片的出苗情形。草木出苗排在植物破壳（甲）、生芽（乙）之后的第三序位，因而借"丙"表序数"第三"。草木出苗是季节进入炎热的开始，因而"丙"又引申表示"炎热莹焕"，以后在"炎焕"义的基础上，"丙"又加"火"衍生出"炳"字，表示光彩熠熠。

"丙"在甲文中与"内"同字，直到春秋才在"内"上加了一横做了区别（一横表示再加一个内字）。由于"丙"有"舒张莹焕"的字象概念，于是又通过映射表示仓廪的顶盖。谷仓顶盖需要经常敞开通风，这与家居天窗的情形又彼此相通，所以"丙"又映射表示可以开合的天窗。仓盖的功用是"采光通风"，天窗的功用是"采光排烟"，都有"舒张莹焕"的抽象意象。

"丙"的字形构造义是具体的，表达的却是一系列的抽象概念，这种情形充分体现了汉字在字象上具体性和抽象性的统一。

还有的字在造字之初表示的是抽象的字象概念，但作为字素时则又表现为具体的字象概念，"丙"字同时也是这样一个字。作为独立字时，"丙"所表示的是抽象概念，但在"更"和"便"中作为字素时，却又表现为蚌壳或天窗的具体字象概念。

【按】更：甲文 ⎰　金文 ⎰　篆文 ⎰

"更"，从攴，丙声。其中的丙，在甲文中写作"内"，指蛤蚌，同"攴"组合起来的意思是用木枝把蚌壳敲碎或翻开。打开蚌壳是一种改变，所以"更"字的具体字象表示的是"变更"的抽象概念。翻开蚌壳同翻开天窗的抽象情形相似，所以"更"在"便"中作为字素时，表示开合天窗的具体字象。"更"的金文字形从攴，从二内。二内，表示翻开的蚌壳。篆文从春秋字形把二"内"上的一个"内"压缩成了一横就变成了"丙"的字形。显然，对于

"更"字，不能通过"丙"的抽象义"莹焕"直接疏通，必须返回"丙"所表示的具体字象才能疏通，这是由汉字字象同时兼有具体与抽象两重属性决定的。

（四）促成了汉字相似性与邻连性孳乳的结合

在思维方式上，字象结构化意味着认知的抽象类型化和模式化，这种情形在汉字孳乳的字象表现中同样也有反映。在汉字的孳乳中，字象不仅可以通过邻连性关系来孳乳概念，同时还可以通过相似性关系来孳乳概念。在汉字的字象中常常可以发现，汉字所象征的字象往往不是与字形直接对应的字象，而是与字形对应字象存在某种关联的意象。这种关联意象，有的属于与字形对应字象存在某种相似性关联的意象，有的属于与字形对应字象存在某种邻连性关联的意象。有时在一个字的字象结构中相似性意象和邻连性意象会同时出现，二者形成了高度结合的情形。

【按】乔：金文 🔺 **篆文** 🔺

譬如，"木"与"桥"。"木"的字形对应字象是"树"，但在"桥"字中，"木"表示的是"木构"或"木材"的意思。"木构"取自于"树"，属于"树"的邻连意象；再看"乔"，"乔"的对应字象是指"人扮成一定角色踩着高跷表演"。但在"桥"字中，"乔"作为字素取的是从人踩跷抽象出的"高跨"样式，这种"高跨"样式与"桥"的样式属于相似性意象，这样"高跨"与"木构"结合，就构成了"桥"字"高跨之木构"的字象概念。

（五）促成了汉字对具体孳乳方法的综合运用

在汉字的孳乳中，同相似性和邻连性字象孳乳相伴随的是对映射和转代方法的综合运用。在认知方法中，映射与转代是形成字象关联的基本机制和方式方法。一般来说，相似性关联和邻连性关联在心理上都属于映射建立的联系。但具体来说，相似性关联属于字象之间由于某种相似关系形成的跨域映射关联。这里讲的"域"，是指字象对应事物实际存在的事域环境或伴生事物。邻连性关联属于字象之间由于彼此实际邻近或同体相连形成的转移性关联。所以从根本上说邻连转代也是一种映射关系，不过属于通过一定参照点形成的转移性映射。

在汉字中，映射和转代常常是综合出现的。譬如，"桥"，以"木"（树）表示"木结构"，就属于同域性的邻连转代关系；以"乔"表示"桥的高跨"样式，就属于抽象的跨域映射。显见，人踩跷形成的"高跨"与"桥跨岸"

形成的高跨，在具体层面上明显属于两个不同的事物领域。

三、字象的结构化效应

字象的结构化既是一种过程又是一种结果。作为一种过程，字象的结构化反映了认知思维的结构化、精细化和系统化；作为一种结果，字象的结构化产生了一系列效应：它促成了字象的抽象化、范畴化、象征化和符号化，以及字象概念的语义化，同时也导致了字象不同抽象类型的分化与形成。

（一）字象结构化促成了字象概念的语义化

字象结构化通过对字象本身进行结构分化和拓殖加工，有效地促成了字象概念向具备结构表达功能的语义转化，所以字象结构化的过程也就是字象的概念化和语义化过程。

字象结构化可以使文字所表概念语义化，从而与语词匹配成为可以满足语言结构性表意需要的词汇字。譬如，"人射鹿"那幅图画字，如果不经过结构性分化就很难适应语言结构化的表意要求，经过结构性分化就形成了可以同语词匹配的文字。不论是概括出的"猎"字，还是析解出的"人"、"射"、"鹿"三字，都是可以同语词匹配，适合结构化表意的文字。

通过前面的讨论我们已经知道，字象是文字所表概念的心理表征形态，字象与概念具有连体互动性。字象结构化虽然在形式上表现为字象的结构性变化，但它连带的却是指向意义的结构性变化，指向意义的结构化也就是字象表征概念的结构化。因此，字象结构化的实质就是字象所表概念的结构化，而概念结构化的结果就是形成了能够满足语言结构表达要求的语义，这是从形成机制上来看的。如果从意象表征概念的连体性上来看，字象结构就是概念结构，所以字象的结构化就是概念的结构化。

（二）结构化导致了字象的抽象化和范畴化

字象结构化是一个对字象概念进行概括、分解和重新组合的过程，而这个过程同时也是一个对字象所表客观事物对象进行抽象的过程。从字象概括分解出的字象结构大多是比较细化和虚化的意象结构，有的是元初字象的形态轮廓，有的是元初字象的属性特征，还有的是元初字象的动变图式，其所表征的概念一般都比元初字象所表征的具体概念抽象。所以，字象结构化的过程同时也是字象抽象化的过程。

一般来说，字象一经概括析解或重新组合自然就会导致不同程度的抽象化。由于抽象的程度不同，一个字象与抽象出的字象结构，会共同构成不同抽象等级的字象类型，并由此促成字象分类范畴的形成，所以字象的结构化和抽象化过程又是字象范畴化的过程。譬如，前面说过的"我"字，其字义的引申和文字的孳乳就突出体现了抽象化和范畴化效应（见图2-3）。

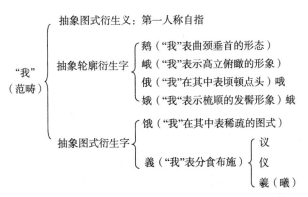

图2-3 我字字象的范畴化

"我"最初表示的"钉耙"是具体的农用工具，用于第一人称自指后变得抽象了。如果说表"钉耙"义时"我"字还有一定形象性，那也是经过抽象形成的意象轮廓，而不是"钉耙"的真实样子。至于到了"饿"和"義"中就变成了更加抽象的图式符号。总之，经过字象结构化，"我"的字象便衍转成了一个拥有众多字象结构的系统范畴。也就是说，"我"的字象变得范畴化了。

需要注意的是，这里所说的"范畴"是指思维从具体到抽象、从抽象再到具体上升过程中形成的经验范畴，而不是指一般事物分类形成的类属范畴。经验范畴指的是由经验上的某种相似和邻连关系构成的事物范畴。譬如，"我"同其衍生字构成的就是经验范畴。类属范畴指的是由属种概念关系构成的事物范畴，譬如，水果同香蕉、苹果、鸭梨构成的就是类属范畴。一般来说，类属范畴导源于经验范畴，经验范畴更具有基础性。

（三）结构化导致了字象的象征化和符号化

与字象结构化相伴随的是字象的象征化。字象因为在心理上形成了对其所表对象的结构性认知而形成抽象范畴化，抽象范畴化使字象不再是一个事物对象的代表，而是变成了一个事物对象诸多属性字象结构的代表，这就意味着字象本身转化成了象征性符号。字象的象征符号化，是文字表达概念从简单到复杂、从具体到抽象的必然发展趋势。一般来说，一个字造字之初仅代表一个具体的字象概念。经过发展后，这个字就变成了不仅代表元初的字象概念，而且还代表与这个元初字象相关的一系列字象概念。如此一来，就使字形和元初字象都变成了表示分化字象结构及其相应概念的象征符号。

譬如，"日"，元初的字象概念指"太阳"。在长期接触的认知体验中，人感受到，"太阳"不仅能够发光发热，而且随着太阳的运行一天中会产生白天与黑夜变化，一年中会产生冷暖变化，植物的枯荣成长都与太阳密切相关，所以在进一步的认知中自然会把这些经验观念聚集到"日"的表意范畴之中。这样一来，"日"的字象就不再仅表征"太阳"概念，而是变成了同时还表征"光热"、"时间"和"一天"等多个概念的象征性符号。

一般来说，字形和字象的象征化表意离不开与社会的互动关系。文字象征性表意的基础，既有元生性的基础也有与现实生产生活联系互动的基础，离开了与社会实际的联系与互动，字形和字象就会失去现实性关联，变成字象不明的纯粹符号，譬如，"千"字。

【按】千：甲文 ⟨甲文字形⟩　金文 ⟨金文字形⟩　篆文 ⟨篆文字形⟩

"千"字的构形从人在十上会意，其中"十"表示削尖的木杖。"千"元初字象表现的是"签种"的耕作方式。签种就是人用尖杖剟坑下种然后用脚踩埋的种地方式。这是人类早期刀耕火种时代的农耕方式，近代在落后的山区还有保存。由于"签种"需要大量重复性劳动，所以"千"就有了"数量大"的象征意义。以后，"千"字引申为表数量单位的代词，而"签种"的耕作方式也被牛耕取代，所以"千"所象征的"签种"字象就失去了社会通识基础，因此《说文》的解释只是"千，十百也。从十从人"，而进一步则没有解释。"千"象征"签种"在以其为字素组成的"阡"字中还有反映。"阡陌"指田埂小道，由于"签种"是用脚踩埋，会形成一串串脚印，因此"千"有小道的象征意义，与表台阶的"阝"（阜）旁组合就构成了表田埂的"阡"字。"阡"与"仟"相通，有"仟眠"一词。"仟眠"又作"千眠"和"芊眠"，表示草木丛蔓、隐晦不明之意。譬如，《楚辞·九思·通路》："远望兮仟眠，闻雷兮阗阗。"王逸注："远视楚国，暗未明也。"其实从"千"的本义上讲，无论踩埋的脚印还是田间小道，在庄稼长起之后都会被丛莽淹没变得隐晦不明，所以"仟眠"的字象本是眠卧于庄稼之中的小道，所表征的指向意义是"暗昧不清"。

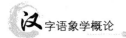

（四）字象结构化导致字象分类化

从实质上来看，字象结构化就是意象结构化，意象结构化的过程就是人的意识对客观事物对象进行反映加工形成从具象到抽象各种概念心表意象的过程。进一步来看，由于这个过程会把意象抽象成不同抽象等级的意象结构，因而在效果上等于是对不同抽象程度的意象进行了分类。由于形成了分类，便使意象发展成了一个系统化的意象范畴。譬如，如果把与客观事物对象直观对应的具体意象视为一个意象种类就产生了元象；如果把从客观事物对象整体特征概括出的意象又看作一个种类就形成了概象；如果把从客观事物对象结构关系抽象出的动态样式也当作一个种类就出现了图式。如此一来，意象自然就演化成了一个从具体到抽象包含多种类型的意象范畴。

第三节　字象的分类

字象结构化的过程就是人的意识对客观事物对象进行反映加工形成从具象到抽象各种概念心表字象的过程。这个过程会把字象抽象成不同等级的字象，不同等级的字象具有不同的形成途径和特点，可以构成由多级意象共同组成的字象分类系统。在这个系统中，字形作为意符首先是题引字象的媒表引象，字象是统摄分类的总范畴。在总范畴之下，字象可以分为基本字象（基象）和衍生字象（衍象）两个大类，其中，基象的具体分类包括元象、概象、图式和象符；衍象的具体分类包括象域（域象）、析象、意景、合象和构象。这是结合早期汉字字象特征所做的分类。这个字象分类是以字形所提示的"引象"为标准视角展开的。引象指的是字形构造所显示的用于题显欲表字象的简化意象。在图2－4中，从字形引象到字象义，表现的是字象类型从具体到抽象的结构化过程。对于图2－4有四点说明如下：

第一，在图2－4中，包括字象结构化的示意内容。最上边的右向箭线反映的是元生字字形经由字象概念的结构化、抽象化、范畴化向衍生字和引申义的挛衍过程。下边的左向箭线反映的是下一级字象被上一级字象所象征的符号化和象征化过程，上箭线向右运动的过程与下箭线向左运动的过程是同步进行方向相反的关系。

第二，中间的花括号部分反映的是一个字形经由字象的结构化逐层展开实现抽象化、范畴化和语义化的多级分类情形。从这个角度看，字象与分类字象是

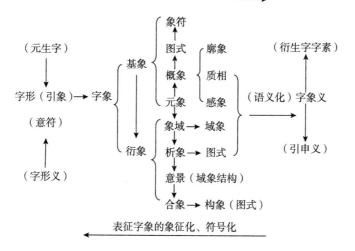

图 2-4 字象结构化和分类示意图

元衍性的包含关系。字象结构化，一方面，造成字象义的增加，形成一字多义；另一方面，元生字以其所有分化出的字象结构作为能指内涵成了衍生新字的字素，诸多的字象结构也就成了字素所携带的孳衍新字的潜在象元或域象结构。

第三，从意象的性质和成因上分析，图式本该归为衍生字象，但由于汉字从一开始创制就包含着字义的图式表征，这就使得图式在汉字的意象分类中同时兼有了基本字象和衍生字象的双重身份，所以图式也就被纳入了基象的范畴。

第四，字象类型与字象结构属于两种不同视角的分类方式，不好全面做具体对应。如果联系起来看的话，可以认为字象类型是对字象结构的进一步分化。比如，元象、概象、析象和象符都可以被看作是不同类型的象元；意景与合象可以被看作是域象结构；图式、象域和构象则是与象元和域象结构都相关的字象结构。

下面结合图 2-4 对分类意象分别做一简单介绍。

一、基象的类型

基象具体包括元象、概象、图式和象符，这是字象范畴中最基础的几种意象类型。基象有基础字象和基本字象双重含义，它是对造字之始与字形结构所表实相对应的具体和抽象字象的统称。从汉字的一般情况来说，每个字形所对应的字象基本都可以分为具体和抽象两种形态。

（一）元象

基象的具体形态往往就是字象赖以形成的实际对象本身，从这个意义上说基象称为元象。元象就是造字之初与字形所表示具体实相对应的字象。元象是字形对客观事物对象的直观具体反映，元象的形成充分体现了认知的反映性。

【按】水：甲文 〰️一期　〰️三期　火：甲文 ⛰️一期　⛰️四期　戰國陶 〰️

譬如，"水"与"火"。水，表示一种自然界流动的液体；火，表示一种高温燃烧的状态。这种与字形表象一致表现具体事物的字象就是元象。

文字创制之初，有的字直接表示抽象概念，所以基象范畴在包含元象的同时也包括经过加工的抽象字象。基象同时由具体的元象和抽象的字象构成，反映了具体与抽象结合的认知能动性。譬如，"入"字和"内"字。

【按】入：甲文 人一期　入一期　内：甲文 內　金文 內　篆文 內　亩：甲文 亩一期

"入"与"内"两个字一造出来，表示的就是"进入"和"容纳"两个抽象的相对概念。在甲文中两字相通，有时"入"字也写成"内"，因此基本可以把"入"看成是"内"的简化形态。其实"入"和"内"借用的都是出自同一个事物对象的元象——蛤蚌，蛤蚌有开合吐纳的意象形态，所以被用来表示"容纳"概念。"容纳"与"进入"属于一个字象的两个相反结构，相反的字象结构因为彼此邻连在心理表征上常常会形成相互转代，所以便出现了"入"与"内"有时换用的情形。"入"和"内"都没有表示蛤蚌意思的用法，说明表征抽象概念的图式在造字之前就已经形成，是与元象并列进入文字的基本字象类型。

其实从甲文字形来观察，"入"和"内"的字形都像是从"亩"而来的析出字或改形字，这是因为"入"和"内"的元象蛤蚌有很多性征同"亩"相似。譬如，蛤蚌和仓廪都有开合吐纳的抽象意象；蛤蚌的形廓同谷仓的尖顶及禾谷入仓堆成的谷堆相似；二者都有容器的功用；所以同蛤蚌有关的字形大多也都能通过映射在抽象层次上与"亩"相通。早期的甲文和金文有随引申义变形的特点，因而在金文中"内"的字形很像人在屋内的象形。但如果从"内"与"丙"和"厂"在字形上的关联来看，这应该是"内"从引申义变形的写法。从甲文中已经包括抽象字素构形的角度看，"亩"在一期甲文中有一种字形应该是从"入"而来的变形字（见上面甲文按图）。

"入"和"内"从早期互用到后来便形成了分化，"入"专门表示"进入"；"内"则专门表示"容纳"。孤立而言，"内"的字形可以理解为蛤蚌打开的象形，也可以理解为"人"加仓廪外廓构成，但从"内"在字形上同"厂"和"丙"互相关联上说，还是理解为打开的蛤蚌比较容易统摄三者同相关衍生字的关联。

（二）基象的抽象形态

元象之外，是基象的抽象形态，具体包括概象、图式和象符，这是依不同来源和抽象程度所做的划分。

1. 概象

概象是从字形所表客观事物对象的特征或给人的综合感受抽象而来的字象结构，是指意识从客观事物对象的总体形态或凸显特征及其给人的感受综合概括形成的抽象字象。概象进一步还可以细分为廓象、质相和感象。

（1）廓象

廓象是指通过虚化细节概括得出的关于元象整体形态或突显特征的静态意象。譬如，"我"字，其用在"鹅"和"峨"字中的"曲颈"和"高瞰"字象结构就属于廓象。简单说，廓象就是事物对象的整体轮廓或凸显特征。

【按】甲文 ꒰ꊰ꒱ 金文 ꒰ꊰ꒱ 篆文 ꒰ꊰ꒱

例如，"成"，甲金文的字形都是从"戌"下加一点构成。《说文》的解释是"成，就也。从戊丁声"。字义解释为抽象概念，析形从小篆而来，此说法不准确。"成"在甲文中并非形声字，而是会意字。字形构造中的"丶"所表何意是主要疑点。在汉字结构中，"丶"属于可以表示多种内涵的不定指意符，它一般在不同的组合字中有不同所指，其中也包括指一些事物的廓象。譬如，在指事字"刃"中作为指位符号，在象形字"介"字中则指盔甲叶片的廓象。"丶"在"成"字中的具体所指一直比较模糊，比如，也有人认为是古人斩物盟誓掉下来的物屑，应该说这种说法也不确切。"成"字中的"点"既不是许慎所说的"丁"，也不是今人所说的"物屑"，而是谷物种子的廓象。"戌"在此处不表兵器，而是表点种或除草用的锄头。"成"的字象是"刨坑下种覆土"。耕作以下种覆土为事程告结，故而"成"的抽象概念是"完成了一桩事"。许慎解释为"就也"，是抽象的概括义。落种覆土有"复合并拢"的意象，所以"成"在语用中有合拢结盟的引申义。"丶"是谷物种子的廓象还可以从"成"的组合字"盛"的字象中得到印证。《说文》："盛，黍稷在器中以祀者也。"意思是说"盛"的字义是指祭祀时供在器皿中的谷物。奉神当然要用最好的谷物，最好的谷物也就是黍稷种子。"成"在"盛"字中作为字素表示种子，用的仅是从"成"的字象中析解出来的部分字象结构。

（2）质相

质相与廓象正好相反，指的是意识通过虚化外在表象从事物内在结构或功能属性抽象出来的具有动态性的客观质性意象。从相对比较关系来说，质相是一种介乎于图式和感象之间，反映客观事物内质结构和动态功能特征的概象。

【按】己：甲文乙一期　S四期

比如，"己"，元象为木匠给木料打线用的墨线或墨斗。因为墨线起的是基准限制作用，所以在这个功能基础上就形成了"约限"意象。由于这个意象有明显的客观具体性，因而既不宜称它为感象也不宜称它为图式，于是便称它为质相。

（3）感象

感象是指由客观对象和相应域景同人的主观感受及联想相互作用形成的抽象主观意象。感象的来源主要是人的主观意感。

譬如，"娥"字，"我"在其中不光表示女子在客观上平和梳顺，还在于平和梳顺与人的主观感受结合生成了娴雅柔美的感象。再如，"婷"字也是如此。

2. 图式

图式是指在与客观对象反复互动体验的基础上，人脑对元象所表事物对象的内外结构关系和动变方式经过抽象加工后形成的字象表征形态。图式属于一种抽象的字象结构，一般表现为某种动变趋势或内外结构关系的抽象样式。

【按】畐：甲文畐二期　畐三期　金文畐　福：甲文畐　金文福　逼：甲文逼一期

比如，"畐"，在甲文中是一个装满酒的酒壶形象，是早期不带流嘴和手把的"壶"。在衍生字中，"畐"经常表示的是从元象抽象而来的充盈胀满图式。譬如，"富"的意思是居家充盈富裕，用的就是"充盈"图式。从另一个角度说，一个空间如果充斥的东西太多，会使人产生挤压感，所以在衍生字"逼"中"畐"表示"挤压"图式。在甲文中，"逼"字从人旁为"偪"。[1]"畐"作为酒壶还有倒酒时充盈流畅的"昌顺"图式，于是又衍生有加"示"旁的"福"字，表示的是天赐昌顺的意思。

3. 象符

象符是指意识通过对事物对象进行压缩或模糊把握所形成的虚化意象符

---

❶ 此处采信邹晓丽的说法。转引自邹晓丽. 基础汉字形义释源［M］. 北京：中华书局，2007.

号。它主要是指元象在抽象出下一级意象或凸显出概念之后自身形成的虚化符号形态，同时也指认知反映中的模糊意象。

象符和意符是两个不同的概念，意符指的是具有意象性质的汉字。象符具体包含两重含义：一重含义是指意象在概念化过程中自身转化成的符号状态；另一重含义是指在连续抽象形成的意象分类中抽象级别最高的意象类型。

譬如，"日"的元象是太阳。当"日"表示"一天"概念的时候，"太阳"这个元象就转化成了"一天"这个时间概念的象征性象符。"一天"这个概念的表征意象虽然同太阳的升落有关，但太阳这个元象却变成了不再凸显的符号化表征状态。同理，意象的符号化同样也会反映到语形的符号化上，譬如，"日"这个字原本是从"太阳"意象对转出来的象形字，但随着"日"的心表意象符号化，"日"这个象形字也就转化成了象征"时间"概念的非象形字，即转化成了只起题引作用的语形意符。

二、衍象的类型

衍象是衍生字象的简称，具体包括象域、析象、意景、合象和构象。因为这几种字象结构基本都是以元象为基础，通过延展关联或分解组合衍生形成的，所以称之为衍象。其中，作为域象结构的"意景"已在第一节中做了简单介绍，后面还有专门章节讨论，所以本节不再赘述。

（一）象域（域象）

在实际生活中，任何事物对象都不是孤立的存在，都存在于一定的背景环境之中，都会有伴随的邻连事物。在意义构建上，背景环境和邻连事物对于理解和把握意象具有关联定义的框架作用，是字象结构的一个重要组成部分。所以我们把这种同意象伴生在一起的背景或邻连事物统称为象域。所谓象域，就是指由关联于一个元象事物的各种背景事域和其他事物构成的综合意象，或者说是与某个意象所表客观事物对象可能存在关联的其他意象和事域的总和。

象域同意象一样，也具有"域"和"象"的二重属性，因此象域也称作域象。域象是从相对转化的性质上，对象域和意象的一种统称。

域象包含三重内涵：其一，域象是指关联于一定象域和象域中其他成员的意象。从意象和象域的外联角度说，当一个意象关联出象域时，其本身就转化成了象域之中的意象。这时它和象域中包含的其他意象成员一样，都处在彼此平等的邻连关系之中；其二，域象指由象域转化而来的意象。从意象和象域分离的角度上看，象域也是可以独立的意象；其三，域象指结构化的意象。从意象可以转化为象域的角度说，一个意象通过析解后它自身就转化成了包含诸多子意象的象域，这时称它为域象，是指它本身既是独立的意象，又是通过析解而来的象域或域象综合体。总之，域象是一个相对于象域和意象相互转化联系的范畴，它有些方面可能类似于象元，但同象元的所言背景不同。

【按】副：籀 🔲🔲　篆文 🔲

比如，"副"字，其中"畐"所表示的字象既不是"充盈"也不是"酒壶"，而是浇铸酒壶所用的型范，型范就属于"畐"的象域中所包含的其他关联意象（域象）。古人铸造酒壶的工艺同现代翻砂法不同，用的是泥型陶范法。"畐"的型范做好之后，一般要用刀剖分成对等的两半，以便之后合起来用于铸造。"副"的籀文字形，从二"畐"夹刀，表现的正是"畐"的型范被剖开的形状。由于剖开的型范被分成两个形制一样与"畐"型相反的形态，所以"副"既表示"剖分"又表示"一对"和"附属"的意思。

【按】侯：甲文 🔲—期　🔲—期　金文 🔲西周早期

再如，"侯"字，在甲文中是从箭矢射向箭靶的字形。元象本来表现的是箭靶，但后来转代表示有军功的人，成为了一种对爵位的称呼。箭靶与军人和军功属于一种关联关系，如果以字形提示的箭靶为主要字象，那么军人和军功都属于箭靶相关象域中的邻连域象。

（二）析象

析象是指从一个字象中分解出来的象征字象所表事物对象不同属性特征的子意象。一般来说，一个客观事物对象往往会存在着各种各样的性质特征，譬如：形状、大小、颜色、材质、声响、功能效用、动变特性，等等。这些性征或是事物本身所携带的，或是由事物间的相互作用造成的，总之，通过心理变视和分解就可以获得这些析解意象。析象往往由其所宗的字形和元象转代表现。

譬如，"黄"字，元象是小孩戴的佩璜。因佩璜为黄颜色，于是就把这个意象析解出来也用"黄"表示。"黄"表示的"黄色"，就属于从佩璜的属性特征中分解而来的析象。

（三）合象和构象

1. 合象

意象结构不仅存在于意象外部联系的象域和本身解构的析象上，还存在于多个字象的重新组合上。组合字象通过整合，可以形成由几个字象构成的会意结构。这种组合而成的会意结构称为合象。所以，合象就是指由相互作用的多个意象所构成的具有事态或事件完整性的合成会意结构。

比如，"赏"字，从贝（财物）、尚（天窗）声。其中"尚"表示"高上"，组合形成的合象就是"上面赐予的财物"。在这个合象之中，单看字素构成是没有"赐予"成分的，它是通过对"尚"和"贝"进行整合构造出来的。有了"赐予"，"尚"和"贝"才能形成一个有意义指向的完整字象结构。当然合象只是意义建构中的过渡字象结构，形成具有指向义的构象才是组成合象的目的，所以构象往往伴随着合象的整合而形成，譬如，"赐予"就是"赏"的整合字象投射出来的构象。

2. 构象

合象代表完整的会意结构，这种会意结构并非仅由直观的字素意象直观地构成，其中还包括由字素所关联的意象通过相互作用生成的构造性意象，对于这种构造性意象，我们称之为构象。构象一般是指由合象会意结构中的有关象元通过关联作用映射而成的构造性图式，譬如，"扰"字。

【按】尤：甲文 𝄞　金文 𝄞　篆文 𝄞

"扰"，从手，尤声。"尤"本指犁头与犁架连接部位用于分土的"凸疣"。"扰"有两个意思：一是表福利，这是从耕种能够收获转连出来的意思；二是表"搅动"，我们就从这个意思来看看构象。"手"和"尤"字整合起来的合象是"手像犁疣分土一样搅动"。其中"搅动"不是字素结构中所直接具有的，所以，它就是由合象结构构建出来的构象，构象表征的指向意义就是字素构成所要意会的概念。

基象和衍象的分类字象在本章只是简略介绍，后面还将分章节细致讨论。

第四节　字象义与字义

一、指向意义和字象义的分类

（一）字象和指向意义的关系

字象是意识对客观事物对象动态或静态的反映，不论多么抽象，它都有一定的实际意源作为反映原型，因此字象常常表现为主体意识对客体对象的摹写。一般来说，由于主体意识摹写客体对象的目的不是为了单纯复制物象，而是为了借助物象来表现人对客体对象的认知观念和意图需要，所以人的认知观念和意图需要就转化成了物象的指向意义，而物象则转化成了具有指向意义的字象。这就是说，单就字象所表现的物象本身而言，它同客观的自在之物一样没有指向意义，指向意义是人通过加工从物象选择出来用以表现人的认知观念和意图需要的概念。

（二）字象义和指向意义的关系

字象义就是文字的字象所表征的指向意义。从概念的角度来说，字象是文字所表语义概念的心表意象。从字象的角度来说，文字象征的概念就转换成了文字对应字象构建出的指向意义。这个对应于字象的指向意义，因为出自于字象，所以又称作字象义。区分字象义一是可以明确语表意义与心表字象的对应关联；二是有利于细化指向意义和语象义的内涵。从相对关系上来说，指向意义等同于概念，语象义属于语形符号化的概念，字象义属于语象义中的一种，所以它的外延比语象义要小。语象义除了包含字象义和词象义，还可以包含合成性的词组义、成语义、语句义以及构式义，等等。

在汉字中，字象表征一定的概念。字象表征什么概念，与字形所表字象结构投射出的指向意义密切相关。一般而言，字象结构可以通过字形的构造形式提示并凸显出多个意义指向，意义指向即字象结构的意义能指取向，它会经过抽象投射出多个字象义，多个字象义通过人的选择使用才会成为一般所指的固化字义。从字象孳衍来看，字象义的变化是字象结构及其意义指向变化的反映（见图2－5）。

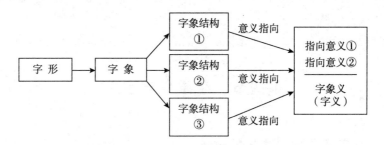

图2－5　字象、字象义和指向意义的关系

（三）字象义与字象的对应分类

作为心表结构的字象投射到语表结构的意义，字象义可以与字象类型形成对应分类，具体是：元象——元象义；概象——概象义、图式——图式义、象符——象符义。另外还有：象域——象域义；析象——析象义、意景——意景义、合象——合象义，构象——构象义。这里没有基象义和衍象义，因为在实际使用中一般都可以直接用元象义、概象义，图式义、象域义等具体称谓直接表述。

二、字象义与字义的关系

（一）显性象义和隐形象义

字象义可以分为显性象义和隐性象义。显性象义是指字象义经过一定使用已经成为既成语典义的字义，一般就是指字典上罗列的义项，所以显性象义就是一般所说的字义；隐性象义是指隐藏在字象结构之中还未成为明确语典义的潜在意义。就汉字的具体情况而言，隐性象义或许在某个组合字中充当着字素义，或许有待在实际语用中被语境激发出来再转化成显性象义（见图2-6）。

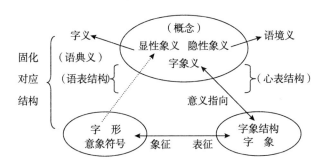

图2-6 字象与字象义示意图

（二）字象义与字义的关系

字义，广义上一般是指文字初用时所示范的，或在后继的使用中表现出来的，具有语言结构性功能的意义总和，狭义上一般是指词典所列举的对应表达固化概念的词条义。从字象视角而言，字义是由字形所表字象结构的指向意义转化而来的字象义。从这方面说"字义"与"字象义"有相通之处。但从另一方面看，字义所表示的概念是不分抽象等级差别和显隐象义的，而字象所表征的字象义是区分抽象等级差别和显隐象义的。所以二者又存在很大的区别。

笼统而言，字义等于字象义，二者都表达字形所象征的概念意义。但反过来说，字象义不一定等于字义。字象义所代表的外延要比字义所代表的外延大许多，二者是包含与被包含的关系。具体来说，字义一般仅与字象义中的显性象义对应，而不包括字象义中的隐性象义。在汉字中，很多元生字与衍生字之间不仅是以显性象义为基础形成的意联关系，更多的是以隐性象义为基础形成的意联关系。所以当从字义视角梳理汉字时，由于没有隐性象义的支持，特别是没有图式、象域以及映射转代等一系列范畴和方法的支持，往往较难把意联关系梳理清楚。

（三）字象义与用例规约

作为字象义，无论以显隐形态存在都属于概念，都有与其对应的字象结构予以表征，但字象结构生出的字象义却未必一定会成为显性象义。因为字象义要转化为字义，不仅要有字象结构基础，还要有用例规约基础。只有那些经过使用、实现了规约化的字象义才是对应于语表结构的字义。对于那些没有实现规约化的字象义，只能视之为能指性的隐性象义而不宜视之为字义。

三、字象义的特性

从构造和形成过程看，字象义具有字形构造提示的经验凸显性、抽象概括性和使用过程的规约性。

（一）经验凸显性

经验凸显性是指一个字形在表现字象义时，一般都会把与造字意图相关的字象结构作为焦点提示为意义指向，这样有利于人们根据意义指向来调动相关经验形成对字象义的领会。也就是说，字象义的形成具有客观经验上的凸显性。

【按】走：甲文 𠀾—期 春秋石鼓 𧺆 奔：𡘻

"走"在早期甲文中是一个人摆臂行走的形态，之后又在摆臂人的下面加上了一只表示行走的脚（止），"止"提示字象为走路。在人们的经验中，走路比较快才摆臂，所以脚和摆臂的字形构造所提示的字象结构凸显的字象义是"快行"。再看"奔"字，"奔"字的字形构造是在"走"字基础上又加上了两个"止"。三个"止"表示脚移动所形成的重影，意在凸显脚的移动速度更快。显然比"走"更快的字象义就是"跑"。"走"和"奔"充分体现了字形通过构造来提示字义的经验凸显性。

（二）抽象概括性

抽象概括性是指字象义要经过对字形构造和所表字象的抽象概括才能获得。譬如，"奔"字中的三只脚，就不能具体按三只脚理解，而是要抽象概括为脚步移动快。整个"奔"字，也不能具体理解为"看不清脚"，而是要根据经验概括为抽象的概念"跑"。

（三）使用规约性

使用规约性是指一个字形构造所提示的字象结构和隐性象义会有多个，这多个隐性象义最终要通过实际使用规约，才能确定下来哪一个是字形所要表示的显性象义。譬如，"爱"字。

【按】爰：甲文 ﹍一期 ﹍一期 秦铜量 ﹍

"爰"，甲文的构形从两手援针引线，旁边加有一"贝"。"爰"的字形构造，可以从直观角度具体解释为用针线把贝壳串联在一起（楚国的铸币称郢爰，应与此有关）。字形中的一竖表示针线，一正一反的两手表示推针引线的倒手动作。但这样具体的解释对于字形构造还可以，对于字象而言就不够了。从字象上解释应该概括为"缝缀"，其中的贝壳既可以具体地表示缀连货币又可以抽象地表示缀连义，因为贝壳作为货币一般是缀连在一起的。后来，"爰"从更抽象的角度去掉了"贝"，于是就变成了正反手加一针的抽象字形。出现如此改动，应该正是"爰"在实际使用中兼表缝衣字象的反映。"爰"有多个字象结构和意义指向。譬如，"爰"原本表示"牵引"的意思，后来在"爰"的基础上又加上了"手"旁构成"援"字，凸显的是辅助缝制动作、托持衣物的另一只"援手"。在"爰"与"援"分立的情况下，"牵引"与"援手"也是分开表示的，但后来"爰"做了抽象的偏旁，"援引"和"援手"两个指向意义便都被规约成了"援"字所表示的显性象义。除了"援手"和"援引"两个字象义之外，"爰"字还有"间断缓慢"和"温软柔和"的字象结构和字象义，这两个字象义体现在衍生字"缓"和"暖"的字素义中。显然，这两个字象义作为隐形象义一开始在"爰"的字象结构中就存在了，但由于并未被使用规约为"爰"的显性象义，所以直到在"缓"和"暖"中作字素使用时，才被凸显出来规约成显性象义。

需要说明的是，指向意义涉及不同背景下的叫法，从形成来源的字象上说指向意义叫作意义指向。意义指向是字象结构可能形成的概念，也就是指字象结构所显示出来的意义能指趋向。就文字结构而言，意义指向也指字形构造所表现出来的构造意图。就形成的结果而言，意义指向就转化成了指向意义。指向意义即字象结构建构出来的概念或字象义。这都是出自不同视角和不同相对关系下的不同称谓。

四、字象义与字象的关系

字象与字象义是不同内涵的概念，虽然二者因存在一定对应关系在不造成误解的条件下可以相互代表，但在形成机理上不宜视为等同。字象属于心理表征概念的意象，字象义则属于字象表征出的概念性字义。一个字象通过析解或关联可以形成多个字象结构，多个字象结构可以形成多个概念，也即可以形成多个字象义，所以字象和字象义是一对多的关系，二者并不等同。因此，对字象和字象义最好区别理解。对于字象义与字象的关系，具体可以从两个方面来考量（见图2-6）。

（一）字象对字象义具有表征和衍生双重关系

字象对字象义具有表征和衍生双重关系：一方面，在一般应用中字象是字象义的心理表征形态；另一方面，在文字孳乳中字象又是字象义衍转生成的媒介基础。也就是说，字象不仅是字象义的表征意象，而且还是字象义孳乳的概念模型。

字象义一般与字象结构对应。一个字象往往包含多个字象结构，因而也就等于包含着多个字象义。多个字象结构通过与一定的语境搭配，才会凸显或生成某个字象义。但在直观感觉上，这种情形好像是一个字的字象出现了变换。其实不是字象出现了变换，而是字象在语境的关联作用下发生了不同结构的凸显变化。由于这种情形是因不同搭配关联造成的，因而称之为关联定义。关联定义就是指一个字象概念因搭配对象或语境不同而出现字象义生成或转换的情形。在语用中，一般表现为字词义受搭配对象影响形成相对变化的情形。

例如，"节"字，字象为"竹节"。在"节奏"一词中其字象义为"连续点"，在"节度使"一词中其字象义则为"约制"。两个字象义原本出自同一个字象的不同字象结构，彼此之间属于亲缘关系，所以在不同搭配对象和关联条件的作用下才能被定义出具有相对转换关系的两个字象义。

（二）字象义与字象存在同象异构关系

从字象结构而言，一个字象可以因抽象程度和取义角度不同概括或析解出不同的字象结构，相应的就会形成不同的字象义。因此，字象虽然同字象义并不一一对应，但字象结构与字象义却是形影相随的关系。也就是说，有什么抽象级别的字象结构就有与之对应的字象义，反之亦然。但这不是说字象和字象义完全等同，也不意味着一个字有什么样的字象结构就一定有相应的显性象义。字象与字象义虽然密切关联，但二者毕竟属于包含关系。一个字象可以包含着多个字象结构，因而也就等于包含着多个字象义，多个字象义之间往往存在同象异构关系。文字学中有"施受同辞"的说法，从字象角度论，"施受同辞"就属于"同象异构"现象。所谓同象异构，是指同一个字象因观察视角不同可以形成多个不同的字象结构和字象义，不同的字象结构和字象义之间字象相同，但结构凸显形态不同。

例如，"受"与"授"，表征"接受"概念的字象是以接物的空手为焦点意象，以持物给予的手为衬景构成的字象结构；而表征"给予"概念的意象则是以持物给予的手为焦点意象，以接物的空手为衬景构成的字象结构。两个字的字象是存在结构转换关系的不同字象结构，所以表达的字象义就是不同的概念。其实"受"的字象中还包括一个字象结构就是"授受的物品"。这个字象结构所表征的字象义在"绶"的字象中是隐性存在的。"绶"是指在一定礼仪场合奖赏有功者用的的丝质饰物，其中的字素"受"用的就是与"授受物品"的字象结构所对应的隐性象义。从这个例子中我们可以看出，"绶"是一个与"受"的字象存在意联关系的字。但是如果不从字象角度分析，仅从左形右声上说，就会难以清楚地解答"绶"字为什么会用"受"作为声符而不用"寿"或"守"作为声符的问题。

第五节　字形和字象的关系

一、字形与字象的基本关系

说到字象自然就会涉及字形。汉字的字形和字象紧密关联，在概念与字象统一的视角下，字形既象征概念又象征对应于概念的字象，所以字形是具有题引所表概念和字象功能的象征性意象符号。

汉字的字形一般是从所表概念的表征字象对转出来的意象符号，因而其构造大多也都具有意象的性质。汉字的字形构造有的象形，有的象意，有的是具体的元象，有的是抽象的图式，具有明显的字象题显功能。但总的来看，汉字所构造出的形制，还不能说就是字象，而只能说是所表字象的引象。所谓引象即媒表题引意象，指的是字形构造所显示出来的用于题引实际字象联想的简化意象。

字形与字象虽然存在对应关系，但字形无论是表现客观实际对象还是表现心理意象都要受到静态、具体、平面、线条、形制等一系列具形表现手段的限制。显然，字形用有诸多限制的有形之象表现基本没有限制的心象，自然就会存在着不直接、不简单对应的曲折情形。所以，字形与字象是外在象征和内在表征之间的对应关系，而不是形态等同的对鉴关系。字形是字象的特征轮廓或某种结构关系的写意形态，字象是与字形所表客观对象完全对应的全息心象。二者既有联系又有区别，因此用字形构造来表征字象有很大的模糊性，其意义的确定一般也离不开规约性。

【按】妥：甲文 金文 篆文

例如，"妥"。《说文》段注："妥，安也。从爪、女。""妥"是个会意字，"安"是字形象征的一个抽象引申义。其实"妥"抽象出的引申义不止"安稳"一个，它还有完备、顺让、悬落等义。"妥"的字形是从女子梳头最后"用手抿顺飞丝完成定型"的情景中截取来的瞬间意象。虽然造字者选取"女子和拢手"两个最具生活典型性的意象符号来象征字象原型，但由于字形是静态性的瞬间图写，所以在后世识解者看来字形所表现的情形仍然显得模糊不明，譬如，《尔雅·释诂下》就把"妥"解释为"坐也"。虽然"人坐定而安"与"发定型而安"在"安"义上基本相同，但"坐定而安"与"完备、顺让、悬落"等字义则不相干。如果有人问为什么单选"女"而不选"人、夫"作为字素，那么这个具体的字义解释就会暴露出生活常识上的破绽。不过尽管后人不清楚字形所取的字象原型，但在抽象字义的理解上还是正确的，这是文献用例对形义对应关系的规约性发挥的作用。

二、字形的象征性特性

在本质上，汉字的字形是以象征性和规约性表现相应字象概念及其语词的意符。汉字的字形和字象虽然都有图形，但二者最大的区别在于表现同一客观对象时所显示出的特性不同。我们先来看看字形在表现客观事物对象时所显示出的特征。

（一）时空瞬息性

字形构造出的简单意象称作字形引象，相对于它所表现的客观事物、过程、事件对象的生动心象而言，字形引象在时间上是瞬时的，空间上是平面的。其表现的视角、焦点、域景、款制都要有所选择取舍，一般要服从所表字象在经验上的可及性、概念上的凸显性以及字形构造上的简洁性和对立性等诸多限制性要求。譬如，"妥"的字形构造，就是一个符合这些要求的瞬间引象。

（二）相似性和静态性

【按】旦：甲文 ☺　金文 ♀　篆文 ☱

汉字的字形引象取自客观事物对象经过加工的心理意象。尽管它的构造有一定抽象性，但从基础上来说引象的构形基本上还是与实际对象存在相似关系的形制。相似性表现有利于人们诉诸经验和体验联想，形成望文生义的触媒效应。譬如，上面说过的甲文字形"旦"，其字形引象就像刚刚跃出水面的太阳，其中主像和倒影的关系表现得非常清楚。在表现手段上，字形引象是对所表字象定格式的静态表现手法。尽管有些汉字的引象能够通过结构关系营造出一定的动态效果来，但那也是通过与知情人互动激发出的联想效应。对于一般识解者而言，不一定都能临机体会出动态效果来。譬如，还是"旦"字，在小篆字形上，一般识解者大多都不太容易体会出它的动态性。

（三）形制的一致性

客观对象在心理意象上的表征形态有大有小，结构有简单有复杂，但要通过字形构造表现它们，就必需使之转化成具有一定形制的图形。字形引象不能因为所表的对象是房顶就大，也不能因为所表的对象是盒盖就小，而是要通过拓扑方法把对象都转化成一般大小的可视形制。就汉字而言，就是把所有的字形构造都以方格加以规约表现为同样的大小。这种字形构造相对于实相而言，有的属于宏观压缩形制，有的属于微观放大形制，而相对于它所表征的概念意象而言，则只是象征性的引象形制。

（四）形制对应的封闭性

字形引象往往以相似于某个事物对象的结构形态提供一定概念的基本意象和基本象域。字形引象与所表字象基本是固化封闭的对应关系，同时字形引象也必须以相对固定的形制与所表字象保持规约对应关系，才能实现通识性。

【按】土：甲文 ⛰　金文 ⛰　篆文 土

例如，"土"，在甲文中其引象形似"土块"，其字形构造既表征"土"的物质意象，又作为基本象域象征与"土"有关的事物。譬如，在"坑、坎"两字中，"土"都表示本字与土有关，这所体现的就是字形引象和所表字象对应关系的形制封闭性。字形定型并与一定所表字象形成封闭对应关系是文字通识的基础，也是对其作为交流工具的基本要求。

当然，字形引象与所表字象构成封闭对应关系，不等于所表字象本身就必须固化不变，也不等于字象与字象义也构成同样的封闭对应关系。由于字象本身及其同字象义之间存在着巨大的能指选择空间，所以这也等于给字形引象表示字象义预留了巨大的所指选择余地。

三、字象的表征特性

字象是与字形所表事物概念对应的心表意象。字象与字形构造的引象相比在特性上有着根本不同，字象的基本特性可以概括为以下几点：

（一）全息性和动态性

字象特性的全息性和动态性，是指在字形引象触媒效应的激发下，意识会通过联想还原出与字形引象所表对象相应的完整事件流程和生动事物情态。外在的字形引象在心理上所形成的概念表征意象不再是孤立的、局部的、象征的静态对象，而是联系的、全息的、完型的动态事物意象，甚至还可能形成主观意感和实际意象在心域中的动态演绎。譬如，"妾——接"、"受——授"的孳乳就是如此情形。

（二）具象与抽象的结合性

字形引象激活的字象联想既有具体的实相情态和域象关联的图景，也有抽象的事物性征、结构以及活动过程的图式和主观感象。譬如，"日"既能引发人们对太阳的联想，又能引发"时间""光热"的联想、还能触发"温暖"的主观意感。

（三）形制的异款性

心理机能具有对认知对象进行概括压缩、展开放大以及结构化和符号化处理的能动性。实际客观对象不论大小，是否有形，在意识中都能转化成被感觉认知所关照的可视形态，并且能保持相对可比的区别形制。所以，异款性是指认知对象在心象中虽经抽象处理，但仍可保持相对差别的可比性。

（四）对实相的开放性

字象与实相概念之间的对应关系，同字形与实相概念之间的封闭对应关系不同。字象表征概念对于实相是相对开放的，它不仅在字形引象所提供的基本象域展开概念的关联拓殖，还能够突破字形引象限制，向有某种机缘的象域展开拓殖，并由此使文字的形义得到了相应的孳乳发展。

【按】塞：甲文🔯　金文🔯

例如，在汉字中，"塞"，这个字形象征性表示的引象是"封堵窗户"，所以窗户和房子是其基本象域。但在实际应用中，"塞"又通过映射象征"瓶塞"和"关塞"两个字象概念，这就超出了"房子"的基本象域，扩展到了"器皿"和"防御工事"领域，显然，这里既有概念的抽象性使然，也有字象的开放性使然。

四、字形与字义的关系

（一）字形引象和字形义

当人把头脑中的事物意象形诸外在图写构造出字形时，字形会通过自身的构造直接表现出一定的简单意象和相应的"意义"。字形直接构造出的简单意象称为字形引象。字形引象所表现出的"意义"有人称为字形义，有人称为构造义。

通过前文我们知道，字形是简化的意象符号，所以字形构造出的简单意象在功能性质上只是字象的象征性引象，它并不等于实际的心表字象。至于字形引象所显示出的"意义"，无论是把它称为字形义还是构造义，都只是一种权宜性的称谓。这是因为，所谓字形义和构造义都不属于文字在一定用例中显示出来的语用义，而是属于对字形构造出的引象进行解释或描述的词语。比如，"林"字，《说文》："平地有丛木曰林，从二木。"再如，《说文》："蠶，任丝也。"查一下用例可知，"林"没有"二木"的用例义，"蚕"也没有"理丝"的用例义。"从二木"和"任丝也"都属于对字形引象进行描述的解释性说法，所以不能把"字形义"误当作语用义，更不宜把它看作是字形表示的"本义"。在汉字中有一类字的"本义"，虽然也有词汇对它进行解释，但解释的词汇是在描述它是什么字象，而不是说解释性的词语就是可以使用的字义。例如，许慎在《说文》中对"票"字是这样解读的："票，飞火也。"这个"飞火"就是解释性词语，它是对"票"字字象的描述，而不是"票"在语用中的始用本义。"票"在文献用例中没有"飞火"这个本义，有的只是从"飞火"这个字象抽象出来的特征性字象义，即"轻盈或轻飘"义。

（二）字形引象的性质

字形引象（可以简称引象）和字象存在着密切的关系。概括来看，引象和字象有的是直接象征关系，有的是间接象征关系，有的是对心表字象的简单摹写，有的是从字象中抽象出来的图式。所以从性质而言，引象不等于全息的字象，它在功能上只是提示和激活字象联想的象征性意象符号。

【按】日：甲文 ⊖　月：甲：Ɗ二期　上：甲文 ⌒　金文 ⼆　下：甲 ⼆

金文 ⼆

譬如，甲文字形"日"和"月"，虽说是象形，但与实际对象相比，还是差别较大，只能说是相似性的题引意符。至于"上"和"下"更加抽象，基本就是图示符号。有的图示符号，如果没有相关资料或研究佐证，往往很难知晓其所指何物。

【按】囧：甲文 ⊗ 一期　⊙ 四期　金文 ⊗ 商

譬如，"囧"字，在甲文中的字形是圆圈中标有四个勾或是三个点的构造。这个引象符号一般指"明亮"，因而许慎认为其字象是"窗户"。但"囧"同时也代表火神祝融，显然用窗户的明亮代表火神不是很贴切。其实与"囧"的字象更贴近的器物是"灶口"。在淮河流域的考古发掘中，就有氏族社会使用过的陶灶，至于"土灶"应该发明得更早，很可能祝融就是因为发明了火灶而被奉为火神的。"囧"字的字象长期以来一直是模糊的，这说明字形构造出的引象对于字象而言只是题引性的意象符号。

从这个字例可以看到，字形构造直接表现出的引象与其欲表字象之间是曲折复杂的关系，绝不是"随体诘诎"，一望可知那么简单直观。

（三）字形引象与字象的关联

总体来说，引象与字象之间属于既关联又错落的关系。我们先来看看二者之间的关联情况：

1. 引象与字象有一部分属于直接意联关系

比如，日、月、水、火、上、下、刃这类象形字和指事字，其引象就是对所表对象形廓或结构关系的描写，而其字象义也就是引象的复指概念。这类字的字形构造直接表现出来的引象与其欲表字象相同，字象义与造字意图也基本一致。当然，这是仅就浅表层次而言。在深层次上，通过引象的题引作用，"日"不仅象征太阳，还象征时间、光热。另外几个字例也基本是这种情况。

2. 引象与字象普遍存在的是间接意联关系

很多汉字是以引象为基础通过邻连性转代或相似性映射来表现字象概念的。譬如，前面我们分析过的"鹅"字，其字形中的"我"本是钉耙。因为从钉耙可以析解出"曲颈"象元，所以用"我"在"鹅"字中表现"鹅"的曲颈形态。

这其中，从钉耙到"曲颈"就属于由邻连性转代构成的意联关系，而从曲颈的钉耙到曲颈的鹅则属于由相似性映射构成的意联关系。我们再看"石"字。

【按】厂：甲文 ✑ ＾ 一期　　石：甲文 𠃌 一期 ＾ 一期

从字形结构上说，"石"，从厂（hǎn）、口组合而成。"厂"的引象是蛤蚌的简单形廓，因为一般用它象征水边岸崖，所以"石"也因此被视为是山岩与石头组合成的关联象形字，其实这是不准确的。实际上"石"的形成有一个过程。在甲文中"石"字最初是用"厂"表示的，这是因为蛤蚌在水边常躲在石头下边，形成与石伴生的邻连关系，故而在甲骨卜辞中，"厂"通过转代兼指石头，以后为了区别，便在"厂"字下边加了"口"字。其实"口"在"石"字中并不指"嘴"，而是指卵石的形状。因此"石"是一个由卵石与蛤蚌的意象复合而成的象形字。另外，"厂"兼表"石"义还有一个背景，即早期的刀是用蚌壳制作，后来制刀的材料扩大到"石头"，所以"厂"所表示的意思也随着转连到了"石"上。

从以上介绍中我们可以感受到，形诸字形构造的引象虽然只是事物对象静态的、有限的部分意象，但在人的头脑中，与字形对应的心理字象却是全息的、生动的事物实相。由于存在这种基础，所以当字形引象作用于人的心理表征时，自然就会激活头脑对相应实相的联想，甚至还可能形成字象的演绎。这就是说，字形虽然只是其所表字象有限的象征性引象，但其实际的能指内涵却远远要大于引象显示的内涵。

（四）字形引象与字象的错落

引象与字象的错落主要表现在它们之间所涵盖的内容深度和广度不对称，进一步涉及的就是引象与字象义的不对称。受具形表现手段限制，字形引象不可能做到全息完型的与心表字象对应，它只能作为提示字象联想的触媒来间接性的象征字象义，所以字象表征的字象义要比字形引象提示的字形义丰富得多。由于字形引象需要通过字象这个中介才能间接地象征字象义，所以它同字象义之间必然会在对应关系上表现出较大的不对称性。字形引象与字象义的不对称关系反映到一般识解上，就转化成了字形与字义间的错落关系。显然，字形与字义间的这种错落关系，并不能证明它们之间可以没有理据的任意构建对应关系。

概括地看，字形引象与字象义的不对称关系大致有以下几种情况：

第一，字形引象构造简略，或是所依据的实相发生了改变，或是识解者没有相关经验，都会造成对字形引象与字象义意联关系的理解误差。例如，

"加"字。

【按】加：金文 🗡 篆文 🗡

"加"的金文构形从力从口，字形引象是以口驱力（犁），字象则是"喝斥牛马加力拉犁"，字象义是"喝斥"。"无故加之而不怒"中的"加"字，用的就是"喝斥"这个字象义。"加"的字素构成省略了拉犁的牛马，跳跃性比较大，因而字形引象与其所象征的字象义之间便形成了不对称。一般而言，这是文字构形的简约性要求决定的。对于造字时代的人来说理解不是难事，但对于后世人来说理解就有了难度。试想，力（犁）为死物，何以能听懂驱促之声？所以只有补加上牛马复全了"加"的字象，才好准确疏解。当然，后世从"以口助力"来疏解"加"的本义似乎也通，但这样不仅不好解释"无故加之"中的"加"义，而且还会割裂"加"与衍生字间的意联关系。譬如，"枷"字，其本义是指夹在马脖子上引绳拉犁的夹棍，驱马加力主要是让马把力用在负枷拉犁上，所以"枷"与加是存在字象关联的。由于"以口助力"的本义解释割裂了这种字象关联，故而一般的字典只能按"加"字表音把"枷"直接解释成"刑具"。

第二，字形引象一般比较直观单一，字象义由于需要通过字象过渡才能间接与引象构成联系，所以同引象之间的关系往往显得曲折复杂。有些字在作为字素时，常因拥有多个隐性象义会成为多义意符。如果对它在组合字中的字素义把握不准或析形不确，就会给识解字形引象与字象义的关联造成困难。

比如，前面说过的"畐"，就是个多义字素。在不同衍生字中表示的意思往往有很大区别。譬如，在"福"字中表示昌顺，在"富"字中表示充裕，在"逼"中表示挤压；在"副"字中表示剖分。除此之外"畐"还有其他字素义。

比如，在"辐"字中，"畐"所表示的字象，就不再是"酒壶"，而是从酒壶使用的域象结构中抽象出的图式。在"辐"中，"畐"的域象结构可以有两个，所以从中抽象出的图式也可以有两个：一是从祭祀醉酒的域象结构抽象而来的弧洒图式；二是从转圈倒酒的域象结构抽象而来的圆转图式。祭祀祈福一般都有醉酒仪式，醉酒就是把酒以弧形动作洒在地上，或环洒在祭台周围。在实际饮宴中，又有用酒壶给众人转圈倒酒的情形。因此"畐"既有抽象的弧洒图式，也有圆转图式。通过映射，用"畐"象征"圆转"图式，用"车"标示象域，便衍生出了"辐"字。"辐"既表示车轮的"辐条"又表示"散射"。

再如，"幅"字。由于醉酒的弧洒动作有时是来回进行的，这与织布双向投梭的动作在图式上相通，所以"畐"可以通过映射表示织布中相向投梭动作。投梭的幅度往往决定布匹的幅宽，于是"畐"又可以通过映射表现布匹的宽窄，进而与"巾"组合便衍生出了表示布帛广狭的"幅"字。

从"畐"在衍生字中的多义表现中可以看出，字形引象与字象义在对应关系上可以说是既曲折又复杂。

第三，语用引申使字形引象与字象义联系不再具体。对于不了解它们之间从具体到抽象孳乳关系的人而言，理解其关联更有难度。

比如，"象"字，其字形虽然是大象这种动物的意符，但很多情况下常用的字义并不是指大象这种动物，而是指某种宏观形态或两个事物之间的相似关系。这样，字形引象对字象义的提示就变得不再直观具体。譬如，"景象、气象"中的"象"，就不再是与字形引象直接联系的具体字象义，而是从大象特征抽象而来的图式义。

第四，字形引象具有意象符号的模糊性，有时仅凭字形引象难以明晓其所表字象，更难以明了其所指的字象义。在文字学上还存在着很多没有真正弄清引象为何的字形，当这种引象模糊的字又在组合字中充当字素时，就更难识解其与组合字象的意联关系。

譬如，"義"同衍生字"议"和"仪"的关系，"歲"同衍生字"刿"和"秽"的关系，之所以一直以来疏解不清，都是因为"我"和"歲"字的字形引象模糊所致。

第五，造字时的社会文化观念或常用字义与现代不同，用现代观念较难理顺字形引象与字象义的关联关系。

比如，"好"字，其字形引象从女有子，字象义是美好合宜。这是中国古代的社会观念，对于崇尚减负的现代年轻人而言，用女人有孩子来象征"美好"，就不容易形成共鸣。

（五）影响字形和字义关系的深层原因

第一，字形是造字者对其头脑中意象实体的简单表达形式，是意识摹写意象在先，具形在后，其本身很清楚所造字形表达什么。而后来的使用者属于识解者，识解者需要先看字形，再审字形表达的字义，进而才能还原出造字者所欲表达的字象。识解者与造字者之间的不对称关系和认知上先后顺序的颠倒必然导致字形、字义和字象三者之间的错落。譬如，"榷"通"确"，表示实在和真实的意思。起初，造字者造"榷"的角度是"雀立枝头"，用以映射表示"独木桥"，其关注点在"枝"不在"雀"；后来，用字者从"雀飞为虚，落木为实"理解用为"确"义，也完全能讲通，因为其关注角度在"雀"而不在"枝"。由此而言，通假字也不能完全按古人写错别字理解。在一定程度上，有不少通假字属于造字者与用字者的理解错位所致。

第二，一般而言，字形与字义的关系不完全是由造字者的主观意图决定的，它还要受到来自文字自身客观表意规律的制约。字形相对于字义是符号能指与实际所指的关系，能指与所指在同一语境约束之下才能一致，但在不同语境之下就会产生差异。具体而言，每个字创制之初造字者都会根据自己的意图通过对一定物象的摹写拟制出一定的表意字形，而实际上，表达造字者意图的字形所代表的字象往往都会超出其所欲表达意义的界限，在客观上形成字义所指小、字象能指大的局面，因此也就造成了字形所指字义与字象能指字义之间的不对称。

第三，字形结构虽然简单，但其所象征的字象往往却可以从具体到抽象地形成各种能指的事物概念，而字义无论是表达具体概念还是表达抽象概念都有通识规约的相对固化性。一个字形一旦形成一定的固化字义就有了局限性，如果再用有局限性的字义去回表原有的字象，往往就会因回表不全而形成错落的情形。

总体来说，字形、字象与字义虽然是不对称的对立错落关系，但依靠具体的语境却能够达成动态的统一，所以对于字形与字义的错落关系，还是应该把它按二者统一关系中的对立方面来看。

（六）字形与字义关系的总结

理清了字形引象和字象以及字象义和字义的关系，再来总结字形与字义的总体关系就比较容易了（见图2－7）。

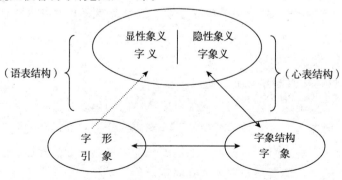

图2－7　字形、字象和字义的关系

第一，字义既属于语表结构，又属于心表结构，它分别可以同字象和字形形成对应关系。作为语表结构成分的字义属于显性象义，作为心表结构成分的字义属于部分字象义。字象义除了包括成为字义的显性象义之外，还包括没有成为字义的隐性象义，所以字义不是字象义的全部。

第二，字形属于语表结构，但它的构造是从对应字象对转出来并反过来提示字象的引象，所以字形在表达相应字象的同时也有直接表现部分字象义的功能，但在总体上字形同字象义之间是间接地象征关系。

第三，虽然字形引象有时与所要表示的字义重合，但字形引象并不简单对应于字义。字义是对应于字象的显性象义，而引象则属于从心表字象映射出的简化意象。所以字形与字义之间，除了引象写意特点的制约外，还有字象介连其间。由于是间接建立的关系，所以字形与字义之间呈现出的不是一维贯通的线性关系，而是多维错综的网络关系。

第四，因为一个字象可以析解为多个字象结构并对应形成多个字象义，所以每个字形所代表的字义就会不同程度地存在着"一字多义"现象。尽管如此，字形所表示的字义也仍然只是其对应字象所有字象义的一部分，因为字义不包括字象能指结构内的隐性象义。由于字形除了一般表示字义性的显性象义外，有时还能表示隐性象义，因而字形也就有了意义能指结构的表现。也就是说，字形之所以表现出能指性，就在于它所象征的字象是能指结构。

第五，作为简化意象的字形和作为显性象义的字义，虽然都出同一个字象，但由于二者的功能性质和形成路径不同并不简单对应，因此从字形引象不一定就能直接看出其所要表达的字义。如果不能采取适当的识解思路很有可能就会产生误解。

第六，字形引象是对字象进行联想的标准视角。字形虽有引象，但在识解效果上并不一定就能直接显示出其所要表现的全息字象。在这其中，有些字形引象构造的比较模糊是一方面，但根本原因还在于字象的内涵不仅限于字象本身，而是属于字象背后的东西。所以全面的理解字象，还需要对字象特性乃至相关的孳乳方式有所了解。

综上可知，字形在更多的情况下仅是媒表引象，由引象造成对字象和字象义的联想才是字形的真正功能。因此，要研究汉字的孳乳机制和意联关系，就需要理清字形与字象以及字义与字象义的关系。尽管他们在浅表层面可能一致，但在观念上把它们分开，才更有利于在深层次上理清汉字孳乳演化的发展脉络。

第三章　元象和图式

第一节　基象的分类

在字象分类中，元象和图式都属于基象。基象是相对于衍生字象而言的，主要是指由字形象征表示的基础字象和基本字象。总体而言，基象可以分为具体形态和抽象形态；具体而言，基象可以分为元象、概象、图式和象符。其中，基象的具体形态只包括一种元象，基象的抽象形态除了包括图式之外，还包括概象和象符。一般来说，元象代表基象的具体形态，图式代表基象的抽象形态，二者并称可以代表基象整体。

从意象性质和形成过程上看，图式（含概象和象符）是从元象抽象而来的衍生意象，在语言词义的表征中本不属于基象，之所以把图式直接纳入基象主要基于两个原因：

其一，从历时性来看，文字形成于语言概念的心表意象成熟之后，作为概念的表征意象并不是因文字的产生才有的，而是先于文字在语言实践中就已经先期形成了，文字的字形和字象恰恰是依赖语义表征的丰富经验才得以确立和发展的，这一点可以从汉字的发展实际得到证明。从基础汉字的表征意象类型来看，汉字从一开始创制就是既包含具体意象又包含抽象意象的文字，因此把图式类意象纳入基象范畴是适宜的。

其二，从共时性来看，在语言词义的表征中，图式仅属于基本意象而不属于基础意象，但到了汉字的字义表征中，图式不仅属于基本字象而且也属于基础字象。一般而言，抽象的图式表征在汉字中从一开始就具有基础性和普遍性：一方面，图式表征在早期的甲文金文中就已经存在，而且在图式表征字义的汉字中还包含着具有衍生功能的基础汉字。及至小篆，几乎每个汉字中都包含着具体和抽象两种字象表征；另一方面，汉字中不仅存在着元象同其他关联字象相互作用构成的图式，而且还存在着从元象本身的内质结构和动变属性抽象出的图式，因此可以认为，图式类表征在汉字中属于兼具基本普遍性和基础衍生性的意象类型。

显然，正是基于上述原因，所以才把本该属于衍生意象的图式类意象和元象一起都纳入了基象范畴。

一、元象的表意原理

（一）元象

基象的具体形态称为元象。在思维中，元象的存在体现着认知的客观反映性。元象一般是指以某个客观事物对象为概念，通过对其进行摹写在心理直接形成的具体表征实体。相对于文字而言，元象是指造字之始与字形所表客观事物对象具体对应的生动心表摹象。生动心表摹象是说元象并非只是指事物对象片面的摹写表象，而是指蕴含着多种属性特征的事物对象通过模拟再现在人脑中所形成的生动表征形态。这就意味着，一般字形构造出的引象有些虽然与元象一致，但并不完全等于元象。

元象是概念化的摹象，它是以客观事物对象本身为指向意义所形成的认知样式。不是任何一种事物摹象都属于元象，只有表征特定概念同语言文字结合的摹象才属于元象。换言之，只有同语言文字结合具有通识性意义的摹象才能称得上是元象，没有通识性意义的图画所摹写的客观事物对象只是摹象而不是元象。元象虽然具体，但在心理认知上却并不低级。因为有了元象就有了关于事物对象的具体分化概念，并为进一步细化认知提供了结构化和概念化的基本模式。而低级的认知是混沌的，其在心理空间上是还没有形成具体分化对象的模糊世界。

（二）元象义和元象的表意原理

元象是与字形所欲象征再现的事物对象相一致的心表实体，相应的与元象表征对应的概念称为元象义。元象义是指文字对应于元象概念具有语言结构功能的语素意义。从容易理解的角度来说，元象和元象义合起来基本等于文字学所说的"本义"。

元象义与元象是等值重合的复指关系，用关系公式表示就是 A = A。这就是说，元象的所指意义就是元象本身，元象和元象义之间属于判断关系。譬如"日"的字形题引的元象是"太阳"，其所指的元象义也是太阳，这二者之间就属于复指关系。为什么所指的是同一个对象还要区分成元象和元象义呢？这是因为尽管元象同元象义所指的是同一个对象，但在性质上却是不同的。只有区分元象和元象义，才能从原理上把心表结构的字象和语表结构的字象义分开来看待。元象是心表结构的表征意象，元象义则是元象投射到语表结构的概念或语表意义。由于元象和元象义完全等值属于反身自指关系，所以在理解上很容易造成忽略。

如果说在一般应用和具体层次上还可以按意象等同于概念理解的话，那么在原理疏解和抽象层次上再将二者等同视之就会造成混乱。譬如，同样是"日"，当其不是指太阳而是指"时间"这种不等值的抽象概念时，就会在认识上造成夹杂不清。这是因为，时间不是"日"这个元象的复指概念，而是"日"这个元象的映指和代指概念，也即非元象义。所谓"映指"，是说"时间"这个概念是从"太阳"的运动属性中映射出来的概念，"日"的元象与"时间"概念属于映射指称关系。所谓"代指"，就是用"甲"兼表与之相关的"乙"。譬如，开始造"日"字时本来是用它表示"太阳"这个元象和元象义的，但由于又用"日"表示了与"太阳"有关的"时间"义，所以"太阳"这个元象和"时间"义就构成了代替性的指称关系。显然，区分了元象和元象义就可以分清这些相对关系。比如，还就上面的字例说，当"日"表示"时间"义时，就可以知道"时间"义不是"日"的元象义，而是由元象映指和代指的属性意义。再进一步说，区分元象和元象义是因为元象不仅有元象义，还有非元象义。只有先区分出元象义，才能更好的区分非元象义。

下面仍以"日"为例来看看元象的表意原理。"日"的元象指太阳这种发光发热的恒星。其元象表意原理（见图3-1）。

图3-1 元象的表意原理图

再如，月——月亮，地球的卫星；水——一种自然界流动的液体；火——一种高温燃烧的状态。横线之前所列的都是字形符号，横线之后所列的都是字形象征事物的心表元象和语表元象义。一般而言，语表元象义会通过字形引象的构造或实用语境的关联凸显出来。

需要说明的是，在原理上字形引象不等于元象，但为了简化表述和理解，一般可以把字形引象当作元象来看待，只要在观念上把它们区分开就可以了。

（三）元象的孳义原理

元象在心理上属于一种全息性的实相表征，它是客观事物对象的外部特征和各种质相属性在人脑中的具体反映和生动再现，也是意识对客观对象直接进行概念化加工所依赖的基础心理模型。元象的孳义原理见字例"日"的析解字象（见图3-2）。

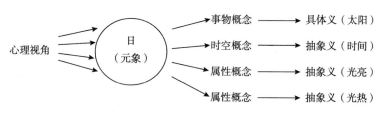

图3-2　元象的孳义原理图

（四）借象和元象义的显隐变化

1. 借象

不是所有的汉字都有具体对应的元象，有些字一造出来表现的就是抽象概念的符号，譬如"一、二、上、下"，其构形就是抽象的概念或结构关系的图式符号。再如像"昔（洪荒时代）、票（飞火）、息（鼻子与心脏）"这类字，虽因其字形与某些具体事物对应也可以称其为元象，但这类元象只是象征性借象。借象是由字形对于词义的具象表现手段造成的，其实际象征的造意是抽象的，属于为抽象的词义赋形配像所借用的寄托性物象。借象在原理上也属于元象的性质。判断一个字形引象是元象还是借象并不难，只要看它有没有对应于元象的元象义就可以分辨，譬如"票"的引象是"飞火"，实际语用中"票"没有飞火这个语用义，就可以知道"飞火"是个借象。

2. 元象义的显隐变化

元象表征的元象义是存在显隐变化的。在汉字的实际中，不是所有字的元象都直接表征为其本身的显性象义。出于造字者主观意图对意义建构的选择确定，有些字一造出来其元象象征的就是某个抽象概念，在语用中没有直接指向元象本身的元象义，但这不代表其元象义就不存在。有很多字的元象义是作为隐性象义隐居在幕后的，只有其作为字素进入某个组合字后，其隐性的元象义才会被关联字素激活而显现出来。譬如"非"字。

【按】非：甲文 ♪一期 ♯三期　　金文 ♯西周中期　　金文 ♯战国

"非"字的元象是拔下的羽毛，这个元象开始象征的元象义不是"落羽"，而是"排除"这个抽象概念，在卜辞中直接就用作否定词。但在"菲"字的构造关联中，"非"所体现出的却仍然是其元象义——"落羽"，"菲"指的是"像落羽一样的草木飞絮"。这样来看"排除"概念的表征意象只是从"非"析解出来的一个字象结构，"非"的字象是成排褪下或排除的羽毛。

二、概象及其分类

概象是指意识从客观事物对象的形态特征或是从人对某种物象的综合感受概括形成的抽象心表意象。概象属于基象的抽象形态，对应的语表意义称为概象义。

概象相当于元象的概括化印象，同一个事物对象可以因视角的变化和感受的不同形成不同的概象。概象虽然出自于元象，但其与元象属于不等值的凸显或概括关系。概象所宗的元象与概象义之间，属于或大或小的代指或映指关系。

【按】叔：金文 ♯　　篆文 ♯

比如，"督"字，从目，叔声。叔，指豆菽。在金文中，"叔"的字形是用手（丑）采摘豆角的象形。"叔"的左边为"尗"，其构形上部为"弋"代表秧架，下部三点是豆角集束生长的象形。豆角采摘时要一把一把地采收，所以"叔"有总取概象，与"目"组合起来，表示的就是"总摄"或"统抓"的字象概念。"督"所合成的字象偏重于手和眼的总摄特征，也就是"监督"的意思。在"椒"字中，"叔"侧重表示的是豆角的集束概象，通过类比并加上"木"旁，表示同豆角一样集束生长的花椒形态。

概象是个统称，它具体还可以分为廓象、质相和感象。

（一）廓象

廓象是指意识通过虚化细节概括整体特征截取出来的关于元象的静态轮廓特征。廓象比元象要抽象，但基本还是以元象为样本加工出来的特征性表象，在认知上还没有完全离开元象的具体形态，这个特点在以元生字为字素构成的衍生字中表现得比较突出。进一步细分，廓象可以分为整体特征廓象、局部特征廓象、关联性廓象和相似性廓象。

譬如，"象"的字形代表的元象是大象这种大型哺乳动物，但在"景象"和"气象"中，"象"字的心表意象就属于整体廓象，映射指某种大致形态或宏观格局。再如，"颧"从页，雚声。"雚"指猫头鹰。在"颧"字中，"雚"所表征的就是一个局部特征廓象，映指的是人脸上像猫头鹰肩膀一样凸起的颧骨。下面再来看看关联性廓象和相似性廓象。

1. 关联性廓象

【按】且：甲文 ▯—期　　金文 ▯ 西周早期　　小篆 ▯

"且"在早期甲文中的字形是男性生殖器的象形，本义为"祖先"。这是原始生殖崇拜和祖先崇拜混合的反映，但与女组合为"姐"，比较让人费解。其实，"且"的元象在实际中早已转变为"先人灵牌"的廓象。灵牌有聚集排列的廓象和受人敬拜的象域，所以，"且"在"姐"字中表现的是廓象和象域组合而成的关联性廓象。"姐"的意思是"受尊敬的女子"。在农业社会中，女人居家做事一般好聚拢在一起，聚集的女人当中很容易形成较有威信的中心人物。开始"姐"是对这种女人的敬称，以后泛化成为女人之间的敬称，逐渐的"姐"又扩展为对别人家女孩子的敬称，再后又迁移到一般家庭之中，成为弟弟妹妹对比自己年长女子的尊称。

2. 相似性廓象

汉字作为意象符号，其中有一类字形就是在特别熟知或难于细表的廓象基础上形成的意符。这种意符不同于常说的规约符号，而是一种同实际所指物象存在廓象相似关系的不定指意符。比如"、"，在甲文不同的字形结构中往往象征不同的意象内涵：譬如，在"岁"字中表土渣，在"成"字中表种子，在"血"字中表血滴，等等；又如，"一"，一般表示数字，但在"才、屯、且"等字中表地平线，在"上、下"中表基面；再如，"口"，一般表人的唇口，同时隐喻地指各种口状形态，但在"邑"字中却表聚居区，在"石"中则表卵石。

一般来说，廓象忽略具体差别的特点本来就容易使不同的事物变得相似一致而形成多表性的内涵，何况像"种子"、"血滴"和"土渣"这些在廓象上相似的对象。相似性廓象用字形构造来表现，自然就难免因为廓象相似而形成一符多表的情形。其实，这是由字形构造的写意特点造成的一符多表，而并非是心理表征上难以区分的廓象多表，在心理表征上种子和血滴是可以明确分清的。

虽说这种不定指意符所指的对象比较多，但由于其形制又确实与实际所指事物的廓象一致，因此还不能说它们就是随便构拟的符号。分析这些不定指意符可以发现，其具体所指一般通过字义和字境❶的关联是可以定义出具体内涵的。譬如，"、"同"戍锄"组合就能关联出"种子"；同"皿"组合就能关联出"血滴"；"一"同"日"组合就能关联成地平线，等等。

意符是靠关联字素和字境来确定具体所指意义的，因为其本身表示何种内涵模糊不定，所以既可以把它视为一种隐含着具体内容差别的象征符号，也可以把它视为是一种代表多种元象的相似性廓象。显然，了解廓象，特别是了解不定指意符所表现的相似性廓象，对于疏解有些汉字的元象具有重要作用。

（二）质相

质相与廓象正好相反，指的是意识通过虚化外在表象从事物内在结构或功能属性特征抽象出来的具有动态性的客观质性意象。从相对比较关系来说，质相是一种介乎于图式和感象之间，反映客观事物内质结构和动态功能特性的概象。具体来看，一方面，质相有概象的概括性特征，从这个特征出发，质相可以归入概象。但质相不是来自事物外观形态的静态概象，而是来自事物功能属性或内质结构的动态概象；另一方面，因为质相来自事物客观的内在结构和动态功能属性，所以质相又具有图式的抽象特征，从这个特征出发，质相可以归入具体的图式。也就是说，质相不像一般图式那样具有清晰可表的行迹样式和高度的抽象性。

【按】己：甲文己—期　ϡ四期

例如，"己"，元象为木匠给木料打线用的墨线或墨斗。因为墨线起的是基准限制作用，于是在这个功能基础上就形成了"约限"意象。显然，这个意象因为具有明显客观性不好归结为感象；又因为它是一种比较具体的图式，又不好泛泛地把它归结为一般抽象图式。这时，我们就可以把这种意象称为质相。

在汉字中，表征质相概念的字很多，譬如，"酸、甜、苦、辣、辛、麻、木"。当然，我们可以把表征这些概念的意象笼统归为主观感觉意象，但从这些感觉意象主要形成于事物对象本身所具有的客观属性而言，我们又可以把它们归结为质相。总之，凡是不属于廓象，又不好归入感象和图式的功能属性意

---

❶　字境是比附语境而来的称谓，是指能对字素起关联定义作用的字形结构环境。

象基本就可以归为质相。

（三）感象

有的概象对客观对象整体特征和质相的概括有很大主观意感性，因此称之为感象。简单地说，感象就是渗入了主观感情色彩的廓象和质相。具体地说，感象是指由客观对象及其相应背景的某些特征同人在一定心情下的主观感受及其联想相互作用形成的抽象意象。感象可以分为由内而外的外化感象和由外而内的内化感象。

1. 外化感象

外化感象是指把主观情绪和感受赋予外在事物对象形成的意象，譬如，"娉婷"。

【按】甹：甲文𤰈　金文𤰈　篆文𤰈

"娉"，从女，甹声。综合甲金文的字形可知，"甹"是从由（漆篓），从乃（烟气）的会意字。其元象指挑着的竹篓或漆篓。由于走起来挑竹篓的人和悬空的竹篓都是摇摇摆摆的形态，于是在人的印象中便形成了摇摆而行的意象。这个意象在融入主观意感的评价后就转化成了婀娜多姿的感象，由此在"甹"字基础上加上"女"旁，就构成了表现女子婀娜多姿的"娉"字。"婷"，从女，亭声。亭是置于路边供行人歇宿的一种建筑物，给人以疏朗优雅的意象感受，常常让人把它和女子娴静优雅的气质形象联系起来，于是有"亭亭玉立"的成语来形容女子的美好形态，通过这个感象把"亭"字与"女"组合就构成了"婷"字。显然，"甹"和"亭"在"娉婷"两个字中的主观审美色彩比较浓。女子走路似"甹"，摇摆多姿；女子玉立似"亭"，舒朗娴静。正是在这两种主观意感外化的基础上，才孳乳出了"娉婷"一词的两个字。

2. 内化感象

内化感象是指通过映射使外在事物对象的形态或属性内化成为表征某种心理感觉的通感意象。譬如，"忌"，从心，己声。这是用绳墨约限表征心理感觉上的顾虑。

感象人人都有，在实际中普通人往往会无意识表达。一般文学理论中所称的"意象"大多是指自觉塑造的有意识感象。在汉字中由这种感象孳乳出的字不在少数，特别涉及形容词的字很多属于由通感映射形成的感象表征。例如，"青——情"：

【按】青：金文 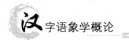 西周中期　　西周中期

"情"，形声字，从心，青声。"心青"组合何以为"情"？先看"青"，从生，井声。生，指出土萌动的小草；井，指清水莹动的水井。二者都有"莹动"的质相，因此"青"属于由两个相似的质相通过互映构成的复合字象结构。"青"除了有蓝绿色之象外，还含有"绽开"和"莹动"质相。"莹动"质相到了"情"字中，由于注入了很大的主观色彩，就由质相转化成了抽象的通感感象。"情"从通感表现的是"心窍绽开，心田莹动"的意思，其意象表征的是似苗出土而萌，似水出井而莹的心理感受，属于内化感象。在衍生字"睛"中，"青"表示的是眼目"莹动"的意思，属于侧重于"井"的感象表征。在汉字中，很多从"心"之字，往往都是通过一种可感的外在形态或属性来描述内心的感象。譬如，"忠"心志集中；"想"，细省详思；"忘"，心思隐匿。这些字声旁所表示的基本都是经过由外而内的映射形成的通感意象。

【按】辛：金文　　战国

再如，"辣"，从辛，从束。"辛"的元象指錾凿一类的小型刀具，常用于刺刻、錾凿，也用于髡墨等刑罚。由于有刺痛的感象，因而可以从表示肤觉通过通感映射转而兼表味觉。"束"，字形为捆扎的柴捆，元象指"束缚"。人有被捆久了产生麻木感的经验，所以"束"在"辣"字中表示"麻木"的感象。把"辛"和"束"整合起来，"辣"就是一个由两个感象互相映射构成的字，表示的也是通感性的"麻木刺激"概念。

如果抛开主观色彩来看，在心理表征上有些感象近乎于质相，譬如，"忌"、"忠"，等等；有些感象是近乎于泛化质相的通感，譬如，"麻"、"木"，等等。由此可见，质相和感象彼此贯通，往往可以互相转化。

三、图式及其分类

（一）图式和图式义

图式是指在与客观世界反复互动和体验的基础上，人脑从元象所表事物对象的内质结构和动变方式以及元象同外部事物的互动关系中抽象出的心表样式。

图式可以被看作是从事物内质结构或功能属性以及外部性的相对关系投射到意念中的内外结构质相、动变行迹或互动模式。这是图式的广义内涵，也就

是说，广义图式的范畴是可以包含质相的。但一般所说的图式，往往指的是一种不包含质相的狭义内涵。从狭义的内涵而言，图式基本是指由人与客观世界互动形成的关于相对静止和相对运动关系的模式和行迹。因此，狭义图式的内涵一般不包括从事物本身的内质结构或功能属性抽象出来的具体质相。当然，如果对图式的内涵不是从狭义上强调的很严格，那么质相也可以归入图式范畴。

对应于图式的抽象概念和语表意义称为图式义。图式义与元象属于既不等值也不重合的映指关系，或者说图式义是从元象析解并投射出来的抽象意义。

（二）图式的分类

图式作为一种表征抽象概念的意象，一方面它来源于人和事物反复接触所形成的关于认知对象动变属性的体验；另一方面它又是思维从客体运动或主客体互动中抽象出来的结构关系、动变趋势和思维模式。所以对于图式可以从多个角度来分类。

就汉字所表现出的图式而言，可以从抽象程度和类型构成两个角度来分类。

1. 一般抽象图式和特殊抽象图式

从抽象程度上划分，可以把图式分为一般抽象图式和特殊抽象图式。一般抽象图式简称一般图式，特殊抽象图式简称特殊图式。

一般来说，图式所表征的概念都具有抽象性，但从概念的表征图式同元象的远近关系和依赖强弱上说则不尽相同。有的图式对于元象的依赖度较高，同元象的关系较近，其心理可及性也高，就可以归为特殊图式，否则，就可以归为一般图式。也就是说，特殊图式同一般图式相比，对元象的依赖度比较高，认知可感性比较具体。其实，**概象**就属于相对具体的特殊图式。

实际上，一般图式往往从特殊图式转化而来。比如，"走与奔"、"言与曰"、"美与好"、"旁与邻"，分别是表示动作、属性和空间位置关系的图式性字词。在甲金文时期，这些字词所指的内涵相对比较具体，使用范围也都有一定限制，其表征图式本属于特殊图式。后来由于这些字词泛化使用，其表征图式就转变成了一般图式。

在汉字中，**概念**最抽象的莫过于虚词。虚词概念的表征意象大多为图式，有很多还属于表征语法结构关系的图式。一般来说，虚词是从实词转化而来的，而实词转化为表示语法关系的虚词往往需要经过两次抽象：第一次抽象是把实词的表征意象抽象为表征动作概念的特殊图式；第二次则是把特殊图式进一步抽象为表征语法关系的一般图式。也就是说，虚词中的一般图式是从实词的特殊图式转化而来的。

比如，"于"和"乃"在古汉语中常常用作虚词，如果从这两字元象的特殊图式疏解，其表征语法关系的一般图式并不难理解。"于"和"乃"在甲文中本来是一个合为一体的象意字，其元象表现的是屋里做饭产生烟气，烟气徘徊在屋顶，并通过屋檐的缝隙向外溢出。以后这个意象分化成了多个字象结构，字形也随着分化成了多个，其中就包括"于"和"乃"。

"于"在字形分化之后表示烟气徘徊在屋顶这个字象结构，从这个字象结构可以抽象出表征"淤滞"概念的图式，进一步又抽象出了表征"驻在"概念的图式。"于"从"淤滞"图式到"驻在"图式的抽象过程，就属于把特殊图式抽象为一般图式的过程。

"乃"分工表示的字象结构是：烟气从源头向屋顶聚集，然后又从屋顶沿着屋檐缝隙向外溢出。这个字象结构抽象出的特殊图式是"迁延"，即从某处向某处移动。经过进一步抽象就成了表征语法关系的"对应"图式，即一个事物对应另一个事物，在古汉语中常用作判断句的系词。"乃"从迁延图式转化为系词图式也属于从特殊图式转化为一般图式。（关于"于、乃"的元象分析可见本章附录）

从文字训解而言，对于汉字抽象字义的训解都需要考释其特殊抽象图式，也即同字形所表元象关系最近的直接具体图式，从直接具体图式才好推导出元象本义是什么。

显然，把图式分为特殊图式和一般图式，有利于更好地通过不同抽象图式的分析来疏解汉字元象本义及其孳乳机理。譬如，要区分"走"和"乃"两个概念的图式表征差别，一方面可以用动作性图式和语法性图式来具体分析；另一方面也可以用用特殊图式和一般图式来分析，这样可以来得更简单一些。扩展一步说，从"间、断、环、援、戈"等字词的汇总中，我们可以概括出一个"断连"图式，这个"断连"图式也属于一般抽象图式。

2. 元象图式

从图式形成的字象来源和动态变化上划分，可以把图式分为元象图式和域象图式。下面先来看元象图式：

元象图式是指从某个事物元象的内在结构，属性特征和动变趋势析解出来的抽象图式。简单地说，从元象本身各个方面抽象出的图式就属于元象图式。譬如，"尚"，其元象指天窗。其内在结构由窗框、窗扇构成；其属性特点是可以采光通风排烟；其动变趋向是可以开合。从这些方面析解出的抽象图式就属于元象图式。

通过对"尚"的分析可以发现，如果对元象图式进一步划分，还可以分出元象性征图式、元象动变图式和元象质相图式：

第一，元象性征图式指的是从元象所表事物的外在属性特征抽象而来的图式。譬如，"光热"就属于"日"的性征图式，"红色"就属于从"红"的元象"刺绣"析解出的性征图式。

第二，元象动变图式指从元象事物的变化特性和动变趋势抽象而来的图式。譬如，"一天"就属于从"日"的时空运动变化中析解出的动变图式。"敞开"就属于从"尚"的元象"天窗"抽象出的动变图式。

第三，元象质相图式即质相，指的是从元象事物的内质结构和外显功能特征抽象而来的图式。譬如，"盈动"就是从"青"抽象出的质相图式；"疏朗高挑"就属于从"亭"的结构特征抽象出的质相图式；"丛朗漂亮"就属于从"丽"的元象鹿角抽象出的质相图式；"自我"就属于从"我"的元象钉耙抽象出的质相图式。其实，前面介绍的感象从客观上说也可以算作是从元象本身的结构特征抽象出来的质相图式。人的主观感受同事物对象的质相图式相互作用所形成的意象就是感象，所以感象也可以称作质感图式。

3. 域象图式

域象图式即域象结构图式。域象结构指的是由元象事物同相关事物或象域共同组成的复合意象结构。从这种域象结构中抽出来的表现元象和象域的位置关系、动变形迹和效应及结构关系性质的图式就是域象图式。

譬如，从"尚"的域象结构就可以抽象出几个不同的域象图式：其一、从天窗同人的位置关系中可以抽象出"上位"图式。其中天窗是客体意象，人既是抽象这个图式的主体，又是参与构成这个图式的象域。其二、从天窗在屋顶中心的位置可以抽象出"居中"图式。其中天窗是主要意象，屋顶是象域；其三、从人透过天窗祭天的心理遥想活动还可以抽象出"崇尚"图式。

这些由一个元象"天窗"同"人"和"屋顶"以及"祭天活动"等相关象域共同构成的复合意象就是域象结构，从域象结构中抽象出的元象与象域的位置关系、互动趋势等反映相对关系的图式都属于域象图式。

同元象图式一样，域象图式也可以再进一步分类，比如，可以分为域象质相图式、域象形位图式和域象动变图式。

第一，域象质相图式是指从一个域象的结构关系析解出来的表示不同性质判断的图式。

譬如，"好"，从女育子，从这个域象结构关系抽象出的质相图式为"美好"。"美好"是通过对"从女育子"的域象关系进行性质判断形成的质相图式。

再如，"以"，从子依人，从这个域象结构抽象出的"借助"图式也属于域象质相图式。"以"的图式义开始是用"厶"（婴儿）代指表现的，其域象图式是隐性的，以后加"人"旁，才凸显了其域象图式。

第二，域象形位图式是指从一个域象结构的要素相对位置和相互位向趋势抽象出来的图式。

譬如，"赏"，其中的"尚"，表示从上往下的位向趋势。"贝"表示财物。组合起来就可以抽象出从上往下进行赏赐的域象形位图式。

再如，"皮"元象指动物的皮毛，从皮毛处在动物体表的域象结构抽象出的"外表"图式也属于域象形位图式。

第三，域象动变图式是指从一个域象结构各个要素不同属性的互动关系和互动效应抽象出来的图式。域象动变图式具有开放关联性，可以从事物之间的结构关系析解而来，也可以从事物属性的互动可能性合成而来。

譬如，"败"，从攴，贝声。其表示的是一个经验性的域象动变图式。字形构造中的"贝"，在受到击打时具有"碎裂"的动变可能性，于是字形构造将它同表示击打的象域"攴"组合起来，便凸显了"贝"所具有的"碎裂"动变图式。

再如，"爰"，元象指用针缝连物件，从缝连的域象结构中可以抽象出引线、舒缓、轻柔等多个域象动变图式，正是通过这些图式的映射，"爰"才孳乳出了"援"、"暖"、"缓"、"暖"、"媛"等衍生字。

总体而言，图式所反映的既有元象事物的内部联系与外部联系，也有一般与特殊的对立统一关系，所以只有依具体情况区别对待，图式分析才具有更好的解释力。譬如，"节约"和"绳结"中的"节"和"结"，虽然从一般抽象图式上说，二者都可以归结为"断连"图式，但在搭配使用中则会显出彼此各有各的特殊抽象图式。具体说，"节"的元象取自"竹节"，竹节位于一根竹子上的多个位置，所以其抽象图式就有中间阻断的内涵；而"结"取自捆绑物品的收束系牢环节，所以其抽象图式就有最后收尾的内涵。

四、象符的内涵

象符是指意识通过对事物对象进行压缩或模糊把握所形成的虚化意象符号。它主要是指元象在抽象出下一级意象或凸显出概念之后自身所形成的虚化符号形态，同时也指认知反映中的模糊意象。

一般来说，象符是意象抽象化和范畴化的产物，具体来说，包含两重含义：

其一，象符是意象概念化和符号化的产物。在意象表征从具体到抽象的概念化过程中，每一级意象在抽象出下一级意象概念之后，其自身都等于相对转化成了虚化意象符号。对于这种虚化意象符号，从其具有象征性代指下一级意象概念的性质出发，我们称之为象征性象符。譬如，"日"的元象是太阳，当"日"表示"一天"概念的时候，"太阳"这个元象就转化成了表征"一天"这个时间概念的象符。也就是说，"一天"这个概念虽然在意象表征上同太阳的升落有关，但太阳这个元象在"一天"的意象表征中却不再凸显，而是变成了象征性的符号。一般来说，元象转化成象符就意味着意象的符号化，这种情形也会反映到语形的符号化上。譬如，"日"这个字原本是从"太阳"意象对转出来的象形字，但随着"日"的心表意象符号化，"日"这个象形字也就转化成了象征"时间"概念的非象形字，即转化成了只起题引作用的语形意符。由此可以看出，内在的心表象符和外在的语形意符是存在对应转化关系的，基本可以这样认为，心表象符是内在的语形意符，语形意符是外化的心表象符。

其二，象符是意象结构化和范畴化的产物。从意象通过结构化和范畴化所形成的意象分类结果来看，象符指意象分类中抽象等级最高几近与所表概念等同的虚化意象类型，也即一种与凸显概念对应的压缩化或模糊化的表征意象。对于这种虚化意象类型，从其是概念的表征形态出发，我们称之为表征性象符。表征性象符也称作概念性象符。用联系的观点来看，表征性象符是从象征性象符转化而来的，二者的形成都与意象的概念化和符号化有关，同时也同语形的符号化有关。

下面我们展开来看一看象符的这两重含义及其有关的问题：

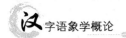

（一）象征性象符和表征性象符

就汉字而言，其语形符号和概念都是从心表意象而来，所以汉字既是概念的外在表现形式，也是心表意象的外化象征意符，心表意象是汉字所表概念的内在表征结构，概念是心表意象凸显出来的指向意义。由此而言，汉字包含三个方面的要素：外在的语形意符（引象）、内在的心表意象和所表概念。在三者的关系中，语形意符和所表概念是形式和内容的两级，而心表意象则是沟通外在语形和内在概念实现二者对应和转化的媒介（见图3－3）。

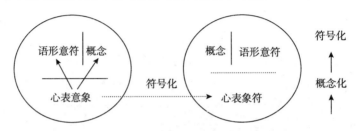

图3－3　意象的概念化和符号化示意图

就图3－3而言，由意象形成概念和语形符号是个概念化和符号化的过程，因而语形表示概念一般包含着心表意象的抽象化和符号化内涵，心表意象的抽象化和符号化是由意象生成概念并用于交流的性质决定的。从原理角度而言，从意象到概念是一个从具体到抽象逐级上升的过程。在这个不断升级的过程中，一方面，每一级的意象都可以生成相应的概念，同时每一级意象相对于从其抽象出的后一级意象及相应概念而言，都意味着其本身相对转化成了象征性符号，直到由意象生成的意象概念达到最高等级的抽象层次，这个过程才基本结束；另一方面，在每一级意象生成相应概念特别是生成抽象概念之后，意象本身都会因出现不同程度的压缩现象而弱化成与所表概念等位重合的虚象符号，这样在心理表征中意象就转化成了不再突出的心表象符，或者说所表概念就取代了心表意象（见图3－3）。

由于意象压缩为象符并且弱化成了概念的等位虚象符号，因而在一般识解中往往会被忽略，于是就造成了语形符号直接对应于概念的印象。其实从原理上来说，语形符号直接对应于概念是由意象的抽象化和符号化导致的，或者说是由意象压缩并虚化为象符并凸显出概念导致的。从这个性质上来说，概念也是一种心表意象，并且是心理表征中一种抽象等级最高的意象。

从象符来源于意象来看，象征性象符和表征性象符是彼此贯通的。如果从一个元象经过连续抽象形成多级转代的象征过程上来看，象符是元象、概象和图式等分类意象的一种转化性象征符号；如果抛开连续转代过程，从结果上分别来看每一级别的意象表征形态，象符就成了排在元象、概象、图式之后的一种抽象级别最高的意象类型。也就是说，象征性象符和表征性象符是可以互相转化的。显然，象符既是通过连续转代过程而来的意象符号，也是整个意象分类中抽象等级最高的一种意象类型。在实际语用中，象符表征与其他意象表征往往是相互配合交替出现的。象符既可以在语典义中充当字词抽象意义的静态表征样式，也可以在语流中充当概念表征的动态行载样式。一般来说，语典义中的概念表征象符，在语用需要时会展开并还原成相应的意象表征形态，并且还可以因不同的语境关联变通出谊合性的表征样式。

（二）语形意符和心表象符

1. 语形意符

象符与意符是既相联系又有区别的两个概念。象符是指一种表征概念的意象类型。意符又称语形意符，有广义和和狭义两种内涵：

广义上，意符指汉字，或者说是指具有意象符号性质的汉字整体。从总体上来看，汉字构造的字形引象基本都是从其所表概念的表征意象简化或抽象而来，一般都具有意象符号的构造性质，因而从构造性质上可以把汉字整体都称作语形意符。也就是说，广义的意符一般是指具有意象性质的汉字构造形式。

狭义上，意符是指整体汉字中具有象符性质的汉字或汉字的某些构造成分。所谓的象符性质，主要是指从心表象符对转出来的字形构造，此外也指所有符号化了的字象使用状态。换言之，狭义的意符是指同象符有关的汉字构造形式和使用状态。其中，既包括同象符有关的独体字构造形式和使用状态，也包括同象符有关的字素构造形式和使用状态。

一般而言，意符是在进行意象分析时，从构造性质上对汉字及其构造成分的称谓。另外，语形意符是相对于心表象符而言的，心表象符一般称作象符，只是相对于语形意符时，为了凸显对应关系才称作心表象符。

需要说明的是，把语形意符分为广义和狭义，并不是说只有狭义的意符同心表象符有关，而作为广义意符的汉字与心表象符无关。从汉字的语用实际来看，语形意符在很多情况下同心表象符是存在相互转化关系的。具体地说，如果在语言信息的表达和识解中，心理表征只是出现了表示相应概念的汉字构造而没有出现其他意象形态，那么这种直接表征概念的汉字构造就转化成了心表象符。譬如，"你贵姓?""我姓张，弓长张。"在这个对话中，"张"这个字的构造就通过转译直接充当了姓氏概念的心表象符。也就是说，当汉字直接在心理充当概念表征意象而不出现其他意象时，汉字本身就变成了心表象符。一般而言，汉字直接用作表征概念的象符多出现在语典的某些词条中。在实际的语用中，汉字以其字形和语音形式直接充作象符来表征概念多是过程性的，最终各个字词在合成意义的心理识解中还会生成相应的意象图式表征。抛开识解结果的对错不论，如果最终没有形成意象图式表征，那就等于对听到或看到的语义内容处于没有理解的茫然状态。

2. 心表象符

简单而言，心表象符一般指心表意象中的概念性符号。心表象符包括有形的点线面符号、无形的占位符号以及声光色味等感觉符号，此外还包括有无、肯否、是非、正反等由各种对比衬景构成的虚象符号。总之，凡是虚化、压缩或无法名状的心理表征形态都可以归入心表象符。

从意象类型上来说，心表象符是概念表征中的符号化表征形态，也是抽象等级最高的一种心理表征形式。如果说元象、概象和图式还是以物象和图样为基础构建的实在心表样式，那么心表象符则是以模糊压缩的点线面、声光色以及各种意感评价等构建的虚化心表样式。

心表象符有多种成因：一是在特别熟悉的基础上通过高度压缩和简化形成，大多表现为点线面或某种占位样式，其中往往还包含着对比、评价、象意等因素，譬如对于有无、肯否、是非、好坏、正反等概念的表征；二是在比较陌生或难于名状的基础上形成，大多表现为声光色味等感觉符号，其中多会伴随着旁映、借代、托物、象征等方式的运用，譬如对颜色、声响、空位、意感等内容的表征；三是直接来自对难表事物对象的直觉或联想拟构，一般多通过借代、比附、象征、会意等方式拟成，其中常蕴含着某种变形或改造因素。

显然，这里所说的心表象符不是指人工拟制的交通符号，而是指在思维过程中经常出现的具有压缩性、模糊性、占位性和简化性的概念表征符号。其主要发生在对特别熟悉、比较模糊或难表对象的心理表征中，它是意识对认知对象模糊把握的符号化表征，也是思维高效处理信息的一种机能状态。

3. 语形意符和心表象符的关系

就汉字的构造而言，语形意符和心表象符是既有联系又有区别的关系。从联系的角度来说，很多语形意符直接就是由心表象符外化而来，譬如，像

"一、二、上、下"，基本就是心表象符的外化形式。另外，从意象的相对关系来看，当人对某种事物特别熟悉时，其表征意象会与象符发生相互转化的情形。譬如，表示人嘴的"口"在甲文中写作一个小圈，这是"口"在人心理简化表征出的意象形态。当然，我们可以把它看作是人嘴的廓象，但实际上它更像是人嘴的表征象符。同样，这种情形也存在于图式之中。有些图式从其在汉字意符上的反映来看，也可以说它是一种象符。譬如，汉字中表示进入的"人"，表示隐匿的"乚"，表示笔直的"丨"，严格来说它们是外化的图式，但简单来说它们就是外化的心表象符。从这些现象可以看出，语形意符和心表象符是密切关联的。

从区别的角度来说，汉字的构造是一种题引字象的引象，汉字的引象不仅是心表象符的象征形式，同时也是多种意象类型的象征形式。象符只是汉字作为语形意符能表意象中的一种，而并不等于语形意符能表意象的全部。换言之，汉字作为意符的字形引象可以来自各种心表意象类型，它可以来自象符，也可以来自元象、概象或图式，譬如，"日、月"就来自元象，"林、舛"就来自概象，"于、乃"就来自图式。这就是说，作为语形意符，汉字只是有一部分字形构造对应于心表象符，而并非是全部对应于心表象符，所以语形意符同心表象符还是有明显区别的。

（三）象符的分类

从概念化过程和概念化结果两个角度划分，象符可以分成象征性象符和概念性象符。进一步细分，这两种象符还可以有更为具体的分类：

1. 象征性象符的分类

象征性象符主要是由象征和转代形成的心表象符，也可以把它理解成是由某种意象转化而来的象符，还可以把它理解成直接是由客观事物对象的符号化而来的象符。根据这个内涵，元象转化而来的象符就属于元象性象符，概象转化而来的象符就属于概象性象符，以此类推还可以分出图式性象符、析象性象符，等等。当然这些象符的形成都有各自的衍转机理，可以归入相应的意象分类中把握。这里称之为象征性象符，是抛开衍转机理，从概念的直观表征上而言的。

比如，"亭"元象本指一种建筑，但在"婷"字中作为字素时它就转化成了疏朗娴雅的象符。当然这背后有主观感受和评价的因素在起作用，所以在前面我们把它称为感象，其实从概念的直观表征上说，"亭"在"婷"字中就属于转化性的元象性象符。元象性象符在文学作品中采用的最为典型，譬如，"香草、美人"在屈原的作品中就是"高尚纯洁"的象征性象符。

又如，"票"，元象为"飞火"，"飞火"的特征性概象是轻浮，在衍生字"飘"、"漂"、"嫖"中都表示"轻浮"的意思，在心理上用"飞火"表征"轻浮"就属于概象性象符。其实很多借象都属于概象性象符，譬如，"它"元象为"蛇"，但在衍生字中却不表"蛇"，而是表蛇的"盘陀"概象，充当的也是概象性象符。

再如，"孑"的元象为从襁褓中露出左臂的小儿，借以表示的是"孤独"概念，在表征上它就属于从"露出左臂"抽象而来的析象性象符。

对于图式性象符可以按不好名状或比较特殊的图式来理解。图式本身就有象符性质，一些比较特殊或不好名状的图式，直接就可以归结为象符。譬如，"了"，元象为"把婴儿捆成襁褓"，用的是表征"收束"概念的图式，进一步抽象则成为表征"完结"义的图式性象符。"搞"属于从"敲"而来的衍生字。"高"在"敲"中本就表示"抬高"的图式义，到了"搞"中则进一步抽象成了表示"操持"概念的图式性象符。

这里需要说明一点，狭义上的语形意符和心表象符是从外在象征和内在表征上对同一种意象类型的区分性称呼，所以在下面的表述中，说到意符就是指字形构造表现出的心表象符，说到象符就是指心理表征出的符号化意象。从意符和象符联系的角度而言，狭义的意符是心表象符的外化反映，心表象符对转到文字上就是语形意符，所以当从字形构造上讲语形意符时，也等于同时在讲字形构造的心表象符，反之亦然。当然，这是相对于造字者的心理表征情形而言，而不是相对于一般用字者的心理表征情形而言。

2. 概念性象符的分类

概念性象符是指几乎与概念重叠的虚化意象。根据象符来源和表征作用的不同，概念性象符还可以再具体分类，譬如，可以分成感觉象符、类属象符、类化象符、衬比象符。

（1）感觉象符

感觉象符是指由声光色味等器官感觉形成的通感表征形态。譬如，"叩"，表示一种吵闹的声音，字形用两个"口"合成象征，但在在心理表征上未必是如此形态，特别在概念化的表征中往往呈现的是吵闹的声响象符。"红"，字形用丝绣象征，而实际的心表象符常常是一片红色。"彡"的字形是不定指意符，在"影"字中表光，在"彭"中表鼓的声响，其实这两个概念的心表象符与语形意符并不完全一致，"影"的心表象符多为模糊的物象，"彭"的心表象符多为"彭彭"的声响。"麻"的字形用植物麻象征，而在心理表征中则常常表现为一种"滞涩"的触觉或口感，其表征意象都属于感觉象符。

感觉象符与感象有相似之处，感象比感觉象符更具主观色彩，属于带有综合判断性的知觉象符。

（2）类属象符

类属象符是指意象表征中的一种意感化、范畴化、功能化或属性化的心理占位性象符。外化到字形构造中，类属象符就转化成了类属意符。在心理表征中，类属象符属于一种最抽象的虚象符号，在汉字中一般难以直接具形，所以往往借助关联或类比意象来间接表现。譬如，"神、魂"就属于采用关联和类比借象作为类属象符来构造字形意符的。"神"的构形从示、申声。示，祭台。借为类属意符表示天神。申，闪电。借作类属意符，借以表现"神"的威力。"魂"，从鬼，云声。鬼，人死了以后的形态。有人以为字形为猿，也有人以为字形为涂面表演的人。姑且不论其所从为何，总之在"魂"字中是借作表示"灵魂"的类属意符。云，天上的水汽。在"魂"字中表示人死后灵魂升天的轻扬状态。这也是"魂"的一般心表象符形态。

再如，"木"，字形原本泛化地象征所有的树，而不是具体象征任何一种具体的树。在心表意象中"木"同"果"一样，开始时都属于概象，由于在使用中分化出了表示各种树和木质材料的内涵，所以才转化成了类属意符。在"杨、柳、松、柏"等衍生字中，"木"所充当的就是类属意符；在"桌"、"椅"这类衍生字中，"木"所表示的木质材料相对于"树"而言则转化成了析象性的类化意符。

（3）类化象符

类化象符指伴随着所表概念的分化和泛化由具体意象虚化而成的抽象性和范畴性的表征样式。类化象符有两重含义：一是指把经验范畴表征成类属范畴形成的象符；二是指从表征具体概念的意象上升为表征类属范畴或一般概念的抽象意象。这两重含义有所不同但又密切关联。其一、类化象符所表现的类属不一定就是科学意义上的类属范畴，有时属于反映事物实际关联的经验范畴。譬如，"桌椅"从科学分类上应属于家具范畴，但字形从"木"归类为"树"，便属于靠实际关联经验拟构而成的类化范畴。表征类化范畴的意象即类化象符，对应到字形构造上就是类化意符。其二、从"木"象征"木质材料"可以发现，象征经验范畴的类化意符也正是从"木"的具体表征意象抽象而来的类化象符。有些类化象符在性质上可以归结为类属象符，但因其是从某一概念的表征意象抽象上升而来，所以才称之为类化象符。

譬如，"尢"，原表跛足，在其上加一短横为"无"，表示"秃头"，也即"无发"。"尢"在"无"字的意象表征中就属于由表征具体概念的意象经过抽象转而表征一般概念而成的类化象符。"尢"的元象本指"跛足"，可能"跛足"的原因包括刖刑导致的无脚，因而经过抽象化，"尢"所表现的具体表征意象在"无"字中就上升成了表征一般"缺损"概念的类化象符。

"跛足"是一种让人难堪的事情，于是"尢"在字形中又类化为表示"窘态"概念的抽象意符。"尢"在"尴尬"两字中作为类化意符表征的就是"窘态"的意思。

"弋"原表木桩，但在"朩"旁中它表示秧架，这是"木桩"概念经过抽象先类化为上属概念木架，又经过"木架"概念再返回具体事域所形成的意思。三点是不定指意符，有了"弋"所表示的秧架关联，"三点"的构形就可以确定为是豆角的意符，因为豆角一般是长在秧架上。显然，"弋"和"三点"在字形中都是意符，二者是靠互相关联来具体定义的。其中"弋"是类化意符也是衬比意符。"三点"在字形中的内涵模糊不定，它是靠"弋"的衬比才凸显出所表内涵的，所以可把它视为一种不定指意符。

（4）衬比象符

衬比象符是指以一个概念的意象为基础通过衬托对比或一定变化来表征另一个相关概念所形成的心表样式。譬如"歪"的心表形态是用"正"的象符变形或反衬表征的。这种衬比象符不一定是实际语用中经常出现的一般心表样式，但在汉字的形义孳乳中却是一种比较多见的概念表征样式。比如："身"，原表身体直立之人，把它变向反写即转化为"殳"（左旁），表示"躬身勤谨"之人。在由"身"变"殳"的过程中，"身"的意象就转化成了表征"殳"义的衬比象符。衬比象符在字形上常常会通过指事字和改形转文表现出来。譬如"刀"在心理表征中就是"刃"的衬比象符。"木"就是"本"的衬比象符。又如"大"，原表张展之人，倒写为"屰"，表示"反向对立"行为，虽然字形变化较大，但"大"仍属于"屰"的衬比象符。

了解象符对于疏解汉字的元衍意联关系非常必要。汉字的概念孳乳一般是靠多种意象结构通过多种方式实现的，象符在汉字孳乳中所体现出的特点也是如此。下面通过"少"的孳乳来分析一下象符在衍生字中的不同表征变化。

【按】少：甲文 ∴ 一期　金文 ∴ 春秋　∴ 戰國

"少"，一般表示数量不多或年龄小的意思。在甲文中，"少"字是用四个"、"表示的。四个"、"其实代表沙子，属于从沙子的意象简化而来的心表象符，这个象符外化为意符就是四个点。字形正是用四个点作为意符来象征稀少的和渺小的。这在由"少"衍生的"砂"和"沙"字中表现得最为明显。在衍生字"抄"和"吵"中，"少"在表示沙子的同时也转代表示沙子发出的声响。如果说"少"表沙子还有概象性的话，那么在衍生字中转代表示与沙子有关的图式或声响，其心表意象的形态就完全象符化了。"抄"本作"钞"，其中"金"，表示金属工具，用金属工具撮沙子的动作称为"钞"。"钞"的心表意象为"强掠"图式，这个图式通过映射形成泛化，于是便有了"钞（抄）家"一词。撮沙子常常伴随着"沙沙"的声响，这个声响与点钞票发出的声响类似，于是"钞"通过这个声响象符的映射用在了"钞票"一词中。"少"在"吵"的表征意象中也是"撮沙子"的声响象符。撮沙子往往与转移沙子相关，于是这两个相关意象经过图式化映射又用到了表现"抄写"上。"抄写"的腾倒过程虽然在心表形态中属于图式，但由于综合有细碎的声响意象不好名状，因此也可以按象符理解。

在上述说解中，我们用到了"映射"和"转代"两个概念，这两个概念在汉字中属于两种心理孳乳方式。这两种方式在后面有专门的章节讨论，这里先简单介绍一下。所谓映射，是指利用两个事物在意象上的某种相似性，通过类比达成由此及彼认知的方式方法。譬如，用"撮沙子"的动作比喻"抄家"的动作就属于一种映射。映射往往意味着所表概念的泛化，概念泛化在心理表征上也就是抽象符号化。所谓转代，是指由一个字形兼代表示两个相关字象或字象义的方式方法。譬如，"少"在"钞"字中表示"沙子"，但在"吵"中它又兼表"撮沙子的响声"，这种一象多表的情形在意象表征中就属于转代，也属于意象的符号化。

五、基象分类之间的关系

基象的各个分类之间是密切联系又有所区别的孳乳衍转关系，它既反映了字象的结构化和语义化过程，也反映了字象的象征化和符号化过程。下面我们通过示意图来看看基象各具体分类之间的关系（见图 3-4）。

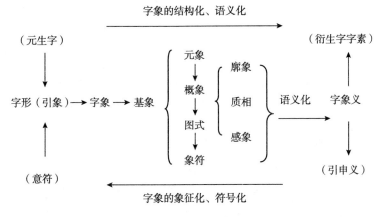

图 3-4　基象分类关系示意图

第一，元象的形成体现了意识对客观世界的反映性。元象来自字形所对应的客观事物对象，是心理对字形引象所表实际对象的生动化表征。反过来看，字形构造的引象是元象的外在象征符号。在这层关系中，字形引象相对来说要比元象简化抽象。

第二，概象是心理对元象轮廓特征、主观感受的概括性表征，反过来说元象则成为心理概象的象征符号。在这层关系中，元象要比概象更接近具体对象。

第三，图式是忽略了表象凸显出元象动变方式及其内外结构关系的抽象心表样式。相对来说，元象就等于转化成了图式的象征符号。在这层关系中，图式要比元象抽象。

第四，象符是心理对元象的压缩性符号表征，象符表征的元象虽然是简化的模糊的，但却是有压缩内容或关联内涵的表征形态。因此尽管元象比象符要具体生动，但从二者的关系上来说，元象仍然是象符的象征符号。

至此我们可以发现，元象对于字形的表征以致于对概象、图式和象符的象征都不是抽象的，而是具体的。当然，这是从理论上讲的。如果抛开意象类型与实际对象的远近关系仅从人们的一般感觉上论，元象要比字形抽象。因为字形毕竟有形可视，而元象虽然具体生动，但却要根据字形引象提供的线索，通过经验联想才能得晓。

按抽象性质而言，概象、图式和象符三者是相通的。如果我们把图式视作一般抽象形态，那么概象就属于比较具体的图式，而象符则属于比较抽象的图式。由于概象、图式和象符三者相通，图式可以代表基象的抽象形态，所以一般而言，我们可以用元象和图式来表称整个基象分类系统。

第二节　元象和图式的特性

一、元象的特性

同素字是由有着相同字素的元生字和衍生字共同构成的字族系统。从同素字中我们可以了解到元象在汉字孳乳中的两个基本特性：一是元生字元象对衍生字字象的基源性；二是衍生字字象对元生字元象的回表性。第一个特性具有语言学的一般认知意义，第二个特性具有汉字元象"本义"的考释意义。下面来具体看一看这两个特性：

（一）元象的基源性

元象的基源性，也即亲缘性，是指一个元生字的元象对于衍生字孳乳所具有的基础源头性。在同素字家庭中，元生字相当于家长，衍生字相当于子女。一般来看，衍生字子女之间未必有相似的特征，但它们都会在某个方面同元生字家长的某个特征有相似之处。在同素字中，这种情形所体现就是元生字元象的基源性。从字形上来看，一个元生字虽然在诸多衍生字中都表现为同一个字素，但相同的字素在不同的衍生字中象征的字象结构却不一定相同。这些不同的字象结构，有的属于从元象的某个特征或轮廓形成，有的属于从元象所关联的事物或感象生成，还有的属于从元象所涉及的某种图式抽象而成，总之它们都反映着衍生字同元生字元象存在的某种亲缘联系。

按照成因分析，元象的基源性来自元象的衍生性；按照效应分析，元生字元象的基源性对衍生字字象形成了统摄性。我们先来看元象的统摄性，然后再来看元象的衍生性。

1. 元象的统摄性

元象的统摄性，指的是元生字的元象对衍生字的具体特征所具有的涵盖性。元象的统摄性一般包括两方面意涵：一方面，由于衍生字成员的特征都是以元生字元象为基源形成的，所以元生字元象因为具备家族所有特征而对衍生字成员的特征可以构成统摄关系；另一方面，由于不具备元生字的所有特征，所以衍生字字象对字族其他成员一般不构成统摄关系。元象的统摄性表明，要寻找一个衍生字同元生字的意联关系，如果不是从元生字的元象去找，而是从元生字的引申义或衍生字去找，往往会是既困难又不可靠的。

譬如，"工"字与其衍生字的关系就比较复杂，如果想用其中的某个引申义或衍生字去寻绎同素字之间的系统意联关系，就等于是想用一个一般家族成员的特征去识别所有成员之间的亲缘关系。由于不具备统摄性，所以不仅会非常困难，而且也难保不造成误解。下面我们结合图 3－5 来看看 "工" ❶ 的形义孳乳情况。

【按】工：甲文 古 一期　 工 四期　 金文 工 西周早期　 金文 工 西周早期

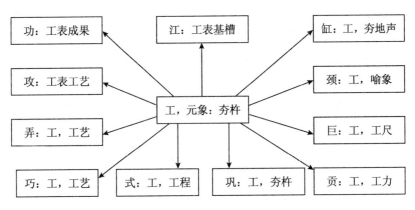

图 3－5　"工"对同素字的统摄关系图

（1）"江"，声旁"工"在"江"字中并不表元象义"夯杵"，而是象征"基槽"。早期筑墙打地基，往往要先以水灌基槽，等渗实了基槽再行夯筑。灌水的基槽犹如小河，于是通过譬喻映射，"江"特指"长江"这条大河。

（2）"功"，工在"功"的构造中表工程性成果。力，表力量。"功"，原本指力耗和时耗形成的工程性成果，以后通过映射指军功，再后则泛指各种操作成果以及力耗和时耗（如，功夫）。

（3）"攻"，"工"在其中既不指"夯杵"也不指"基槽"而是象征"工艺"，形旁"攵"也不再具体指持棍击打而是泛指操纵工具。"攻"的元象是指雕琢玉石的工艺，攻击是后起的引申义。

---

❶　工为夯杵，采信的是谷衍奎《汉字源流字典》的说法。谷衍奎. 汉字源流字典［M］. 北京：语文出版社，2008.

【按】弄：甲文_{甲文} 一期 一期 一期 金文 商

（4）"弄"，甲文从廾，工声。廾，双手。工，表工艺。本指做精细活。后来，"工"变为"玉"，表示琢玉，再后来，才又有了摆弄赏玩玉器的意思。

（5）"巧"，从工，丂声。工，表工艺，丂，本指气息轻扬，在"巧"字中表工艺操作轻盈、熟练。

（6）"式"，从工，弋声。工，表示盖房等工程。弋，本指木橛，在"式"中表定位桩。"式"的整体意思是工程基线或工程样式。

（7）"巩"，从凡，工声。凡，执物之手。工，夯杵。整体指夯实墙体。

（8）"项"指脖子，属于从"夯杵"的形态映射而来的局部喻象。从字形而言，脖颈是由"工"字中间的一竖而来。在譬喻中，"工"字上边的一横是夯杵的手把，在"颈"字中喻指人的头部，下部一横是夯地的杵头，喻指人的两肩。

（9）"贡"，从贝，工声。其中：贝，表示财物；工，表示工力。合起来表进献给国王的人力、物力和财力。

【按】金文 耵_{西周早期} 工_大_{西周中期} 亜

（10）"巨"，金文字形从工、大会意。工，表工尺。大，本表示人张展四肢，在"巨"字中表示人手拿工尺排展测量。排展工尺需要张大肢体，连续推斥，于是"巨"后来从"拓展"概象表示更大；排展工尺形成施工规范，于是有衍生字"矩"；排展工尺拉开了距离，于是有衍生字"距"；排展工尺需要推斥间距，于是又有了"拒"字，在"拒"字中排展概象就转变成了排斥概象。

2. 元象的衍生性

从成因上说，元象的基源性是由元象的衍生性导致的。元象的衍生性即元象的动态演绎性，它是由意识对元象所表事物进行的一系列加工造成的。具体地说，元象的衍生性包括元象的析解性、延展性、动变性和重组性。

元象的析解性，是指在心理表征上，一个客观事物对象可以被分解成多种属性特征并形成不同意象结构和指向意义的性质。一般来说，通过元象的析解性，往往可以孳乳出众多的衍生义和衍生字，譬如，"工"通过工艺、人力、功耗、工巧等析象形成的孳乳就是如此。

元象的延展性，是指元象表征可以从一个事物对象转连到相关事物意象的性质。譬如，从"工"所象征的夯杵，可以联想到相似的"人颈"形象，还可以通过邻连关系延展到盖房、工尺、基槽、工程等与"夯杵"相联系的事项。

元象的动变性，是指在心理表征上元象可以转连到其自身变化和功能属性的性质。譬如，"巨"字的元象表征不是人拿着工尺站着不动，而是要展开测量排展活动，这样才能理解"矩"和"距"的孳乳关联。

元象的重组性，是指元象可以凭借变化的字象结构进入某个组合字充当结构象元的性质。当元象充当象元时，不仅需要按其可能的字象结构理解，还需要结合字境关联来理解，这样才能选准元象所表的相对字象结构。譬如，"拒"字中的"巨"，如果按"排展"理解就不够通顺，而按"排展"的相对义"排斥"理解就比较通顺。

（二）衍生字字象的回表性

从元生字的元象对同素衍生字的字象具有基源统摄性的反面看，衍生字的字象对元生字的元象具有综合回表性。衍生字字象的综合回表性简称衍生回表性，或回表性。

回表性的意涵是这样的：在以一个元生字为字素形成的同素字字族中，由于作为字素的元生字映射到每个衍生字中的字象结构都是其元象的某个特征，所以把各个衍生字所表的字象结构汇集起来并通过适当的整合，就能基本还原出元生字的元象是什么。

显然，衍生回表性不是指从一个孤立衍生字的字象特征直接去推断元生字的元象，而是指综合多个衍生字的不同字象特征来合成元生字的元象。衍生回表性，是从元象的基源统摄性而来的反效应。一般而言，通过各个衍生字不同字象特征的综合回表性，并结合对元生字字形的分析，基本就可以还原出元生字字形所表对象的元象。利用回表性来推断元生字的元象是一种有效训解汉字"本义"的方法，它不仅可以用于梳理有些汉字的阙如"本义"，同时也可用于对诸多汉字"本义"歧说的验证。因此，回表性也是排除错说找出确解的有效方法。

譬如，"吕"字，其元象本义为何一直以来众说不一。尽管甲文的字形表现得很明显，但字形是象征的，光凭字形还是难以断定其元象是什么。下面我们利用衍生回表性来分析一下"吕"的元象究竟是什么。

【按】吕：甲文 吕 一期　　金文 吕 西周早期

《说文》："吕，脊骨也。象形。"许慎认为"吕"是脊骨的象形字，即后来的"脊"字。于省吾认为"吕"是"侣"的初文❶；赵诚以为是古代练出的铜锭，还有人认为"吕"表现的是宫室的门和窗，是"宫"的初文。那么"吕"的元象究竟是什么呢？我们可以利用衍生字象的回表性来解决这个疑问。我们先做一个同素字系联，以"吕"为字素构成的衍生字主要有"宫、侣、闾、莒、筥"。

1. "宫"，甲文从宀从吕，意指环绕房屋的围墙，也指有围墙的房屋。由此看"吕"在"宫"字中指相邻的多座房屋或房间。

2. "侣"，指伙伴、同伴。由此看"吕"在"侣"中表相伴。

3. "闾"，《说文》："闾，里门。"如果"闾"指街门，那么"吕"在"闾"中应该指由众多房屋构成的里巷或街道。

4. "莒"，《说文》："莒，齐谓芋为莒。""莒"指芋头，芋头的特点是比连而生，所以"吕"在"莒"中的概象义是比连而生。

5. "筥"，指竹编的盛饭器具，即农忙时带饭或送饭的筐。"吕"在"筥"中的概象义应该指饭筐中的饭碗和干粮。碗与干粮在一起的特征是彼此邻联。

6. "吕"还有一个主要的引申义"六吕"，即古乐律中对阴律的总称，包括大吕、夹钟、中吕、林钟、南吕、应钟。综合来看，指的应是镛鐘连声、协调配合的章法。

综合这些衍生字的字象，可以概括出"吕"的元象具有"多房相邻、相伴、里巷、比连、邻联，谐和"等特征，根据这些特征再结合甲文字形，就可以推断出"吕"的元象所指是"比邻房"，因为"比邻房"能够统摄所有这些特征。由比连的房子可以构成闾巷，闾巷能够抽象出"非"字图式，通过映射便可以表现许慎所说的"脊骨"意思。回过头再看"吕"的字形就容易识别了，"吕"的甲文是上下两个"口"，表示比邻或相连的房屋，属于象意字，并且在语源上与"邻"相通。这是利用衍生字与元生字在字象上的亲缘关系来考训元生字的元象，知道了元象才能更好的理解元生字与衍生字的意联关系和孳乳机制。其实本书很多字例的元象本义都是通过这种方法考训或验证得来的，譬如，"我"、"己"、"爱"、"尚"，等等。

---

❶ 邹晓丽. 基础汉字形义释源［M］. 北京：中华书局，2007.

二、图式的特性

（一）图式的本质属性

图式作为一种心理样式表征，一般可以画成模拟图样呈现为一种具体可感的外在形式。画出的图式虽然表现为静态样式，但在本质上图式是动态的心理表征形态和抽象的思维组织模式。一般而言，所有的字象都具有动态性，图式也是如此。

（二）图式的相对变化性

一般来说，由于图式可以从元象和域象的多种关联方式抽象而来，而外联的象域又存在着综合性，所以从一个元生字的字象中可以抽象出众多的图式。

相对于具体情况来说，一个图式又具有相对变化性。也就是说图式投射出的意义指向，总是在主要指向之外形成附加的意味性指向。比如说："张三在李四左边，"同时也就意味着"李四在张三右边"。这种附带性的意义指向在实质上属于图式的相对关联变化。之所以形成如此现象，主要是由于表述者和理解者的相对角度或参照物不同造成的。譬如，"尚"，在"崇尚"一词中为从下往上的下上图式"↑"，但到了"赏"字中，"尚"的图式就变成了从上往下的上下图式"↓"。

从原理上来说，同一个事物对象因其本身属性和关联事域的多样性可以抽象出多个图式，所以一个与客观事物对象直接对应的元象往往具有的不是一个而是多个图式。同样，同一个图式也会因人的不同视角而变成不同结构形态的图式。一般而言，这两种情形都可以形成图式的相对变化。图式的相对变化可以分成"一象多构"型和"同式异样"型。譬如，前面说过的"人"和"内"，分别表示的"进入"和"容纳"就属于相反相成的"同式异样"图式，正是由于图式的这种相对变化性，才造成了"人"和"内"二字在初期的通用。

在汉字中，体现一个元象具有多个图式的字词很多，下面我们以"尚"和"己"为例来具体看一看"一象多构"图式。

1.【按】尚：甲文 🔯　金文 🔯　篆文 尚

"尚"从八，向声。向，带窗户的房子，表窗户。八，表分开。放在"向"上表示"天窗"。"天窗"这个元象有多个字象结构。其一、天窗在屋顶上，因而有"高上"图式，譬如，在"赏"字中，"尚"就表示上面的意思。

其二、古人敬天，在屋中拜天等于是拜窗，所以"尚"又有"尊崇"图式，在"崇尚"一词中用的就是这个图式义。其三、天窗起分开内外的隔挡作用，所以"尚"又有"隔挡和对分"图式，在衍生字"当"中，"尚"用的就是这个图式，一般表示抵挡和对等的意思，其实这是从"当"的隔挡对分图式变化引申而来的。其四、天窗对外敞开，所以"尚"又有"敞露"图式。在"敞"、"常"和"堂"字中都有"敞露"图式："尚"在"常"字中兼表外露和居中两个图式，"常"后作"裳"，元象指穿在外边的短裙；"堂"原本指房子所处的台基，用的是"高上"图式，因为台基与阶台相连，后来转指门口阶台和相连的正屋，当然也可以把后出的意思看成用的是"敞露"图式。其五、天窗可以开合，因而又有"口动"图式，在"尝"字中"尚"用的就是这个图式。"品尝"是一种经历，所以"尝"又引申表示"曾经"的意思。

图式虽然抽象，但图式是人在与物大量的交往中自然形成的简单认知结构。譬如，"上下、左右"，都是围绕人体自身与对象的形位关系简单定义的，并不特别抽象。

2.【按】己：己—期　　S四期　　改：甲文

综合"己"和"改"的甲文字形来看，"己"的元象为木匠给木料打墨线用的墨斗。因为墨斗一般都是一头挂在木头前端然后回拉墨线使用，于是在元象的这个动变域象基础上就形成了回返自身的"返诸"图式。通过这个图式的映射，"己"转指某个人或事物的复指概念。譬如，"他自己"、"己所不欲，勿施于人"。"己"用于"本身"复指之后，原来象征的"规范"和"墨迹"意思，由衍生字"纪"和"记"充当。"己"在衍生字"改"中表示的是"墨线"的意思，往木料上打墨线的目的是改变木料的形状，所以"改"的"改形"义属于"己"的域象图式义。烹饪中常用一个词叫"改刀"，用的就是"改"字的本义，属于特殊抽象图式。以后"改"的概念扩大，成了"改变"的意思，其字象表征也就演变成了一般抽象图式。由"改"字可以看出，汉字的"本义"不一定都是元象义，也可以是图式义。

（三）图式的普遍性

图式的普遍性可以从多个角度观察：

其一，在汉字中有不包含元象义表征的情况，但几乎没有不包含抽象图式义表征的情况，譬如，"人"和"上"就是只有图式义没有元象义的字。

其二，汉字中不仅包含从元象本身抽象出的内质结构和动变属性的析解图式，同时还包含从元象同其他关联意象的互动关系中抽象出的动变图式。几乎可以说，不论是基本字象还是衍生字象基本都有相应的抽象图式，譬如，元象本身可以有性征图式、质相图式和动变图式；元象与象域结合也有域象结构图式、质相结构图式和动变结构图式；此外，两个意象结合还可以有互映图式和复合构象图式，等等。

其三，一般认为，心理图式不仅是先于文字的存在，而且也是先于一般具体概念分化的存在。图式虽然简单，但对于认知却有着重要的普遍意义，这就决定了图式属于与元象并行的基象范畴。因为是抽象的概念结构，所以图式可以作为一般模式涵盖性的表征各种具有相似情形的具体关系和动态方式。特别对抽象事物和事程的概念化以及对推理性意义的映射性建构都具有极高的能动性和统摄性。

其四，图式不仅有抽象表现字词义的普遍性，而且还有表现语法关系的普遍性。字词的图式性语义特别是具有图式性结构关系的语义，是字词由实变虚，转化为表现语法结构用词的直接基础。

（四）图式的抽象性和具体性

在汉字中，蕴含图式义的字所体现的都是一般抽象和特殊抽象的统一。虽然从总体上说图式都是抽象的，但由于存在不同抽象层次的相对比较性，相对于一般抽象图式而言，特殊抽象图式就有了相对具体的性质，所以图式也是抽象与具体的统一。在认知语言学的图式理论中，因为廓象和图式相对于元象都是抽象的，所以廓象也被归入了图式范畴。但从二者相对于元象的关系远近以及依附程度和识解的可感性而言，廓象比图式对于元象的依附性要高，可感性也要具体很多。同样，按抽象层次说，象符要比图式抽象，但色彩和声响象符却要比动作图式可感性更高，而动作图式又比质相图式具体。一般而言，距离普通生活经验近、可感性强的图式其具体性就高一些，距离普通生活远、可感性差的图式就相对抽象一些。特别是在书面语用中，同样是表征抽象意义的字词也会呈现出一般抽象和特殊抽象的差别性。譬如，"之、乎、者、也、忠"所反映出的图式义，就比"走、跑、跳，闪、快"这些字显得更抽象一些。从词性上来说，动词的图式表征就比形容词具体一些、形容词的图式表征又比副词和连词更具体一些。

由于人脑具有多层次的抽象能力，因而人对事物的图式把握可以无处不在、多种多样、千变万化。在实际语用中，任何对事物结构形态、动变趋势、相互作用关系以及对人的意义关系的抽象化表征都可以归结为图式，所以在实质上，图式也是包含一般抽象和具体抽象对立的意象。由于图式具有抽象层次性和普遍性，所以本论并没有采取用几种最抽象的类型对图式概而论之的做法。

第三节 汉字孳乳中的元象和图式

如果说元象像一个存有诸多意象结构的字象库，那么图式则是这个字象库中孳衍功能最强的意象结构。由于元象和图式在汉字孳乳中的地位最为重要，所以下面我们来重点看一看二者在汉字孳乳中的表现。

一、元象与汉字的孳乳

（一）元象在汉字孳乳中的表现

元生字的元象是最重要的孳衍媒介，它是很多衍生字形成的基础。在汉字孳乳中，很多衍生字是通过元象直接孳乳的，但更多的衍生字则是以元象为基础通过元象的抽象意象间接孳乳的。这些抽象的意象有的属于元象的整体形廓和凸显特征，有的属于特殊抽象图式，所以只有掌握了一个字的具体元象才能更准确地疏解元生字同衍生字之间的系统意联关系。

元象在汉字的直接孳乳中很普遍。譬如，"本"表示树根，其中"木"的元象指树，在树的下边加上指事意符便凸显出了树根的意象。再如，"羞"，从羊又（丑）声，其中的羊和丑（扭）都表元象。两个元象组合起来就是用手持羊，会意结果表示进献。

在汉字孳乳中，最接近元象的意象类型是廓象，虽然廓象可以通过概象归结为图式，但由于廓象和特殊抽象图式都对元象的依赖度较高，所以把它们和元象联系起来考察，更便于疏通其与众多衍生字的系统意联关系。比如，"鹅、娥、俄"，结合"我"的元象考察，就可以知道它们分别是通过钉耙"曲颈垂首"的静态廓象和动态图式孳乳而来。

下面我们再以"蒦"字为例对元象的孳乳做一下具体分析：

【按】萑、蒦：甲文 ①②③ 小篆 ①萑萑 ②③

1. "萑——罐"

在上面的甲文中，"蒦①"是从"萑②"加"叩"而来的形声字。"萑②"，后作"鹳"，元象指体大尾短、长有冠毛的水禽，现代归为鹳形目鹳科。

"雚②"（huan）字在甲文时代应该是个泛称概念，指白鹭、鹳、朱鹮等一类经常伴栖在一起的水禽，其中长有长喙和冠毛的朱鹮是"雚"的典型代表。

"雚②"的字头并非从"艸"而是从"屮"。屮，本指一种两角型的发髻，在此指由"雚②"的冠毛构成的形态特征（廓象）。另一个从艸字头的"雚③"（guan），在甲文中也不是从艸，而是从"茻"。在"雚③"中，"茻"（莽）既表示由连续树冠构成的林莽，又表示高大丛生的湖畔水草。许慎认为"从茻从隹"的"雚③"本指益母草。如果从字形构造的会意指向上看，从"茻"之"雚"，应该就是今天表灌木的"灌"字，益母草应该是引申义。后来从屮和从茻的二字混同，成了一个"雚"字，可能既表示水草又表示水禽，总之都与水泽相关。有"雚苻之泽"一词，其中的"雚"，从字象关联上讲，解释成水禽或水草都通。

"萑"（guan），又称"鸮"，俗称猫头鹰，常盯随于"雚②"的左右，以幼雚为捕猎对象，所以"萑"由"隹"加"叩"构成。"叩"，表示"猫头鹰"两只猎视的大眼睛。有观点认为"雚"与"萑"属于一字两形，都指猫头鹰。显然，从"雚苻之泽"的用义和造字逻辑上看此种说法都不太容易讲通。

"罐"的元象是一种取水用的陶制生活用具。字素"缶"表明了"罐"是一种陶器，在"罐"字中，"雚"表明了这是一种在整体上像猫头鹰形状的陶器。

不难发现，一个元生字一旦加上偏旁成为一个衍生字，往往就意味着其意义不能再按其作为独立字时的元象义具体疏解，而要考虑可能的变化。譬如，"罐"字中的"雚"，就不能再按猫头鹰直接理解，而是需要按罐子的廓象像猫头鹰理解。

2. "雚——观"

猫头鹰给人最突出的印象是有两只敏锐的大眼睛，这个印象形成的概象加上表示"人看"意思的"见"旁，就构成了表示通览概念的"观"字。从"雚"到"观"的映射，取了猫头鹰概象特别凸显的局部特征。有人认为"观"原本是用"雚"假借表示，后来才加上了"见"成了形声字。这样来看，"观"还属于"雚"的转注字。

3. "雚——权"

"雚"有两个概象通"权"。其一、"权"中的"木"表秤杆，"雚"表示秤砣的概象。从出土的早期秤砣看其形状类似猫头鹰的廓象。其二、猫头鹰属于树栖动物，在树枝上站得很稳，有时累了还能很从容地调整一下重心，这种动而不乱的情形给人留下了突出的印象。经过映射，这种动变概象（图式）迁移到了称重中的秤砣调整上，于是就孳乳出了表示权衡的"權"字。许慎认为"權"本表示黄花木。这里且不说黄花木同猫头鹰有没有经验性意象关联，就是从引申关系上看，黄花木也不容易引申出权衡义，倒是从权衡义可以很容易地引申出"黄花木"的意义。因为秤杆多为黄花木制成，所以"權"通过关联转代可以表示黄花木。这样看，"黄花木"应该属于引申义。

（二）元象对汉字训解的重要性

元象的地位之所以重要，就在于它是寻绎同素字之间意联理据的基本媒介。对于一个元生字来说，有时尽管它初造时表示的就是抽象义，但字形引象往往也是具有相同抽象图式的具体借象，这种借象同样是疏解元衍关系的基础。譬如，"非"，如果不知道其借象为拔下的羽毛，就不容易疏解其为什么表示否定词，更难理清它在"排"、"扉"、"靠"中所象征的具体意义。一个元生字一旦失去元象或被错解了元象，那么所有与之相关的同素字就会因为难以找到合理的意联关系而造成理据断裂。即使凭借引申义能够发现部分同素字间的意联关系，往往也很难形成系统。这一点，从"此"字与其同素字之间的意联关系中可见一斑。

1.【按】此：甲文 ∀ 三期 ∀ 四期 金文 ∀ 西周中期 ∀ 春秋

《说文》："此，止也。从止、从匕。匕，相比次也。"由于这个说解比较抽象，等于失去了"此"的元象，所以不能统摄与"此"相关同素字间的意联关系。其实，"止"作为字素，既可以表"停止"又可以表"行动"。在"此"字中，"止"表示操作和起身两重意思。其一、"匕"为女人操作的躬身形态，所以"匕"代表女性形象。古人居家席地、很多事情要跪着操作，因此，女人跪地操作是"此"字的元象。操作要探出胳膊对近前的对象加以料理，因而"此"有近前位置的图式，通过这个图式的映射，"此"可以表示近指意义。其二、"此"与"彼"是相对概念。古人从席地状态外出，必先以手撑地起身，然后才能行之屋外，因而"此"从起身撑地之处也可以映射成近指代词。"彼"，原本借"皮"表示。"皮"本指动物外皮，质相特征为外表，通过映射可以具体表示房屋之外。人外出一般都是从席地之处起身，然后趋向门口所在的房屋"外皮"。"皮"与"此"相对，表人起身所趋之处，故而后来加"彳"成"彼"。人一般都是以自我为中心向四周扩展来确定形位关系的，而"此"与"彼"属于中心——边缘图式，正符合人的这种认知规律。

另外"此"在"操作"意思的基础上，还有"露出"、"探出"等概象义，这些概象义分别体现在由"此"构成的组合字中。例如：

2. "柴"

古人做饭用树枝起火烧灶，是居家常有的操作，故"柴"的字形从"此"从"木"。"此"表示近前操作，"木"表示树枝，用"此"定义"木"，会意所指就是"木柴"义。

3. "紫"

紫，从此，从糸，此亦声。"紫"似从"柴"过渡而来，"糸"表操作的对象是丝，合起来的元象会持棍染丝之意。早期染色颜料比较单调，"黑、红、黄"三色居多，所以染棍一般呈紫色，故而"紫"表示紫色。

4. "觜"

"觜"，字形引象是"探出之角"。"此"用的是"探出"的概象义或图式义，实际表征的是鸟头上长的像角一样探出的冠毛。进一步又以毛角为廓象加"口"组成了"嘴"字，元象表鸟探出的长喙。

5. "呲"

"此"在"呲"中表示露出、斜出的图式义，"呲"的字形引象是"口中斜出的"，元象一般指露出唇口的牙齿或斜出的斥责性话语。

6. "雌"

"此"在"雌"的字象中凸显的是表母性的"匕"，用的是抽象的质相义。"雌"的元象义是母鸟，引申义为母性的动植物。

由"此"的衍生字可以发现，一方面，"此"的衍生字都是以"此"的元象为基础衍生的；另一方面，各个衍生字撷取字象结构的角度和方法并不完全一致。它们都与"此"的元象有某种意联关系，但彼此之间却不一定有共同点。如果仅从元生字的某个引申义出发，一般很难做到系统涵盖这些衍生字之间的意联关系。

（三）元象的直接孳乳和间接孳乳

再衍生字，是指由衍生字衍生出来的二次衍生字。如果说元生字与衍生字属于直接孳乳的话，那么再衍生字同元生字之间就属于间接孳乳。对于再衍生字而言，一般不能直接跳过衍生字直接与元生字形成意联关系。譬如，"撞"

是从"鐘"孳乳过来的，二者的意联关系是清晰的。但如果抛开"鐘"，直接把"撞"与"童"系联，基本就找不到二者之间有什么意联关系。

【按】童：金文🔳　小篆🔳

"童"，金文字形从辛、目、东、土会意，东亦声。小篆字形从辛、东、土。"童"，元象指受过髡刑背篓劳役的秃发刑奴，其凸显特征是光亮的秃头。用表示浑圆光亮概象的"童"加"金"组合成"鐘"，是因为"鐘"的廓象特征也是浑圆光亮。"撞"是与"鐘"经常关联的动作，所以"撞"是从"鐘"而来的再衍生字。

二、图式与汉字的孳乳

作为一种基本的媒介，图式在汉字的孳衍中有突出的表现。特别对于元生字的形声性孳乳和假借性孳乳，图式都具有重要的理据性意义。

（一）元生字向形声字孳乳中的图式

例如，"竟——境——镜"的连续孳乳关系：

【按】競：甲文🔳　金文🔳　竟：甲文🔳　古玺文🔳　篆文🔳

"境"本借"竟"表示，后加土旁转注为"境"。"竟"，是从表示二人辩言的"競"字析解而来的转文❶，从言、儿，加一点会意，一点在言下的口中表示闭口，其引象是"话说完了"，但表示的概念是一维时间上的完结，其抽象图式为→|。这个图式映射到"境"字中表示"地到边了"，图式表征的概念是边界。但一映射到表示地域的边界，其图式就从一维趋向式转变成了二维平面式。因为边界可以从中心向任何方向走出一定距离形成，所以"境"就把从"竟"映射过来的图式增加了维度变成了中心——边缘图式"⊙"，进而由"境"的二维图式又映射到"镜"字当中，便转化成了表示镜子轮廓的圆形图式"O"。

元生字通过图式映射孳乳的形声字前面已经多有例举，譬如，"亭——婷"，"卑——婢"，等等（概象可以归为特殊图式），后面还会涉及很多，在此不做过多罗列。

---

❶　转文是本书对改形字的统称。传统上把表示不分场合乱用文言的情形写作转文，其实应作"践文"。

（二）元生字向假借字孳乳中的图式

1.【按】而：甲文 𣬛 —期　金文 𥩓 春秋

按《说文》的解释，"而"字的元象是"颊毛"，从甲金文字形上也能看出是连鬓胡子的象形。胡子从脸颊的一侧连接到另一侧，是两边相连的图式"∪"，通过这个图式的映射，"而"可以用为语法虚词，表示两个词之间或复句之间的相连或转连关系。

2."且"

"且"的元象本是祖先崇拜中的男性生殖器形象，后演化为供家庙祭拜用的祖先灵牌。灵牌一般纵向按辈分分层排列，同层横向排放的都是平辈，按夫妻分成两两一组，其域象结构的抽象图式为"ⅡⅡ ⅡⅡ"，经过图式映射转作为语法结构中的虚词后，"且"表示两个句子之间的递连关系或引导插叙的切出标记。"而"和"且"的元象都能抽象出连续、连接的图式，所以一般还可以合并组成"而且"连用。

（三）图式对汉字训解的作用

图式同元象一样，对于汉字的训解具有重要的作用。汉字构形造意蕴含着具体和抽象的统一性，这里所说具体和抽象的统一性，既是指汉字中具体元象和抽象图式的统一，又是指一般图式和特殊图式的统一。下面从抽象与具体相结合的角度来训解一下"啬"和"稼"两字的元象所指，同时也可以由此来看一看图式对汉字训解的重要性。

【按】啬：甲文 𥞭 —期　𠬞 —期　𥠊 —期　金文 𠾂 西周早期

"啬"，《说文》："啬，爱濇也。从来、𠦪来者𠦪而藏之，故田夫谓之啬夫。一曰棘省声，古文啬从田。"

"稼"，《说文》："稼，禾之绣实为稼，茎节为禾。从禾，家声。一曰稼，家事也。"

后世学者多从许慎的前两种解释出发，把"啬"理解为"收藏"、"收获"；把"稼"理解为成熟的禾穗；而对于它们所表示的"田中作物"和"农事劳动"则视为引申义。应该说，后世的理解基本忽略了许慎对"啬"和"稼"的其他解释，同时也忽略了二字字形造意抽象和具体的结合性。

从甲文一期的字形看，"啬"有三种字形，前两种字形基本相同，第三种字形与前两种大不相同。其上部从二禾夹束，下部从田。到金文是上从束下从丙的构造。综合分析甲金文的字形，"啬"的元象可以是"田垄上的禾苗"也可以是"屋顶上的架秧"。这里就有一个如何理解字形下部"㐭"的问题。从具体的角度理解,"㐭"就是谷仓的意思,但这个疏解显然完全忽略了从"田"和从"朿、丙"的另外写法。"朿"可以实解为棘枝,也可以按"尖"理解;"丙"可以表翻起,结合"田",应该是翻筑田垄或培尖禾土之义。如果联系这个背景来看,就应该从图式映射角度做屋顶或田垄理解,即"㐭"从谷仓的尖顶高企通过抽象映射表示同样具有尖顶高企图式的屋顶或田垄。这样来看,"啬"就不再是同"仓廪"关联的"收藏"之意,而是同"田"关联的农事之意了。

其实从"啬"与"稼"在《诗经》中的用例看,"啬"和"稼"是密切关联的两个字。"稼"从禾在家,可以理解为"屋顶上的秧蔓"。由此说来,"啬"和"稼"表示的意思应该是既有区别、又密切联系的两种农事活动。开始时"啬"和"稼"都是用"屋顶上的秧蔓"表示"育秧"。以后二字分化,"啬"表示"给秧苗培土","稼"表示"给秧蔓搭架"。这从"啬"后期的字形从"田"可以反映出来。按照先后期字形统一来理解,先期字形中的字素"㐭"表示的就不是"谷仓"的意思,而是"尖状高企"的图式义,所以"啬"表示的是"培土育秧"的意思。培土育秧即珍惜秧苗,引申到珍惜财物就有了吝啬的意思。"吝啬"俗称为"尖",这也正符合培尖土垄的图式特征。

再说"稼"中的"家",在构形中有给秧蔓安家之意,所以,"稼"表示的是给瓜秧豆蔓搭架定植的意思。

"啬"的元象表示"搭架或培土育秧",还可以从同素衍生字"墙、蔷、樯、轖、濇"的回表性反映出来。

1. "墙"《说文》:"牆,垣蔽也。"原本做"牆",从啬,从爿省声(丬)。"啬"表"堆高培土","丬"表示"粗壮"或筑墙板,合起来"墙"表示的就是"夯土墙"的意思。

2. "蔷",蔷薇,攀援植物。"啬"在字象中可以表"墙"或棚架,墙上或架上之草,即攀援植物之意。

3. "樯",指船的帆架或桅杆,其中"啬"从秧架或筑墙板譬喻,可以表示或帆架桅杆的意思。

4. "濇",不滑。其中"啬"表示阻滞的意思。培土是防止秧苗倒伏,架秧是防止秧蔓滑落,字象中都有阻滞防滑图式。

5. "轖"指用于遮挡车篷的车帷。在构形中,"啬"可以从棚架廓象映射表示幔架，也可以从"墙"的遮挡质相映射表示帷幔。

从字音来看，"啬"通"塞"。"啬"为"生·职·入"，"塞"为"心·职·入"，二字不仅叠韵，声可谐转，而且"啬"的培高封土字象，与"塞"的用坏泥封窗字象在抽象图式上也彼此相通。

从音训义，"稼"（见·鱼·平）通"架"（见·歌·去）。"架"表示一般的木架，"稼"表示为秧蔓搭架，元象和图式都相通。至此就可以知道《诗经》："不稼不穑"中的"稼穑"是两种农艺活动，而《论语》："樊迟请学稼"中的"稼"指的也是农事技艺。

（四）图式的再具体

在汉字的孳乳中往往同时存在两种情形，一种是用从元生字元象抽象出的图式直接构成引申义或假借义；另一种是用从元生字元象抽象出的图式向不同领域映射孳乳出衍生字。从总体上看，这两种情形都体现着一种从具体到抽象，再从抽象返回具体的孳乳模式。这种模式反映在字形构造上，就表现为用一个元生字加上不同形旁构成多个衍生字的情形。下面我们还是通过前面说过的"兑"字，来看看图式的再具体孳乳情形（"兑"字的训解可参见第一章第一节的内容）。

【按】兑：甲文 𠑣 金文 𠑣 篆文 兌

"兑"，实际象征的元象是人边说边笑。从边说边笑可以抽象出两个基本图式：一是盈展外释图式；二是转换图式。"盈展外释"图式用象征卦象就是"丽泽"义，"丽泽"义等于从抽象的"盈展外释"义又转向了再具体意义。

"兑"的意思增多后，边说边笑的元象义改用"说"表示。以后，"说"又转指用语言表露心意，因此也等于从抽象的"盈展外释"图式又转到了"言语盈展"的再具体义。

此外像"脱"、"税"、"悦"、"锐""阅"、"蜕"等字，都属于从"兑"抽象的"盈展外释"图式，通过再具体孳乳出的衍生字。

第四章　字象的孳乳方式

第一节　孳乳方式的称谓和运用

从意源上看，汉字可以分为元生字和衍生字。元生字有两重含义，一是相对于从无到有指摹写于实际事物对象的基本汉字；二是相对于字与字的孳乳关系指有相关衍生字的基础汉字。元生字与衍生字的意源是存在一定差别的，仅从形义关系上说，元生字的字象来源于对实际事物对象的直接摹写，衍生字则是以元生字为基础，通过其字象的结构化和抽象再具体孳乳而成的次生字。在元衍之间以字象为媒介进行的孳乳中，有两类方式方法发挥着重要作用，这两类方式方法即相似性孳乳和邻连性孳乳。下面我们来分析一下这两类孳乳方式及其不同凸显特征下的称谓。

一、孳乳方式的特征性称谓

（一）相似性孳乳和邻连性孳乳

1. 相似性孳乳

相似性孳乳是指借助元生字所表字象与衍生字所表字象在具体特征或抽象图式上的近似或相似关系，通过类比或心理映射实现的孳乳。

2. 邻连性孳乳

邻连性孳乳是指借助元生字所表字象与衍生字所表字象在具体意象或抽象性征上的邻连或主从关系，通过关联转移和象征借代实现的孳乳。

（二）相似性映射和邻连性映射

相似性孳乳和邻连性孳乳在认知上都是通过心理空间的映射方式实现的，

所以从孳乳方式的映射特点出发，这两类孳乳又称作相似性映射和邻连性映射。

1. 相似性映射

相似性映射又称相似性投映或投射，是指在表示不同意义的元生字和衍生字之间，有选择的借助二者在字象表征上所具有的某种近似和相似性联系，通过心理空间由此及彼直接达成的譬喻性或图式性映射。

比如，"萑——罐"，"萑"为元生字，其元象指猫头鹰，属于动物象域；"罐"为"萑"的衍生字，其元象指陶罐，属于器具象域，二者在实际中从属于不同的事域。从"萑"衍生出"罐"所借助的是彼此在外形廓象上的相似，正是通过相似性廓象的跨域投映才形成了元衍之间的跃迁性孳乳。其孳乳机理（见图4-1）。

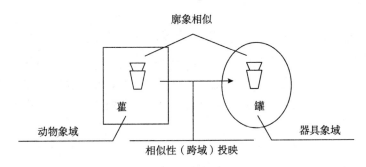

图4-1　相似性映射示意图

2. 邻连性映射

邻联性映射又称邻连性转映或转连，是指人在两个表示不同事物概念的元衍字之间，有选择的借助二者在字象表征结构上的比邻和从属关联，通过心理视线的邻连转移所达成的映射。邻连性映射不是通过两个字象结构在某个方面的相似性关联直接构成的映射，而是相对于直接映射而言的曲折映射。邻连性映射包括以一个参照点介连两个不同字象结构的间接性映射。也就是说，由于两个存在差别的字象结构都与一个中介参照点存在关联，因而通过中介参照点的传导和牵连，也使这两个不同的字象结构形成了间接的转连关系。从机理而言，邻连性映射是主体借助事物的客观联系通过心理变视所形成的意象关注点转移，从突出这个特征出发，邻连性映射又称转映或转连。也就是说，转映和转连都是指人的心理视角在邻连意象之间的关注性转移。

比如，"罐——灌"，相对而言，"罐"为元生字，其元象指陶罐，属于器具象域；"灌"为"罐"的衍生字，其元象表征的是汲水时水注入罐子的情形或过程。由于"罐"与"灌"在实相中属于同一事域中不同事物之间的邻连关系，所以水属于罐子象域中的关联域象，而"汲水或注水"又属于"罐"的功用析象。正是借助"罐"与"灌"在元象本体与其功用析象和关联域象上的邻连映射，才在认知上通过心理变视建立了从"罐"到"灌"的转连关系，进而也就构成了二者之间的元衍孳乳。其孳乳机理见图 4－2。

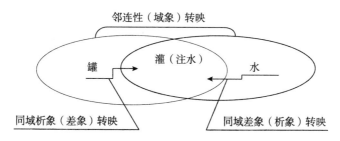

图 4－2 邻连性转映示意图

图 4－2 表现了这样几种字象转映关系：

（1）"灌"是从"罐"析解出的功用析象，相对而言，"罐"就转化成了析象"灌"的事体象域。从"罐"到"灌"属于在同一个象域之内从元象向析象转移的同域析象转映。与此同时，元象同析象又属于两个存在差别的字象结构，因此"同域析象转映"又称作"同域差象转映"。

（2）从"水"到"注水"的转映关系。"注水"属于从"水"析解而来的动变析象，"水"相对于析解出的"注水"析象，其本身则相对转化成"注水"的象域，所以从"水"到"注水"的关注点转移属于同域之内析象之间的转映。同时，也属于"同域差象转映"。

（3）"灌"是"罐"的析象，二者属于同域关系；"注水"是"水"的析象，彼此也是同域关系；"灌"与"注水"属于概念等同关系，由于"罐"和"水"都与"灌"连象，而"罐"和"水"同时又都是"灌"的相对转化象域，所以从"罐"到"水"便通过"灌"这个中介的传导作用构成了间接性的域象转映关系。同时，由两个域象复合体的邻连组合便演化出了三者之间的转映孳乳关系。

（4）从图示中可以看出，"罐"与"水"通过相互作用所要表现的不是

"水"，而是同二者相连的析象——"灌"，因此，这其中还包含着合成会意性质。当然从简化的角度上来讲，可以把"灌"直接理解成是从"罐"的功用析象挈乳而成的衍生字。

（5）在字形中，"水"这个域象是通过"灌"的形旁来标示的，而"罐"相对于"灌"而言只标示了一个省略性的字素"䧹"，虽然从字形上直接看不出"䧹"与"灌水"有什么关系，但在心里表征上只要把"䧹"当作"罐"来理解，就可以发现"䧹"同"灌水"的密切关系。

通过上述两个字例的分析就可以看出，相似性映射和邻连性转映在心理空间上都会形成不同于元象的表征结果，都意味着所表概念发生了转义变化。但在映射所涉及的方式以及结果与元象的关系上却存在着很大差别。为了突出这些差别性特征，相似性映射和邻连性转映又有一些相对变化的称谓，下面继续结合不同称谓来介绍这两类映射方式的一些区别特征。

（三）跨域映射和离域抽象

1. 跨域映射

从映射方式上来说，相似性映射是把元生字的某个字象结构从一个象域投向另一个象域构成的直接映射。由于两个象域之间既不相连也不相属；因而其映射方式是以概象或图式为媒介兼跨两个不同象域进行的跃迁式投映。为了突出元衍间构成相似性投映的意象属于两个不同的客观事域❶，所以把相似性映射又称作相似性跨域映射或跨域映射。譬如，从"䧹"到"罐"是通过相似性映射形成的挈乳，但由于二者分属于两个不同的象域，所以各自所显现出的字象和字象义是不同的。

2. 离域抽象

有一种相似性映射，它不是通过一个字的某个图式在两个具体象域之间形成的映射，而是通过把一个字具体的字象和象域同时抽象为泛化图式和类似对象形成的映射。由于这种相似性映射依靠的主要是从一个字的字象抽象出的某个图式，而原有的具体象域则抽象成了一种可以同泛化图式搭配的类似条件或对象，所以这种映射实际上等于脱离了具体象域变成了一种综合的泛化图式映射。对于这种脱离具体象域变为综合泛化图式的映射，我们称之为离域抽象。离域抽象其实就是我们一般所称的抽象，经过抽象的字象和字象义就是可以泛

---

❶ 事域是从实相角度对象域的称谓，指的是和一个事物相联系的其他客观事物、背景条件和动变过程的总和。

化表征的图式和类化使用的抽象意义。比如，"發"，本义指发箭，离域抽象后意义指"发出"，这是个可以泛化使用的图式义。与"发出"这个泛化图式义相伴随，"发箭"象域中的具体对象"箭"，也跟着泛化成了任何可以同"发出"搭配的抽象对象。在离域抽象后，"發"可以泛化表示各种同"发箭"情形相类似的图式义，譬如，在"发芽"中，表示"生出"；在"发电"中表示"产生"；在"发光"中表示"放出"；在"发誓"中表示"说出"；在"发红"中表示"显现"，等等。显然，这些同"发"搭配的对象，都可以看作是通过抽象再具体同"发"的域象"箭"相类的对象，而"发出"在各个搭配关联中所表现出的引申义，则都可以被看作是受这些相类搭配对象的濡染而形成的谊合性类义。

（四）同域转映和域象转换

1. 同域转映

从映射方式上来说，邻连性转映是通过关注视角从元生字的元象向其本身连带的属性特征或关联事物转移所形成的变视性映射，两个不同字象结构实现转映靠的是由同一象域构成的邻连关系。在实际中，同一个意象所关联的象域往往不是一个而是多个。譬如，"罐"的象域，可以由"水"构成，还可以由"酒"、"井"、"瓦"、"响"等所有在实相经验上可能关联的各种事物和属性特征构成。这种由一个意象的所有象域构成的集合称为域阵，域阵也就是综合象域，一般可以用象域来概括表称。两个字象结构的域阵相同或有交集一般都视为同域。从突出两个不同字象结构之间的邻连性转映发生在同一象域或域阵之内的特征而言，邻连性转映又称为"同域转映"。譬如，"钟"和"撞"就属于域阵存在交集的同域转映关系。

2. 域象转映

虽然邻连性转映所涉及的解析性征或关联事物，同元象的关系存在着主从意象同域和比邻意象连域上的差别，但由于同域连象和意象连域都可以归结为域象结构，所以从彼此都属于象域和意象相连的共性关系上来说，邻连性转映又称为域象转映。域象转映出的字象结构同元象都是彼此邻连的关系，它和"同域差象转映"以及"同域析象转映"一样，都是为了突出不同相对特征从同一种关系转化而来的不同称谓。同邻连性结合，域象转映又称作"邻连性域象转映"。

关于域象转映中的"域象"，我们在前面曾分三重内涵讨论过，其实三重内涵还可以概括成两方面来把握：

一方面，域象是指意象同其关联象域或相关事物组成的复合体。这种复合体往往就是处在相对转化状态下的动态意象和象域。在相对转化的视角下，意象等于象域，也等于意象和象域的复合体。这是因为，一个意象经过分解可以转化成包含多个子意象的象域，一个包含子意象的象域经过压缩概括也可以转化成一个意象。为了突出意象在孳乳过程中的这种动变转化性，所以一般把意象和象域都看成是意象和象域的复合体，并统一称作"域象"。这个涵义与我们前面所说的"域象结构"基本一致，但相对于象域压缩的内涵则略有区别。

另一方面，域象是指处在同一个象域中的不同意象成分。一个字象转化为域象结构的过程也就是这个字象本身的结构化过程。也就是说，当心理视角把一个意象扩展为象域时，这个意象本身也就转化成了同其象域中其他意象并列的一个象域成分，这种转化来的意象成分虽然同象域中的其他意象成分属于外联关系，但同样是由意象的结构化转换而来。譬如，"水"，在静态的心理表征中它是一种"液体"意象，但当转入动态心理表征时，水的"流动"会成为关注焦点。如此一来，"水"便转化成了和"流动"以及流动环境结合的域象结构。相应的，"水"也就转化成了这个复合域象结构中的一个成分性域象。显然，这种涵义下的"域象"类似于我们前面所说的象元，但象元主要是相对于一个意象的析解成分而言的，而"域象"则更多的是相对于一个意象的外联转化而言的。也就是说，"域象"和"象元"是存在相对背景区别的称谓。

"域象"主要是在涉及象域和意象转换关系或意象动变孳乳时才会用到的概念。如果在同一叙述过程中，有必要对上述两种内涵的"域象"做相对区别时，可以把前一种含义的"域象"改称"域象结构"，而把后一种含义的"域象"称作"域象"即可。

（五）通象映射和连象转映

1. 通象映射

从映射所借助的字象结构上来说，相似性跨域映射和邻连性域象转映是存在差别的。相似性跨域映射所借助的是两个事物概念在字象表征上彼此存在共性的字象结构，由于这种共性字象结构是两个不同概念构成相似性表征的通联基础，所以又把它称为"通象"。概括而言，通象就是指构成两个不同事物对象在心理表征上形成彼此通联的相似性意象。从突出相似性通象特征的角度出发，相似性跨域映射又称为通象跨域映射，简称"通象映射"。通象映射是实现字词形义孳乳的重要方式方法。

从映射结果与元象的关系上来说，通过通象跨域映射孳乳出的衍生字同其所以由来的元生字之间，在抽象层次上存在着一个相同的字象结构。譬如说从"雚"到"罐"，它们之间的通象特征是从"猫头鹰"抽象出的外形廓象。也就是说"雚"在其衍生字"罐"中不能再按"猫头鹰"做具体实解，而只能按"像猫头鹰的形状"虚解。需要指出的是，相似性通象不等于绝对一样，而是大致相像，比如，"猫头鹰"与"陶罐"只是外形大致相像，而且这种通象是抛开质相的单纯表象。

2. 连象转映

从映射所借助的字象结构上来说，邻连性域象转映所借助的不是两个概念在字象表征上彼此相同的共性字象结构，而是彼此在字象表征上存在的域象邻连关系。意象和象域之间属于可以相对转化的关系，意象可以转化成象域，象域也可以转化成意象，因此二者都可以归结为连象关系。从突出这个特征出发，域象邻连转映又称作连象转映。

从细分化的角度来看，连象转映包括连事转映和连域转映：连事转映指从一个意象的本体向其析解意象的变视转移。譬如，指事字"刃"，在实际中它属于"刀"的一个部位，我们就把它视作通过连事转映从"刀"孳乳而来的衍生字。连域转映指从一个意象本体向其象域中其他关联域象的变视转移。譬如，"撞"，在实际中它属于与"钟"同域的一个关联域象，我们就说"撞"是通过连域转映从"钟"孳乳而来的衍生字。当然，这是在需要细分的情况才这样分别称谓，一般情况下可以统称为连象转映。

3. 差象转映

由于连象转映构成的孳乳在表征上发生在两个相互区别的不同字象结构之间，所以当视角转为以字象结构为中心时，便可以把元衍字所象征的具有不同个性的字象结构称为"差象"。所谓差象，就是指元衍字之间在各自的概念表征上是两个彼此关联但又相互区别的不同字象结构。从突出差象特征的角度出发，连象转映又称作差象转映。

（六）转意和引申

从原理而言，通象映射和连象转映在心理空间上都会形成不同于元象的意象表征，也都会导致相应表征意义的变化。一般来说，由于存在映射方式和映射关系上的差别，映射所形成的结果可以分为两种情形，一种是转意；另一种是引申。

1. 转意

转意既指随着心理视线的映射和转移所形成的意象和象域转换，又指随着域象转换而形成的意义变化。

具体而言，连象转映形成的结果基本就是转意。这是因为连象转映是主体借助事物的客观联系通过心理视线的邻连变视所形成的意象关注点转移，而转移了意象关注点也就意味着改变了意象的性质和指向意义，所以连象转映基本都伴随着意象表征和意义上的改变。譬如，从"农"到"浓"就属于通过连象转映形成的转意孳乳，很显然，这两个字的字象和指向意义在性质上都是不同的。

通象映射同样能够形成转意，而且还比较多样，譬如，"而"从表示胡须到表示相连，就属于通过图式映射形成的转意孳乳，而从"藋"到"罐"则属于通过象域变化形成的转意孳乳。"藋"与"罐"是由通象映射构成的孳乳，但由于二者的象域不同，所以各自所显现出的字象和字象义也就发生了转意变化。显然，这种转意变化是由通象映射的跨域性造成的。

2. 引申

引申又称类义引申，指的是在离域抽象和谊合于不同搭配对象的基础上，从一个字词本义的质相图式（义核）拓殖出相类意义的方法。譬如，"河"，元象指黄河，经过引申泛指所有的"河"。黄河与抽象的"河"就属于类义相似的引申关系。当然这是从严格意义上讲的引申，实际上"引申"的内涵早已泛化，基本是把所有同本义不同的意义都算做了引申。所以在本论中，在不特加说明的情况下，引申一词的内涵一般也是指泛化性方法。

同连象转映的结果仅是单一转意相比，通象映射则相对复杂。通象映射形成的结果既有可能是转意，又有可能是引申。从原理而言，通象映射的元衍字（义）之间虽然有相似的字象结构系联，但由于映射所借助的通象存在质相特征和一般性征的差别，所以对于通象映射形成的结果往往需要从转意和引申两种可能上加以辨析。譬如，"黄"的元象是佩璜，它有一般性征黄颜色，因而用"黄"表示"黄颜色"就属于转意孳乳。但用"黄"加"水"旁孳乳为"潢"，"黄"在"潢"字中所表现出的"装潢"义则属于引申。这是因为佩璜在功能作用上是一种装饰，"装饰"是佩璜的质相特征，而"黄"在"潢"

中所表示的"装饰"义，正是从佩璜的质相特征抽象出来的图式义，所以从"黄"孳乳出"璜"属于义核一致的类义引申孳乳（关于类义引申可参见第一章第一节的内容）。

（七）　转文和转代

从映射结果与元象的关系上来说，通过邻连差象转映孳乳出的字象同其所以由来的元象之间，在抽象层次上是两个不同的字象表征结构，不同的字象结构表征不同的指向意义，因而相对于元生字的原有字象而言，差象转映等于是通过邻连关系孳乳出了新的字象结构，这种新的字象结构相对于元生字原有意象的变迁而言就是邻连转意。邻连转意不仅意味着对原有字象进行了邻连拓殖，同时也意味着对相应字象义进行了邻连拓殖。

邻连转意和跨域转意在邻连转映和跨域映射的阐述中已经涉及，但只是就字象和字象义的心理孳乳而言，没有涉及字形如何反映和表现的问题。邻连转意和跨域转意在字形的反映上是不同的，跨域转意一般都是在添加转域标示的同时用原有字形转代表示元生字字象所发生的相应转意变化。但邻连转意的字形反映却相对复杂，从总体上看，通过邻连转意在字象和字象义上构成孳乳后，在字形上一般表现为两种反映：一种称作转文❶；另一种称作转代。

1. 转文

转文主要是相对于转代而言的。转文指的是当字象和字象义通过差象的邻连转映形成转意变化之后，原有的字形也随之改写从而形成字形分化的孳乳情形。转文既指为表现转意而对原有字形进行的改形转写，也指转写所孳乳出的转形字。譬如，"它"和"也"，在甲文中原本是表示"蛇"义的同一个字。当从"蛇"义通过邻连差象转意出"盘陀"、"游动"和"蛇"三个字象和字象义之后，其字形也相应转写为"它"、"也"、"蛇"三个分化构形。从它们的意联关系上分析，就可以说"也"和"蛇"是从"它"通过邻连转意分化而来的转文。一般来说，转文仅指通过邻连转意形成的转形字，而不包括跨域转意通过添加转域标示所构成的形声字。但转文与转注存在一定关联，❷ 譬如，"蛇"本来是用"它"表示的，但当"它"转意表示"盘陀"义后，便在"它"字基础上加注"虫"旁构成了转文。显然"蛇"同时也是"它"的转注字，其取代的是"它"原来所表的本义。

---

❶　在本书中，"转文"泛指改形字，而不是指滥用文言的"趸文"。

❷　在本书中，转注一般指以假借或引申义为基础形成的分化字，为的是区别于形声和改形字。

转文对应到语词的邻连孳乳上，就是传统训诂学所称的转语。譬如，"商"和"章"，分别指壶漏计时器中的受水壶和刻标，二者在词象上属于域象邻连关系，在语词上则是通过邻连转意构成的转语孳乳（详情参见本书第八章）。

2. 转代

转代的内涵是这样的：当字象和字象义通过差象邻连转映形成转意孳乳之后，字形并不随着发生相应的改变和分化，而是仍然沿用原有的字形兼代表示孳乳出来的字象和字象义。也就是说，已然通过邻连转意孳乳出的字象结构和字象义，在引申义的表现或衍生字的构形中仍然是用原有的字形或其简化形式来象征和兼代表示的。对于这种情形，从突出元衍之间在字象表征上存在转意和兼代关系的角度出发，我们称之为"邻连转代"或"连象转代"，简称转代。转代的情形主要反映在一个字的引申义和字素义的动变表征中。由于同转文相比，转代发生的比较隐蔽，没有字形变化标示，所以在字象分析中需要作为一般情形对它经常关注。

譬如，从"罐"到"灌"，它们之间没有抽象性通象。"罐"的元象指"瓦罐"，"灌"的元象指用罐"注水"的动变形态，二者是因为在实际事域中彼此连象才构成的孳乳关系。其中，"罐"在"灌"字的构造中是用"雚"来转代表示的。这是一种从"罐"省略而来的简化构造，在疏解时要按"罐"来理解。同时还应注意到，在"灌"字中，"雚"兼代象征的不是"罐子"而借"罐子"转代象征同罐子有关的"灌水"动作。

在汉字孳乳过程中，析象和象域往往都是由原有的字形转代表现的，也就是说字形不变，但其象征的字象结构却由元象到析象或到象域发生了转代变化。

邻连转代同"域象邻连转映"以及"同域差象转映"和"同域析象转映"都是从突出不同关系特征而来的称谓，三者之间具有相同的邻连和转映内涵。由于"邻连转映"不仅要凸显从元象到析象以及从元象到象域之间的意联转代关系，而且还要凸显元象与析象以及析象之间的分化和差别关系，所从域象、差象和析象上论，实际上都等于从连象上论。在实际运用时，"域象邻连转映"以及"同域差象转映"和"同域析象转映"都可以用"差象邻连转代"或"连象转代"作为概括性表述。

需要说明的是，由于实际中的邻连孳乳除了存在"连象转代"和"连象转文"的区别外，还存在着连象会意的情形，因此在孳乳分析中，还需要分别对待。例如，从"萑"到"雚"的孳乳：

"萑"，元象指鹳、鹭、朱鹮一类长有冠毛的水禽，后做"鸛"。"雚"，指鸱鸮（猫头鹰），在汉字构造中通过转代有时也指"鹰"。

在实际事域中，"鹰"一般常盯随于"萑"的左右，以幼萑为捕猎对象，所以"雚"由"萑"加"叩"构成。"叩"表示"鹰"两只猎视的眼睛，象征性的表示"鹰"，同"萑"组合起来的意思是"盯着萑的鹰"。这样看来，从"萑"向"雚"的孳乳就不属于邻连转文关系，而属于偏正会意关系。因为"萑"本身表示一种水禽，没有转代泛指"鸟类"的用法，其与"鹰"属于彼此伴生的连域关系，且又不构成跨域映射，所以既不能解释成"大眼睛的萑"也不能解释成"像萑一样的鸟"。

同理，"雚"与"萑"虽然因二者互为象域存在着邻连孳乳关系，但也不能归结为连象转代关系。这是因为"转代"常指元生字作为字素在衍生字的字象表征中发生了借代转化，或转代指元生字的象域，或转代指其析象，这时把它归结为"连象转代"才相对准确。但当元生字作为字素在衍生字中所指的是元生字的元象时，由于没发生转代用法，所以再把它归结为"连象转代"就不够准确。譬如，"叩"在"雚"中代表鹰的两只大眼睛，属于廓象性的不定指意符用法，并不属于从"喧闹"转意出来的衍生意象，因此也就不能按转代疏解。

再如，"鸛"，是取代"萑"的后起字，其构形中的"雚"指"鹰"，"鸟"指水禽，合起来指"鹰所猎视的鸟"。虽然在"鸛"中，"鹰"和"鸟"之间属于连象关系，但由于两个字素所指的都是元象，没有发生转代用法，所以二者之间也属于偏正性会意关系。

总之，由于"雚"和"鸛"的构形都具有偏正会意性质，所以"雚"不属于"转文"，"鸛"也不属于"转代"。

二、孳乳方式的综合运用

在汉字的孳乳中，通象跨域映射和差象邻连转映是两种常用的的方式，二者虽然在机理上存在差别，但都属于借助某种字象关联来构建新意孳乳新字的方式方法。一般而言，汉字的孳乳常常表现为两种方式综合运用或一种方式重复运用的情形。从相似性孳乳来看，往往先要在元生字本身象域之内进行差象转映，然后才能向衍生字的象域进行通象映射。至于邻连性孳乳，更是需要通过多个差象间的邻连转映才能完成。这是因为，邻连性转映基本都属于通过多个参照点进行的连续转折映射。

下面结合字例图示来介绍一下通象跨域映射和差象邻连转映的综合性运用。

（一）"童——钟——撞"的孳乳（见图4－3）

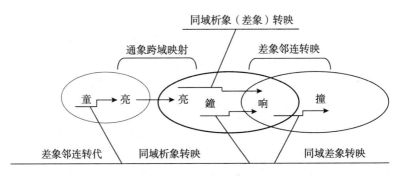

图4－3　童、钟、撞孳乳示意图

在图4－3中，童——钟——撞分别用三个字环表示。其中包含的孳乳方式和机理如下：

第一，先看"童——钟"这两个字环。"童"的元象为髡发刑徒，其凸显特征是秃头；"钟"的元象为打击乐器，其状似闪亮的秃头，二者属于"人"和"乐器"两个事域。虽然从意象上说二者属于两个不同的象域，但在浑圆"光亮"这一概象特征上却彼此相似，于是通过由此及彼的跨域映射便形成了关联孳乳。显然，"童"和"钟"属于相似性跨域映射关系，它们的相似点"亮"是二者间构成映射的通象。因为跨域映射是以两个字象的通象为基础实现关联的，所以从"童"到"钟"属于"通象跨域映射"。

第二，再看"童"的字环内部，其中包含着"亮"这个子意象。"童"为髡发刑徒，其显著特征是头亮，所以"亮"是从"童"析解而来的特征性字象结构。从某个字的元象析出的字象结构属于析象，析象析出以后，一个字本来由元象构成的字象就转化成了包含析象的象域，而析象则转化为凸显意象。这种由某个析象和其存在的事体共同构成的字结构属于动变性的"域象结构"。"童"字转化为"域象结构"后，其中的"域"为"童"所象征的髡发刑徒，"象"则是指"童"的秃头特征析象"亮"。显然，由于"亮"是

"童"的析象，二者属于同域关系，所以在图示中从"童"到"亮"属于"同域析象转映"；从另一方面看，"童"和"亮"又属于彼此邻连的差象关系，因而从"童"到"亮"发生的表征变化又属于差象性的邻连转映。由于表征意象发生变化后其字形并未相应改变，而是用"童"转代表示"亮"，所以从"童"兼代表示邻连差象"亮"的角度出发，二者之间又属于"差象邻连转代"。

第三，"亮"虽然是"童"的析象，但在心理表征上已属于和"童"相区别的差别性意象，所以析象相对于其由以析出的元象而言又是差象。在"鐘"的字环中还可以看到，"鐘"的析象不止一个，而是同时包括"亮"和"响"两个析象，这两个析象之间也是差象关系。显而易见，析象与差象是从不同相对关系区分的，实际上二者所指的往往是同一个字象结构。析象主要是相对于析出成分同元象的关系而言，差象则主要是相对于析象与元象之间以及析象与析象之间的区别而言，因而在"鐘"的象域之内，便可以把从"亮"到"响"两个同域析象之间的转移归结为"同域差象转映"。"同域差象转映"没有形成转文即属于差象转代，所以又可以把"同域差象转映"归结为"差象邻连转代"。

第四，"差象邻连转代"一方面凸显的是元象与析象以及析象之间的分化和差别关系；另一方面凸显的是从元象到析象以及从元象到象域之间的连象转代关系。从这个意涵上说，差象邻连转代可以分为差象连域转代和差象连事转代。差象连域转代指借助一个字形及其元象直接兼指其关联象域的转代；差象连事转代则是指借助一个字的字形和元象直接兼指其属性析象的转代。"连域转代"和"连事转代"同"连域转映"和"连事转映"的主要区别在于字形上有无转文变化，如果不涉及字形变化，而仅从心理表征的转意关系上说，它们是一致的。

第五，在"鐘——撞"两字的关系中，"鐘"为乐器，主要功用是通过鸣响发出乐音，而"撞"是"鐘"发出鸣响的手段，二者互为象域，可以通过交集"响"构成连象关系。由于在"撞"字中"鐘"是由省声的"童"转代表示的，所以从字形上说，由"鐘"到"撞"是通过差象邻连转代形成的孳乳。

第六，"亮"和"响"同属于从"鐘"析出的意象，从"鐘"而来的析象，自然与"鐘"属于同一个象域，因而"鐘"同"亮"和"响"的关系属于从整体事物到局部性征之间的同域转映关系。同时，由于从"鐘"到"亮"和"响"又属于同域之内不同的析象转映关系，因而"响"和"亮"互相之间又属于"鐘"的不同差象，两个差象借助于"鐘"这个共同象域形成的转映关系，自然又属于差象转映关系。当然，从字形上说它们同时也都属于差象转代关系。

（二）"甬——通——捅"的孳乳关系（见图4-4）

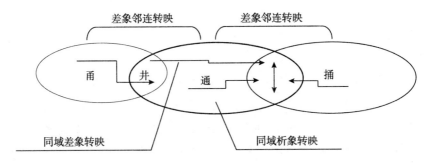

图4-4　甬、通、捅孳乳示意图

对图4-4稍加观察就可以发现，"甬（汲水桶）——通——捅"与"童——鐘——撞"相比有了一定的区别，这种区别主要在于："童——鐘——撞"是从"通象跨域映射"到"差象邻联转映"，而"甬——通——捅"则是两个连续的"差象邻连转映"。其中，"通——捅"之间的符号"↕"表示上下贯通图式，这个图式对于"通"和"捅"而言，既是二者构成相似性映射的通象也是构成邻连性转映的连象，因此从"通"到"捅"属于既相似又邻连的双重映射关系。至于"同域析象转映"和"同域差象转映"，可以参照前图4-3中相似部分的介绍理解。下面再来看看竟、境、镜的孳乳情况（见图4-5）。

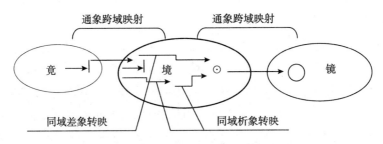

图4-5　竟、境、镜孳乳示意图

（三）"竟——境——镜"的孳乳机理和方式

第一，"竟——境——镜"与"甬——通——捅"相比，其孳乳模式正好相反，主要区别在于："甬——通——捅"是两个连续的"差象邻连转映"，"竟——境——镜"则是两个连续的"通象跨域映射"。如果把"童——鐘——撞"从"通象跨域映射"到"差象邻联转映"作为标准通式，那么，"竟——境——镜"两个连续的"通象跨域映射"模式和"甬——通——捅"两个连续的"差象邻连转映"模式便都属于变式。

第二，在图4－5中，"竟"和"境"两字象域中的符号"→｜"表示"话说完了"和"地到边了"这是个一维到头的通象图式；"境"字象域中的符号"⊙"和"镜"字象域中的符号"〇"，表示边境和镜子共有的圆形图式。其他部分可以参照图4－3中相似部分的介绍来理解。

（四）汉字孳乳模式的概括与整合

通过以上三组字例和图式，我们可以从中概括出汉字孳乳的一般通式（见图4－6）。

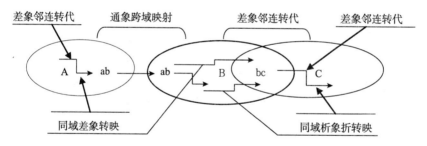

图4－6　汉字孳乳模式示意图

从图4－6中可以发现，汉字的孳乳模式主要涉及四种模式，即：通象跨域映射、差象邻连转代、同域差象转映和同域析象转映。这四种模式经过简化可以归并为两种模式，即通象跨域映射和差象邻连转代。其中，通象跨域映射属于一种独立的孳乳方式，没有更多类似的称谓，因此用"通象映射"表称即可。这里主要是讨论一下其他三种方式的概括问题。

虽然前面说到过差象邻连转代与"同域差象转映"和"同域析象转映"的联系，但都是从突出不同关系特征的分化角度而言的，现在，我们再结合通式从概括角度讨论一下三种模式的整合问题。

我们从前面三组字例的分析中已经知道，差象邻连转代是以两个差别字象结构在某个方面存在域象邻近联系而构成的转代。一般来说，"差象邻连转代"是从"域象邻连转映"而来，而"域象邻连转映"和"同域差象转映"及"同域析象转映"都是忽略共同性突出个性的表述。如果从共性上统摄，它们都可以用"差象邻连转代"或"连象转代"来概而言之。具体来说有以下几点：

第一，同域差象转映和同域析象转映，相对于其所以由来的元象而言，它们都属于同元象紧密相关的析象，反过来说也都属于同元象有所区别的差象，因此析象和差象可以合并，统一用差象表示。因为差象是相对于两个析象的比较区别和变化而言的，所以它可以涵盖析象的内容，而析象往往只是相对于元象而言时能凸显出变化性，但当相对于析象之间的关系而言时则不能凸显出变化性。

第二，不论是差象还是析象，都是以元象为象域构成的邻连关系，所以可以用"邻连"概念概括这种关系。另外"邻连"不仅可以包含由元象转化而来的象域同析象之间的转连关系，同时还可以包含元象与关联事物或其他外联象域可能的连转关系。

第三，从效用上看，同域差象转映和同域析象转映，最终都是为了服务于字形元象对其连带析象和关联象域的象征性转代。但从名谓上看，二者对于这一内涵的反映并不突出，因此用差象邻连转代统称它们，不仅可以统摄二者的内涵，还能突出其服务于转代的内涵。至于非转代性的"邻连转意"，由于有转文直观标示区别不涉及隐蔽性的转代问题，所以可以从转文角度做特殊看待而不必再从隐蔽角度做一般性关注。

综上所述，"同域差象转映"和"同域析象转映"都可以归结为"差象邻连转代"。譬如，在"甬——通——捅"的孳乳中，"甬"既可以转代象征"井"，又可以转代象征"汲水"，正是在同时象征这两个邻连差象的基础上，"甬"才孳乳出了"通"。通过"甬——通——捅"的字例分析可以看出，在汉字孳乳模式中，用"差象邻联转代"完全可以概括"同域差象转映"和"同域析象转映"。换个角度来看，"差象邻连转代"就是"连象转代"，所以在只表明转意机理而不强调意象差别的情况下，用"连象转代"即可以表称"差象邻连转代"。

前面说过，连象转代可以分成连域转代和连事转代，由于在象域和析象两章有更多的讨论，所以在此不再细表。下面从分类层面来介绍一下通象映射。

第二节 通象映射的分类

通象跨域映射是由两个字象在某个方面的相似性通象构成的跨域映射。根据抽象程度划分，通象跨域映射可以分为三种类形：一是较具体的譬喻映射；二是较具体的声响映射；三是抽象的图式映射，下面来看看这三种映射的情况。

在衍生字的字象构成中，由元生字投映到衍生字中的字象结构有三类，一类是由相对比较具体一些的字象结构所构成的具有类比性质的跨域映射，其中，以概象为主要媒介形成的映射，称为譬喻映射；另一类是以相似声响为媒介形成的映射，称为声响映射；第三类是以相对比较抽象的图式为媒介构成的映射，称作图式映射。

一、譬喻映射

譬喻映射是指有选择的用一个字的某个具体字象结构类比性地提示或表达另一字具体字象结构的孳乳方法。其中具体的字象结构主要指的是廓象和感象，而譬喻则是对包括譬况、比喻、比拟、比附、通感等多种方法的统称，用于譬喻映射的字象结构可以称作"喻象"，所以譬喻映射也可以称作"喻象映射"。

在汉字孳乳中，譬喻映射多由形声字声旁所显示的譬况性和类比性体现出来，其中尤以声旁字素所表对象的廓象和感象为多。譬喻映射的思维方式可以概括为"具体——映射——具体"模式。在思维性质上，譬喻映射用于类比的喻象基本属于表象和直觉感象，它比之元象要抽象一些，但与抽象程度更高的图式相比，其对元象的依附性和可感性要高很多，所以一般可以把它当作具体字象结构来看待。下面我们还是以前面提过的"雚"字为例来具体看一看这种孳乳方式：

（一）"雚——罐"的孳乳

在通象映射中，从"雚"到"罐"的孳乳就属于譬喻映射。"雚"所象征的猫头鹰属于动物，"罐"所象征的陶罐属于生活用具，从"雚"向"罐"的映射只是有选择的撷取了"雚"相对具体的轮廓形象，与猫头鹰的其他特征没有发生关系。

显然，"萑"与"罐"属于不同的事物范畴，两种不同范畴的事物因廓象相似形成的映射具有明显的譬况比喻性。就汉字而言，譬喻映射一般都发生在两个不同事域的具体事物之间，所以它常常表现为两个具体概念间的跨域映射。

形声字中的形旁大多表现的是形声字概念所涉及的事域，譬如，"罐"字中的"缶"表示"罐"属于陶器事域。同时形旁也是声旁抽象化和象征化的标注，有对一个元生字转为声旁后重新进行关联定义的作用。

一个元生字一旦加上偏旁成为一个衍生字，往往就意味着它的意义不能再按其作为独立字时的元象义具体理解，而需要做譬喻性或抽象化的理解。譬如，"罐"字中的"萑"，就不能再直接按猫头鹰理解，而要按罐子的形状像猫头鹰理解。从类属上看，猫头鹰与陶罐没有任何关系，因此光凭字义很难疏通二者之间的意联关系。

（二）"萑——颧"的孳乳

颧，指人的颧骨。从"萑"到"颧"也属于譬喻映射，只不过凸显的不是整体廓象而是局部廓象，即把猫头鹰栖树的两肩凸显出来譬喻为人的颧骨。这是廓象的不完整映射，也就是局部廓象映射。

（三）"萑——歡"的孳乳

猫头鹰属于吐哺动物，幼雏靠双亲吐哺喂养。每每喂食，幼雏总是欢叫不已。这种情形也形成一种廓象表现到字象概念的孳乳中，于是在"萑"字基础上加上表示人张口的"欠"字，就造出了"歡"字。从识解的角度来说，"歡"字的概念虽然并不抽象，但毕竟属于人的一种动感情态。从文字具形上说比较难以具体表现，于是取雏鹰悦食这个与"萑"相关联的比拟性概象来喻明人的欢畅，这在字象表征中就属于用一种具体情形譬况另一种具体情形的譬喻映射。

严格地说，从"萑"到"歡"的孳乳，属于先通过邻连转代用"萑"表示雏鹰争食，然后再通过譬喻把"雏鹰欢叫"的概象映射到了表现人的情态方面。所以，从"萑"到"歡"，是同时运用了连象转代和譬喻映射两种方式的孳乳。

（四）"萑——觀"

"觀"字表示"统览"概念，猫头鹰两只敏锐的大眼睛也属于概象，加上"见"旁，等于通过譬喻把这个概象映射到了"人看"的意思上。显然，从

"雚"到"觀"的譬喻映射，取的是猫头鹰概象中特别凸显的局部特征。

（五）"雚——權"

"權"的孳乳过程是这样的：先是通过连象转代用"雚"表示猫头鹰调整重心的栖树动作，然后再通过跨域映射用"调整重心"的动作表示调控秤砣，最后再加"木"旁便孳乳出了表示"权衡"义的"權"字。猫头鹰调整重心与人调整秤砣在具体形态上并不完全通象，但在意感上却彼此相通，所以，从"雚"到"權"属于以通感为基础构成的譬喻映射。

需要说明的是，通感本来指一种具体感官的感觉在人的不同感官之间的贯通映射，我们把通感用为一种感象在不同概念表征之间的映射，这在抽象意义上是一致的。从抽象程度来看，通感映射比廓象映射的抽象性要高一些，由此出发本可以把它归结为图式映射，但由于通感映射借助的字象结构仍然属于直觉范畴，其对元象的依附也相对具体，所以可以把它归结为譬喻映射。其实，通感映射在实际生活中经常会用到。比如，"爽"，元象是人张开双臂临窗吹风感到凉爽的肤觉，但喝冰镇饮料的口感也称为"爽"，这是感觉通过映射泛化的结果。一般而言，一个元象一旦发生跨域映射，就意味着其本身形成了某种抽象化和变形化，就不宜再用元象苛求其与衍生字的字象是否绝对相像或具体一致。

二、声响映射

声响映射是指借助两个字所表事物在声响上的相似进行跨域孳乳的情形。在汉字孳乳中，声响映射一般表现为用一个字转代表示其所表事物的声响进行的跨域孳乳，也有的声响映射表现为用一个原本表现甲事物声响的字转意表现另一个有相似声响的乙事物。在分类上，声响意象一般可以归为概象，因此声响映射在实质上属于譬喻映射的一种。例如，"器"的意义变化就属于由声响映射促成的转意孳乳。

（一）"器"从"哭泣"义向"器具"义的转移

【按】喪：甲文 𣦵 𣦵 𣦵 器：金文 𣦵 𣦵

在甲文中没有"器"字，有人认为"器"与"喪"同为一字，从多口围绕"桑枝"构成，表示人们丧亲后围绕桑树悲号哭泣的情形❶。到金文中，有

---

❶ 谷衍奎. 汉字源流字典［M］. 北京：语文出版社，2008：1878.

了"器"和"丧"的区别。器从犬从四口，是以"丧"为基础重新创制的形声字，应为"哭泣"一词的本字。

"器"所以从犬，是因为狗无汗腺，经常靠张口嘘舌伴随流泪散发热量。其喘息急促连续发出哭泣之声，与人伤心饮泣声息相同，很容易让人联想到人悲痛时的"哭泣"情态，所以"器"是从"丧"的声响和情态经过声响映射而来的形声字。原本应该兼指"犬"喘息和"人"哭泣。

"哭"字当时虽不见于文献，但在实际经验上一般都是"哭器"连声，所以在文字上很可能都是用"器"表示的。也就是说，"器"在初期应该属于一个表示双音节词的复音字。到了小篆，"丧、器、哭"俱全，从字形上看，"哭"是从"器"而来的析出字，应该是为替代"器"表示"哭泣"义而造的复音字。

在用鼎镬煮饭的过程中，人们感受到，当水少了之后锅内会发出"窟噬……窟噬……"的响声，这与"哭器"的声响相通，于是通过声响映射"器"便转意到表"鼎镬"一类的器具上，以后泛化又用到了表示所有的用具上。在"器"转用于表示器具后，又造了"哭"来替代"器"原本所表的"哭泣"义。以后，为分化复音字和细化表意才又造了"泣"字。"哭"与"泣"有所区别，"哭"指出长息吐气放声大哭，"泣"指急息饮气小声抽泣。

（二）"可"与"河"的孳乳关系

形声字"河"中的"可"，在字形构成中表示的也是声响概象。"可"，从口从乃（气息）会意，口亦声。元象指人在认可或疑问时发出的声音，在卜辞中一般表示肯定或适宜的意思，在石鼓文中表示"何"的意思。黄河给人的突出印象是它发出的鸣响，于是便通过声响映射用"可"加"水"来专门表示黄河。"河"可以直观的理解成"能发出声响的水"。

三、图式映射

图式映射主要指由结构关系、动变状态和运动模式等抽象图式构成的孳乳。在汉字中，图式映射一般表现为以元生字所表元象的各种抽象关系或动变行迹为媒介进行的孳乳。从思维形式上看，图式映射在形声孳乳中可以概括为"具体——抽象——再具体"模式，在假借孳乳中可以概括为"具体——抽象"模式。在汉字的发展中，图式映射对于形声孳乳以及对于实词转作虚词都具有重要的理据性意义。

（一）"朋——棚"孳乳中的图式映射

【按】朋：甲文和金文 𣎴　　　𣎴

"朋"字的元象指一个单位标量的贝币。古代以贝为货币，五个一串，十个贝币分成两串结为一提称作"朋"，其引申的常用义是朋比的意思。"朋"在使用中提着携带，因为贝币有一定的体积，所以在手提的情形下，两串贝币自然形成以手为顶端的分叉形状。这个分叉的形状在字象表征中便抽象出了类似于房屋平顶的"∏"形图式，映射到表示没墙的草木建筑上，便构成了"棚"字，这只是"朋"的一种图式。由于在"朋"中，贝币之间总是相连共处在一起，所以从中又可以抽象出"结连"图式，在"朋友"一词中，"朋"所表示的就是由"结连"图式映射来的意义。

（二）"朋——崩"的孳乳

在"朋贝"的使用中，无论是往哪一放都会"随着一阵响动形成坍散"的情状，从这个情状可以抽象出聚散图式。聚散图式通过心理映射跨域到表现山的坍塌上，就孳衍出了"崩"字。

需要说明的是，在具体化的映射中，图式并非是一成不变的通过映射转域而已。在很多情形下，映射后的图式相对于元象图式会发生适域性变形，譬如，从"朋"到"棚"。棚顶肯定与"朋贝"并非绝对一样，以后的"棚顶"还演化出多种形状，因此切不可以具体实相相较。

（三）"是"字中的譬喻和图式映射

【按】是：金文 𣌭 西周中期　𣌭 春秋　战国简 𣇃

"是"字是一个包含着譬喻和图式双重映射的假借字。"是"的金文字形原本从早，止声。其中的"止"在"是"字中表示"运行"。其中的"早"，本指栎实。栎实因形状似勺斗又称橡斗，所以"早"在"是"的构形中譬喻性地表示勺斗，这一点在春秋的字形中表现得最为明显。春秋的字形为了突出"早"表示勺斗刻意把"早"字的一横改成了从"又（手）"，这就清楚地表明"早"是个从手持斗的譬喻性意符。从字素构成而言，"是"的引象是"用勺斗舀取浆液"。战国时，"是"的字形开始简化，到了小篆便成了从正，日声的字形。

"是"是替代甲文"氏"后出的重造字，开始的元象是指用于提取浆水油液的"匙斗"。由于提取"匙斗"的动作要对准油篓的圆口，并且常要反复提取，所以"是"有"反复"和"正对着"的图式，通过这两个图式的映射，"是"在早期文献中常作复指代词"这"，同时还作判断词表示"对"或"正确"的意思。以后，从对应图式，"是"又演化成了系联前后对应关系的系动词。"是"的字象可以抽象出"升起、明亮、面对、开头、对应"等多个图式义，这些图式义有的出自于"是"的"匙斗"字象，也有的出自于小篆"日出而作"的字象。通过譬喻和图式映射"是"还和其他偏旁组合构成了很多形声字，譬如，"提"（提起）、"题"（脑门）、"堤"（堤防），等等。

四、通象映射

不论是形成于元象特征轮廓和主观通感的譬喻映射，还是形成于抽象质相或行迹的图式映射，都是以两个概念在意象上存在的相似性为基础实现的，所以从这个特点出发，我们一般把构成元衍两字实现映射孳乳的相似性字象统称为通象。通象既包括譬喻性概象和相似性声响，也包括图式。通象映射，或者在两个不同的具体事域发生，或者在具体和抽象两个不同的层次进行，总之都要通过跨域实现。有了通象概念，在一般表述中，由譬喻映射、声响映射和图式映射构成的映射，便可以简称为通象跨域映射或通象映射。譬如，不论是从"蓳"到"罐"的譬喻映射，还是从"竟"到"境"的图式映射，都可以简称为通象映射。

通象映射是对相似性映射具体和抽象关系的共性把握。在理解上，如果把通象映射理解为元象的某个性征在两个具体事域之间的跨域映射，就是譬喻映射；如果把通象映射理解为是一个抽象图式向具体事域的映射，就是图式映射。由此可见，譬喻映射和图式映射是相互贯通的，二者之间只有相对的区别，没有绝对的界限。

从细化角度来说，通象映射还可以有多种分类。比如，从一个元象形成了几个字象结构的映射划分，通象映射可分为单象映射和多象映射，譬如，"蓳"就属于多象映射；再如，从元象的一个字象结构所映射的事域多少划分，可以分为一象单域映射和一象多域映射，譬如，"兑"就属于一象多域映射。这些都可以在字例分析中体会，不再专门介绍。

第三节　转意基连映

从"童——鐘——撞"和"竟——境——镜"的孳乳可以知道，无论是譬喻映射还是图式映射，都有在多个字象之间通过连续变换视角进行链式孳乳的情形。从原理上来讲，这种链式孳乳属于在多个认知参照点之间进行的连续转映孳乳。从一个元生字到一个衍生字再到下一个再衍生字，每个字都是下一个字映射转意的参照点，多个参照点衔接就构成了一个由不同字象结构串联起来，分别表征不同概念的链条。从字词发展来看，这是一种借助心理视线在多个意象参照点上的连续转移来拓殖概念、构建新义、孳乳新字新词的方式。从原理性特点出发，我们把这种连续转映的孳乳方式称作转意基连映。下面我们来具体研究一下转意基连映的孳乳机理。

一、意联点和转意点

（一）通象意联点和连象意联点

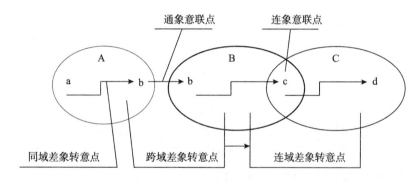

图 4－7　通象和连象意联点示意图

在图 4－7 中，A、B、C 三个环分别表示元生字、衍生字和再衍生字三个参照点。在 A 环中，A 表示一个字象结构（域象结构），其中的 a 表示元象，b 表示不同于 a 的域象（象元）；在 B 环中，B 表示又一个字象结构，其中的 b 和 c 分别表示 B 的元象和其他不同域象；同理，C 环也是字象结构，其中的 c 表示 C 的元象，d 表示 C 结构中的不同域象。

1. 通象意联点

假设 A 和 B 代表彼此跨域的两个字，那么 A 和 B 之间就属于通过相似性映射实现的跨域孳乳。其中，A 字象中的 b 和 B 字象中的 b 是元衍两字之间的相似通象，那么这个通象就是从 A 到 B 实现元衍孳乳的意象关联点，简称通象意联点。

2. 连象意联点

假设 B 和 C 代表彼此连象的两个字，那么 B 和 C 之间就属于通过邻连转映实现的连象孳乳。其中，B 字象中的 c 和 C 字象中的 c 是元衍两字之间的中介连象，那么这个连象就是从 B 到 C 实现元衍孳乳的意象关联点，简称连象意联点。

在实际运用中，不论是通象意联点还是连象意联点，一般都可以统称为意联点。

（二）差象转意点

1. 同域差象转意点

先看 A 环内部，当 A 从表示元象到转代表示其某个分解出的象元（概象、图式、析象）时，它所表示的元象就转化成了域象结构，而 A 从表示元象 a 到表示元象的某个象元 b，等于在同域内的两个不同意象之间通过邻连转映形成了转意。这样，A 原本表示元象 a 就转移到了表示其象元 b 上，而域象结构 A 中的象元 b 同元象 a 的意象差别就是同域之内构成表征转意的差象转意点。同理，B 环中的 c 与 b，C 环中的 d 与 c 分别都是 B 环和 C 环内的同域差象转意点。

2. 跨域差象转意点

对跨域映射前后的字象结构进行比较可知，元生字 A 与衍生字 B 之间除了具有相似的通象 b 之外，A 和 B 还包含有 a 和 c 等不相似的差象部分，这种差象部分就是构成 A、B 两个字象结构（象域）彼此有别的因素，由于在元衍字之间起区别转意作用的是含有差象因素的两个不同象域，所以称这种转意因素为跨域差象转意点。

3. 连域差象转意点

衍生字 B 和再衍生字 C 之间是通过邻连关系形成的转映，B、C 之间有交接的连象部分 c，但还有 b 和 d 等不相交的差象部分，彼此毕竟属于两个不同的字象结构，所以当通过域象邻连关系从 B 转映到 C 之后自然会构成转意关系。由于这种转意差别是由彼此连域中的不相交象元造成的，所以称这种不相交的象元为连域差象转意点。

不论是同域差象转意点、跨域差象转意点，还是连域差象转意点，其共同之处就在于它们所起的都是转意作用，所以在实际运用中，如果不是特别需要，可以统称为转意点。

（三）意联点和转意点的作用

一般来说，字词的孳义和分化是字象衍转的目的所在，字象衍转是实现字词孳义和分化的手段。离开了孳义和分化，字象的衍转就会丧失目的；离开了字象衍转，孳义和分化就会失去凭借和理据。在汉字的孳乳实际中，意联点和转意点哪一个都不可或缺。意联点一般为孳乳提供关联基础，转意点一般为孳乳提供引申或分化基础，二者共同对孳乳发挥着作用，是相辅相成的关系。所以从效果来看，元生字的字象一经衍转往往就意味着会形成字义的引申或字形的分化。没有通象基础的连象孳乳自不必说，即使是有通象基础的孳乳也往往会是如此。

　　下面结合示意图来具体讨论一下意联点和转意点及其作用（见图 4 - 8）。

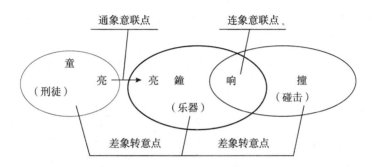

图 4 - 8　童、鐘、撞的连续孳乳示意图

1."童——鐘——撞"的连续孳乳

　　在"童——鐘——撞"的孳乳中，从"童"到"鐘"是依靠"光亮"这个析象实现通联过渡的，其中"光亮"是"童"和"鐘"的共有通象，也是由此及彼实现映射的媒介。从实际情况来看，"秃头"和"鐘"只是相像，并没有同域关系，所以在概念表征上"童"和"鐘"是通过相似关系形成的跨域映射。从意联关系说，"秃头"和"鐘"的相似点是"圆亮"，它是使"童"和"鐘"形成通象映射的关键因素，所以"圆亮"就是"童"和"鐘"在概念表征上形成孳乳关系的意联点（图 4 - 8 中的交连部位，即通象部分）。显然，意联点是两个字之间实现跨域映射的通联基础。从转意关系上说，意联点"光亮"之外的差象部分是从"童"到"鐘"形成区别的转意点（图 4 - 8 中的非交连部分，即差象部分），转意点造成的区别是进行映射的目的所在。如果没有差象的转意部分，就达不成概念拓殖的效果，映射就会变得失去意义。同理"响"是从"鐘"到"撞"实现邻连性孳乳的意联点，这是二者在实际相互作用中形成的结果。"响"之外的"碰击"

意思是它们相互区别的转意点，即："鐘"是一种铜制乐器，"撞"是个冲击动作，二者在概念表征上属于只有邻连关系但没有相似关系的转映。

2. "竟——境——镜"的连续孳乳（见图 4 – 9）

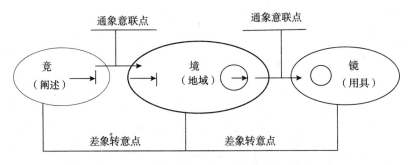

图 4 – 9　竟、境、镜的连续孳乳示意图

对于"竟"与"境"之间的关系需要先概括一下，虽然二者都含有 →│图式，但由于存在着时间和空间转换的差象，所以需要把"话说完了"和"地到边了"先概括为"节点"，即"竟"是时间节点，"境"是空间节点。这样就可以发现"节点"是"竟"和"境"的通象意联点，时间和空间是二者之间的差象转意点。同理，"圆形"图式是"境"和"镜"的通象意联点，地域和用具是它们的差象转意点。由此不难看出，意联点是由通象与连象关系造成的，转意点是由跨域与差象关系造成的。

综上可见，不论在元生字还是在衍生字中，通象不一定就是各自字象结构中具有凸显性的主象，而差象也不一定就是次象。从衍生的形声字来说，其主象概念往往由形旁对声旁所表的字象重新定义形成。因此，即使是对元生字图式具有包含关系的衍生字，也会表现出不同的主象，这也是我们不容易直接体会出元衍关联的原因之一。譬如，"竟——境"，从图式上说，"境"字对于"竟"字的图式是完全包含关系，但由于从时间映射到了空间上，"境"就把从"竟"投射过来的"一维到头"图式扩展成了"多维到边"图式。这是由形旁"土"与声旁"竟"的相互作用造成的，形旁起了抽象和拓展声旁字象和所表概念的定义域作用。

二、字象的链式孳乳

（一）字象的连续转折孳乳

在汉字的孳乳中，从一个元生字往往会孳乳出众多的衍生字，这其中包括发散式的多象并行孳乳，也包括从一个字象开始通过连续的转折映射形成的链式孳乳。譬如，"蓳"字的系列孳乳就属于发散式的多象孳乳，而"竟"的孳乳就属于连续折射式的字象链孳乳。

　　从机理上看，构成字象链的每个字都可以视为一个参照点，字象链孳乳往往既包括每个参照点内部的同域转映也包括参照点之间的跨域投射，所以在总体上字象链孳乳表现为由多个参照点构成的连续折射孳乳。其示意图如下（图4－10）。

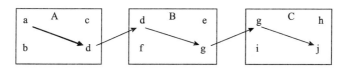

图4－10　字象连续折射孳乳示意图

　　在图4－10中，标有A、B、C的方框代表由元生字、衍生字和再衍生字构成的参照点，方框之内的小写字母a、b、c、d、e、f、g代表各个参照点内可以析解出的不同象元或域象结构，方框中的箭线代表参照点内部象元或域象结构之间的转映，方框外的箭线代表参照点之间的跨域映射，其总体代表字象链孳乳的连续折射情形。

　　（二）字象链的孳乳环节

　　在汉字的连续孳乳中，每个字象链构成的环节是不尽相同的，有的字象链系联的环节多一些，有的环节少一些，一般以二至三个环节居多，也有四个环节的情形，譬如，"皮——披——坡——波"。下面分析一下"皮"字在连续孳乳中的意联关系和转意关系：

　　【按】革：金文![金文字形]西周中期 ![字形]西周晚期 戰國簡![字形]　**皮：**![字形]西周中期 ![字形]西周晚期

　　1. "皮"，字形为半个"革"字。"革"的字形在西周金文中为刮刀和皮板组成的象形字，到战国演化为双手持刮刀的象形。"革"的元象指用刮刀脱脂鞣制皮子。"皮"为单手持刀的半个"革"字，虽然是手持刮刀的构形，但其含义并不涉及鞣制，只是通过邻连转代用其表示动物的外皮，概念化后泛指一切物体的外表或像皮一样的东西。

　　2. "披"，元象是指把类似于"皮"的斗篷或蓑衣披在身上。在从"皮"到"披"这一孳乳环节中，"皮"属于廓象譬喻映射，即把斗篷或蓑衣譬喻作"皮"。

　　3. "坡"，元象指土堆形成的斜面。由于把斗篷、蓑衣"披"在身上会形成"∧"状斜面，于是通过跨域映射把"扌"旁置换成"土"旁便构成了"坡"字。在从"披"到"坡"这一孳乳环节中，"皮"是通过"披"的差象图式映转出的"坡"字。以后由土坡又扩展出两个图式：一是表示单面的斜坡，图式为，这个图式除了指坡度，还指偏倾（颇）；二是指山坡，由山坡相连的差象又转意出了"∧∧∧"型的连坡图式。

4. "波"，元象指水面在风或其他物体作用下掀起的涟漪或水浪，其形态与山坡的∧∧∧图式通象，因此，从"坡"经过换旁转域又孳乳出了"波"字，这个孳乳过程也属于图式映射。

从这个字例中可以体会到，字象链孳乳往往是既包含着形成孳乳的意联点，又包含着形成变化的转意点。

三、联意基和转意基

（一）联意基和转意基（见图 4－11）

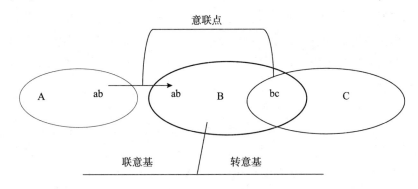

图 4－11　联意基和转意基相对关系图

通过"皮"的孳乳可以发现，每个沟通连续孳乳的中介环节都表现出一个显著特点，即兼有前后两个字的不同象元或域象结构。具体来看图 4－11 中间的 B 环，它兼容 A 环和 C 环的两个意象关联点 ab 和 bc，是实现 A 向 C 转意的过渡环节和间接意源。相对于 C 而言，B 环不属于由客观事物对象对应于观念直接形成概念的元生意源，而是属于由一独立字 B 的某个象元或域象结构构成的次生意源。对于 B 这个次生意源，从其兼容 A、C 两个概念的意象关联而言称之为联意基；从其促成字象和所表概念的转意作用而言又称之为转意基。从图 4－11 中可见，联意基就是转意基，二者指的都是 B 环节。转意基是字象概念从 A 到 C 实现孳乳转意的特殊意源，在转意基中我们可以同时看到 A 和 C 的影子。

（二）转意基的形成机理

通过图 4 - 11 我们来分析一下转意基的形成机理：

1. 事物属性和联系的多样性是形成转意基的客观基础

由于事物都具有多样的属性和联系，所以一个元生字可以通过其所表对象多样的属性和联系形成多个孳乳环节和多条孳乳途径。多个孳乳环节和多条孳乳途径是形成连续转折孳乳的客观基础，也是形成转意基的客观基础。

2. 依旧出新的连续进行是形成转意基的思维基础

依旧出新是拓殖新字的一种简便方法，由于这种简便方法不断使用，于是就形成了"元生字——衍生字——再衍生字……"的连续孳乳情形。由于这种连续孳乳在每一个环节都会伴随着差象选择的变化，所以当孳乳不是以元生字而是以衍生字为基础进行时，元衍之间很可能就会从直接孳乳演变成由转意基过渡的间接孳乳。

四、转意基的分类

一般来说，语言演变都不是无缘无故发生的，无论是语源分化还是文字孳乳往往都会有一种衍转机缘。这种机缘或者来自文字所表事物对象或相关文化习俗的变化，或者来自语言使用的某种语境濡染，或者来自某个字词的隐性介连。总之，很多因素都会作为二次意源成为一个字词衍转变化和拓殖孳义的转意基。依据形成转意的意源差别，转意基可以分为兼介转意基、事源转意基、文俗转意基和语境转意基。

（一）兼介转意基

兼介转意基，指元生字与衍生字之间以一个中介环节来介连两字意象关联构成的转意基。兼介转意基按是否有外显标示可以分为显性转意基和隐性转意基。

1. 显性转意基

显性转意基也称字词转意基，是指由介连元衍之间起过渡串联和意义拓殖作用的中间字词构成的转意基，这个中间字词等于是沟通元衍间接意联关系的过渡标示，所以称之为显性转意基。

比如，在"童——钟——撞"和"竟——境——镜"两组字例中，"钟"和"境"就分别是"童和撞"及"竟和镜"的显性转意基，没有这两个字作为转意基过渡，"童和撞"及"竟和镜"就会失去意联关系。

2. 隐性转意基

隐性转意基又称字象转意基。其实从原理上来讲，衍生字在元衍孳乳中借以孳乳的元生字字象结构都具有转意基的性质。由于这种充当转意基的字象结构是由元生字隐蔽象征的，没有明示的中介字词作为标示，所以称之为隐性转意基。换言之，隐性转意基就是由元象的某个字象结构来介连元衍孳乳关系所形成的转意基。

比如，"缸"字，元象是一种盛水的大型砂器。从"工"表夯杵上看，"缸"是从"工"夯地发出硬朗的响声映射而来的。"缸"为砂陶器，体大，敲击的声响与夯地相类。所以用"缶"与"工"组合便孳乳出了"缸"字。这里"硬朗的响声"就属于是从"工"衍转为"缸"的隐性转意基。

从这个例子可以发现兼介转意基就是介连元衍字词之间的兼容字象，它可以是一个字词的元象，也可以是由一个字词的元象转代出来的某个字象结构。这个介于两个字词之间的字象结构，相对于元衍两个字词的元象而言，就属于起过渡作用的兼介转意基。

需要注意的是，在有些衍生字的孳乳过程中，隐性转意基有时不是一个而是两个，两个转意基之间往往还存在跨域映射关系。

比如，"俑"，意思是指用于殉葬的木头人，其中的"甬"元象为汲水桶，汲水桶主要用于从水井汲水，因而有"井道"这个连带象域。井道与墓道相似，于是"井道"就作为转意基，通过跨域映射转连到了"墓道"上，这样"墓道"便成了"甬"的映射象域。同时"甬"为木制，"俑"也是木制，所以，"木制"和"墓道"都是"甬"和"俑"构成意联关系的隐性转意基。

一个形声字也许看不出其声符与组合后的字象义有何直接关系，但它们也许是通过兼介转意基建立的间接意联关系。还有的形声字不是与其构造中作为声符的元生字直接建立的意联关系，而是通过与其声符概念相关的另一个字建立的意联关系，这也属于由显性转意基构建的孳乳关系。譬如，前面说过的"彼"字，其相对概念"此"就是介连"皮"与"彼"意象关联的显性转意基，没有"此"的过渡，很难体会"皮"与"彼"有什么意联关系。

（二）事源转意基

事源转意基又称源变转意基，指的是由文字所表实际事物对象发生的变化构成的转意基。譬如，"厂"，原本表示用蚌壳制作的刀，后来制刀的材料改用了石头，"厂"就随着转意出了"石"的意思。再如，"角"本义指兽角，由于在实际中常用兽角制作容器（觥），而容器又用作量器，于是"角"就兼有了量器（斛）和工具（觿）的意思。显然，"厂"和"角"这种表义变化是由其所指的事物对象发生变化导致的，这种导致文字发生转意的意源变化就属于事源转意基。

（三）文俗转意基

文俗转意基指由社会文化观念或习俗的变化形成的转意基。其实，文俗转意基属于一种比较特殊的事源转意基，"赛"的语义演变就是由这种转意基促成的：

【按】塞：甲文🖳三期　　金文🖳春秋　　小篆🖳　赛：小篆🖳

"赛"，是由"塞"而来的转注字，"塞"的本义是秋天用泥坯堵住窗口，以利于冬天防风，《诗经》"塞向墐户"的诗句用的就是这个意思。"塞"转注为"赛"是把下边表泥坯的字素"土"换成了表财物的字素"贝"，意思是用财物填堵社神之口。关于"赛"的本义，一般认为是"酬报社神"义，但怎样转到了表示"竞赛"义上，没有细解。在古代，非常重视农业祭祀，一般每年在春秋两季要举行两次重要的社祭活动。在春耕之前举行的"社祭"称为"社戊"❶，"社戊"即后来的"岁祭"，是春耕动土前求社神保佑当年丰收所进行的祭礼。在秋季举行的"社祭"称为"赛社"，即在秋收后陈设酒食祭谢社神的恩赐，借此人们也相与作乐。到了周代，由于历法调整，"赛社"与"岁祭"连成了一体，都成为十二腊祭的内容，这样"赛社"便同"岁祭"混连成了"冬赛"。《史记·封禅书》有"冬赛祷祠"的词句，其中所说的"冬赛"便反映了"赛社"与"岁祭"混连在一起的情形。因为混连所以"冬赛"也称"赛社"。每年腊月二十三家家都要举行送灶神上天的祭礼，在送灶神上天的同时还要迎社神出庙与民同乐。由此春节开始，直到节后送社神入庙迎灶神回家，都成为"赛社"期间。"赛社"要举行一系列祭祀迎春的社火活动，社火活动周游街巷，要举行有仪仗、鼓乐和杂戏在内的"赛会"，于是"赛"字所象征的意义就兼容到了"赛会"上。"赛会"的节目很多都有较高的技艺表演性，譬如，走高跷，演人物，等等。在"赛会"上，不同表演群体之间往往会自然形成展示技艺的较量，于是"赛"字便又转到了兼指"竞技"上。从"酬谢社神"到"社火赛会"再到"竞技比赛"，"赛"在意义上由于受社会习俗变迁影响经历了连续的转意。以后，表示"社祭"和"社火"

---

❶　至今贵州的苗族仍然称"岁祭"为"社戊"。

的意义变得隐晦不明，而突出的是赛会竞技的意思。"赛"虽然在字象概念上发生了转变，但在字形上却没有改变，所以要从字形上直接看出与"比赛"的意联关系就大有难度了。"赛"的字义迁转说明，社会生活习俗是字象概念迁转的重要转意基。

（四）语境转意基

语境转意基是指由导致某个字词意义发生濡染变化的关联语境所构成的转意基。例如，"息"和"觉"两个字：

1. "息"

"息"的构形从自（鼻子）从心，字形引象是"自在心上"，元象义是生息。在后代使用中，由于同"休"字经常连用组成"休息"一词，人们一般很容易把"息"的字义理解为"止息"。"休息"一词成为"息"字反义转化的语境转意基，再加上有息事宁人这样的成语作为强化，一般使用者很难想到它的本义与此正好相反。

2. "觉"

"觉"的元象义是醒悟，由于与"睡"经常连用，"觉"就随着转化出了"睡卧时段"的意思，譬如，"睡一觉"。显然"睡"就是"觉"的语境转意基。

除了像"赛"和"彼"这样的字在转意基上比较复杂外，一般来说，因为有字形字象提供衍转线索，转意基在文字的元衍联系上还是比较容易寻绎的。

需要指出的是，对于通过不同视角或属性分别挈乳出不同衍生字的字象结构，虽然在挈乳机理上我们称其为隐性转意基，但由于已经把字象结构归入了分析元衍挈乳关系的一般媒介，所以在实际运用中就不再把它作为特殊媒介的转意基来看待了。因此，转意基一般只包括字词转意基、事源转意基、文俗转意基和语境转意基，而不包括隐性转意基。

附录　字象视野中的假借

以字象的视角来看，不论汉字的创制还是挈乳都是通过以实表虚、依旧托新的方式展开的，都是由一定字象的相似性或邻连性提供理据支持的。

通过对被借字和假借字之间的字象分析可以看出，假借字并不完全是随意借用的同音字。这就有了对假借字与被借字之间的意联关系重新进行审视的必要。

一、实词与虚词的意联关系

以字象的视角来看，汉字中的的假借字与被借字基本是存在虚实对转关系的。下面我们通过字例来分析一下假借字的衍转机理，具体如下：

（一）其

"其"，元象：簸箕，一种多用的盛杂物工具或容器。可以抽象出兼容图式，借用为不定指代词，其人、其事均可用，属于用不定装容器代指不定指对象的抽象用法。

（二）斯

"斯"，元象：用锛修治箕口。箕口位于箕的主体边缘，箕位于人的近前，由此可以抽象出中心——边缘图式，通过这个图式的映射，"斯"可以用作近指或旁指代词。

（三）因

"因"，字形从囗（席子）从大（人）。字形引象为人凭席而卧，图式义为因始、凭借。古人席地，用席铺在地上做衬垫。席是居家做事的依托和凭借，相对于站起活动，席是基始点，久之便抽象出了"因始凭借"图式，通过映射转借为虚词，有事因、顺起、凭借等抽象图式义。

（四）以　甲文 $\}$ 金 $\mathcal{S}$

"以"，字形从厶、人会意。厶，兼表声。"以"原本借"厶"表示，后加"人"旁分化。厶，元象指后代子嗣——小孩❶。小孩不能自立，需要以大人为依托成长，同样子嗣也是成年人以后的依靠。从这种关系中可以抽象出"凭借"图式，通过这个图式的映射，"以"便用作了表示"凭借"义的虚词。

（五）但

"但"，从人、且声。且的元象是太阳初起，加"亻"旁，表示"人初生"，以后用"诞"表示。"但"与"且"在图式上基本通象，有事物初始、微弱不足、仅仅等抽象义，"但"字也正是在这些抽象义上借用为虚词的。假借的"但"字有"细小"、"仅仅"和"从头开始"三个图式义。

（六）由

【按】甲文 凸—期　　甴—期　　甶—期

---

❶　谷衍奎．汉字源流字典［M］．北京：语文出版社，2008．

"由"，元象是带提斗的漆篓❶。主要盛油、酒等液体使用，应该与"酉"、"卤"和"娄"在语源上相通。实际使用中常有从中"抽"出提斗的经验意象，于是便形成了事物缘起所因的图式，同时也就有了"从所、事由"的抽象图式义。

（七）于

【按】字：甲文 🀆　　于：甲文 亐—期　于—期　　金文 亏 西周早期　于 春秋

"于"，从甲文看"于"是一个从"字"或"于乃"复合字而来的析出字。一般认为"于"字同"亏"，许慎对"亏"的解释是"於也。象气之舒亏。从丂，从一，一者其气平之也。"一直以来文字学界认为"于"即"竽"，是一种吹奏乐器，这并不准确。应该说许慎对"於气"的解释虽然较抽象，但从图式的角度理解还是准确的。"于"的字形从"丿"从"十"会意。"丿"表烟气上升到屋顶，"十"应为"甲"，表灶口锅边等冒烟气的缝隙。"于"的元象是屋里做饭由柴烟和蒸汽汇聚而成的烟气，烟气升腾到屋顶形成徘徊淤滞的形态，所以"于"有"驻留停在"的图式。"于"一般表示时空停在的图式义，用为介词表示"在……"。"淤滞"的烟气积聚到一定程度可以"迂回"从门口溢出，于是加"辶"旁就构成了衍生字"迂"字。同"于"字同源分化出来的字还有"乃、亏、万"，分别表示不同情形的气体。

（八）乃

【按】甲文 了—期　了 三期　　金文 了 西周早期

"乃"，表示烟气迁延从屋檐的缝隙溢出向空中飘散，图式义表示"烟气"、"由此……到彼"或从某处开始延至某处，在古文献中常用作判断系词或顺延连词。譬如，"××，乃××人氏。""断其喉，尽其肉，乃去。"

"乃"在形声字"仍"中表示连绵而出的烟气，加"亻"转用于表抽象人事行为，有组合词"仍然"表持续貌（图式）。

"乃"在"奶"字中表示奶液由乳房迁延给小孩，以后又进一步表示"奶水"。

"乃"当偏旁为"孑"，表示迁延上升。乃字又作"廼"，表示烟气从房檐溢出经过鸟窝飘向空中。"西"，鸟窝，常在檐下。烟过鸟窝，自然造成鸟因憋气而形成亏气，于是又造出了表示"亏气"意思的"䳄"字，"䳄"字中的"虐"表示一种雀鸟，俗称虐不刺，习在棘草丛作窝。

---

❶　在河姆渡出土的文物中已经发现有漆器。时间之早，远在文字发明之前。

另外，甲文中有"从字从又"写作 🔠 的字，有观点认为它是"于"的初文❶，准确的说"于"是从其而来的析出字。🔠 应该是"字"的初文，字形引象是屋里烟气弥漫人跑到门口放烟。"宇"的元象本指弥漫着烟气的屋顶，因为弥漫在屋顶的烟气可以从房檐的缝隙溢出，故而转连指房檐，以后又引申指宇宙。

（九）兮

【按】兮：甲文 ﾃ一期 ﾃ三期 ﾃ四期 金文 ﾃ西周早期 ﾃ西周晚期

"兮"有两个来源，一是从"乃"变化而来，另一个从"考"析出而来，表示"拐杖"。两个字形在甲文中不同，到了小篆流变讹同，因此在不同的组合字中分别表示气体和拐杖。譬如，在"羲"字中"兮"表示疏爽的晨气；在"兮"字中表人感叹发出的声息；在"巧"字中表示轻盈熟练（的工艺）；在"朽"字中表风化（木质腐败）；在"考"字中表木杖。显而易见"兮"在组合字中的主要概念是"气息"，表示"木杖"义的组合字仅见于讹变性的"考"字。所以在"粤"和"易"中，"兮"应该从抽象再具体的角度分别按"轻盈"和"热气"疏解。

二、对假借的理解需要深化

（一）许慎的假借内涵

关于假借，许慎的定义是"本无其字，依声托事，令、长是也"。有人认为，许慎所举的字例"令、长"不是典型的假借字，也有人认为许慎误以引申为假借。应该说，这些观点都是对许慎假借定义和字例关系的误解。

首先，许慎之所以用"依声托事"而不用"依音托事"，是因为在《说文》的体例中"音"与"声"在用义上是有区别的。虽说"音"和"声"在抽象义上可以互训，但在具体使用上却有所不同。一般来看，"音"常指单纯的声响，"声"常指有意涵的词，有意涵的词即"名"，也就是概念。"名"，由"夕"加"口"会意而成。"夕"的元象是"月"，在古人的观念中"月"即是"天"，所以"名"有"天授之称"的意思，天授之称也就是概念之名。由此来看，"依声托事"应该按"依名托事"理解，而不应该按"依音托事"理解，另外形声中的"声"也应如此理解。

---

❶ 邹晓丽．基础汉字象义释源［M］．北京：中华书局，2007.

其次，有观点认为，许慎只有假借的定义，没有假借的字例，实际按假借训解的字例多属于引申。显然，在许慎的体例中还没有引申的称谓，引申的称谓和概念是后世才有的，但我们也可以据此认为在许慎的概念中假借就是引申。当然，这可以被看作是假借和引申不分。但从实际来看，有了引申概念的现代，也不能说就真的分清了假借和引申的区别。譬如，许慎所举的"令、长"字例，在现代看来这两字不属于假借字，至少不属于典型的假借字，只有像"其、且"这类字才算假借字。这样认识的原因是什么呢？我们可以具体分析一下：

"令"，本义是命令，通过关联关系代指发布命令的长官。"命令"和"长官"虽然属于类义不同的两类概念，但衍转关系具体，而且意义关系较近，比较容易发现借与被借的意联关系。再看"长"，本指头发长。由于年长者头发长，于是转到指长者。又由于长者经验丰富，往往充任管理事物的长官，于是又转指长官。从头发长到长官虽然类义不同而且关系较远，但衍转过程也是清晰具体的。这应该是现代认为"令、长"指长官属引申义而不属于假借的原因。

从前面的分析可以知道，"其"和"且"借为代词和连词，是从元象到图式衍转过来的。按说从元象到图式属于更加直接的衍转关系，那么为什么这两个字算作假借而不算作引申呢？一方面是因为类义不同且关系不具体，二是因为搞不清借与被借的意联关系。

概括来看，现代对于假借和引申的区分，基本上是以是否具体清楚借与被借的意联关系为基础的。意联关系具体并且清楚的就称为引申，不具体不清楚的就归入假借。可这算作什么标准呢？只能算作理据阙如的代名词。

一般来说，假借和引申还是应该有所区分的。比如，可以把假借义同本义的关系远近和类义是否一致定为区分标准，与本义关系近且类义一致的就归为引申，与本义关系远且类义不一致的则归为假借。如果取这个标准，那么"令、长"和"其、且"就会都归入假借的范围。显然，许慎把"令、长"算作假借正符合这个标准。至此我们可以发现，许慎的假借定义和字例训解是配套一致的，并非是没分清假借和引申的关系。

（二）典型假借字的分析

从成因来说，依声托事往往来自于口语用词中的譬况或类比，然后才反映到文字上表现为假借。譬况用词一般不会无故而来，而是借有缘起，假有所据，所以假借就是因借与被借字存在某种意联关系形成的譬况引申用法。从字象原理上说，就是映射和转代形成的字象义孳乳，而不是一般的类义引申孳乳。

这方面我们可以针对一般所说的典型假借字来做一下分析：

1. 花草和花钱

"花"有两个主要的意思：一是指花草，属于植物名词；二是指花费，属于行为动词。这是属于类义不同的两个词，所以从一般的假借观点来看，表示"花草"的"花"是本用，表示"花费"的"花"属于假借，这两个词没有任何意义关系，只是借字表音而已。但从字象的观点来看，"花"的意象特征是绽放，可以抽象出"分散"图式，而"花钱"、"花费"用的正是这个"分散"图式的意义。这种用法可以从语义具体关系上称作譬喻，也可以从字象抽象关系上称作图式映射。显然，从"花草"到"花钱"属于假借，但却不是没有字义关系单纯"借字表音"的假借，因为传统的字义概念是包含意象和意义双重内涵的概念。

2. 蚤和早

在假借中，被认为最典型就是借"蚤"表示早晨的"早"。其实，不光"蚤"表早晨属于假借，"早"表早晨在开始时也属于假借。

在甲文字形中，"早"上面是个表示果实意思的"日"形构造，下面是个表示果枝意思的"中"形构造，合起来是个类似于"果"一样的关联象形字，指的是栎实❶。栎实的斗壳榨汁为黑褐色，所以"早"开始表示黑褐色。"早"借表"早晨"之后，黑褐色的意思用从"早"转文的"皂"来表示。"早"何以借表早晨呢？这就需要知道，古人所说的"早"同今天所说的早晨，在内涵上是有所区别的。古人所说的"早"是指天亮之前的黑夜，也即"天将亮曰早"。农耕生活往往要起早干活，起早不是天亮了再起，而是天不亮就起，所以"早"所借表的是天将亮的意思。现在"早"也有某时之前的意思，这是天将亮的引申义。天将亮也就是蒙蒙亮，由此可见，"早"是由黑褐色通过映射转到表示"蒙蒙亮"上的。到了小篆，"早"变成了从日从甲的会意字，这是文字孳乳过程中的字随义转现象，其中"甲"表示裂缝，加"日"表示曙光。比起"曙光"义来，天将亮的意思就淡化了。

"蚤"借表早晨同"早"借表早晨的衍转机理基本一致。蚤，本指跳蚤。蚤有黑褐色和善跳的概象特征。"跳"与"起"抽象图式相同，因而"蚤"有"黑起"的质相图式，借以表"早"，不仅有"黑"的意思，而且还多了

---

❶ "早"为栎实的象形字，采信谷衍奎《汉字源流字典》的说法。谷衍奎．汉字源流字典［M］．北京：语文出版社，2008．

"起"的意思。

也许正是因为后来的"早"有"曙光"义的原因，所以古代讲究用字的文人往往用"蚤"而不用"早"。

3. 仁爱与果仁

"仁爱"的"仁"用为"果仁"的"仁"，也属于非常典型的假借。但如果通过抽象图式考察，同样能理清其意联关系。"仁"的字形是从人、二会意。"二"表示均分对等，合起来"仁"的字象义是平等待人。平等待人即是"爱人"，所以孔子说："仁者爱人。""爱人"需要有"爱心"，所以"医者仁心"中的"仁心"，就是指爱心。"爱心"隐藏在人的内心，因此从"仁"的概念表征中可以抽象出"内心"图式，而"果仁"正是果肉和果壳包裹着的"内心"。如此看，"仁"借用为"果仁"之意，就是以"爱心"作为中介通过图式映射转意而来。

《诗经》中有不少拟声词是否可以算作借字表音呢？严格地说来也不算。因为这些拟声词的意义都和相应词源的意象有关。譬如，"坎坎伐檀兮"中的"坎坎"，也可以作"砍砍"。"坎坎"与"砍砍"属于出自同一个砍树意象的不同图式，"坎"为缺口义，"砍"为使缺义，二者可以转代通用。"凿冰冲冲"中的"冲冲"就来自冰钎子凿冰的声响。"沖"与"冲"图式相同，也可以相互代用。即使"关关雎鸠，在河之洲"中的"关关"，也有观点认为，不仅是表示鸣叫的象声词，而且还表示雎鸠鸟求偶煽动翅膀的状态。实际上，即使遵从一般观点，把"关关"看作类似译音词或通假字那样纯粹的从音假借，也不能说明单纯的借字表音代表假借的主流。所以对于假借我们应该深化认识，努力尽一番考较。

也许我们还不能一下理清所有假借的意联理据，但在观念上我们不该就此认为假借就是借字表音。当然，这不是说在汉字中从古至今就没有借字表音的情况，而是说不该用借字表音来片面地界定古人的假借概念。一般来看，至少在汉字早期的甲金文中，假借应该是相对于直接与间接或具体与抽象的表意差别而言，借与被借所表的意义往往存在的是字象关系上的某种关联，而不是单纯的字音关联。由此还可以假设，大多数的虚词基本都是通过相应实词的图式化形成的，并非只是对同音字的任意借取。当然，从图式上把握假借首先需要弄清一个字的元象是什么，其次还要理清元象有几个相对视角下的图式。譬如，"于、乃、非、且"，由于在以往的解释上其元象首先就比较模糊，所以要想抽象出合理的图式并运用到对假借理据的疏解上就更加困难了。

第五章　意景和象域

面对一个联系着的事物场景，人能形成什么意象，首先与视角或关注点有关。一旦关注点确定，被关注的对象就会凸显出来成为焦点意象，其他的意象就会淡化为背景变得不再突出。当关注点或视角改变的时候，焦点意象和背景意象也会发生相对转换，从而形成新的焦点意象和背景意象。从心理表征而言，焦点意象的转换也就意味着概念的变化。

第一节　意景与变视

一、意景的涵义

当人以联系的或结构性的眼光观察某个客观事物对象时，这个对象反映在意识中就不再是一个孤立的意象，而会因人的注意焦点不同而形成由焦显意象和衬景意象组成的意景。意景中的焦显意象和衬景意象会随着人的关注点变化而形成转换，这种转换在心理上会形成不同重点的域象结构表征，不同的域象结构表征在观念上就会导致不同意象概念的衍生，在文字上则表现为字义的引申转移或是新字的孳乳形成。

在心理表征上，意景属于域象结构。它是由焦显意象和衬景意象共同构成的统一体。焦显意象可以简称为焦象，衬景意象可以简称为衬景。

在域象结构中，焦象属于主象，衬景属于次象。但这并不意味着衬景无足轻重，而是非常重要：

第一，衬景是焦象存在的约束条件，对焦象概念有着关联定义作用，不同的衬景可以把同一个焦象定义成不同甚至完全相反的概念。比如，同一个山水景致，可以因为心情和视角不同，分别看成"灵山秀水"或"穷山恶水"。

第二，在汉字中，一个字所表达的概念，有的并非出自意景中的焦象，而是出自整个意景的会意效应。譬如，"妥"，字形从手抿发，表现的是女子梳头最后的定型动作，表达的意思是"完备"。这其中，就不好再分出焦象与衬景。

第三，在心理空间中，焦象与衬景可以随着焦点和视角的变视而相互转换，焦象可以转换为衬景，衬景也可以转换为焦象。从这个意义上来说，焦象属于显性意象，而衬景属于隐性意象。在可以转换的基础上，焦象和衬景是相对而言的显隐关系。

二、意景的分类

对于意景，可以从多个角度进行分类：从内在结构的复杂程度上划分，意景可以分为简单意景和复杂意景；从形成来源上划分，意景可以分为客观意景和主观意景；从构成成分上划分，意景可以分为事体意景和多象意景，从焦象和衬景的变化关联上划分，意景可以分为事件意景和变感意景；从动静表现上划分，意景可以分为动态意景和静态意景。各种分类之间的划分不是绝对分离的关系，而是相互交叉的关系。一个意景从某个角度看是简单意景，换个角度看可能又是客观意景或事体意景。下面扼要对分类意景做一下介绍：

（一）简单意景和复杂意景

1. 简单意景是指由一个焦象和一个衬景组成的意景。譬如，"本"是由"木"下加指事符号构成，表示树根。树根是焦象，树体是衬景。

2. 复杂意景属于结构比较复杂的意景，指的是由主副焦象和多层衬景共同构成的意景。其中，焦象可以分成主焦象和副焦象；衬景还可以分成主景和次景。比如，"寇"字所显示出的意景就属于复杂意景。

【按】寇：金文 𨷲 西周中期　𨲠 战国

"寇"的字形构造是一个人手持木棍闯入一户人家打一个人的头，表达的意思是"施暴"或"侵犯"。其中，主焦象是持棍的手，主景是打人的人；副焦象是被打的人，次景是房屋。一般来说，分析意景不能单凭字形构造给出的有限字素直观来看，而要根据已知字素的提示结合实际联想出完整的情景。"寇"的字形结构没有直接给出打人的人，但根据打人的手，完全可以联想出打人的人。

（二）静态意景和动态意景

1. 静态意景是指由处于相对静止状态的焦象和衬景构成的意景。譬如，"向"字。

【按】向：甲文 ⌂ 一期　⌂ 三期

"向，指的是向北的窗户，由焦象窗户与衬景房屋构成的就是静态意景。

2. 动态意景是指由处在相对运动或互动状态的焦象和衬景构成的意景。譬如，"竞"字，指二人辩言。其中，"言"是焦象，两人轮番争辩是动态衬景。这是简单的动态意景，复杂的动态意景可以归入事件意景。

（三）客观意景和主观意景

1. 客观意景是指焦象和衬景的形成来自于客观事物对象的实际具体联系。譬如，"木"作为"本、末"的衬景，反映的就是客观实际中的联系。

2. 主观意景是指由外在的事物对象作为焦象，由人的主观联想、心境意感或虚构观念作为衬景构成的意景。譬如，"示"字和"匀"字。

【按】示：甲文 示 一期　示 一期　示 三期　示 五期　示 五期

"示"的具体焦象只是由几块石头垒起的祭台❶，但在人的主观意景中，"示"是与神祇相联系的媒介，神是由人对"示"的联想虚构形成的衬景。

【按】匀：金文 匀　篆文 匀

"匀"，从力从二会意，具体指地垅犁得均匀，抽象指均匀分配力量。"力"本指"犁"，在"匀"字中既可以具体代表犁，也可以抽象代表力量。"二"本指数字，此处代表均分。力量和均分都可以算作由心理观念构成的主观意景。

（四）事体意景和多象意景

1. 事体意景是指由一个独立完整的客观事物对象通过心理析解形成的结构化表征形态。

【按】尤：甲文 尤　金文 尤　小篆 尤

譬如，"尤"，指犁具上分土用的凸头，是从"力"❷加上指事符号"、"改造而成的转文。"力"原本指犁，是一个完整独立的事物。改造出的"尤"字，指犁头与犁架连接部位的"鹅疣"。从"力"到"尤"的转文过程，在心

---

❶　采信谷衍奎《汉字源流字典》的说法。谷衍奎. 汉字源流字典［M］. 北京：语文出版社，2008.

❷　尤，小篆从"九"。"九"是"力"的转文。

理表征上，就是"力"从整体事物对象析解成结构性事体意景的过程。

2. 多象意景是指由一个凸显焦象和多个配合角色共同构成的意景。譬如，"受"，从"爪、冖（舟）、又"，会意"接受"。"爪"为给物的手，"冖"为授受之物，"又"为接物的手。从单纯表示"接受"而言，这是一个可以化简的多角色意景。化简后的三个角色中，接物的手属于焦象，其他两个角色则简化为衬景。多象意景同时也属于复杂意景。

（五）事件意景和变感意景

1. 事件意景属于一种复杂的动态意景，指的是由一个事件的过程叠加或不同环节构成的意景。譬如，"停"，就是由行人、长行、停歇、路亭构成的事件意景。其中"停歇"是由这些角色合成表现出来的指向意义。如果按这个事件的实际情形来说，其中主焦象是行人，副焦象是停歇，主景是路亭，次景是长行。但按字形构造的表现意图说，主焦象却是"停歇"，这是由会意表现的动态特点和意义选择的主观性决定的。

事件意景还可以细分出因果意景，譬如，"罙"。

【按】罙：金文 𤿺　篆文 𤿺

"罙"的金文字形原本从穴、又、火。表示人进入洞穴，探察深浅这样一个事件。由于知"深"需要"探"，"探"过才知道"深"，所以"罙"是一个因果意景，以后这个意景分化，分别用"深"和"探"来表现。

2. 变感意景，也可以称为变形意景或变性意景，是指由于心态和意感的不同使同一意象出现某种变形变性效果的意景。意景变感可以造成意景的变动性心理表征，进而形成不同于原有字象表征的概念或是截然相反的指向意义。譬如，"爰"字。

【按】爰：甲文 𤔲 一期　𤔲 一期　秦铜量 𤔲

"爰"分别有"缓"和"暖"两个衍生字。这两个字的指向意义都出自"爰"这个缝制意景的特征。缝制缀连需要迁就缝制对象，过针需要间停，引线需要舒展，这种过程形成的意景感受就是"舒缓"。其中"缓"在早期字形中加的是"素（糸）"旁，标明的衬景是"衣料"，突出的主象是缝制时的"舒弛轻缓"。舒弛变感也就是"迟慢"，因而"缓"又表"慢"。

在"暖"字中，"爰"的意景表征是"柔和"，加"火（日）"旁表示火势柔和温暖。应该说"柔和"也是从缝制的"舒缓"动作转化而来的变感意景。显然，"爰"在"暖"与"缓"中存在明显的意感差异，但总体而言，则同是从"爱"转化而来的变感意景。在字形构造中，这种变感意景一般是通过添加不同形旁来表现的。

再如，"嫖"字，同是"盈巧"义，发生在女孩身上就是"伶俐"，发生在女人身上就是"轻浮"，这是变感意景的不同心理表征造成的。在衍生的汉字中，这种情形多有反映。譬如，"仁"，从人从二会意，表示人与人之间平等相待。这本是一个表现和善友爱的意景，但在与"女"组合成的"佞"字中，"仁"就变感成了"曲意逢迎、阿谀谄媚"的意景。显然，这是由于加了偏旁，改变了"仁"的约束条件所致。

三、意景变视与象景转换

所谓意景变视，就是指观察主体通过改变视角和注意焦点形成不同意景表征意义的过程。从认知机理上看，变视属于视线通过参照点转移在心理空间形成的邻连转映，邻连转映的结果就是邻连转意。

在主观上，意景变视包含着意景变感，也即不同心态和意感的转换。变感是决定意景表征性质的第二背景，它会导致表征出的指向意义发生形态和性质上的改变。

在客观上，意景变视除了可以形成焦象本身的不同凸显之外，还可以形成意景在结构上的象景转换。所谓象景转换，就是焦象与衬景二者之间通过位置调换形成不同指向意义的情形。象景转换是意景变视之中的一种特殊形式。在汉字中，象景转换主要发生在事体意景、多象意景和一象多景之中。

（一）事体性象景转换

事体性象景转换，即事体意景的象景转换，指的是面对同一个客观事物对象，因关注点转移在表征上形成不同意象结构和指向意义的情形。

1. 事体性象景转换可以形成字义的引申和转移

（1）兵

【按】甲文　金文　篆文

"兵"，从斤、廾会意。字形为两只手擎着一把大斧的形象。其焦象原本指向兵器，擎斧之人只是衬景。后来这个衬景也转化为凸显焦象，于是，"兵"就增加了"士兵"的引申义。

（2）庚

【按】甲文一期　四期　金文西周早期　西周晚期

"庚"，是个象形字，其元象指类似于鐘的响器，字形象征上可以指鐘。"庚"作为乐器时一般挂在大型木架上，所以"庚"的焦象是"鐘"，木架只是"鐘"的衬景。但在借表天干序列时❶，"庚"所表示的并不是"鐘"的焦象概念，而是表与之相关的衬景意义——钟架，抽象意义指大型木结构，这是象景转化形成的转义现象。

2. 事体性象景转换能够挈乳新字

（1）"刀——刃"

刃是刀的一个部位，刀本是一个独立的意象，但如果结构化的看待它，可以分出刀头、刀背、刀刃和刀把。"刃"字通过指事符号凸显了刀刃，这样一来刀体就从焦象转化成了衬景。指事字典型的反映了象景转换的心理表征情形。

（2）"鬲——隔"

【按】 鬲：甲文 𩰚 三期 ╳╳ 三期 金文 𩰚 西周早期

"鬲"指一种大腹空足鼎。由于三足中空交会于鼎内中间部位，故而在鼎腔内形成了三个隔开的区间。通过象景转换这个焦象被凸显出来，再加"阜"旁便构成了表示分开意思的"隔"字。

（二）多象性象景转换

多象性象景转换，即多象意景的象景转换，是指在心理表征中一个事件中的不同角色通过显隐变化形成焦象和衬景地位转化的情形。典型的字例就是"受——授——绶"的衍转关系。

1. "受——授"

造字初始只有一个"受"字，其概念表示的是"接受"。"接受"是一个多角色参与的事件，有接受的一方，必然还会有给出的一方和被给的物，字形正是用一只手从另一只手中接过一物来会意的。也就是说在表征"接受"这个意义的字象结构中，接物的一只手是焦象，给物的手和被给出的物都是衬景。以后，通过象景转换"受"又突出了"给予"的焦象，这样同一个"受"字就承载了两个方向相反的概念。于是，为了区别二者，便在"受"字上添加了"扌"旁，转注出了专表"给予"概念的"授"字。多加出的"扌"只

---

❶ 天干是从植物生长顺序和运用方向取义的十个序数，所借用的字都与树木及其加工工艺和用途相关。

是抽象转义的凸显标志，并非是实相中的具体实指。

2. "受——绶"

除了"受"和"授"之外，还有一个"绶"字也是通过象景转换形成的衍生字。"绶"是指在一定礼仪场合奖赏有功者用的丝质绶带。从"绶"这个字的意景看，它是通过加"糸"把"受"字中"授受之物"凸显成了焦象构成的。在"受"的元生字中，"授受之物"原是用"舟"表示的，到了"绶"字中，"舟"经过抽象再具体便被置换成了"丝带"。在思维上，这属于把抽象的授予物二次转化为具体物的理性过程。

3. "亂"

【按】乱：甲文　　金文

"亂"，甲文是双手持线板梳理乱线的构形。"亂"，本义表示治理，这是以理线的双手为焦象构成的意景。以后视角变化，本作衬景的"乱线"通过象景转换变成了焦象，于是概念也随之转换成了"纷乱"的意思。

（三）多景性象景转换

多景性象景转换，即一象多景之间的象景转换，是指一个意象的多个衬景之间通过主次地位的转换而形成概念表征变化的情形。例如，"陲"字。

【按】垂：甲文　　战国印　　小篆

"陲"，字形从阜、垂声。垂，元象为草木花叶下垂。其意景可抽象出上下图式。阜，在此表山。"垂"的上下图式映射到山体上便造出了"陲"字，表达的意思本应该是"山脚"，但"陲"表达的并不是这个意思，而是"地边"的意思，这个意思是通过主景和次景的转换形成的。从字形提示上来看，"陲"由山脚和山体直接构成。从字象构成上来分析，山脚是焦象，山体是主景。但由于观察者是站在离山体一定距离的地面上获得这个意景的，所以从观察者所在的位置到山体之间就形成了一个地面距离次景。当观察者把视野从山顶到山脚变成从自己所在的位置到山脚时，主景山体就转化成了次景，而次景地面则转化成了主景。主次景相互调换等于是变换了意景的凸显构成，也等于是改变了意景的指向意义，所以"山脚"概念也就转化成了"地边"概念。当然这是从象景转换上讲，如果从图式转换上讲，"垂"通过图式转换从立体悬垂转化成平面"悬垂"直接就可以表示"地边"的意思。

第二节　象域与连域转代

一、象域的涵义

在意景范畴中，我们主要讨论了焦象与衬景的关系，同时也知道了衬景有时不止一个。在实际中，与一个客观事物对象相关联的其他事物，往往不是一个而是多个，这就使一个事物对象可能会共时性或历时性的存在于多个不同背景之中。在心理上，这些不同的背景可能通过与一个焦象同时伴随或变换伴随构成多个衬景，并且可以通过象景关联和转换形成不同的概念表征。显然，这样一来多个衬景相对于焦象而言就变得不再单一，而是变成了一个背景群。对于这个背景群，我们不再称之为衬景，而是概括起来统一称作象域。所谓象域，就是指与一个主要意象关联存在的各个背景或其他意象，或者说是指与某个意象所表征的客观事物对象可能存在关联的其他意象或事域的总和。相应的，由象域所表征的语表意义称为象域义。

象域是理解和把握相应元象的关联框架。因视角和关注点不同，一个元象可以通过在不同象域之间的转换在心理上构成不同的域象结构表征，因而也就会形成不同的指向意义。从这一点上来说，象域对元象起着重要的关联定义作用，它具有分别或综合确定元象意义的功能，是意象结构的有机组成部分。

在意象类型中，象域属于衍生性意象，它既可以通过邻连关系被元象转代性的表现出来直接构成具体的象域义，又可以通过同元象的互动关系形成多种抽象的图式义，因此在意义构建上，象域不仅是理解和把握相应元象的关联框架，同时也是依旧出新、拓殖概念的基本媒介。一般而言，新象域的引进和不同象域的凸显往往就意味着新意象的孳乳和新意义的形成。

象域本身也有具体和抽象两种表征形态：具体的象域来源于元象事物的邻连事物，与元象一样属于具体表征形态；抽象的象域主要是由人的观念构成的主观象域。关联性、隐蔽性和间接性是象域的一般特点，但在汉字中，很多象域往往可以通过形旁或某种构造在字形中明示出来，这也是汉字表现象域的一大特点。

象域同意象一样，也具有"域"和"象"的二重属性，因此象域也称作域象。域象不是对象域的别称，而是从相对转化的性质上，对象域和意象的一种统称。也就是说，对处于结构化状态或相对转化关系中的象域和意象都可以称之为域象。

域象包含三重内涵：其一，域象是指关联于一定象域和象域中其他成员的意象。从意象和象域的外联角度说，当一个意象关联出象域时，其本身就转化成了象域中的意象。这时它和象域中包含的其他意象成员一样，都处在彼此平等的邻连关系之中。其二，域象指由象域转化而来的意象。从意象和象域分离的角度上看，象域也是可以独立的意象。也就是说，象域既是同一定意象关联的"域"，又是可以分立的"象"。譬如说"房子"，当相对于窗户时它是象域，但当抛开窗户分立而言时，"房子"自身也是意象。其三，域象指结构化的意象。从意象可以转化为象域的角度说，一个意象通过析解后它自身就转化成了包含诸多子意象的象域，这时称它为域象，是指它本身既是独立的意象，又是通过析解而来的象域或域象综合体。总之，域象是一个相对于象域和意象相互转化联系的范畴，它有些方面可能类似于象元，但同象元的所言背景不同。

二、连域转代和域象转换

在汉字发展中，用象域拓殖字义孳乳字形的方法既包括跨域映射又包括连域转代。关于跨域映射由于前面已有介绍这里不再赘述，下面再简单介绍一下连域转代。

（一）连域转代

从意象孳乳而言，连域转代属于连象转代的一种具体类型，它是通过心理视角转移以元象兼代表示与其相连的象域和关联意象构成的孳乳方式。

如果从汉字孳乳而言，那么连域转代就是指通过用既有字词兼代表示元象的关联象域并由以拓殖字义孳乳新字的方法。连域转代的衍转机理是这样的：字形引象→元象→基本象域或关联意象→象域义（概念）。其中，基本象域是指与元象所表实际对象存在经常性联系的客观事物或基本事域。譬如，"井"就是与"桶"存在经常性联系的基本象域。

在汉字中，连域转代一般会通过字形和字义的孳乳反映出来。譬如，"庚"，元象指钟类响器，但在借表天干义时它表的是钟的象域义——钟架。再如，"辰"元象指蚌镰，但在组合字"农"中它表示的不是除草割谷，而是农事的意思。显然，在意象表征上农事属于镰刀的基本象域。

在字形构造中，转代涉及到元象与被代意象之间的相对称谓。简单来说，当一个字或字素的所表元象只是指它自己而不是指关联域象时它称作元象或本象，当元象被用于代指其象域或关联意象时它称作代象。也就是说，代象是指元象所代表的关联性意象。譬如，"辰"元象指蚌镰，代象指农事，"辰"就是农事的代象。

一般来看，代象和本象之间虽然关系很近，但在以类义视角观察孳乳的习惯中，由代象和本象构成的转代孳乳却不易被发现。这是因为转代不是靠通象一致构成的孳乳关系，而是靠域象相连构成的孳乳关系。

（二）域象转换

象域和元象（意象）之间也同衬景与焦象一样可以通过相互转换形成不同的表征意义。象域与元象之间的转换称为域象转换，具体可以参照象景转换理解。

（三）连域转代和域象转换的应用

从汉字而言，通过元象对象域的连域转代和域象转换可以衍生出众多的引申义或衍生字。下面通过亼、厂、庸、告四个字的训解来看一看具体情况：

1. 亼

【按】亼：甲文 ∧

通过连域转代表示不同象域义的典型字是"亼"。在甲文中"亼"有"厂、乀"等变形体转文，字形上密切关联，其字形都是蛤蚌的象形，只是方向和写法略有区别，它们所象征的象域义也是既有联系又有区别：

"亼"从母（dz）辑韵，元象是蛤蚌。蛤蚌即蛤蜊，复辅音声母为 k- l- 结构。按国外学者梅祖麟、罗国瑞的观点，精母（ts）是从复辅音声母 k- l- 结构演变而来。[❶]"从母"同"精母"属于旁转关系，所以从语源上看，"亼"应该是从"蛤蜊"转语而来。"亼"有"上天、会集、合盖、口、屋顶"几个象征义，其中有映射的通象义，也有转代的象域义。

（1）"采集、会集"义

蛤蚌是人类早期采集的主要食物对象，蚌刀又是采集的主要工具，所以"采集"是"亼"的象域。通过这种连域关系，"亼"可以转代表示"采集"活动，"采集"活动属于"亼"的直接客观象域。"采集"通过离域抽象可以

---

❶ 转引自任继昉. 汉语语源学［M］. 重庆：重庆出版社，2004.

表示"会集"义，这也是"采集"的引申类义。

（2）"上天"义和"屋顶"义

【按】令、命：甲文⟨图⟩　金文⟨图⟩

在"令"和"命"两字中，"亼"可以从两个角度疏解：

其一、古人泛神崇拜，视动物均为通天灵物，譬如，用龟甲牛骨占卜是为了求得天意。蛤蚌也不例外，也是能垂天意的灵物，所以在衍生字"命"和"令"中"亼"象征天意。在甲文中只有"令"，读若*mlen，到了金文才分化出了"命"，"命"和"令"在表意上有交叉也有分工。从分工上说，"命"，表示上天安排；"令"表示上天垂示。从语源上看，"命令"两字属于从"牡蛎"一词而来的分化转语词❶。古代统治者都以天意代言人自居，所下命令都称是天意，因而在实际用意中"命和令"都表示上级指令的意思。但"命"还保存着天意安排的意思，譬如"命运"，用的就是"天意"这个主观象域义。

其二、掏空的蚌壳扣在地上呈 △ 形，与扣在地穴上的屋顶通象，所以"亼"又映射表示屋顶。屋顶属于人的处所象域。相对于人而言，屋顶可以抽象为上位图式↑，意思是"头顶之上的"，由此映射"亼"也可以表示君上或上天的意思。

（3）"口含"义

【按】今：甲文⟨图⟩　金文⟨图⟩　篆文⟨图⟩

"今"是从"亼"而来的指事字，字形引象是"蛤蚌吞吐水沫"。实际上，元象是指蛤蚌在清水中啜清吐污形成的垂涎状态。这是蛤蚌的动变象域，与主象构成的抽象图式义是"衔垂"、"近前"、"边口"的意思，譬如，在"含"字中，"今"表"嚙衔"。"今"也可以通过映射从"亼"表房顶理解，房顶檐口在下雨时有衔垂雨水的动变象域，与蛤蚌的垂涎象域通象。所以从"今"之字一般有"边口"、"近前"、"垂悬"的抽象图式义。

（4）"合口"和"聚合"义

【按】合：甲文⟨图⟩　会：⟨图⟩　⟨图⟩二期

蛤蚌为盒状物态，其口能开能合，嵌口开合是它的动变象域和人的经验象域，在两个象域的基础上，"亼"加倒"亼"，便衍生出了"合"字。倒着的

---

❶ 牡蛎的复辅音声母为 m-l- 结构，蛤蜊为 k-l- 结构。牡蛎与蛤蜊通类。关于词象请参照第八章。

"亼"写成"口"形，其实就是蛤蚌上下合壳的形态，凸显的是蛤蚌的合口象域。"合"与"会"在字形上同源。"会"的甲文是在"合"的中间，又加上了"圆口"或"且"字，表示中空可开能装东西，抽象义表示"聚合"或"恰和"的图式义。"合"有衍生字"盒"字，下面加"皿"，表示"盒子"的意思。由于有"合盖收藏"的关联象域，"合"又映射表"储藏"义，于是在"合"中间加"户"便衍生出了"倉"字，表示谷仓。"合"在"龛"字中通"今"，表"啜饮"和"嵌缀"义。

综合起来看，"上天、会集、合盖、口、屋顶"都属于从"亼"的元象"蛤蚌"而来的综合象域，也称一象多域。一象多域在文字表意上就意味着一字多义。

2. "厂"

【按】厂、厈：甲文 ⼘一期 ⼘一期 **金文** ⼮西周早期 ⼮西周早期

"厂"，是朝侧下方开口的"亼"字，它有"岸崖、敞屋、刀、石"几个象域义。

（1）"岸崖"和"敞屋"义

蛤蚌生活的水边是蛤蚌存在的客观象域❶。水边连接水岸，水岸又常表现为具有一定高度的崖壁。古人早期凭水而居，往往借水岸崖壁辟穴为屋，因此"厂"连域转代既表示"岸崖"，又表示凭崖壁开辟的敞屋。到周代，周人在土崖（塬）敞屋前面又发展出了棚屋，称"广"。"广"也是既表示棚屋又表示崖壁，所以崖壁也是"广"的象域。由于"厂"与"广"都表示"崖壁"，而"敞屋"和"棚屋"义彼此相通，所以在作为字素时"厂"和"广"常常出现交互为用的情形。这一点从金文把"厈"字中的"厂"写作"广"可以反映出来，在衍生字"捱"（棚屋与崖壁紧捱着）和"涯"中也有反映。以后为了分化字义，"水岸"义造"厈"表示，"崖壁"义造"厓"表示。再后，由于"厈"和"厓"做了抽象化偏旁，所以便又在其上加"山"孳乳出了"岸"和"崖"字，"岸"和"崖"字等于是"厈"和"厓"的后起字。

"厈"从"厂"加"干"。"干"是一种较长的分叉猎具，在"厈"字中可以有两个意义：一是通过譬喻表示水岸有一"干"之高；二是通过象域转代直接表示"岸"的意思。因为作为干活的区域，水边同时也是"干"的象

---

❶ 从音义关联上看，有水称汉，有蛤称蚶，应该说都与"厂"存在某种关系。

域。古人在水边的活动很多，譬如，"采集"、"叉鱼"、"运木"、"沤麻"、"盥洗"，等等。《诗经·伐檀》有"坎坎伐檀兮，置之河之干兮"的诗句，其中的"干"表示的就是"岸"的意思。

"厈"属于分别由表示"岸崖"的"厂"和表示水边的"干"构成的通象互映字。水岸有低有高，高岸即"厓"，由"厂"下加"圭"组成。"圭"表垒土叠石，所以"厓"既表示崖壁又表示高岸。以后"厓"加"山"旁为"崖"，泛指所有的岩壁，不再能看不出与水有什么关系，但在"涯"字中，所加的"水"旁，又凸显出了"厓"水边崖壁的元象义。

（2）"刀"和"石"义

蚌壳的合口部位经过磨制就是原始的刀具，可作为割刀和镰刀使用，于是"厂"又通过连域转代表示"割刀"和"蚌镰"两个客观象域。以后材料转变，改用石片制作这两种刀具，因而"厂"又增加了"石"的象域义，这是从"刀"转连出来的第二层象域义。另外"蛤蚌"在实际采集经验中，往往与石头伴生存在于水滩之中，这也是"石"成为"厂"象域的原因之一。在卜辞中"厂"常用作"石"义，以后在"厂"下加了表示卵石的"口"字，才把"厂"和"石"两义分开。但在组合字中，"厂"仍然可以通过域象转换兼表石和刀两层意义。这一点可以从下面的字例得到证明。

【按】庶：甲文 ⌂ 一期 　 ⌂ 一期 　 ⌂ 先周 　 金文 ⌂ 西周早期 　 ⌂ 战国

在"庶"字中，"厂"分别写作"厂"或"乁"，表示的都是厨刀的象域义。"庶"字在甲文中有两个字形：第一个字形由"宀、火、乁"构成，其中"宀"表示房屋，"乁"是反写的"厂"，表示切刀，"火"表示生火做饭；甲文的第二个字形由"乁"和"火"构成，省略了"宀"，这是因为古人做饭不一定在屋里，有时会在门口。金文的两个字形都是由"厂"和"茨"构成。"厂"仍表做饭用的切刀，"茨"表示在火上架着锅；甲文和金文的字形意思相同，合起来的元象是"在门前生火做饭"。做饭之时，往往会呈现出家家生火，户户炊烟，"遮"门蔽户的景象。这又形成一个"烟火人家，下层民众"的象域。以后这个象域成为"庶"的主要概念，于是又造了"厨"字，表示做饭的意思。"庶"与"厨"在语源上，属于一词转语。

【按】匹：⌂ 西周中期 　 ⌂ 西周晚期

"匹"，是个关联象形字，金文从"厂"从"ʓ"。"厂"在"匹"字中表裁刀，"ʓ"表示对卷成两圆的布匹，合起来表示一匹布。因为"匹"有对卷均分布匹的对合图式，因而有"匹合"、"匹配"的图式义。

【按】反：甲文 ⺁ 金文 ⺁ 小篆 ⺁

"厂"在"反"字中表石板之意。"反"，从又、厂声。元象指的是把水边石滩中的石头翻转起来，寻找蛤蚌鱼蟹。"反"因有反转滩石的象域，于是由此孳乳，"反"有表扭转义的衍生字"扳"。翻转起来的石头表面光滑平整多呈斜坡状，所以"反"又从光板象域义衍生出了"板"字，从石坡象域义衍生出了"阪"字。

（3）"农耕"义和"天时"义

【按】辰：甲文 ⺁一期 ⺁四期 ⺁五期 出土的铜鎒：⺁

"厂"有蚌镰的象域义，以后被"辰"取代❶。"辰"在甲文中是从"厂"加上"手把"而来的关联象形字。"辰"的元象是带手把的蚌镰（见右上图铜鎒），主要用于植物采集和农事活动。无论采摘还是农事活动都要披星戴月起早贪黑，还需要关注天象顺从天时，于是"辰"便有了"时光"、"时日"、"日月星"等"天时星辰"的经验象域义，而且"厂"出自的蚌壳原本就有"天象"的观念象域义。

3. "庸"

"庸"，从庚、用声。其中"庚"，开始是指一种响器，以后从中发展出了一种乐器编钟，所以乐器是"庚"的象域。此外"庚"还有桶形、敲击、铜制、光亮、鸣响、挂架等综合域象。在"庚"被"天干"借用表示木架之后，又造了"钟"表乐器。"钟"是从"庚"的铜制和光亮两个象域得义的重造字。"钟"与"庚"虽然在字形上没关系，但在语词和概念上则是由"庚"的综合象域衍生而成。"钟"本指编钟中的小者。大钟用"庸"表示。庸字中的字素"用"，元象为带提梁的木桶。"庸"的元象指编钟中象木桶大小的大钟，造"庸"是为了区别较小的"钟"。因为"庸"挂在钟架下部，所以有低下平常的象域。又因声音不突出，一般用于为"钟"伴奏，因此又有附和的象域。所以"庸"在这两个象域基础上便孳乳出了平庸和附庸两个抽象的象域义。由于被这两个象域义转用，于是"庸"又加了表示材质象域的"金"旁转注出了"镛"，用以替代"庸"表示大钟。"庸"通过域象转换，又有凸显"用"义的意思，譬如，"毋庸置疑"中的"庸"，表示的就是"用"的意思。

---

❶ 此说采信的是郭沫若的观点。转引自邹晓丽．基础汉字形义释源［M］．北京：中华书局，2007．

4．"告"

【按】甲文 告—期　告四期　金文 告西周中期

"告"，字形从牛从口会意，口亦声。元象指驱牛前行发出的吆喝声。因此，"驱牛前行"是"告"的主要象域，但在主象域之外，"告"又在客观上形成了"告知路人避让"的次生象域。后来，"告"的"驱牛"主象域转化为隐性象域，而"告知众人"的隐性象域则凸现出来并由次生象域转化成了主象域。

在此需要补充一点说明。从语源上来讲，"告"与"加"同源，都是从"角"转语而来。"牛角"在牛的前部，故而驱牛向前喊"告"。驱牛喊"告"是让牛加力，也就是把力量贯彻到肩负的曲木上。由此孳乳，牛肩上捆缚的曲木称"梏"。"梏"只是牛套构成的一部分，完整的牛套称为"桎梏"。"桎梏"由前曲木和后横木加两根套索相连构成。前曲木套挂在牛的颈肩上称为"梏"，带钩环可以加挂犁具或车具的后横木称为"桎"。由于不负力时后横木拖在地上，所以"桎"字，从木，至声。"至"，字形引象是箭插在地上，字象义是到头、极限的意思。在"桎"中，"至"表示触地结尾，与"木"会意指拖在地上的后横木。

另外，"告"在衍生字"靠"中也有两个象域：一是表告知路人躲避；二是表背在肩上。其中的"非"本指拔下的羽毛，但在"靠"中，是指骑兵或信使背在后背上的箭壶或插了羽毛的信函。所以，"靠"有抽象和具体两个指向意义，抽象义指"凭靠"；具体义指背着的信函或令箭，在戏剧术语中引申指带有令旗的铠甲。因此，"靠"字的象域也是由多个象域综合构成的复合象域。因为拔下的羽毛弯曲呈弓背性，所以"非"同时又有"脊背"的譬喻义。譬如，在"辈"字中，"非"表示独轮车中间突起的高脊。

三、象域的分类

象域可以从多个角度进行分类。比如，从构成性质上划分，象域可以分为主象域和次象域以及显性象域和隐性象域，进一步还可以分出简单象域和复合象域；从抽象程度上划分，可以分出具体象域和抽象象域。这几种划分基本都属于交叉的关系。从元衍关系看，它们是可以互相转化的。主象域不一定是显性象域，隐性象域也不一定就是次象域。同样具体象域和抽象象域也是如此。这种情况，从"停"的字象结构中可见一斑。

"停"的字形为从人到亭，亭亦声。在字象结构中，"亭"是停歇的地方，是一个显性象域，但不是主象域，而是次象域。因为"停"是指长行中间的间歇，"长行走路"才是"停"的主象域，"停歇"不一定非要依靠"亭"。但由于"长行"是抽象象域，不好在构造中具形表现，所以只能让"长行"这个主象域以隐性象域的形式存在于字象结构之中，而用"亭"这个次象域来充任字形构造。

象域的分类同意景的分类有很大的一致性，基本可以参照意景的分类来体会。所以在多角度的象域分类中，我们只选择两个方面来介绍象域的分类：一是象域在域象关系和来源上的分类；二是象域在字形构成上的分类。

（一）象域在域象关系和来源上的分类

从象域与意象的关系和象域的来源上，可以把象域分为基本象域、经验象域、观念象域、动态象域、动变象域、相对象域（对立象域）以及外联象域和属性象域。

1. 基本象域

基本象域是指与意象所表实际对象存在客观联系的事物或基本事域。基本象域进一步还可以分为事体象域和事件象域。

（1）事体象域

事体象域指与凸显意象连为一体的象域。譬如，树是树根和树尖存在的事体象域。从汉字衍生上看，"木"是"本""末"和"未"的事体象域，其中"末"指树尖，"未"指还没长出的树尖。"末"是"未"将要长出的位置，所以又是"未"的事体象域。从逻辑关系上说，"未"系从"末"转文而来。

（2）事件象域

事件象域指由一个事件的过程及其不同环节形成的综合象域。譬如，"停"字的象域就属于一个事件象域。另外"罙"的象域也属于事件象域。

"罙"表示进入洞穴探察深浅，这是一个事件性过程。"深"和"探"在这个过程中是互为因果的关系，也是互为象域的关系，所以在"探"和"深"中都有"罙"旁。

2. 经验象域

由客观对象形成的意象，在实际中往往与一定的事物联系在一起，这在人们的印象中即形成了相关经验象域。譬如，井道是桶由井口到达井底的经验象域，所以"通"字由"甬"加上"辶"构成，既表示汲水桶的运行又表示井道畅通无阻。再如，年是月的象域，月是日的象域，这都是人们在长期体验中形成的经验象域。

3. 观念象域

观念象域是指由宗教方俗、社会文化观念对于文字认知构成的字象背景框架。

譬如，"魂"、"魄"和"祭"的字象背景框架是鬼神观念；戊、己的字象背景框架是天干观念；寅、卯的字象背景框架是地支观念，等等。其实，鬼神、天干、地支乃至于阴阳五行，都可以被看作是形成诸多具体字象概念的观念象域。

经验象域和观念象域虽然都具有主观抽象性，但它们并不是通过偶然的联想造成的，而是由客观的社会习俗背景使然，因而是具有主客观兼容性的象域。作为象域，经验象域和观念象域都具有开放性和相对性。譬如，"用（甬）"，用"桶"在井里汲水，井道就成了它的象域，由此就衍生出了"通"字；用它携带工具去打工，携带者就是它的象域，于是就衍生出了"佣"字❶。另外，相对而言桶又是所装工具的象域，所以"用"又引申出了"使用"和"工具"的意义。显而易见，观念象域与凸显意象是具体的历史的统一，它会因时代变迁、文化习俗有别而变化很大。

4. 动态象域

动态象域指的是字形构造通过所表事物关系与人互动所形成的动感氛围。例如，"某"、"迷"、"历"。

（1）某

【按】金文 𣏟 古文 槑 篆文 槑

"某"，金文从甘从木会意，元象指酸梅果。甘，品尝、甘甜。在构造中有选择熟梅果的意思，因为成熟的梅果才甘甜，但表现得不太明显。古文"槑"的构造比较象意，字形明显生动。"槑"字构造的主象域是正在挑选梅果的人，但隐居在字形之外没有登场。字形给出的"两颗梅果"，是梅果在人眼之中转换移动的形态，表明人在选择采摘对象，其实就是内心在盘算摘哪一个好。所以"某"象征的是人选择不定的动态象域，以后假借为不定指代词，用的就是此意。

---

❶ 用，木桶。甬，汲水桶。作为字素时二字意相通。

（2）迷

"迷"，从"辶"，米声。其中的"辶"表示的也是动态象域。一方面"辶"，可以表示腾倒"米"时"米"的动态情形。但"迷"表示的指向意义不是"米"运动，而是"米"运动时给人造成的不清晰感受；另一方面，"米"不一定要运动，才使人有迷离不清的感觉。人如果动态地去观察静态的"米"，同样会产生迷离不清的感觉。试想，成堆的"米"聚在一起，看上去粒粒相同，人要想细查米的情况，必然会感到白蒙蒙一片，产生分辨不清的感觉。因此，"迷"，从"辶"旁，无论是表示"米"的运动象域，还是表示人的目动象域，都可以构建出"迷惑"和"迷蒙"的指向意义。

（3）历

【按】甲文 金文 小篆

"歷"、金文从厂、秝、止会意。在字形中，"厂"表示割刀，"止"表收割前行，"秝"表不断割下的禾谷。其中"止"与"秝"两个字素营造出了动态象域，指向意义是指人持刀割谷这个过程。

5. 动变象域

动变象域指由一个元象事物可能出现的不同状态或变化趋势构成的象域，或者说是由事物本身的动变属性构成的域象。譬如，"尚"（天窗）就有开与合的动变域象；"贝"受外力冲击就有"破碎"的动变象域。以动变域象为基础可以形成相应的衍生字。比如，"尚"与"攴"组合就构成了"敞"，"敞"明示的就是"尚"的敞开域象；"贝"与"攴"组合就构成了"败"，"败"明示的就是"贝"的破碎域象。

6. 相对象域

事物往往是对立的联系在一起的，意象也是一样。一个意象会因视角不同从一个方面首先被关注，而后会连带出对其相对方面的关注，这样就会形成相对象域。相对象域也就是两个意象之间互为象域，相对象域对转往往就意味着文字所表意义的对转。比如，"阬"，元象本指高企的土堆或土埂；"坎"，元象本指低洼的"凹坑"。由于"高企"与"低洼"属于互为象域的相对关系，所以"阬"由表示土埂便转化成了表示"凹坑"，而"坎"则由表示"凹坑"转化成了表示"土埂"。

另外，由于象域对意象具有关联定义作用，所以相对象域还会在元象的不同象域之间形成。譬如，"灌"，从水入罐的角度看，表征的是"注入"图式，但换个象域从水入田的角度看，就会形成"涌漫"图式，这两个图式的不同也属于由相对象域导致的变化。

7. 外联象域

外联象域是相对于基本象域和属性象域而言的，它是指与一个元象可能存在外部联系或映射关联的象域。譬如，如果把割谷算作"刀"的基本象域，那么做饭和裁布就可以算作"刀"的外联象域，所以外联象域是从开放性和可能性角度对象域的称谓。

另外，一个元象的象域通过跨域映射所形成的象域转换也属于外联象域，譬如，"央"在衍生字中的象域转换。

【按】央：甲文 𣎴 —期　金文 𣎴 　嗇： 𣎴 —期　方： 𣎴 —期　陆： 𣎴 甲五

"央"的字形是从"嗇"析出的 𣎴、𣎴 改形而来，这一点金文的字形比较明显。需要说明的是，一个析出字一旦从母字分离出来，在构造和意义上都会变化很大。从字义上来说，可能在某一点上能够看出它与母字有关联，但不是完全直接等同。"央"就是这样，它只是从"高架秧蔓"上同"嗇"有关联，从其他方面就不易发现有什么关联。从字形上来说，甲文时期还属于字形规范不严格的阶段，一个字形往往会有很多近似而不同的写法，需要多方参照把握。"央"就是如此，甲文一期的构造，与"嗇"的上部构造反差就比较大，而金文就比较接近，这一点可以从"央"在"陆"中的写法更接近于"嗇"的简化形体来体会。"央"同时又可能是一个从"方"从"六"而来的复合改造字。其上部字形像是从"方"而来的改造性构形，而下部字形很像是从"六"变化而来的构形。

"央"的元象指爬满秧蔓的庐顶棚架。从棚架围绕庐顶的域象关联中，可以抽象出"中间"和"正中"的图式义，这也是"央"的一般常用义。

从棚架上爬满"瓜秧豆蔓"的象域加上"禾"旁，"央"就孳乳出了表示庄稼植株的"秧"字。

秧架与天窗比邻，以天窗排烟和秧蔓涌动为综合象域加"水"旁，"央"又通过映射孳乳出了表示烟波浩荡的"泱"字。

"央"有复合词"未央"，是没有尽头的意思。"央"在其中表示"顶尖"、"尽头"的引申义，这是从庐顶高出棚架的形态转映出来的相对象域义。

衍生字"英"，即花或花蕊的意思。其中"央"既可表示草顶又可表示草心。

棚架的象域庐顶，状似人头。从其绳捆索扎、烟熏火燎的处境映射，"央"又衍生出了被难遭殃的"殃"字。"城门失火，殃及池鱼"用的正是这个意思。

"央"在"陆"字中相叠成二央的构造，表示"高叠"的亭台，也就是建在高台上的庐亭❶。"陸"的主象在"阜"，表阶梯，阶梯是"杢"所表亭台的基本象域。因为彼此连域，"陆"先是由表示楼梯转代表示楼台，以后通过映射，又由表示楼梯和楼台转连到了表示高地和陆地上。"陆"有"陆续"和"陆离"两个复合词，在这两个词中，"陆"表示的都是楼梯的本义。其中"陆续"可以指楼梯台阶依次排列的状态，也可以指人依次上下楼梯的状态。"陆离"中的"离"元象指用罗网捕鸟这个事件象域。其中有两个域象：一是指鸟被捉住后在罗网中的挣扎状态（罹）；二是指鸟躲过罗网飞离的状态（離）。两个域象都可以抽象出闪动不定的图式，所以"陆离"指的是楼梯上人影憧憧、闪动不定的域象状态。

以上这些，都可以归结为由不同外联象域导致的区别。

8. 属性象域

属性象域也称属性域象，它是指由一个元象本身的各种属性特征所构成的综合域象结构。一个客观事物对象一般都有形状、大小、颜色、材质、功用、动变特性等多方面的性征，这些性征不是由外在的联系赋予的，而是由事物本身所携带的。在以元象为中心的视角下，其诸多的性征都可以被看作是元象的属性象域。当然从意象析解的角度而言，属性象域中的域象可以归结为析象。属性象域也是定义元象的基本象域。下面我们以"方"字为例，来看看属性象域的情况。

【按】方：甲文 ㄅ 一期　ㄗ 五期　　金文 ㄅ 西周早期

方，甲文字形是一个在"刀"字上加了档位框架的关联象形字，元象指"刀架"❷。刀架有一系列属性特征：刀架在刀四旁；刀架的档格凸起，对"刀"起分隔围挡作用；在刀架上刀与刀之间相比连；刀的利刃能够对刀架造成克损，等等。所以，从"刀架"这个元象可以抽象出"旁边、凸挡、利伤、

❶　陆，从阜，从二央相叠，表示的是与高起亭台相连的台梯。其中，二央相叠，表亭台。阜，表阶梯。

❷　"刀架"采信于叶玉森："象架上悬刀"的观点。转引自邹晓丽. 基础汉字形义释源 [M]. 北京：中华书局，2007.

类比，比连"等诸多属性象域义。"方"的这些属性象域义，通过向其他象域映射便构成了众多的衍生字，譬如，"旁、防、妨、仿、放、芳、坊、舫"。我们可以具体来分析一下这些衍生字同"方"的关系。

（1）旁

【按】甲文 金文 篆文

"旁"，甲文从井从方，意指井的围栏或井边。金文从凡（盘），方声，指盘子的周边。"方"在"旁"中表边缘、四旁。

（2）防

《说文》："防，堤也。从阜，方声。"元象指挡水堤坝，"方"在"防"中表凸起的隔挡。

（3）妨

《说文》："妨，害也。从女，方声。"抽象义指伤害、克碍。"方"在构造中表克损。

（4）仿

《说文》："仿，相似也。从人，方声。"即两人相像。"方"在构造中表类比相似。

（5）放

《说文》："放，逐也。从攴，方声。"向四外驱赶。"方"在其中表周边。

（6）芳

《说文》："芳，草香也。从艸，方声。"花草散向周围的气味。"方"在其中表周围。

（7）坊

《说文》："坊，邑里之名。从土，方声。"邑里，由相连房子构成的街区。"方"在其中表示比连区域。

（8）舫

《说文》："舫，船师也。从舟，方声。"即连在一起的船或不用时停靠岸边的船。"方"在其中表并联或停靠。

（二）象域在字形构成上的分类

汉字的字形构造，除了象形字之外，很多都有直接显示象域的字素构成。譬如，指事字"尤"，指向义为犁头后边的分土凸疣，整个犁架就是分土凸疣的象域，在甲文字形中用"力"表示。大多数的会意字都有直接标示象域的成分，譬如，"休"和"寇"中的"木"和"宀"就属于象域性字素构成。有的会意结构相对于其所表示的意义而言，其字形完全就是象域性的字素构成。譬如，"行"表示"行走"，但其字形所提示的字象只有街道这个"行走"的象域，而没有"行走"的主体——人。再如，"息"也是如此，"息"表示的指向义为"生息"，其中"心"表示心脏，是心跳的象域；自，表示鼻子，是喘气的象域。显然，这两个字素都是标志生命迹象的象域。至于形声字，其形旁所起的作用，基本都是提示其字形指向义所属象域的作用。

1. 明示象域和暗连象域

按象域在字形构成中有无字素标示可以把象域分为明示象域和暗连象域。譬如，象形字"日"和"月"，其天空象域就属于暗连象域。这种象域没有在字形上标示出来，需要通过心理联想才能凸现出来。而"休"和"本"的象域为"树木"，在字形上给出了明显的标示，就属于明示象域。一般而言，与一个字形所表字象相关联的象域不止一个，所以，明示象域同时都包含着暗连象域。譬如，还是"休"和"本"两个字，在"树木"这个象域之外，"休"还有"劳作"这个暗连象域；"本"还有"土地"这个暗连象域。

2. 衍转性象域和会意性象域

按照象域在字形构成中所起的结构性作用不同，象域又可以分为衍转性象域和会意性象域。

（1）衍转性象域

衍转性象域主要是指在形声字中由形旁表示的通过跨域映射形成的新转象域。譬如，"镶"，元象义指"缀附"或"嵌合"，这个意义主要来自于字素"襄"。"襄"，元象为人披麻戴孝的服饰，从披麻戴孝服饰中可以抽象出缀嵌图式义。为了凸显并重新定义"襄"的这个意义，于是加上"金"旁来指明"缀嵌"这种情形转域到了指金属镶嵌上，这时"金"旁所表示的象域就属于衍转性象域。在"镶"字中"金"起两种作用：一是凸显"襄"的"缀嵌"字象结构；二是表示"襄"的意义发生了转域变化。

（2）会意性象域

所谓会意性象域是指具有象域性质的字素构造，不仅在字形构成中具有标示象域凸显声旁字象结构的关联定义作用，同时还对整个字象义起合成会意作用。譬如，"搂"，表示人的手臂弯曲抱持或回拢的动作。其中"手"这个形旁一方面表示"搂"的象域为"人手"的动作；另一方面又同"娄"相互作用，直接构成了用手抱娄的会意结构。

（三）显性象域和隐性象域

从象域与主象的关系远近上划分，象域可以分为显性象域和隐性象域。

明示象域与暗连象域主要是从字形上有无构造标示来区别象域的，而显性象域与隐性象域则主要是从象域与主象联系的直接性和间接性上来区别象域的。二者有相似之处，但属于不同背景和不同相对关系下的概念。

在实际经验中，凡是与主象联系比较直接，比较容易联想到的象域就属于显性象域；凡是与主象的联系比较间接，不易联想到的象域就属于隐性象域。比如，"甬"，表示汲水桶，从"甬"很容易就联想到"井"，也容易联想到"通"表示的是汲水桶在"井中"的通贯情形，所以"井"就属于"甬"的显性象域。再如，"俑"，由于"甬"和"墓道"是通过"井道"映射而成的间接关系，一般不太容易从"甬"直接联想出来，所以"墓道"就属于"甬"的隐性象域。

在第一章我们弄清了"岁"字的元象是春耕，下面我们通过"岁"与"刿"和"秽"的意联关系来看一看显性象域和隐性象域：

1. "歳"与"劌"的意联关系

"歳"被借用为"农情"和"年"之后，又造"劌"字表示"铲地耕种"，因此"劌"应该属于"歳"的补缺性转注字。《说文》的解释是"劌，利伤也"。"利伤"应该是从"劌"的字象中抽象出来的一个显性象域义。另外，"劌"还有两个意义，一个是"聚合"义，另一个是"暗昧"义，这两个意义都属于"劌"的隐性象域义。

（1）"利伤"义

"歳"以戊铲翻耕土地，戊铲由于使用磨损锋利如刀，所以用"刂"加注，成为形声字。由于"劌"刃口锋利，在使用中稍有不当，就会割伤人体，因此"劌"有"割伤"的动变域象，因而也就有了"割伤"这个显性象域义。

（2）"聚合"义和"暗昧"义

"劌"用于翻耕土地，翻起的土片往往构成叠连聚合的形态，于是"劌"就有了"聚合"的关联域象；同时新翻起的土片因潮湿呈暗黑色，与没翻过的地方明显有别，因此"劌"又有"暗昧"的关联域象。与这两个域象相对应，"劌"字也就有了"会聚"和"暗昧"两个隐性象域义。

2. "薉" 和 "穢" 的意联关系

"穢" 为异体字，原本作 "薉"。《说文》的解释是："薉，芜也。从艸岁声。""芜" 指摇曳舞动的一般荒草，但 "薉" 不是指一般的荒草，而是指由 "岁耕" 翻铲下来的秸草。其中既有杂草也有头年余留在田里的谷茬，这也是 "薉" 又写作 "穢" 的原因。"岁耕" 除下的秸草——"薉"，一部分会翻埋于底层，还有一部分会浮在地表妨碍播种，一般要通过耱耢与石块等杂物一起清理出田。这样，"薉" 在耕种象域外就有了 "当除杂物" 的隐性象域义。以后 "当除杂物" 泛化指所有的 "污余下物"，并围绕这个域象引申出了 "肮脏、淫秽" 等字义。

（四） 象域分类的作用

从域象关系和字形结构上区分象域的类型，对于疏解有些形声字的元衍关系具有重要作用。比如，"余"，有 "舍、涂、除、途、徐、叙、斜" 等一系列衍生字，由于其字形明示或暗连表现的象域比较复杂，所以需要综合分析才能辨清其衍转关系。

1. 余

【按】甲文 金文 金文字素 "枝"

《说文》："余，语之舒也。" 许慎认为是语气舒缓的意思，这不是字形提示的元象义。"余" 的甲文字形是从 人、从 木（枝）会意。因为 "人" 既可以指蛤蚌又可以指屋顶，所以 "余" 的字形可以有两个意涵：一个是指用木枝撬开蚌壳；另一个指屋顶或窝棚。我们可以综合这两个域象来看看 "余" 的引申义和衍生字。

在甲文字形中，"余" 可以被看作从 "人" 从 "枝" 构形的上下结构，其元象指建在高地上的两坡形简易棚屋。综合分析 "余" 在衍生字中所表示的多种意义，可以推知这种棚屋主要不是供人定居的 "房屋"，而是建在田边或路旁供劳作和行人临时休息用的窝棚。从这个角度来看，"余" 的元象本义接近于 "舍"。明确这一点就是要先搞清楚 "余" 的隐性象域，才好分析 "余" 同其引申义和衍生字的意联关系。

"余" 在早期文献中，有 "我"、"空余、多余"、"充足" 和 "舒张" 等用义。

（1）"我" 义

《左传·宣公十七年》："余将老。" 其中 "余" 用为 "我" 义。

从窝棚义看，"余" 为供人临时休憩的简单处所。虽然可以遮阳避雨歇乏缓息，但空间狭小仅供自围，居处其间形同自裹自束，因而有"缓息自维"的象域图式，这与人"拢手言自"的图式相同，所以"余"通过图式映射被转用于第一人称自指。这属于用居所象域转指自己的连域转代用法，另外"余"为临时缓息的简陋草棚，用以自指还包含着舒缓语气和表示自谦的意思。

"余"表第一人称有时也作"予"。"予"元象指梭子，梭子自缠纬线穿行于经线之中用于织布，也有自维图式，所以用"予"代指自己同"余"一样，用的都是"自维"图式。

如果从开蚌疏解，同样也可以抽象出"自维"图式。蛤蚌为活物，一般一遇异动它就会回缩，特别在遇到木枝起撬时，它更是要竭力回收夹紧蚌壳。从这个域象抽象出的"自维"图式，同样可以代指"自我"。

（2）多余和空余义

从窝棚义看，一方面"余"建在高地，相对于周围的象域环境呈高起多出的形态；另一方面"余"是临时憩息的所在，大部分时间处于空置状态，所以从"余"可以抽象出"多余"和"空余"的图式义。譬如，《左传·宣公二年》："又宦其余子，"其中"余子"指多出嫡长子之外的儿子；再如，《庄子·养生主》："恢恢乎，其于游刃必有余地也。"其中"余"为"空挡"之意。

如果从"蛤蚌"疏解"多余"和"空余"义则会相对简单。肉被吃掉的蚌壳呈空壳状态，为多余的东西，通过这两个域象的譬喻映射，"余"直接就可以表示"多余"和"空余"义。

（3）充足义

《国策·秦策五》："不得暖衣余食。"其中"余"为饱饶或充足之意。

从窝棚的域象看，"余"用木枝做骨架，用谷草苫盖，又建在高处，从远处望去与堆聚的谷垛相似，因而有充盈、饱饶的域象图式，由此就可以形成"充足"和"饱饶"的指向意义。

从开蚌的域象看，打开的蛤蚌肉质充盈，直接就可以抽象出"充足"和"饱饶"义。另外在食物短缺的古代，能吃上蚌肉，自然也会生出"充足"和"饱饶"的感象义。以后"余"的"饱饶"义通过加注"食"旁予以凸显，便衍生出了"馀"字。显然，加了食旁的"馀"字，同蛤蚌的关联显得更加具体也更加直接。

（4）舒张义

古称阴历四月为"余月"，《尔雅·释天》："四月曰余。"郝懿行义疏："四月万物皆生枝叶，故曰余。余，舒也。"

"余"作为窝棚是两头敞开的构造，"余"的骨架大多用木杆交叉捆缚而成，由于不太讲究往往是参差不齐地伸向空中，所以呈现的是一副舒张的意象。同时作为劳作歇息用的窝棚，庄稼生长是其开始大量使用的象域，所以"余"从自身的形态和庄稼生长的象域出发都可以映射出"舒张"的象域图式。

从蛤蚌的域象看，蛤蚌闲憩时有开蚌浴光的习性，另外吃过的蚌壳都呈舒张状态，所以从开蚌的域象也可以抽象出"舒张"义。

2. "舍"

起初"余"指简单的窝棚，以后泛指不带围墙的草棚，通过映射还可以指干栏式房屋。南方有地名称余姚，古为泽地，应该是从其干栏式房屋得名。当然"余姚"也可能从盛产蛤蚌得名。总之都同一定的域象背景有关。

在衍生字"舍"中，"余"表示的是屋顶的意思。《说文》："舍，市居曰舍。从亼、屮，口象筑也。"简单地说"舍"指草房。其实"舍"的字形，应是从余从口，字形义是加了围墙的草棚。"舍"是简易建筑，应该是从田边路旁的窝棚演化而来，一般做路边的驿站，进一步发展为客店、宾馆。古代三十里设一舍，供往来的行人歇宿使用，由里程象域转代，"舍"又表里程单位。"舍"也用于谦称指自家居所，譬如，"寒舍"。"余"在"舍"字中属于外联象域，虚表的房顶可以变化，不一定确指草顶，也可以指瓦顶。另外，"舍"还兼表"捨"字的"舍弃"之意，这是因为，不论是"余"还是"舍"都有暂居性象域图式，不是久居之处，临时住一下，总要舍而离去。

如果同蛤蚌的域象联系起来看，"捨"的疏解就简单了："舍"可以表吃过的蚌壳，加上手旁，表示的就是扔掉蚌壳，抽象的意思就是舍弃。

"余"有分化字作"佘"，与"舍"通音。"佘"也有本义，表示"张斥"，只是做了姓氏后这个意义隐匿起来了。"佘"的"张斥"义保留在衍生字"赊"的字象之中。"赊"表示先拿货后结账。其中的字素"佘"在构造中表示的就是"张斥"不结的意思。"赊"还有通义词"赁"，表示临时租用。应该说，这两个字是有意联关系的。"赊"和"赁"都出自口语连绵词"赊赁"。"赊赁"又可以写作"折连"，表示的是既断且连、事不束结的半落状态。其实，这种状态原本出自蚌壳的的张斥状态。从音韵上说，"舍"，书母鱼韵。书母可从心母衍转而来，心母与精母属于旁转关系，精母又可从复辅音声母 k-l 衍转而来，所以"舍"与"赊赁"同蛤蜊都是存在转语关联的。也就是说，"舍"的意义也是出自"赊赁"的域象结构，只不过它由张斥义又增加了包含义，这是由因果关联造成的。

3. "涂"

《说文》："涂，水。出益州牧靡南山，西北入渑。从水余声。"许慎认为"涂"指一条河，这应该是引申义。"涂"，定母鱼韵，其声纽同样和"蛤蜊"的复辅音声母存在着衍转关联❶。

古人多凭水而居，"余"一般都建在河岸高地上，河边交替有水的地方是其外联象域，从这个象域发端便衍生出了"涂"与"除"字。在这两个字中，形旁既是标识性象域又是会意性象域，既有凸显和解构"余"之字象结构的作用，又有同"余"互动会意的作用。当然，如果从蛤蚌来看，水岸也是蛤蚌存在的象域，通过关联转代，"余"直接就可以表示河岸这个蛤蚌的象域义。具体如下：

（1）涂

水退后的水边呈泥沼状，于是由泥沼象域便衍生出了"涂"字，表示泥沼。譬如，《书·仲虺之诰》："有夏昏德，民坠涂炭。"其中涂炭，指的是泥沼和火堆，都是危困的境地。

（2）除

"除"表示水退去，这是与"涂"连象的动变性外联象域，"水退去"可以抽象出"隐却、消逝、除去"等图式义。譬如，《诗·唐风·蟋蟀》："日月其除，"意思是说"日月将要消逝"。由于同源，所以"涂"和"除"在古文献中可以互通互用，譬如，"涂月"是阴历十二月的别称，意思是一年将要逝去的月份。《尔雅·释天》解释说"十二月为涂"，郝懿行义疏引马瑞辰曰：《广韵》涂与除同，音除，谓岁将除也。"由此可见，《说文》"除，殿陛也"的解释是引申义。"除"本指水退却，水退去有两个关联象域，一是水退留下的"除去，消退"印象，二是由不同高度的水位变化在河坡留下的阶梯线，所以"除"从"阜"，兼有"除去"和"斜阶"两重象域义，"斜阶"通过譬喻映射可以转指宫殿前的台阶。水退后形成的"泥淖"与抹墙用的"泥"通象，所以"涂"

---

❶　从"余"形声字的声母，几乎都与复辅音声母 k-l 存在或远或近的衍转关系。

又有"泥"和"涂附"的外联象域，以后加土便衍生出了"塗"字。

4. 途

《玉篇》："途，途路也。""途"的甲文字形本来从止，余声，是"余"上"止"下的构形，显示了"余"与"止"的相对位置关系。后来才变成从"辶"，但都表行走。在古代通过人走踩出来的道称"路"。"途路"不是指一般的路，而是指河边水退后淤成的滩涂平路。在道路不发达的古代，尤其在山区，最好走的道路是由河水冲刷成的水边途路。因此，在古文献中"途"与"涂"也相通，譬如，《周礼·地官·遂人》："百夫有洫，洫上有涂。"涂，宽大水沟旁的道路。《荀子·性恶》："涂之人可以为禹。""涂之人"即途路上走着的随便什么人。显然，"途"作为道路的意思是由"行走"的外联象域"涂"孳乳而来，在字形上，可以理解为从"涂"更换形旁象域转注而来。

5. 徐

《说文》："徐，安行也，从彳，余声。"所谓"安行"即缓慢而行。滩涂也是人们采集蛤蚌虾蟹的所在，采集要边找边采，不能快行，所以"余"从"涂"转映又有缓慢行走的外联象域，加"彳"则是为了凸显这个隐性象域。"徐"隐含有水乡泽地的意思，商代所称的"徐夷"指淮河中下游一带，当初也是水乡泽国，所以称"徐"，也是与泽地象域有关。

6. 叙

《说文》："叙，次第也，从攴，余声。"甲文字形是从爪余声，换成"攴"是为了突出为"余"苫顶这个外联象域。为草棚苫顶要从下往上一层层铺就，铺成的草顶逐层升高，所以"叙"表现的是"余"的综合象域。其中包括依次逐层铺就的"次第"象域和逐层积叠的"升高"象域。"叙"的几个指向意义都是从这个综合象域析解而来。在《国语·晋语三》"纪言以叙之"中，"叙"有"述说"的意思，这是由于"叙"同"纪言"连用造成的濡染性转义现象，是由语境作为转意基形成的引申义。当然，如果从"余"表开蚌同样可以抽象出"叙"的这些意思。比如，要打开蚌壳往往是顺着蚌壳的沿口一下一下的撬开，撬开的蚌壳会展开升高，而且蚌壳表面生有年轮纹，这种年轮纹呈现的也是次第积叠图式。

7. 斜

《说文》："斜，抒也，从斗、余。"即用勺斗舀取或倒水形成的偏倾状态。"余"有两个象域可以与"斜"的图式义构成映射关联：一是河滩连水的"斜坡"；二是草棚散水的两坡。这两个象域都能抽象出"倾斜"图式，而且都同水相关。在"斜"字中"余"是"斜"的主象，"斗"为副象，对"余"具有抽象定义作用。如果从"余"表蛤蚌的域象看，"斜"同样也可以抽象出倾斜图式，因为蛤蚌本身就是一边高一边低的偏斜物态，而且蚌壳也有做勺斗舀水使用的动变象域，譬如，"以蠡测海"所说的就是用蚌壳舀水测量大海的意思。

四、汉字的象域孳乳

汉字通过象域进行的孳乳称作象域孳乳。具体说，象域孳乳是指一个元生字以其元象为基础通过连域转代和跨域映射形成的孳乳。对于象域孳乳，我们主要关注两个问题：一个是象域孳乳和元象的抽象化问题；另一个是多域孳乳中的转域和字形表现问题。

（一）象域孳乳和元象的抽象化

总的来看，元生字通过象域进行的孳乳有两种情况：一是通过元象对其邻连象域的转代形成的孳乳，对于这种孳乳可以称作转代象域孳乳；另一种是通过元象向某些象域的跨域映射形成的孳乳，对于这种孳乳可以称作跨映象域孳乳。

一般而言，一个字的元象无论是形成了转代象域孳乳还是形成了跨映象域孳乳，都意味着元象自身转向了抽象化。元象的抽象化从对应于这两种象域孳乳而言有双重含义：一是说一个元生字的字形和元象会转化成表征象域义的抽象符号；二是说一个字的元象会转化成表征域象关系的图式。譬如，"庚"，转表天干义后，其元象就变成了象征钟架象域的抽象符号。再如，"襄"，转作"镶"的字素后，其"挂孝"元象就变成了表征"镶嵌"义的图式。

由于象域孳乳会使一个字的元象变得抽象，所以对于已经假借化和字素化的元生字宜当多从意符或图式角度去疏解，而不宜仅限于从元象的角度去疏解。

（二）多域孳乳中的转域

汉字的形义孳乳很多是多域孳乳，多域孳乳也就是汉字的一象多域孳乳，它是指一个元生字以其元象为基础通过和多个象域结合形成的孳乳。从成因来说，一个元象通过连域转代和跨域映射都会形成一象多域，所以多域孳乳可以从连域转代和跨域映射的角度分成转代象域孳乳和跨映象域孳乳。由于不论是由哪种象域形成的孳乳都会使一个字发生元象表征变义，所以从元象表征变义而言都意味着一个元生字的象域发生了性质转变。对于这种由元象表征变义导致的象域转变我们称之为转域。转域又称象域置换，就是指通过一个元象和多个象域结合来表示不同意义的情形。从原理而言，转域等于转变字象表征形态，也等于是转义。

一般而言，把跨映象域形成的孳乳归入转域容易理解，但把通过转代象域形成的孳乳也归入转域则不太容易理解。具体地说，之所以如此归结主要是基于两个原因：其一，转代象域虽然同元象属于同域关系，但这种同域关系是以经验范畴和具体意象为基础建立的同域关联，而不是以属种范畴和抽象概念为基础建立的同域关联，所以当以属种范畴和抽象概念的视角来观察这种孳乳时，并不能从所表概念的类义关系上发现元衍间的同域孳乳关系，倒是能从所表概念的类义差别上发现元衍间的非同域关系，也即转域关系。也就是说，在元衍字义上由转代象域形成的孳乳同跨映象域形成的孳乳一样，都会表现出转域的性质，都适合从类义不同的角度把它看作是转域孳乳。比如，从意象关系上看，"鐘"和"撞"属于通过转代象域形成的同域孳乳关系，但从概念关系上看，"鐘"属于乐器象域，"撞"属于动作象域，这样来看二者就变成了不同域的转域孳乳关系。其二，转域可以理解成是一个元象对多个邻连象域进行的转换性组合。由于事物联系的广泛性和交叉性，能够同一个元象构成邻连关系的多个象域之间未必属于同域关系，所以当一个元象同多个邻连象域分别组合时，不同组合之间往往构成的也是转域关系。

（三）字象转域的字形表现

从字形上来讲，字象转域等于字形的抽象化和字素化；从表征上来讲，字象转域等于元象的符号化和图式化。具体来说，字象转域在字形上的表现有两种情况：

1. 字形不变转域

这种情况主要发生在字义的衍转引申或假借使用当中。譬如，"弋"，元象表示木桩。由于样子像箭，于是转域表示箭；又由于箭与游猎关联，于是又转域表示游猎；由"游猎"引申又转域表示巡视。再如，"而"元象指颊毛，转域之后字形没变，但字义变成了抽象的"转连"义。严格地说，"而"变为"转连"义属于离域抽象，但离域抽象也等于从具体象域到抽象象域发生了转域变化。

需要指出的是，给假借字加注形旁形成的再具体字也属于转域。因为假借字已经属于离域化了的抽象字，所以为其加注具体的形旁再衍转回具体象域也等于是转域。譬如，"其"的元象本表示簸箕，假借之后它已经成了代词，当再给它加注"竹"旁成"箕"后，它等于从抽象象域又转回了器具象域，所以也等于是发生了转域变化。

2. 字形变化转域

在汉字孳乳中，一个元生字往往会通过字形变化来形成并显示转域孳乳。通过字形变化形成的转域孳乳又分为三种情况：一种是加旁转域孳乳；另一种是换旁转域孳乳；三是转文转域孳乳。在汉字中，形旁往往表示一个字的意义所属范围或关联事物。从这个涵义来看，形旁在字象表征上基本属于象域范畴，所以这里所说的加旁转域和换旁转域基本就是指汉字构造中的形旁变化。

（1）加旁转域孳乳

加旁转域孳乳，可以简称为加旁转域或加旁孳乳，指的是通过给一个元生字直接加注形旁构成的转域孳乳。譬如，"雚——罐"和"雚——㪷"都属于加旁转域孳乳。"雚"的元象猫头鹰本属于禽类象域，通过加旁构成的"罐"和"㪷"两字，则分别转到了器皿象域和量具象域。当然，也可以说这两个加旁字都转到了器具象域。

（2）换旁转域孳乳

换旁转域孳乳，可以简称作换旁转域或换旁孳乳，指的是通过给一个衍生字置换形旁构成的转域孳乳。一般来说，换旁转域所针对的衍生字基本都属于形声字。譬如，"㪷——勸"和"罐——灌"就属于换旁转域。㪷，形声字，元象为调整，表衡量义，属于量具象域。"勸"，元象为调整，表鼓励或规制义，属于教育象域。在"勸"字中，"雚"属于从"㪷"省声，"勸"的意思是从"㪷"而来的图式义，所以"勸"属于通过换旁转域从"㪷"而来的再衍生字。同理，"灌"是通过换旁转域从"罐"而来的再衍生字。当然，"㪷"和"灌"同"罐"和"㪷"一样都属于形声字。

（3）转文转域孳乳（见第六章析象与转文）

一般来说，不论是加旁转域还是换旁转域，都意味着元生字走向了字素化。字素化就是元生字从独立字转作组合字素、从独立表意转为组合表意的情形。从字象表征上看，元生字转作字素后其元象会表现出两种情形：一种是元象仍然保持一定具体性；另一种是元象走向图式化，图式化也就是抽象化。进一步说，由于字素存在着这种变化，所以对字素的疏解就需要从字形构造关系中来具体分析所表意义，而不能一味按元象义疏解。

（四）转域孳乳与同素形声字

转域孳乳是通过给一个元生字加换形旁来孳乳新字的系统方法。在汉字中，通过加换偏旁孳乳的衍生字以形声字为最多。在汉字孳乳中，很多形声字往往是由同一个声旁字素加上不同形旁字素形成的，所以在字形构成上往往都表现为拥有同一个字素。对于这种拥有同一个字素的形声字，我们一般称之为同素形声字。应该说，在同素形声字的系统孳乳过程中，转域孳乳是最重要的方式之一。

由于转域孳乳是同素形声字形成的最重要方式，所以对于同素形声字我们就可以通过转域孳乳的视角来展开训解。

下面我们就通过转域视角来看看"甬"的形声孳乳：

【按】用、甬：甲文 用 一期　用 四期　　金文 用 西周早期　甬（甬）西周中期

1. "甬"，从"用"转文而来。"用"，象形字，字形表现的是带提梁木桶的元象，抽象化后泛指工具、功用、使用。由于"用"成了多义字，所以为分化字义，经转文造了"甬"字。"甬"的字形是在"用"字上加了吊钩形，元象是汲水桶。后来"甬"由于被其象域义借用，于是又转注造了"桶"字，其中"木"突出的是汲水桶的材质象域。

2. "甬"有衍生字"通"，意为贯通。井道是汲水桶的基本象域。桶在井道里运行，上通下达，由此形成"贯通"图式，在这个图式基础上加"辶"转域，于是就凸显出了贯通义。

3. "勇"，从力，甬声。汲水与力道密切联系，无论摆桶取水，还是摇辘轳取水动作都要"冲猛"，才能让水"湧"入桶里，因此，"力"所表示的是"甬"的经验象域，二者相互作用形成"冲猛"的域象图式。相对于"甬"原有的基本象域"井"而言，"勇"等于通过转域换成了"力量"象域。

4. "俑"，从亻，甬声。指一种用于殉葬的人形木偶。"亻"指人形，"甬"在"俑"中有双重象域指向：一是指"俑"的材质与"甬"相同；二是从"甬"的井道象域通过映射转域到了墓道象域。在此字中，用井道映射墓道在经验上是相通的。"甬"同时又是"人"的定义象域，意思是殉葬的木头人。"甬"加上形旁"人"表明，"甬"转域到了同"人"有关的象域上；"人"加上"甬"表明，"人"不是指真正的人，而是指同殉葬有关的木头人。

5. "蛹"，元象指蚕或虫从成虫进入休眠时的形态。蚕羽化后会留下蛹壳，蛹壳形似"甬"，加上"虫"即是"蛹"。"蛹"属于虫的客观象域，"甬"加上"虫"旁，等于从用具象域转域到了昆虫象域。

6. "痛"，从疒，从甬。"甬"在此表示其动变象域"通"。加"疒"等于转域到了"人"的象域，表示人的经络运通不畅，也就是所谓不通则痛的"痛"字。从"甬"到"痛"，属于通过"通"形成的转意基连映关系，也属于连续转域关系。

第三节　意范及其分类

在汉字的使用中，象域还是导致字词形成使用意范的因素之一。

现实中常有这种现象，即对于一种客观对象，人们往往习惯于从类化视角把握它而忽略其具体差别，这就使本有差别的事物在观念上变成了相同或相近的事物，譬如，"柱子"就是如此情形。一般来说，人们关注的视角是柱子的主要功用，即一种长形支撑物，至于其他方面往往不再理会。其实，柱子除了支撑物这个主要方面之外，还有与不同整体结构协调搭配的审美效应。比如，一个四方柱与一个圆柱体，从侧视角看是相同的，但从俯视角看却是不相同的。在造型搭配上，圆形柱可以和方形建筑协调，同时也能同圆形建筑搭配，但方形柱适宜同类方形建筑搭配，却难以同圆形建筑协调。这是由于不同柱形有着不同的型范协调关系所致。在语词搭配关系上也有类似的情形，譬如，同义词，有相同或相近的一面，但在实际使用中也有搭配是否协调的一面。从意象视角看，这种情形则属于意象之间的搭配型范问题。

意象的搭配型范简称为意范。从原理上来看，同义词的区别很大一部分来自于其概念表征意象的搭配型范不同。同义词反映在文字上就是通义字，所以意范同样是一个涉及汉字意象分析的范畴。

一、意范及其成因

（一）意范的涵义

意范又称象范，是指构成一个意象特有搭配效果的综合限制因素。在字象结构中，构成意范的一般都属于比较抽象的隐性意象或象域。

（二）意范的形成因素

影响意范构成的因素具有综合性，比较突出的有三个方面的因素：一是由元象的不同质相和感象形成的意范；二是由元象的不同域象图式形成的意范；三是由使用规约形成的意范。

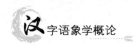

二、意范的分类

依据成因，可以把意范分成质感意范、域象意范和规约意范。当然，这不止涉及字和字象的关系，还涉及词和词象的关系。

（一）质感意范

质相和感象意范合称质感意范。即由一个元象本身的性征和综合质感构成的意范。质感在本质上是从元象抽象而来的一种感象或图式，属于通过对元象本体的析解或综合而来的产物。

比如，"锺"和"盅"："锺"为称粮食用的最大量具，其下还有"釜、区、豆、升"几种量制工具❶；"盅"为餐饮用的酒具，两个意象因为有通象而形成近义，又因为有差象而形成区别。区别主要在于大小、功用、材质等综合因素构成的质感特征不同，这就形成了它们不同的质感意范。所以，"书中自有千锺粟"不能写成"书中自有千盅粟"。千盅与千锺不是一个数量级别，"千盅粟"是没有多少的一个小数量。正是因为存在着质感意范区别，所以才在同音的情况下把"盅"和"锺"分化为两个字形，两个字形代表的就是两个不同词形的词。

笼统而言，所有的质感都形成于元象的内部联系与外部联系以及一般抽象和特殊抽象的对立统一关系，但在实际的汉字分析中，还需要对具体的意范加以区别，才能形成更好的分析效果。

（二）域象意范

域象意范指由元象与象域的相互关系和互动图式形成的意范。

譬如，"节约"和"绳结"中的"节"和"结"。虽然从一般抽象图式上来说，二者都可以归结为"断连"图式，但在搭配使用中则会凸显出彼此有不同的域象意范。具体地说，"节"的元象取自"竹节"，竹节位于一根竹子上的多个位置，所以其意范中就有中间阻断的域象；而"结"取自捆绑物品的收束系牢环节，所以其域象意范中就有最后收尾的内涵。

下面再通过"各——个"和"休——停"的对比来体会一下域象意范。

1. 各——个

（1）"各"【按】各：甲文   格：

---

❶ 锺、釜、区、豆、为齐国的四种量制。

"各"从夂，从口。"各"与"格"在甲文中字形接近，疑为一字，后来才分化为两个字，所以"各"的象域背景比较复杂。

"各"有"分开的两个"、"多个中的每一个"、"歇宿"等意思。在甲文字形中是一只朝向门口的反脚，其字象表示的是两只脚一脚门里，一脚门外被分开的情形，其意义指被分开整体中的所有个体。在词源上"各"通"隔"。

"格"的本义指分隔两物的中间物或把一物或多物分开。在甲文字形中凸显的是分开两只脚的"门槛"，这应该是个借象。以后加"木"旁意义扩展，可以分别指"木隔栏"、"交错的枝杈"、"格挡空位"和"规约"等意义。在词源上，"格"也通"隔"，有交接、交叉、截断和析解等抽象类义。譬如，格斗，指交手搏斗；格杀，指用利刃断首，泛指杀死；格物，指对事物进行析解研究。

这里重点看看"各"字。

在甲文中，"夂"为倒"止"，也就是倒着的脚，有两重相对含义：一是表示乏累的脚，又表歇乏。在"各"中，"夂"可以具体表歇脚；二是表示走路或进门中的后脚，又表示两只脚一前一后被门槛分隔的错位状态。

从甲文字形看，"口"也有两重含义：一表分开双脚的门槛（门口）；二表歇宿点。所以"各"有"隔开"、"分开的个体"和"歇宿"等多个意思。

我们先从"歇宿"义分析一下"各"的域象图式。由"夂"表示乏脚关联定义，"口"表歇宿处，"各"在整体上可以表"歇宿"。需要歇脚的路程当然是长途，长途上的间歇点不止一个，所以"各"从双脚分开的两分图式，便转化成了由诸多间歇点和长途路程构成的连续分段图式，其抽象图式为：→｜→｜→｜→。这个由行人、长途和歇宿点象域构成的域象图式，一方面可以表示多个歇脚处中的一个；另一方面又抽象的表示一个整体的连续间隔状态。譬如，在衍生字"客"中，"各"表示过路的客人，其中"宀"凸显了歇宿处，也是定义"各"为歇宿者的标识性象域。在衍生字"络"中，"各"表示的是一个整体或合体的间隔交连状态。

再从"口"表示门槛（格）的角度看，"各"在整体上表示被"门槛"分开的两只脚，其抽象图式为 →｜→，属于是一个整体分隔两处的图式。譬如，"天各一方"，表示"分隔两处"。

综合来看，"各"的域象图式是"多个中的每一个体"，这个图式就属于"各"在搭配使用中的域象意范。

（2）"个"【按】个：竹简 丞　篆文 箇

"个"本作"箇"，"箇"指一根竹片。"个"的简书字形为"半竹"，指一段砍下的竹子，与"箇"义基本相同。"个"的意思只涉及个体本身，不涉及多中之一的背景象域。所以"个案"不同于"各案"，这是因为"个"与"各"的域象意范不同。

2. "休——停"

"休"是与"停"构造机理基本一致的一个会意字。

《说文》："休，息止也。从人依木。""人依木"之所以会意为"息止"，是因为有"人在树下歇息"的经验象域。"休"可以说与"停"通义，但"休"所表示的"歇息"与"停"所表示的"歇息"在域象意范上是不同的。"停"所表现的"歇息"是指长行过程中的"间歇"，有歇息完继续走的隐性象域。其图式是→○→，而"休"所表的"歇息"，是指人从活动状态转到息止状态，不涉及是否继续活动的象域背景。譬如，"停妻"往往和再娶关联，而"休妻"则不跟再娶关联。"休"与"停"在主象上相同，在次象上相异，因而有着不同的域象意范。

（三）规约意范

规约意范是指通过实际使用约定俗成形成的意范，或者说是人为规定的意范。规约意范的典型字是"足"和"疋"。

【按】足、疋：甲文 ♀ 和商代金文 ♀ 足：甲文 ♀ 一期　金文 ♀ 西周晚期

"足"与"疋"为同一字源分化的两个字。在甲文中，两个字都出自于"小腿连脚"的象形字，但这两个字所表示的概念却有同有异，譬如，在"楚"字中，"足"与"疋"都表"行走、移动"，其意思完全相同。但在一般使用上"足"与"疋"却有分工，譬如，"丰衣足食"不能写成"丰衣疋食"。"一匹布"可以写成"一疋布"，但不能写作"一足布"。

1. "足"

在字形结构化后，"足"变成了会意字，上从口，下从止。止，表示举步行走，口，表示到达的地方，合起来表示"抬脚就到"。抬脚能到，一是说明腿力充沛；二是说明路途较近，这两个域象都有"充足、涵括"的意思。

2. "疋"

为了与"足"相区别，"疋"的字形从一、从止构成，规约的字形引象是"分开双腿"。在实际使用中，"疋"的字象与"足"明显不同，"疋"更突出

了分以通畅和分以对称的质感意范。"疋"曾借用为"疏"，以后才转注为"疏"，其表示的具体意思是分腿顺产或疏导分娩，抽象图式义是"疏导"。"疋"借用为"匹"取的是两腿匀分、对称匹合的意思。

显然，"足"和"疋"的意范区别，完全属于人为规约形成的。

意范的形成体现着客观反映性，但不能把它理解为纯粹的客观现象，更不能把它理解为任意的规约。从根本上来说，意范也是人的主观能动性与客观反映性相互作用的产物。

附录　对形声字的再认识

从字象分析的角度来看，形声字的声符并非只是简单的表音，其在表音的同时还兼带着表意，只是声旁的表意大多比较曲折隐蔽，不像指事和会意字那么容易觉察而已。下面我们对形声字与声符字之间的意联关系具体做一些分析。

一、对于形声的理解需要全面

对于形声字的声旁是单纯表音还是同时表意的问题，早期文字学家是有所觉察的，宋代的王圣美就为此提出过"右文说"❶。"右文说"的意思是：声符多在形声字右侧，形声字所表示的字义往往在右文一边。这个认识虽说不完全对，但比之"形声字形旁表范围，声旁表读音"的简单理解要更深入了形声字的实际。"右文说"还只是一种表面直觉，形声字的意义并不单纯由"右文"确定。那么，"右文"是如何参与表意的呢？其实在许慎对"形声"的定义中对"形"和"声"的内涵已经有所揭示，不过由于阐释简单，没有引起人们的更多关注。许慎的定义是"以事为名，取譬相成，江、河是也"。应该说，以往对许慎关于形声定义的解读是比较片面的，往往都是从《说文》"从某，某声"的析形方式上简单解读。许慎定义"形声"用的是"事和名"。"事"是指具体的概念，"以事为名"的"名"表示抽象或喻指概念，因此"事和名"都是指概念。"相成"，说的是形声两旁作为事名相辅相成。"譬"的意思是指用表示一个事物的具体概念譬喻性的表示另外一个事物的概念。在表意机理上用"取譬"而不用"取音"，是因为"譬"有疏通喻明、譬喻晓义之意。

❶　殷寄明. 说文解字精读［M］. 上海：复旦大学出版社，2011.

形声两部分都不确切表具体意义而是表比附性或象征性的意义。譬如，形旁"木"，在"桥"字中不具体表树，而是表木质就属于"譬"。

更深入一步来看，文字上的形声孳乳不仅是个字形构造方法的问题，而是一个语词孳乳在文字上的反应问题。形声字的声旁之所以表意，主要在于它所代表的语音不是单纯的声音而是包含着意义的语词。语词有意义，其孳乳自然也就有相应意象的意联关系隐含在其中。在汉语中，语词孳乳是用字形区分的，通音的声旁采用不同的字形往往代表着不同的词形和不同的意义。因此，形声孳乳首先反映的是其声旁作为语词的意义孳乳，进一步才反映为代表其词形分化的字形孳乳。可以说，形声字是语词孳乳和文字孳乳的耦合构造形式。

二、形声字声旁表意的间接性

一般而言，大部分的形声字同其声旁之间的意联关系往往较难疏解。之所以如此，就在于声旁在形声字中用的往往不是直接的本义或类义，而是通过意象的映射和转代形成的间接意义。譬如，"菫——罐"属于通过譬喻映射形成的形声字，"罐——灌"属于通过连象转代形成的形声字。

此外，还有很多通过"再衍生"、"省声"和"转注"形成的形声字，也都属于间接性的意联关系。应该说，这些都是造成声旁"单纯表音"印象的重要原因。比如，"罐——灌"之间的意象密切关联，就是让水进入罐子里。但"灌"与"菫"之间却没有可以直接贯通的意联关系，因为从"菫"到"灌"之间是由"罐"作为转意基过渡形成的意联关系。按衍生关系来说，"灌"本应该是由"罐"加"氵"组成，但由于其间省略了"缶"变成了由"菫"加"氵"的"省声"构造，所以就给后人的疏解造成了困难。

可以说，从"菫"到"灌"，既属于"再衍生"也属于"省声"，当然还可以属于意象关联的"转注"字❶。即由于"罐"有灌水的意象，于是用表"水"的意符替换了"缶"，这样就通过换旁分化了"罐"的字象形成了"灌"字。显然，"灌"义相对于"罐"义是转注或直接衍生，而相对于"菫"义则是再衍生。

在汉字体系中，由上述因素造成的"纯"形声字比例不少。如果忽略中间存在的过渡环节，直接用声旁字疏解其与形声字之间的意联关系往往就很难

---

❶ 这里的意象关联转注指转代基础上的分化，只是借用转注的词汇，不同于传统上许慎所说的转注。

贯通。譬如，像"甬——通——桶"、"藋——欋——勸"、"扁——偏——骗"都属于这种情况。

三、形声字声旁的表意基础

形声字声旁的表意基础有两层：一层是字象层面的表意基础；另一层是词象层面的表意基础。一般来说，语言和思维的发展遵循的是相同的规律和途径，即都是按照"具体——抽象——再具体——再抽象"的思维规律、以意象为基础媒介通过相似性和邻连性关系孳乳发展的。语言思维中的意象对应到语词上就是词象，对应到文字上就是字象。语言思维以意象关联为基础进行的发展反映到语词和文字上，就是语词和文字分别以词象关联和字象关联为理据的孳乳。语词以词象关联和文字以字象关联为理据的孳乳同时反映到文字的形成和孳乳上，就形成了形声字的表现形式。由于在形声字的孳乳中同时有字象和词象两种背景提供关联支持，所以就使形声字的声旁具有了双重表意基础。也就是说，由于形声字具有语词孳乳和文字孳乳的双重性质，所以就使形声字总会在字象或词象上同其声旁字保持着某种意联关系，而这种字象或词象上的意联关系正是形声字声旁能够表意的基础。

具体而言，由于形声字同其声旁字存在着字象或词象上的关联基础，所以当某个衍生字把某个元生字用为声旁构造形声字时，往往会包含着两重导致声旁表意的因素：

一方面，很多通音字"音近意通"，当运用多个通音字作为声旁构造一个形声字时，声旁字或远或近总能有某个意象结构与形声字的意义形成某种意联关系，这就会使声旁字在形声字中表现出一定的表意性。在这方面最有代表性的就是形声字的声旁置换字。

譬如，"柄"字，原作"棅"。"柄"是个声旁置换字。"秉"表手持，加"木"旁表示手可以抓持的"手把"。"丙"的元象是舒张的蛤蚌，在衍生字"柄"中它有多个意象结构与"手把"相通。其一、"丙"可以表示刀头。人类早期常把蚌壳嵌口部位磨快了当刀使。从这个角度说，"柄"字用"丙"加上"木"旁可以凸显"刀把"的意思。其二、蛤蚌张开类似于人手的虎口，蛤蚌遇动反应时往往会夹紧蚌壳。从这个意象可以抽象出"夹持"或"抓紧"析象，这样"丙"加"木"同"秉"加"木"一样，直接就可以构建出"手把"的意思。

　　为什么用"丙"和"秉"加"木"都能会意出"手把"的意思呢？这是因为在语源上，"秉"很可能是通过析解从"丙"的夹持意象映射而来的图式义。由于"丙"的意象包含着"秉"的图式，所以"丙"代替"秉"同样可以表示出"夹持"的意思。从这个例子可以看出，用于替换的声旁往往选择的也是有着某种意联关系的通音字，而并非是任意替换的通音字。

　　另一方面，声旁字是在构造形声字时按有无意联关系选择的结果。一般而言通音字虽然读音相似，也保留着某种隐性的意联关系，但由于不同构形的通音字其意义凸显不同，所以很多形声字不是任意采用通音字构造的，而是选择有意联关系的声旁字构造的。甚至可以说，在音同和意联的选择上，形声字的声旁选择往往更倾向于意联，这种倾向可以从形声字表音不准明显地反映出来。譬如，"梏"选"告"作为声旁，而不选"夫"、"谷"、"固"作为声旁就是这个道理。

　　从语源分化角度看，作为声旁的元生字与形声字之间往往存在一词挚义上的元衍关系，有些同音字如果抛开一词多字仅从词象角度而言，基本可以按一词多义理解，譬如，"竟——境——镜"，暂且放下字形不提，它们就是"jing"这个词形❶之下存在元衍关系的三个词义，只是在汉字中用三个既有联系又有区别的构形区别了三个词义，它们才成了不同的字。这种情况，同英语中用"son"和"sun"两个不同的词形区分读音相同的"儿子"和"太阳"是同样的方式。son 和 sun 有没有意联关系不清楚，但"竟"和"境、镜"是因为存在意联关系才聚集在同一词形之下的。又如，"取（qu）——娶（qu）"，词形没变，抽象意义相同，但具体意义却区分了不同象域背景。再比如，"家（jiā）——嫁（jià）"，名词转动词，词形略有变化。古人把女子嫁人视为归家，按现代人的思路也可以理解成女子成家，都能讲通。显而易见，词象挚义在原理上同字象挚义一样都是以意象关联的转意点或转意基为基础的。所以从构造上来看，形声字属于词象与字象高度融合的文字结构。

　　一般而言，形声字的声旁提供基本字象图式，形旁提供字象图式所关联的象域，同时形旁对声旁的字象结构有选择和抽象定义作用。有些形声字，因为形旁和声旁之间具有明显的会意关系，因而在传统上往往被称作亦声会意字。这样的称呼虽说可以细化分析，但从形声字基本都有会意性的前提看，这种

---

❶　严格说，汉语的词形就是字形，这里把汉字的拼音当作词形只是一种从英语比附而来的权宜性称谓。

称谓就显得多余了。因为从总体上来说，会意字与形声字虽然在意义构成上有一定具体和抽象的差异，但最显著的区别可能就在于是否从构成字素得声上。

在文字学界，一般把由象域和图式构成的形声字称为形声会意字，把具有明显会意结构关系的形声字称为会意形声字，最后才把看不出形声两旁有何意联关系的字称为形声字。从形声字总的情况来看，有的形声字声旁与其作为独立字时的意象关联较近，能够直接看出声旁与形声字的意联关系；有的声旁在形声字中所用的意思与其作为独立字时的意联关系比较远，或是构成方式比较隐晦，就不易看出其同形声字的意联关系。其实，这种情形与通音词之间在意义关系上的远近情况基本是一致的。如此看来，会意形声字、形声会意字和形声字只是因意联关系的显隐不同形成的区别，并不带有根本性。因此从根本上来说，还是应该从理解许慎的定义出发，对形声字的形成路径和方法有一个较为全面的理解。

从孳乳机理上看，形声和假借都是在字词譬况类比和关联性活用基础上形成的。这种活用，如果没有通过附加偏旁改变原有字形，那么相对于被活用字的原有具体意义而言，就形成了假借；如果在活用的同时，又按新的用义在活用字上添加了转换象域的偏旁，那么就构成了转意相对具体的形声字。

第六章　析象与转文

世界上的事物是普遍联系的，任何事物都不是孤立的存在，都处在一定的环境之中与其他事物发生着各种各样的关系。即使是一个孤立的事物，其本身也存在着多方面的属性特征和要素构成，也是一个包含丰富内在联系的结构化世界。

第一节　析象及其分类

一、析象的涵义

当人以结构化的眼光观察某个客观事物对象时，这个对象反映在意识中就不再是一个整体的意象，而是变成了由多个析解意象共同组成的意象群。对于文字而言，意象变成意象群的过程也就是字象的结构化过程。经过字象结构化，一个原有的整体字象就演变成了由诸多象元构成的字象结构，相对于分解出来的各个象元，原来的整体字象则转化成了它们的外在象域。在字象的结构化过程中，每个象元都有可能因人的关注而成为凸显意象，并在心理上连带构成不同侧重点的域象结构表征。这些不同的域象结构表征，反映在心理上就意味着原有字象的抽象化和范畴化，反映在文字上则会表现为字形和字义的孳乳。

字象结构化可以把一个字象所代表的事物对象作为分解基体，从中析解出诸多的象元。对于这些析解出的象元，从突出其来源特点出发，我们给它一个专门的称谓叫"析象"。析象属于与元象、象域并列的一种意象类型，它指的是从一个字象所表事物对象身上分解出来的有关属性特征方面的象元。相应地说，同析象概念对应的语表意义称为析象义。

对于析象有三点需要说明：其一，析象是变换了观察角度从意象由来方面展开的讨论。在讨论属性象域时，我们曾经涉及过一个事物对象的属性特征，不过那时是以元象为中心，把元象的属性特征当作内在象域来看待的。现在讨论析象则转换了视角，改为把元象的属性特征作为凸显意象而把元象作为象域来看待了。其二，析象与概象、图式、意景、象域存在交叉关系，有些字象可以从意景或象域的角度讨论，也可以笼统地从析象的角度讨论。譬如，前面多次讨论过的"停"字，从析象角度讨论，我们可以说"停歇"是"亭"的功能析象，也可以说是它的功用象域。其三、讨论析象，包括前面从元象到象域的所有讨论，都是以字形引象所提示的元象为基准视角展开的。相对于元象而言，象域属于从外部同元象存在联系的事物性意象，析象属于从内部同元象存在联系的结构性意象。

二、析象的分类

一般来说，一个客观事物对象往往会存在着各种各样的属性特征，譬如，形状、大小、颜色、材质、声响、功能效用、动变特性，等等。这些性征或是事物本身所携带的，或是由事物间的相互作用激发的，总之，通过心理变视和解构就可以获得这些析象。其中，变视是指通过改变心理视角或关注焦点获得对象多侧面属性析象的方式；解构是指把意象直接析解为多个析象并用以表征抽象属性概念的方法。一般来说，变视和解构对析象的形成具有密切关联性，不论从二者中的哪一个来理解，都不影响对析象的结果性把握。譬如，性征析象可以从变视形成来理解，也可以从解构形成来理解，无论哪个角度，都不会造成太大的识解区别。

从形成来源上划分，析象可以分为性征析象、图式析象、事程析象和意感析象。下面结合字例分析来看看这些分类析象的涵义：

（一）性征析象

性征析象是指从一个字所表客观事物对象的属性特征析解而来的象元。性征析象具体可以包括形态、大小、粗细、明暗、颜色、材质、功用、动变结果、声响，等等。譬如，"金"和"木"都有材质析象，"日、月、白、光"

都有明暗析象。再看几个复杂一点的字例：

1. 亢

【按】亢：甲文 （字形） 一期　　金文 （字形） 西周中期　　　　亩：甲文 （字形） 一期

《说文》："亢，人颈也。象颈脉形。"许慎用衍生字"颃"来解"亢"不准确。"亢"是指颈部，但指的不是"人颈"，而是指"屋上重顶"之间的颈部。从甲文字形看，"亢"是从"亩"而来的析出字，上部为攒芦伞顶，下部为"人"表示屋顶。析出之后，"亢"不再表示仓廪或是仓顶，而是转意表示重檐式屋顶或是重顶间相接的颈部，这从字形把中间部位拉长所做的凸显处理可以体会出来。"亢"与"央"和"尚"在意源上相通。

"央"，从六从方省声。"六"，本指草垛，在"央"字中映指蒲芦攒顶的"草庐"；"方"本表刀架，在"央"中表示庐顶周围的棚架。

先民居家在屋内起火做饭，从屋顶天窗排烟。早期的天窗是在天井上加两片挑盖构成，称"尚"。以后，挑盖发展成了伞盖式的二重屋顶，"亢"的字形所表现的正是这种重顶的象形。"亢顶"是后来圆顶重檐式和四阿重檐式建筑的雏形。

"亢"与"尚"的不同在于："亢"把庐顶支高后形成了侧窗，侧窗可以做到西北两面封闭而东南两面常开，这就在保证采光排烟的同时还能做到防风挡雨。"尚"所表示的天窗，基本是带活盖的圆形或方形天井。"尚窗"可以一半封闭，一般敞开，也可以完全敞开或封闭。排烟采光时，"尚"需要用木棍将苫盖的一边支开翘起，防雨时则需要盖上，使用比较麻烦，防雨效果也不是很好。

由于是经常看到的情景，所以人们从"亢顶"得到的意象感受极为丰富。重檐庐顶有隆起、高扬、敞开、排烟、散热等形态和功能特征，于是在这些功能特征基础上便形成了"亢"字高起、凸出、炎热、鲠直、高傲等析象和析象义。譬如，《庄子·人世间》："与豚之亢鼻者，""亢"在句中表示鼻子"凸出"；成语有"不卑不亢"，"亢"在其中表示"高傲"。有"亢阳"一词表示炎热、至阳，以后由"炎热"又转指"干旱"。《三国志·魏志·杜畿传》有"议论亢直"句，"亢"在其中表示"鲠直"。

支高的重顶有抵挡、凸显、撑起等性征，所以"亢"又有"抵御"、"匹对"、"承当"、"显耀"、"蔽护"等析象图式义。譬如，《左传·昭公元年》："吉不能亢身，焉能亢宗？"杜预注："亢，蔽也。"杜预认为"亢"在句中当

"蔽护"讲，其实应该当"光耀"讲，这从以后"亢宗"主要表"耀祖光宗"可以反映出来。在《汉书·终军传》"不足以亢一方之任"中，"亢"表"撑起承当"的意思；在《汉书·高帝纪下》"异日秦民爵公大夫以上，令丞与亢礼"中，"亢"表"匹对"的意思，以后这个意思加"手"旁便衍生出了"抗"字。

"亢"的元象是重檐式天窗，其高敞的形态如同人昂首张口的样子，因而"亢"又由此析解出了表示颈部、关口、要害部位的析象。从这些析象，"亢"又引申出了颈部、喉咙、喉气、要害等类义。譬如，在《汉书·陈余传》"乃仰绝亢而死"中，"亢"表示喉气，以后这个意思用衍生字"吭"表示；在《汉书·娄敬传》"扼天下之亢而拊其背"中，"亢"譬喻指"要害"。

"亢"的衍生字也都与重顶的析象或象域有关。比如，有突出"颈项"析象的"颃"字；有突出"支撑"、"抵敌"析象的"杭"（拱梁间的立木）和"抗"字；有突出"烘干"析象的"炕"字；有突出"高起"析象的"阬"字（坑，高土堆）；有突出"烟雾缭绕"析象的"沆"字（水广貌）；有突出重檐比连析象的"伉"字（人匹合）；"亢"与"舟"组合成"航"字，表示比连船，等等。这其中"坑"（阬）后来从高埂的相对象域转意成了凹坑的意思。

在实际分析中，也可以把象域简化为析象看待，这属于析象分析法的扩展性运用。以上，由于分析的重点对象是"亢"，所以没有从形声组合角度全面分析衍生字例，字例中的形旁可以按转域理解。另外，"抗"、"炕"、"航"也只分析了本义，没有进一步分析引申义。以下的字例均是如此。

2. 更

【按】甲文🐾　金文🦴　篆文🦴

更，《说文》："更，改也。从攴，丙声。"甲文从攴、内。"内"在甲文中通"丙"。"更"的金文字形从攴，从二内。二内，即丙。篆文字形把"二内"上的一个"内"压缩成了一横。"更"的元象本是撬起或翻开的蛤蚌，经过映射又指翻开支起的天窗。无论是把蛤蚌或天窗撬起打开都是一种转变，所以"更"字直接表示的是"变更"和"交替"的抽象概念。在作为字素时，"更"所表示的字素义，都是从"打开蛤蚌"或"支开天窗"解析出来的析象义。我们可以从这两个角度看一下"更"的衍生字：

（1）梗

梗，从木、更声。表示木枝或类似于木枝的东西。"更"虽然抽象的表示

"变易"，但所用"撬起蛤蚌或支起天窗"的借象却是具体的。支起的天窗有"木枝""卡住"和"挺直"析象，于是加木旁予以凸显并抽象化，指"枝挺"或像枝挺一类的东西。相似的衍生字还有"鲠"字，指鱼骨刺，"更"在其中转代表示的也是"枝挺"析象。

（2）埂

埂，从土，更声。元象指高起的土堆或土埂。"更"从撬起的蛤蚌借象，表凸起、高出析象，加"土"旁转域，表示高土堆或田埂。《说文》"埂，秦谓阬为埂"就是从此意而言。"埂"从田埂映射可以引申表示"堤防"。由于撬起的蛤蚌与其由出的凹坑互为象域，所以"埂"又可以转代表示其相对象域义——洼坑。

（3）哽

哽，从口，更声，指喉咙被噎住或卡住。蛤蚌被木枝撬开，形似张开的大口，同木枝相配有"硬枝卡喉"的图式析象，加"口"旁转域并突出这个图式析象，便构成了"哽"字。

（4）硬、绠

硬，从石，更声，指坚实、僵硬；绠，从糸，更声。指井绳。撬开的蛤蚌和木棍都有僵硬挺直的析象，"挺直"与"僵硬"同"坚实"在感象图式上相同，于是通过通感映射，"更"在"硬"和"绠"两个衍生字中，都表示"坚实"。另外，从"埂"、"梗"同样可以析解出"坚硬"的析象。

（5）便

【按】金文 � **篆文** 隁

便，《说文》："便，安也。人不便，更之。从人，更。"安，安稳、随适。许慎的意思是说，"便"指人通过谊合性调整而安。"更"的借象为支起的天窗，天窗有开有合，关闭天窗是"更"的动变析象，"便"正是从"更"关闭天窗的析象加"人"旁会意出来的衍生字。会意结构是指把天窗关严实，使之安稳随适。"便"叠音有"便便"一词，指人挺着肚子、扇摆着双手走路的样子，这是从天窗开合扇动的动变形态映射而来的概象义。"便"中的"更"旁在甲文和金文中写法不同，在金文中，"便"中的"更"，从宀，从攴；在小篆中，从丙从攴。这是因为"宀"表示天窗关闭状态的屋顶；"丙"表示天窗敞开状态的屋顶。由于互为相对象域，所以二者在字形构造中可以通过关联相互转代。

3. 黄

【按】甲文 黄 一期 黄 一期 **金文** 黄 西周中期

“黄”，甲文字形指小孩佩戴在胸前的佩珩或玉璜❶。佩珩由半环形黄玉组合而成，因其颜色为黄色，所以有突出其黄色析象的复合词"黄钟"。

因"黄"有作为"装饰"使用的功用析象，所以有衍生字"潢"字；因其有"响声、环绕、横附"等析象，所以有突出其"黄色与响声"析象的衍生字"簧"字；另外"黄"还有：突出其"横附"胸前析象的衍生字"横"字；突出其"黄色和附着"析象的衍生字"蟥"字以及突出其"环绕"析象的"黄道"一词。

4. 乡

【按】：甲文 ⿱ 　金文 ⿱ 　篆文 ⿱

乡，《说文》："稠发也。从彡，从人。"会意字，元象指人披着的长发。披着的长发有"黑、细、密、随衬、疏散"等性征析象，从其"细密"析象的有"诊"、"珍"、和"疹"等衍生字；从其"随衬"析象的有"趁"字，从其"疏散"析象的有"参"字，等等。

5. 娄

【按】甲文 ⿱ 　金文 ⿱ 　篆文 ⿱

娄，字形引象为人顶着竹篓❷，从其有"高顶"的使用析象衍生有"楼"字；从其有"抱着"的使用析象衍生有"搂"字；从其有"透漏"的特征析象衍生有"镂"字，从其有"团促"的特征析象衍生有"偻"字，等等。

6. 彦

【按】金文 ⿱ 　篆文 ⿱ 　产：金文 ⿱ 　篆文 ⿱

"彦"，金文字形从文（纹）、厂（刀）、乃构成，字形义是"刻纹闪烁"，字象义指"纹采"，引申义指有德之人。"彦"有衍生字"产"，从生，从彦省声，引象是生产形成的妊娠纹，字象义指生育。妊娠纹是生育形成的产物，这是用产物析象表现其形成原因，属于以果代因的转代关系。需要说明的是，在早期甲文中田产的"产"与生产的"产"是写法不同的两个字。

（二）图式析象

图式析象又称析象图式，是指从同一个元象的不同域象结构抽象出来的图

---

❶　黄的元象指佩珩，采信的是郭沫若的说法。转引自邹晓丽. 基础汉字形义释源［M］. 北京：中华书局，2007.

❷　谷衍奎. 汉字源流字典. 第923页。

式。从图式一般都具有抽象析解性质而言，图式均可视为析象图式。析象图式具体包括形位关系、结构关系、动变形态、运动行迹等多种图式。具体来看一下字例：

1. 录

【按】甲文🔲**四期**　　**金文**🔲**西周中期**　　**剥录：甲**🔲　**篆**🔲

"录"，象意字，确切地说是从"方"而来的改形字。元象为用辘轳汲水然后倾出❶。其中可以析解出多个析象图式：

（1）旋离图式

往井里放桶，井绳是从辘轳绞轴上一圈圈旋离渐开的，这就析解出了一个图式性的"旋离"析象。"旋离"图式表征的是把附着物从物体表面旋离下来，就像削苹果皮一样。这个图式析象加上表离析工具的"刀"旁，就构成了"剥"字。"剥"在甲文中是个从刀卜声的形声字，转换成"剥"可以视作声旁置换字，也可以视作重造字。

（2）附着图式

用辘轳提水，井绳是一圈圈往上缠绕附着在绞轴上，这又形成了"把某物附着在某物之上"的析象图式。由这个图式加上表刻刀的"钅"旁就构成了"録"字，表示的是"把文字刻附在某物上"。

"剥"与"録"在甲文中本为一个从卜从刀的复辅音形声字，读若 * blok，意思是指刮削卜骨刻制卜辞。造了"剥"与"録"，等于分化了这个复辅音字和它所表示的两个意思。这种情形在甲文中很多，譬如，令，读若 * mlen，后分化出"命"；鹿，读若 * mlok，后分化出"麤"；鬲，读若 * klek，后分化出"隔"；"各"，读若 * klok，后分化出"络"，等等❷。

（3）滚动图式

辘轳的绞轴是转动的，由此又在"滚动"的析象图式上形成了衍生字"碌"，表示石头碌子和转动。

（4）福泽图式

人通过摇动辘轳手柄可以获得水益润济，故而"录"又形成了总揽和福泽的析象图式，并由此衍生出了"禄"字。后世把利益称作"油水"，把工资

---

❶ 辘轳的元象采信邹晓丽《基础汉字形义释源》第144页两种说法中的第一种说法。

❷ 此处构拟的复辅音词采用的是国际音标。

称作薪水，都含有"水益润济"的意思，这在思路上与古人是一致的。

2. 完

"完"，从宀，从元。元，表头顶。宀，表房子。元象指人抬头看房子上顶。或者可以认为，"宀"提供了房子的主象，"元"提供了标示房顶部位的喻象。房子上顶是完工的标志，于是有"收结"的动变图式；房子有了顶才完整，于是又有"完型"的图式析象。

3. 商

【按】甲文 ⿵ ⿱ 　金文 ⿱ 　適：甲文 ⿱ 　金文 ⿱

"商"，《说文》："从外知内也。从冏，章省声。"析形从小篆，不确。"商"的元象本指古代计时器下边带有浮标的受水壶。甲文字形早期从二辛和内（纳）会意，后期从辛、冏（讷）会意。辛，元象表刻刀，在此转代表示标有刻度的浮标，二辛表示浮标的升降动态。这种刻标的专称为"章"。"章"由商中积水浮高计时，故而在词源上与"商"存在谐转关系。内（纳），在此表示接纳的容器。古代以商漏计时，上边的播水壶称"漏"，下边插有"章"的受水壶称"商"。《说文》："漏，以铜受水，刻节，昼夜百刻。从水，屚声。"按许慎的说法换算下来，一刻钟相当于今天的 14.4 分钟。"商"可以转代表示计时器，譬如，在"五夜宵三商定夕"中，"商"表计时器的意思。"商"还可以转代表析象义"时刻"，譬如，《仪礼·士昏礼》贾公彦疏："日入三商为昏。"其中的三商，指三刻钟。句意是说，太阳落山后约 45 分钟即为"昏时"。此外"商"还有量度、商量和商朝的析象概念。"商"与"漏"配合计时，水从"漏"而下滴入"商"的过程形成了一个递减图式，这个图式通过映射可以表示算术中的除法得数。"除"，本指水消退，在"除法"图式中指水从"漏"中连续减少。因为水是漏到"商"中通过浮标"章"显示时刻，所以"商"在这个除法公式中表示递减的得数。"商"由水的转运图式还映指贩货义，由贩货义转连又指行商之人。《史记·货殖列传》"是以富商大贾，周流天下"。郑玄在《周礼·天官·太宰》中有注："行曰商，处曰贾。"

"商"有衍生字"適"，在甲文中从止、从商会意，后改为从"商"。"適"，从水由"漏"到"商"的转运图式映射而成，表示从某处到某处的析象图式义。

"商"为金属制，在五行中属西方，因而在古音律"宫商角徵羽"中列第二位代表金音。夜静更深，商漏之声凄厉，有哀婉肃杀的感象，正好与秋气相应，所以秋天又称"商秋"。

"商"又通"赏"，表示"赏赐"，是通过水从"漏"到"商"运行的"上下"图式映射而来。

"商"，在后来还有衍生字"塲"（字形为概念会意结构：下土），表示翻耕过的土地，"商"在其中表示下位图式。从表面能看到的下土，当然是翻耕过的土地。

（三）事程析象

事程析象是指由一个字的字象所表事件过程的步骤和环节解析而来的析象，具体包括过程步骤、时序环节、因果效应，等等。从析解出来的析象属于事程环节或步骤而言，事程析象则相对转化性地称为事节析象。如果从时间过程变为空间分布，事程析象就转化成了意景析象。由于时间与空间在心理表征上彼此相通，所以从意景中析解出的析象也称为事节析象。例如：

1. 唐

【按】甲文 <!-- 字形 -->　金文 <!-- 字形 -->

"唐"，从口、庚声。字形为概念会意结构"庚口"，"庚口"就是"钟鸣铙响"之意。"唐"有多个意思都来自"钟"或"铙"的析象，譬如，钟铙要撞击敲打使用，于是就有了表示"冲撞"析象的词汇"唐突"；撞响的钟声有宏远阔大析象，于是"唐"又通过映射指人"说大话"和"广大貌"。"钟"作为乐器，需要一定技艺才能奏得协调中律，否则就会乱不中调，于是"唐"又有了"荒唐"的析象义。"荒唐"指人"言行无律"。

对于"钟铙"而言，被敲被撞的过程就是一个抵挡冲击的过程，所以"唐"又有"抵挡"的事节析象。在这个析象上加"手"旁，便衍生出了"搪"字。

铙钟的声响给人以亮堂甜润的感象，于是"唐"在这个意感析象的基础上又衍生出了"糖"字。"糖"早期用米经糖化处理加蜜制作，故而从米❶。不难看出"唐"的这些引申义和衍生字，都和"钟"的演奏和铙的敲击过程相关，都是从中分解出来的不同事节析象。

---

❶ 至今南方仍有用米制糖的做法。

2. 永

【按】甲文 𣱧一期　　𣱧四期　　金文 𣱧西周早期

"永"，象形字，元象为人在河水中游泳拖出长长的尾流。经过析解，"永"形成三个事节析象：一是"游泳"析象，以后这个析象加"水"旁，用"泳"表示；二是由"尾流"形成的"悠长"析象，仍用元生字表示。"游泳"是尾流"悠长"析象形成的原因，二者属于同一事件过程中存在因果关联的析象，因此用"永"表"悠长"，属于以因代果的用法；三是由游泳导致的"分流"析象，分流析象以后转文并加"水"旁为"派"。

（四）意感析象

意感析象是指以一个客观事物对象的触发为基础由人的心境感受和不同联想形成的析解意象。意感析象即感象。具体可以包括形态感象、运动感象、速度感象、品味感象、功效感象、质性感象、量性感象、声响感象以及抽象的通感析象，等等。

1. 淑

【按】尗：金旁 尗　篆文 尗　叔：金文 叔　篆文 叔

"淑"，字形从水，叔声。叔，从又，尗声。尗，关联象形偏旁，从弋加两点或三点，元象指架豆，以后写作菽。"叔"的元象指采摘豆角。因豆角集束分层生长，成把悬垂在架秧之上，因而"叔"有"次第"和"聚集"的析象图式，以后通过映射替代"弔"喻指兄弟。在"淑"中，"叔"所象征的是清丽和顺与守序平稳的意感析象，与"水"组合可以形成"平顺、沉稳"的形态感象。此外像"美、丽、娉、婷"等字所象征的概念都属于由此类形态感象构成的心表形态。

2. 涩

【按】澁：小篆 澁

"涩"从水，澁声。澁，字形从"四止"徘徊会意，加"水"旁指泥泞难行，抽象义指阻滞感，以后经通感映射指所有的滞涩感，所以"涩"是从路难行析解出来的运动感象。此外，麻（植物）、辛（錾凿、刻刀）其常用义也是通过接触和品味互动形成的通感析象义。

3. 快

【按】夬（夬）：甲文 夬　篆文 夬

"快"，从心，夬声。夬（𠓥），象意字，元象指弓弩上的机括。一扣机括弩箭即刻发出，由此可以析解出速度快的析象。以此析象为基础加"心"旁就构成了"快"字。"快"字表示心情畅快，"夬"在其中表示速度感象。

此外带有"心"旁的字很多都属于意感析象形成的字义。譬如，"忌"表示心理有约束。己，元象指绳墨，在"忌"中表约束。

4. 将

【按】甲文𤔲　古文將

"将"，甲文从爿、鼎、肉会意。古文从爿（床板）、夕（肉）、寸（慎手）会意。元象指把煮好的肉从锅里夹出，小心护持着送给床上的人吃。这个元象有多个析象，譬如，"扶持、引领、随着、勉强、就和"都属于从"将"的元象析解而来的质感析象，这些析象后来基本都衍转成了"将"的引申义。

5. 久

【按】甲文𠂔五期　戰國簡𠂔

"久"，指事字，元象指用"炮烙"在牛马股上烫出的印记。因为烙烫的记号可以永久保留，于是从"记号"抽象出了时效上"永久"的功效析象。以后"永久"的析象义成为"久"字的主要概念，"记号"的元象义就消失了。

6. 康

【按】甲文𥝌　金文𥠤　篆文𥠤

"康"，从米、庚会意，"米"，象意偏旁，表庚的声响。"康"有两个彼此矛盾的指向意义：一是康健；一是空疏，其实这都出自"庚"的析象。"庚"在早期是一种用于驱兽、告警、召集部众用的敲击响器，以后分别演变出了"鐘"、"锤"和"铙"。"锤"为量器；"铙"为军器（聚兵之金），鐘为乐器（编鐘），"庚"在组合字中作为字素时往往是三者兼表。"庚"在"康"中本指鐘发出的声响。"鐘"有大有小，小钟声音刚健高亢，大钟声音空疏宏泛，因而"康"有"刚健"、"宏大"、"通畅"等多个声响析象义。"鐘"为乐器。听之使人愉悦安和，所以"康"又有"安乐"的效用析象。"铙"与"鐘"相类，形扁体小，带手把而无吊环，外形酷似麦穗。通过"庚铙"的形廓和中空析象映射，"康"字又表示长不满或脱粒后的麦穗空壳，经过引申泛指所有的谷皮。以后，在这个意思上加"米"便转注出了"糠"字。

第二节　连事转代和形旁置换

　　析象是通过心理对一个字所表事物对象的解析性表征形成的。多个析象形成之后，新的析象概念如果仍然沿用原有的字形表示，就会出现一个字形在表现一个元象义的同时又兼代表示多个析象义的情形，这种情形从字象孳乳上说就是连事转代。连事转代属于连象转代的又一种具体类型。如果在一个组合字中有一部分构造使用了某个元生字，那么这个元生字作为字素所表征的就有可能是从其所表元象而来的析象义。

　　由于析象多出自同一个元象的不同侧面，因而连事转代的直接结果就是形成"一域多象"。"一域多象"和连域转代形成的"一象多域"一样，也会导致一字多义和字形的分化孳乳情形。

一、连事转代及其分类

（一）连事转代与连象转代的关系

　　连象转代指的是在概念表征上由元象对析象或象域的连带兼指。连象转代在结构上可以分出本象和代象。本象就是指字形所提示出来的元象，代象就是指被元象所转代表现的实指意象，一般就是指与元象存在邻连关系的析象或象域。一个字，当它作为字素在字形构造的意象表征中不是直接指其所表元象本身，而是转代指与元象有关的连象时，它就转化成了代象的意符。

　　连事转代与连域转代都属于连象转代的范畴，如果就元象兼代表征象域及其域象图式而言称作连域转代（见第五章），如果就元象兼代表征析象及其图式而言则称作连事转代。

（二）连事转代和连域转代的关系

　　连事转代和连域转代既有相通性又有区别性。

　　从相通性而言，一方面，连事转代与连域转代具有同构性，二者都表现为用表征一个概念的元象转代表示另一个概念的意象；另一方面，由于意象和象域可以相互转化，所以连事转代与连域转代具有贯通性。当视角变化时，二者之间同样可以转化。

　　从区别性而言，连事转代的析象主要来自一个元象事物本身内在的属性特征或结构图式，其转代的内容一般都属于抽象性事物；而连域转代的象域则来自和元象事物可能存在外在联系的事物及其互动图式，其转代的内容有的属于域象共同构成的抽象图式，有的则属于具体的域象事物。

（三）连事转代的类型

连事转代是借助事物与属性、事程与事节、意景与焦象以及对象与意感之间的关联性，通过由此及彼、由显及隐、由具象而抽象实现关联认知和概念拓殖的连带兼指方法。如果连带兼指的概念转化为一个字的主要概念，而其元象概念反而隐却或丢失，就形成了转意性取代。譬如，"久"，在实际语用中由于"持久"成了它的常用义，烙烫记号的元象本义便隐却消失了。

就析象的具体情形而言，连事转代可以分为多种类型：

1. 以整体代局部

指的是用整个实际事体字象转代表征事体的功用或局部性征析象。譬如，"黄"，事体上指佩璜，在"潢"字中转代表示"装饰"，指的是"黄"的功用析象；在"簧"字中，转代表征佩璜的"振响"和"黄色"两个局部性征析象，加"竹"旁转域指笙管中的黄色振片。

2. 以具体代抽象

指的是用具体物象转代表征相应的抽象动变图式。譬如，"录"元象为辘轳，但在"録"字中转代表征的是动变性的"附着"概念图式，这样一来，就等于把辘轳的具体元象隐藏了起来。

3. 事程与事节互代

指的是用事件全程字象表征事件的某个或多个事节析象或相反。

譬如，用"唐"在"搪"字中转代表征"抵挡"这个事节析象。在"唐突"和"荒唐"两个词汇中，用"唐"转代表示"撞击"这个事节析象。

再如，"弋"，从戈才声，其字象表示的是"苗木移栽"的事件过程。但就字形提示而言，却只给出了移栽过程中一个表示用刀托苗的事节析象。从具形上来说这是字形的象征性表现手法，但从心表上来说则属于用事节析象转代表征事程的方法。

4. 以显性代隐性

指的是用显性意象表征隐性感象。譬如，用有形的"蹓"在"涩"字中转代表征"滞涩"这个无形的意感析象。

5. 以结果代原因

指的是用事件形成的结果或产物转代表征事件的原因。譬如，"产"，用

"妊娠纹"这一"生育"产生的结果来转代表征"生育"这一原因。

6. 用声响代性征

指的是用事物产生的声响析象转代表征事物的其他性征。譬如，用"鐘"的声响"康"转代表示"鐘"愉悦心情的特性。

连事转代的具体运用情形还会有很多，但概括起来看，它们都有一个共同的特征，即连事转代的本象和代象之间都属于同域连象关系。如果把析象所在的元象本体看作一个象域，那么从这个元象析解出来的所有析象与元象之间以及析象与析象之间，都属于同域性的连事关系。

二、一域多象

在汉字中，如果以一个字形的元象所析解出的多个析象为主角，那么析象原来所依托的元象就转化成了析象所存在的关联象域。一般而言，如果一个事体性元象或一个事程性元象析解出了多方面的性征、图式、事节或是意感等析象，就等于在心理表征上形成了"一域多象"的情形。由于域象具有贯通性，所以"一域多象"和前面讲过的"一象多域"可以相对转化。

从文字表现上说，"一域多象"就是"一字多义"。譬如，"日"，其元象表示太阳，但在作为字素时就表示多个析象义。比如，在"暴晒"两字中表太阳；在"旷时"两字中表时间；在"暗昧"两字中表光线。从原理上来说，"日"字的这种表现是由语言文字具体和抽象的双重象征属性决定的。如果离开了字象关联都从不同字义的角度去分别解释，不仅会非常困难，还会因为既烦琐又零乱严重肢解语言文字内在联系的系统性。一般来说，大多数的字词在概念的表征和语用上都有具体和抽象两重属性和使用维度，都有随语境关联转意和重新定义的语用灵活性和理解可及性，所以对于字词涵义的解释，在讲明其元象本义及其衍转机理的基础上，不必机械地从语表层次上做过于细化的区分。

具体而言，一域多象可以分为三种情形：

（一）事体性一域多象

指的是由一个表示独立事物的元象析解出多个性征析象形成的结构化表征形态。一个具有独立性的事体元象，由于析解出了多个侧面析象，其本身就转化成了包含多个可独立析象的域象结构，由这种域象结构形成的一域多象就属于事体性一域多象。譬如，前面说过的"日"字，就属于包含时间和明暗析象的事体性一域多象。

（二）事程性一域多象

一般是指由一个包含不同步骤或环节的事件所形成的结构化表征形态。很多事情的完成需要多个步骤，具有事件形成的程序性和环节性，其中每一个事节在心理上都可以反映为一个事程象域中的不同析象，都可以相应地拓殖出新概念。这种新概念反映到在文字上，要么会形成本义的引申，要么会通过转域孳衍出新字。譬如，"戋"字的系列衍生就典型地体现了这种情况。

1. "戋"

【按】甲文 戋　金文 戋　篆文 戋　哉：金文 戋　篆文 戋

《说文》："戋，伤也。从戈，才声。"解释应属于引申义。从字形上分析，"才"表示抟土幼苗，被托在"戈"的刀体之上而不是旁置，这样构形具有结构定义作用，说明"戈"在此不表兵器，而是表一种类似镰刀用于移栽薅草的农具——薅刀。用刀体顶托幼苗是移栽过程中一个典型的转运事节，因此"戋"象征的是"移栽"。移栽是一个过程性事件，包括间苗、起苗、托移、挖坑、重栽多个事节。由于"戋"会因不同的关注产生不同的析象，于是通过跨域映射和形旁转域便孳乳出了多个衍生字。

2. 栽

《说文》："栽，筑墙长版也，从木，戋声。"移栽过程中可以析解出"栽植"的事节析象，于是经过映射置换成新的象域"筑墙"，就形成了新的意义"树立筑墙板"。这是个转域后形成的再具体概念，但在抽象层次上"栽墙板"与"栽植"是一样的。其中的形旁"木"，本指墙板所依附的木桩，对于"戋"字原本表示的"载苗"而言，"载木桩"属于置换了新的象域。从"载苗"到"载木桩"属于通象譬喻映射，以后经过图式化，"栽"便成了可以同所有可载对象搭配的抽象概念。

3. 哉

《说文》："哉，言之间也。从口，戋声。"表示言语之间的间隔停顿，常做语气词或感叹词。移栽过程也是一个疏间苗距的过程，对于不动的苗木而言，移栽后更加均匀，彼此有了间距；对于移动的苗木而言等于是重置，即中断原有的成长过程，开始新的生长过程。由此便抽象出了"断连"的析象图式，表示事物进程中的间断。在金文中"哉"直接就借"戋"表示，以后才加"口"明确了置换的象域。这样，"哉"就由譬喻性概念转化成了专表"言之间"的图式性概念。

4. 裁

《说文》："裁，制衣也。从衣，戋声。"制衣剪裁，就是控制形制尺寸，去掉多余的部分。在抽象图式上，这与移栽过程中控制间距的间苗事节通象。在"裁"字中，"戋"为剪裁的喻象，"衣"是为了凸显并抽象"间苗"为"剪裁"置换的再具体象域。

5. 载

《说文》："载，乘也。从车，戋声。""载"一开始表示的概念本是"顶托"，"乘坐"是从顶托转化而来的相对图式。转运是移栽过程的必要事节，距离不远，一般用刀体顶托着幼株直接转运到新位置定植。这个事节析象，加"车"旁予以凸显，便衍生出了表示顶着或托着运行的"载"字。

6. 戴

《说文》："戴，分物得增益曰戴。从異，戋声。"此解不确。"戴"本借"载"表示，以后才置换形旁转域成"戴"，所以"戴"本指顶着。偏旁"異"，本指用双手往头上戴面具，在"戴"字中表转换的象域，为的是凸显"戋"从顶托析象转意成了戴帽的"戴"。古人束发梳髻，戴帽要簪在发髻上，相对于头而言，等于顶着帽子，故而称"戴"。在"感恩戴德"的成语中，"戴"用的是本义。

7. 烖

烖，从火，戋声，表示庄稼灾害。火做形旁字素，并不一定指火灾，也可以指旱灾。受灾的庄稼常常要通过移栽补苗以减轻受损程度，所以"烖"是移栽的原因析象。"火"与"戋"是因果式的会意结构关系。

（三）意景性一域多象

指的是由一个意景和其不同的焦点析象构成的结构化表征形态。很多事情都是由诸多因素构成的意景，诸多因素具有空间分布的结构性，其中每一个因素在心理上都可因变视性关注凸显为事态意景中的不同焦点析象，并由此孳乳出新的概念和新的字形。

譬如，前面讲过的"录"字。辘轳汲水可以被看作是一个意景，其中包含着人、水井、井台、井架、辘轳以及绞轴、手柄、井绳等结构性析象。同时，还包括着"井绳剥离或缠附于绞轴"、"摇动手柄提水"以及"倒水"和"水益"等多个可以分开或联想形成的动态性析象。以这些析象为基础，通过映射并引入新的象域，便可以孳衍出"剥、録、禄、碌、逯、淥"等衍生字。这里值得一提的是"绿"字，"绿"是一个从"綠（麓）"而来的间接衍生字。

【按】綠（麓）：甲文 𣞤𣞤 　录：甲文 𠄎 四期

"麓"的初文字形从"四个木"夹"录"构成，后来作"綠"。"四个木"与"茻"相类，代表相连树冠构成的林莽；"录"代表井台和绞架构成的高坡鹿角图式（交叉的木架称作鹿角），合起来的意思就是山林。后来为了突出山林的绿色，用"糸"置换了"四个木"才转注出了"绿"字，所以"綠"是夹在"绿"与"录"之间的转意基。这里称"绿"为转注字，是指其从置换"綠"的形旁形成而言，而不是指其从"麓"转注而言。"麓"属于从"綠"置换声符而来。"绿"的抽象义指绿色，但在"绿林"一词中仍然指山林。绿林也即"麓林"，因此对于"绿"字中所加的"糸"旁，宜从抽象区别角度理解为象域标识。

三、象域置换和形旁置换

（一）象域置换和形旁置换的涵义

象域置换又称转域，它是指字象在心理表征上通过相似性和邻连性孳乳形成象域转换的情形。从字象原理来看，象域置换虽然出自"一象多域"的孳乳情形，但作为一种基本的孳乳方法它同样也涉及"一域多象"的孳乳问题。

形旁置换是指通过给一个既有字形加注或置换形旁来拓殖概念孳乳新字的方法。需要说明的是，形旁置换之所以包含"加注形旁"主要有两个原因：其一，形声字大多由一个声旁加注不同的形旁构成，在形式上往往表现为一个同素形声字系列。由于这种加旁形成的同素形声字系列又可以被看作是以声旁为中心通过形旁置换形成的，所以"加注形旁"便被包含在了形旁置换之中。其二，由于象域置换在汉字的孳乳表现中既有"加注形旁"的形式又有"形旁置换"的形式，所以从象域置换的角度而言，"加注形旁"便被涵括在了"形旁置换"之中。

（二）形旁置换和象域置换的关系

上一章我们讨论过"一象多域"，"一象多域"会因导致"一字多义"而在字象表征上形成象域置换的孳乳情形。"一域多象"同"一象多域"一样，在字象表征上同样会因导致"一字多义"而形成象域置换的孳乳情形。从文字表现来看，由于由象域置换孳乳出的衍生字很多是通过形旁置换的形式来表现的，所以我们有必要来梳理一下象域置换和形旁置换的关系。

一般说来，虽然象域置换在字形上往往表现为形旁置换，而形旁置换也常常有着象域置换的字象孳乳背景，但二者之间并不是重合性的对应关系而是交叉性的对应关系。其一，从象域置换的角度而言，象域置换在文字表现上除了可以用形旁置换的形式来体现之外，还可以用"转代"或"转文"的形式来体现。其二，从形旁置换的角度而言，形旁除了有表示象域置换的作用之外，还有表示其他意涵的作用。

（三）形旁的作用

一般认为，形旁表现形声字概念的所属范围或范畴。其实，在形声字中有很多字的形旁与声旁体现的是相互作用的会意关系。譬如，"数"，从攴，娄声。兼表"清点"和"数量"两个意义。从字形构造上看，"攴"和"娄"完全可以通过相互作用会意出"清点"的意思，而"数量"义又可以通过因果关系转连而成。由此可见，形旁的作用并非单纯表示形声字的范围，它还有着多方面的作用。概括而言，形声字中的形旁有以下作用：

第一，形旁有标识声旁区别的作用。起这种作用的形旁往往标示声旁的所表内涵发生了变化，意在提醒识解者不可再依元象概念或同一类义对声旁做简单理解。譬如，"録"字中的形旁"金"表示刀，"剥"字中的形旁"刂"也表示刀。虽然"金旁"和"刀旁"在实质上没有区别，但在字义上却有着标识区别的作用。

第二，形旁有象域置换或重新定义声旁的再具体功能。再具体是指从具体形成抽象之后又从抽象再转入另一种具体事域的二次具体。标识再具体的形旁，为的是表明声旁字素已经进行了象域置换，需要依据新象域重新进行具体的关联定义。

第三，形旁有分化、凸显和固化声旁某个析象义的作用。

第四，形旁有对声旁元象进行抽象化的作用。起抽象作用的形旁不一定要做出特别具体的解释。以上这四种形旁的内涵基本属于前文所说的标识性象域。

第五，有的形旁与声旁属于相互作用的会意关系。起会意作用的形旁内涵基本属于前文所说的会意性象域。

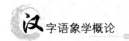

（四）形旁置换与关联定义

形旁置换主要是指通过给元生字加注或置换不同形旁构成组合性衍生字的方法。关联定义指的是形旁置换后字素之间通过相互作用形成彼此约制意义的情形。下面来看几个通过象域置换形成关联定义的例子：

1. 必

【按】必：金文 ![] 篆文 ![] 弋：甲文 ![] 金文 ![]

《说文》："必，分极也。从八，弋声。""弋"，象形字。元象为钉在地上的木橛。"八"单用表数字，在"必"字中代表分开，是定义"弋"的抽象象域。由于与"弋"关联，"八"的抽象概念被"弋"重新具体化，转化成了再具体象域，表示分开的土地，所以"必"的元象义是分界桩。分界桩不可以轻易移动，因此"必"有"定而不移"的抽象义。作为界桩只是"弋"在功用方面的一个经验析象，此外"弋"在功用上还有其他经验析象。

2. 式

《说文》："式，法也。从工，弋声。"字义指法度规矩。其中"工"代表建房一类的活动，转代的是工程象域。"弋"代表钉在工程基线边角上的木橛。所以"式"具体指工程开始所画的基线，工程基线即施工的法度规矩，也是"式"的抽象义。"工"在"式"字中作为象域，把"弋"重新定义为"基线"。反过来看，"弋"也把"工"抽象化，不再具体指"夯杵"，而是指"工程"。

3. 代

《说文》："代，更也。从人，弋声。"字义指替换。其具体元象是指用木橛代替人牵制牲口。在实际经验中，木橛有拴牲口的功用析象。由于木橛拴牲口是为了代替人牵制牲口，所以字形用"人"作"弋"的形旁便定义出了"替换"这个析象义。

4. 票

【按】票：小篆 ![]

《说文》："票，飞火也。"这里的"飞火"是"票"这个字所象征的元象，其意景是升腾的焰火和飞舞的火星，实际要表现的是"轻盈浮连"的抽象概念。通过对"飞火"这个意景的心理变视，可以形成轻扬、浮动、迅疾、显明、浮连、轻爆等多个析象。在此基础上"票"作为声旁，通过形旁置换形成了多个衍生字。譬如，与形旁"风"组合构成飘舞的"飘"字，"票"在其中被抽象为"轻扬"析象；与形旁"水"组合构成"漂"字，与形旁"瓜"组合构成"瓢"字，"票"在两字中被定义为"浮动"析象；与象域"木"组合构成表树梢的"標"字，"票"在其中被突出为轻浮顶端的析象；与形旁"女"组合构成表女孩伶俐的"嫖"字，"票"在其中被定义为"盈巧"析象（以后用于成年女子转意为轻薄的意思）；同"目"组合构成"瞟"字，"票"在其中被图式化为轻撩析象；与"金"组合构成飞镖的"镖"字，"票"在其中被固化为飞舞的析象；此外"票"还分别与肉、鱼、手、马组合构成了"膘"（表层脂肪）、"鳔"（鱼胶、粘连）、"摽"（轻弹、悬连）"骠"（健捷）等字。

　　从这些同"票"组合的形旁可以发现，其对"飞火"不同特征析象所起的作用不是单一的，它们有着抽象、凸显、固化、再具体、重新定义等多方面的作用。

第三节　析象孳乳与转文

一、析象孳乳和文字孳乳

　　一般来看，析象孳乳反映到文字孳乳上一般有四种情况。四种情况也即四种文字孳乳方法：一是利用原有字形兼表多个意义的转代孳乳法；二是通过为原有字形加换形旁以分化字形和字义的形旁置换法；三是为析象孳乳另造分义新字的重造法；四是通过对原有字形进行改造用以分义的转文孳乳法。

　　（一）转代孳乳法

　　如果孳乳出的析象仍然沿用原有的字形兼代表示，就属于转代孳乳法。从机理而言，转代法的孳乳基础主要是析象的连事转代，连事转代意味着一个字形增加了诸多衍生义，这是比较普遍的情况。当然，衍生义未必都来自连事转代的析象孳乳，它还可以来自连域转代的象域孳乳或其他方法的孳乳。如果由转代法形成的某个衍生义取代了字形的元象义，那么就意味着形成了字形本义的迁转和元象的隐匿。如此一来，转代法便转化成了取代法。

　　（二）象域置换法。

　　象域置换法（加换形旁法）和转代孳乳法可参见第五章和上文有关内容。

　　（三）重造法

　　重造法即重新造字的方法，指的是析象衍生义形成之后，重新另造一个与原有字形不同的新字来表现衍生义的方法。

譬如，"庚"，早期为一种响器，后来经过发展分化出了"鐘"、"锺"和"铙"等不同用途的器物。虽然在器物形制和认知关联上都可以视为从"庚"演化而来，但其字形却都属于重造新字。

再如，"商"，商漏滴水有从上向下的抽象图式，这个图式析解出来之后，"商"曾用来转代表示上级赏赐下属财物，之后为了分化这个意思又造了"赏"字。"赏"字从贝尚声的构形相对于从辛从冏（呐）的"商"字而言就是一个重造的新字。再如，"章"和"商"，二者虽有邻连关系，但字形联系却不密切，基本也属于重造新字。重造新字还涉及语词转语孳乳，主要是涉及转语借助文字孳乳过渡的问题，所以也需要给予一定关注。

（四）转文孳乳法

如果析象衍生义形成之后为了分化字义又衍生出了不加旁的新字形，而不加旁的新字形又保持了同所宗原字形的明显关联，那么这就属于转文孳乳法。由于在加旁字中有些字的性质更接近于转文，所以也可以把这些接近于转文的加旁字归入转文。下面我们专门来讨论一下转文。

二、转文及其类型

析象引申义形成之后，除了可以用转代、重造和加换形旁来表现之外，另一种主要方式就是用转文来表现。当然，由于转文孳乳和析象孳乳属于交叉对应关系，所以转文孳乳的内涵并不等于析象孳乳的内涵，而是等于连象孳乳的内涵。

转文一般是指与原有的某个字在字形和字象上都存在同域连象关系的衍生字。它是以一个原有字形为基础，通过变造构形、加缀偏旁或转写笔画而来的孳乳字，是随着字象表征的邻连转意，从原有字形转化而来的改造字。转文所表示的意义，一般是所宗元生字字象的某个析象义。其中，既包括析象图式义也包括象域图式义，但不包括从通象转意而来的概象图式义。这是因为概象图式义往往是由通象映射构成的跨域孳乳，而存在跨域孳乳关系的元衍字之间，除了字象的相似性关联之外，一般不存在概念上的关联，而且通象孳乳在构造形式上往往是用所宗元生字作为字素转代表现的，所以通象映射一般都直接算作形声孳乳而不再算作转文孳乳。

转文是转代的相对概念，转文与转代的孳乳机理都属于连象转意，但转代是指没有字形变化标示的连象转意，转文则是指有字形分化标示的连象转意。

（一）转文与析象孳乳

仅就析象而言，转文字较多的元生字是"人"字。譬如，"大、匕、尢、艹"表示的都是从"人"析解出的不同析象概念，于是就以"人"为基础字形，通过改变或添加某个笔画造出了表示相应析象概念的新字。这些新字的字形构造虽然都是某种形态的人，但其所象征表示的却不是人，而是与人的某种行为或特征有关的概念。

对这些字需要从两方面看，一方面，在实质上转文字是由文字借有形表无形的曲折具形手段造成的，是通过元象与析象的邻联关系孳乳出的抽象概念；另一方面，转文字在字象结构上又保持着与所宗元生字的具体联系，并在进一步的孳乳中体现着与元生字在字象上一脉相承的关联。譬如，"大"，虽然在抽象意义上表示"形大"、"张展"，但在衍生字"夫、天、吴"中仍然具体表示"人"；再如，"尢"，其字形虽然在表示"瘸腿人"的本义上体现的是具体意义，但在衍生字"无"和"尴尬"中，就不能按"瘸腿人"具体理解，而只能按"缺陷、窘态"的抽象类义理解。

下面具体来看一看"它、巴、也、蛇"四个字，前三个字表示的意思都取自"蛇"的元象，但它们都不具体指"蛇"，而是指从"蛇"抽象出来的不同析象：

1. 它、也、巴的联系与区别

【按】甲文 𤟃—期　𦙄—期　　金文 𧈙西周早期　𧈢春秋

"它"和"也"在甲文中都是蛇的象形。两个字是从一个字形通过转写分化成的两个字形。指向义虽然都同"蛇"有关，但在表意上却有分工。

（1）它

由于从"它"抽象出了"蛇盘绕成砣"的析象图式，因而造成了"它"的指向意义随之发生转移，变成了主要指蛇在角落或容器中呈盘捲状态的"砣"。以后，以"它"为基础加"虫"转注出了"蛇"，才补足了"它"转义后造成的元象本义缺位。所以，"蛇"虽然后出，反而成了"它"的象域义，而"它"则转化成了"蛇"的析象义。在组合字中，"它"作为声旁表征的主要是"团曲粗壮、硕大沉重"的图式义，譬如，"砣、坨、沱、陀、驼、鸵、佗、柁"等字，都有"砣"的意涵。

（2）也

"也"，象形字，表示的也是以"蛇"为事体象域的析象义。字象突出的是蠕动行走的蛇，借以表现的是连续、重复、游动、迁延、阴性等析象图式；譬如，"他"，元象指在两人旁边游走的第三者，"也"在其中并不表具体的"蛇"义，而是表抽象的图式义"游走"。再如，"地"，土地是"蛇"游动的象域，与"蛇"同属阴性，故而"地"取"蛇行之土"表示。"池"，本指护城河，河属阴性，蜿蜒环绕似蛇，所以似蛇之水即为"池"。"迤"，像蛇一样绵延而行。"施"，指旗子像蛇行一样连绵舞动。"也"在这些字的构成中，表示的都是从"蛇"的属性和动变特征而来的析象义。"也"和"它"的分化有一个过程，一开始二者的分工并不十分清晰，直到意义增多后，才最终形成了两个字形的明确分工。譬如，开始时，"他"和"地"分别是用"佗"和"坨"表示的，后来"佗"和"坨"增加了意义，才改用了"他"和"地"来取代。

（3）巴

【按】小篆巴

"巴"，象形字。也是从"它"字而来的转文字。字形突出了蛇张着大嘴吞食东西的样子，表现的是张嘴趋附或叼咬吞噬的析象图式。"巴"有组合词"巴结"，词象是张着大嘴往上够。有衍生字"把"，指用手像蛇吞食物一样握住东西或手柄。当然，对于"把"，也可以直接从会意角度理解为人用手握住蛇颈。

"它"、"也"、"巴"象征的都是与蛇相关的某种形态，是通过字形转文形成区别的抽象析象。虽然从字形上看表现的都是"蛇"，但在与之对应的心表字象上却是有区别的。

2. 字形孳乳中元象和析象的关系特点

从"它——也——巴"及其衍生字，我们可以概括出元象和析象关系的一些特点：

（1）主象相同，次象相异

譬如，"蛇"与"它"。从主要字象上说都表示"蛇"，但"它"转代表示的是"蛇"的团促析象，而"蛇"没有凸显析象，表示的只是物象性的"蛇"。因而在疏解时，既要看到二者在主象上的相同，更要注意二者在次象上的差异。从题引示意上说，把一个对象用两个分化的字形表示，其做法本身就是在明示二者的次象区别，而不是在制造无谓的重复。

（2）通象相同，差象相异

譬如，"也"与"他"。"也"表示"蛇"游动的析象，在"他"中转代表示"游走"图式义，因为与"人"关联而与单独的"也"相比，便有了具体象域上的不同，不同的象域强调的是二者的差象区别，而不是凸显二者的通象一致。

（3）质感相异，图式相同

譬如，"巴"与"把"。蛇吞住一物与手抓住一物，在图式上是相同的，但在质感上却是有区别的。在疏解字形构造的会意关系时，这种质感差异会在心理体验上干扰对关联通象的把握，造成对二者是否存在意联关系的疑惑。一般在这种情况下，先要从图式上把握，然后再考虑质感区别。或者说，质感区别要服从图式一致。

（二）转文的类型

转文一般指以元生字为基础通过增减笔画、改造构形或析出构造形成的转形字。转文可以分成加笔转文、减笔转文、改笔转文、变向转文、加旁转文、析形转文。

1. 加笔转文

加笔转文是指在一个原有字形及其字象基础上，通过给字形添加一定笔画来表示相应析象义的转形字。譬如，"木"原表"树"，在下边加一短横转文为"本"表示"树根"；"刀"原表柴刀，在其左边加一点转文为"刃"，表示"刃口"。"本"和"刃"所表示的都属于原字所表字象的局部析象。又如，"又"原表右手，在手指部位加三点转文为"丑"表示"抓扭"。"丑"的转文表示的是"又"的动变析象。再如，"尤"原表跛足，在其上加一短横转文为"无"表示"秃头"。"无"的转文机理比较复杂，它接近于现代概念性的分化转文。概念性转文在字象表征上属于抽象等级最高的象符性表征，也就是概念的符号化表征。"尤"的元象本指"跛足"，"跛足"经过抽象概括为"缺损"图式，从"缺损"又进一步抽象为"没有"象符。用"尤"作为表征"没有"概念的象符，并在其上加一横便合成出了再具体概念"无发"。

2. 减笔转文

减笔转文是指在某个原有字形及其字象基础上，通过减少字形的一定笔画来表示相应析象义的转形字。譬如，"了"，从"子"减少一横，元象为"捆好褓褓的婴儿"，借以表征其析象图式义"收束"，进一步引申表示"完结"。

3. 改笔转文

改笔转文又称变形转文，即在某个原有字形及其字象的基础上，通过改变一定笔画的笔势构形来表示相应析象义的转形字。譬如，从"它"转文为"巴"就属于变形转文。再如，"子"和"孒"，均为从"子"改换一笔的笔势构成。"子"的元象为露出两臂的襁褓小儿，其指向意义为"儿子"。"子"和"孒"的字形引象虽然分别表示从襁褓中露出左右各一臂的小儿，但实为借象。"子"表征的是析象图式义"孤独"。"子孒"合起来表征的则是析象图式"舞动"的再具体义"孒虫"，即蚊子的幼虫。

4. 变向转文

变向转文是指在某个原有字形及其字象的基础上，通过改变字形的方向来表示相应析象义的转形字。譬如，"身"，原表身体直立之人，改变方向反写即为"殷"（左旁），表征的是"身"的动变析象"躬身勤谨"之人。又如，"大"，原表张展之人，倒写为转文作"屰"，表示"违常"行为，属于人的动变析象。

5. 加旁转文

加旁转文包括换旁转文，是指在一个原有字形及其字象的基础上，通过原有字形的叠加或添加其他偏旁来表示相应析象义的转形字。

例如，"林"，从"木"叠加，表示连片的树。其实从字象上讲，"林"属于"木"的象域义。

又如，从"大"下加"口"转文为"𠶴"（以后变形为厺和去），字形引象表人发出的"驱赶"声，析象义表示"驱离"，以后从"驱离"义转连为"离开"义。"去"转为"离开"义后，才又造了"驱"来表示"驱赶"义。

再如，"ナ"，原表"左手"，加"工"旁（夯杵）转文为"左"，表示"ナ"的功能析象"辅佐"。"左"从方位析象转代表"左边"后，又加"人"旁转为"佐"来表示"辅佐"。

按六书说，"林"和"去"的构形都应该被看作是象意，"左"的字形变化应该被看作是转注。但从字象概念的孳乳关系上来说，它们都可以被看作是转文。由此可见，转文同会意和转注是存在密切关联的，在思维机理上，转文具有会意和转注雏形的性质。

6. 析形转文

析形转文也称析出字。指的是在一个原有字形及其字象的基础上，通过从原有字形中直接截取或析出某个构造来表示相应析象义的转文字。析出字基本上就是心理析象的外化表现，在思维机理上二者一致。譬如，"革"字表示鞣制或加工过的皮子，从中析解出的"皮"字，表示的则是动物的表皮，二者密切相关。再如，"行"字，经析解转文为"彳、亍"两字。其中，"彳"表示"行走"析象义或"动向"图式义；而"彳、亍"合起来则表示"行"的动变析象"停停走走"。

第四节 转文与六书的关系

从衍转机理上来说，转文可以广义地指所有随着连象转意孳乳而分化出来的衍生字，所以转文同六书都存在着一定的关联。转文与转代不同，转代只涉及假借，而转文则涉及与象形、指事、会意、形声和转注多种造字法之间的联系与区别，具体如下。

一、转文与象形的关系

转文与象形的关系主要表现在关联象形字上。譬如，"尢"，甲文字形从大加止。由于"止"在构形中相对变形，并同"大"的一个笔画拼接在一起表示人瘸一足的特征，所以可以属于关联象形。从概念上讲，瘸腿人也属于人的范畴。"尢"的字形从"大"变化而来，正反映了这种概念之间的关联，因此"尢"又可以属于转文。

再如，"尗"，从弋加三点构形。"弋"原表木桩，在"尗"字中经过抽象再具体可以表示秧架，有了"弋"所表示的秧架关联，三点的物象就可以确定是豆角，由此"尗"可以被看作是关联象形字。从字象关系上来说，豆角一般长在秧架上，二者属于密切相连的连象关系，所以"尗"又可以被看作是通过邻连转意从"弋"而来的转文。需要说明的是，转文包括关联象形字，但不是所有的象形字都是转文。

二、转文与指事的关系

在孳乳机理上，转文是概念连象转意的产物。连象转意包括连事转意，而指事字所反映的正是连事转意孳乳出的概念，所以指事字基本都可以被看作是转文。当然，如果笼统而言，也可以说指事字同其所宗的元生字属于连象关系。譬如，"本"、"末"、"未"、"朱"等指事字都可以被看作是通过连象转意而来的转文，因为它们的概念表征意象都属于"木"的连象。

三、转文与会意的关系

对于会意，许慎的定义是"比类合谊，以见指挥"。按许慎的意思理解，会意应该是指以两个以上的既有文字作为字素，通过字素间的相互作用来拓殖概念构造新字的方法。

通过前面的字例分析可以知道，复合性汉字一般都有会意性，但会意的方式却不尽相同，所以会意可以有典型性会意和非典型会意之分。严格来说，只有通过构成字素所表字象的具体相互作用构成新义的组合字才属于典型的会意字，譬如，"休"、"受"、"妥"、"寇"之类的会意字就属于典型会意字，而"比"、"从"、"林"、"舛"这类字就属于非典型的会意字。虽然在分类上把它们都归为会意字，但它们明显与"休、受"等字的会意方式不同。严格地看，它们应该属于类似于象形字的象意字。从字象上讲，"比、从"之类的字基本属于以其原形字概念为基础通过连象转意而来的转文。也就是说，转文包含着会意字中的象意字，但不是所有的会意字都可以归结为转文。

四、转文与转注的关系

(一) 转注的界定

转注是指在某个原有字形的基础上，通过加注偏旁符号或改变笔画，以示对原有字形的属概念或某个用义加以分化或转用的造字方法，用转注方法造出的新字就属于转注字。由于对许慎的转注内涵尚无定论，所以上述关于转注的定义是探讨性的界定，这个界定从下述观点而来。

许慎阐释的转注虽然在一定程度上涉及了字象孳乳原理，但还不能说其在观念上已经把转注看成了字象孳乳的产物。因此对于许慎所讲的转注，还只能按转用或分化引申假借义和属概念的产物来理解。也就是说，许慎讲的转注应该是个有着特定内涵的概念，这个特定的内涵，应该指的是通过加注偏旁符号来转用或分化假借引申义和属概念的方法。按照这个内涵理解，转注可以称为类首性转注。

"类首"系从许慎"建类一首"化意而来的专有称谓，其同"部首"是既相联系又有区别的两个不同概念。从内涵上来说，"类首"指表示属概念或含有多个引申假借义的聚义字。类首的形成有一定人为性和分义指向，只要是一个字特别是多义字都可以建为"类首"。作为形义孳乳的基础，"类首"字在组合字中可以充当构建新义的要件，譬如，"老"，在"考"的字义中就属于主体要件。从字义上来看，从一个类首转注出来的衍生字，在概念上往往与被转注字存在着密切的通连关系。

"部首"一般是指充当属概念范畴和字象关联范围的字，除了字象关联外还含有字头统领的意涵。"部首"的形成有一定俗成性和统摄指向，其所表义类多围绕元象本义及其涉连范围而成。在组合字中，部首不一定充当字义的主体要件。譬如，"木"在作为部首时可以表示属概念"树"，在衍生字中加种差可以表示"杨、柳、松、柏"等各种树，但在衍生字"桥"、"椅"、"查"中，其只表示同"木"有关，起关联定义作用，并不作为字义要件。另外，"桥"、"椅"、"查"这些衍生字的意义，也不属于"木"的明确引申义或假借义，也没有分化"木"义的作用，但是有以"木"为中心通过字象关联整合异属概念的统摄作用。由此可见，"类首"和"部首"虽有相似之处，但在认知机理上正好相反，在许慎的体例中应该属于两个不同的范畴。也就是说，许慎所说的"建类一首"不应该是指部首。

基于上述分析，类首性转注具体可以分为两种类型：第一类称为概念性转注，这类转注基本是从许慎的"老、考"示例出发，把转注视为转用和分化属概念的产物；第二类称为假借性转注，这种转注则是从许慎的定义和典型假借字"其——箕"的分化出发，把转注视为转用和分化引申假借义的产物。从原理上来说，一个字不论是形成引申义还是假借义，其实都是由字象孳乳促成的，所以在实质上，假借性转注是一种通过字象孳乳对拓殖概念先行引申和假借使用，而后再通过加注偏旁对孳乳意义予以分化和固化的产物。

（二）转文与转注的关系

转注同转文是既有区别又有联系的关系。从区别来看，转文指的是随着一个元生字的字象发生孳乳而形成的转形字，而转注字指的是为区分或转用一个字的某个意义通过加注偏旁形成的分化字。显然，这是把字象孳乳同概念孳乳分开来看的。从原理上来讲，字象与概念互为表里，其孳乳一般都连带发生，所以从字象孳乳和概念孳乳的统一性来看，有一部分转注同时也属于转文。也就是说，不是所有的转注都属于转文，反过来说转文也不等于就是转注。譬如，"蛇"就是从"它"转注出来的衍生字，"它"的本义就是"蛇"，由于

"它"和"蛇"是形义相连的邻连孳乳关系，因而"蛇"又属于"它"的转文。再看"雚——覿"。"雚"在转注为"覿"之前，就已经有了"覿"的假借义。在"雚"假借为"覿"义时，其字形本身没有相应变化，这是明显的连象转代用法。转代与转文是选择关系，属于转代自然就不再属于转文。另外，"雚"加注"见"旁为"覿"后，二者之间的转意又借助了通象跨域映射，而存在跨域关系的元衍字之间不属于概念的连象孳乳关系，自然也就不存在转文关系，所以"覿"不是"雚"的转文，只是分化"雚"字假借义的转注字。

五、转文与形声的关系

（一）从转注到形声

形声是指根据两个不同概念在表征意象上的某种关联，通过给表示其中一个概念的既有字形加注或换注形旁来表示另一个关联概念的造字方法。形声与转注在字象孳乳原理和表现形式上基本相同，都是通过给字象孳乳字形加注偏旁的方式形成的。也就是说，形声字和转注字同所宗元生字之间存在的都是通象映射或连象转代的意联关系。从这个角度来说，形声字可以按意联性谐声转注来理解。

形声同转注的主要区别有两点：

一是给字象孳乳字形加注形旁的时机不同。形声字是在孳乳字象形成时直接就加注了偏旁形成的孳义衍生字；而转注字，则是在孳乳字象形成后先通过一段时间的引申和假借使用，然后再追加偏旁形成的分化衍生字。

二是在是否同元生字谐声上不同。形声性衍生字同所宗元生字之间一般都互相谐声，而转注字同所宗元生字之间未必谐声。譬如，"考、长、耋"都属于"老"的转注字，其中"老"与"考"谐声，但"老"与"长"和"耋"却不谐声。

抛开不谐声的转注不论，只就谐声的转注而言，如果加注的偏旁发生在原有字形已用的引申义或属概念的转用和分化基础上，那么这样形成的字就属于类首性转注字。如果一个加注偏旁的分化字，不是形成于原有字形的引申和假借义的基础上，而是形成于为原有字形的孳乳字象直接加注形旁的基础上，那么这种加旁分化字便属于形声字。譬如，我们前面讲过的"娄——楼、搂、镂、偻"就属于形声字。也就是说，在构造出"楼"、"搂"、"镂"和"偻"字之前，"娄"字本身没有表示过这几个衍生字相应的意思。再如，"我——娥、鹅、俄、哦、饿、峨"，也是如此情形。

以上关于谐声转注和形声的不同，只是从汉字字形的角度进行的区分。其实，从语源上来说，在文字没有表现出其所表词义的分化之前，一般都会先在口语上表现出这个词在词象孳乳基础上的引申使用，而后才会表现在文字字形上。换言之，从语词在语源上的演化看，一词孳义的转语变化基本都可以归入从声转注之列，只不过汉语多了词形（音形）不变而以字形区别词义变化的形式，所以才涉及转注与形声的区别。也正因为汉语多了形声字的形式，这才使我们能够从字形的关联上看出词义通过意象媒介形成分化孳乳的脉络。

（二）转文与形声的关系

说明了形声的内涵，我们再来看它同转文的关系。在前面介绍转意基孳乳时，我们曾涉及过再衍生字。再衍生字可以归结为形声字，但由于声旁同衍生字之间没有直接的意联关系，而在《说文》中又没有相关的省声提示，所以以往只能按纯形声字看待。譬如，"撞"，不通过作为转意基的"鐘"字，根本讲不通"手"与"童"组合为什么表示"撞击"的意思。又如，"灌"，不通过作为转意基的"罐"字，也很难疏解其同"蘿"有什么关联。再如，"录——绿"，如果不用夹在其间的"綠"作为转意基，就很难发现"录"同"绿"有什么转注关联。以上这些字因其声旁没有相应的引申义或假借义用例，因而也不好纳入转注之列。但我们知道，"撞"、"灌"、"绿"都是通过连象转意分别从"鐘"、"罐"、"綠"孳乳而来，它们都可以视为从这三个字而来的换旁转文（变形转文），这样就可以化解字形构成的难解的问题。

形声字中有很多都是通过连象转意形成的，其实从孳乳机理上讲都属于加旁转文，譬如，"勇"，就可以视作通过连象转意从"甬"而来的加旁转文。显然，转文同形声也有着密切的关联，只不过由于有了形声方法，我们便不需要再用转文来笼统而论了。

需要补充的是，假借、形声和转注都发端于字词在字象结构上的相似性或邻连性孳乳。如果字词借助在词象上的通连孳乳直接转用，而在字形上没有做出具体的区别，那么就形成了字的假借；如果因字象在某个方面通连，并在谐声性转用的同时又加了标示元生字具体转域的偏旁，那么就形成了形声；如果先引申或假借使用，以后又加注偏旁分化了字形，那么便形成了转注。这是从字象和词象联系的角度来系统看待假借、形声和转注的演化关系。

第七章　合象会意与构象

在前文中，我们介绍过字象结构，字象结构可以通过一个字象的分解而来，也可以通过多个字象的组合而来。其实，不论是分解而来还是组合而来，字象结构都体现为意象的组合形态，都可以被看作是一种合象。不过，下面所要介绍的合象，专门指的是以组合字字素的字象为基础合成的字象结构，而不再指由独体字字象析解而成的字象结构。

第一节　合象及其特征

相对于一个组合字而言，字象结构又称合象。组合字的合象是以独体字的字象结构为基础形成的，这里包含着两重涵义：

第一，字象结构是由独体字所表事物对象的结构化形成的，但结构化不仅存在于概念意象的内部分化上，还存在于概念意象的外部联系上。外部联系的结构化反映到字象上就会导致多个字象的分解重组，而多个字象的分解重组又会反映到字形上，形成由多个独体字作为字素构成组合字的情形。

第二，在字象结构化的基础上，独体字以字素身份投入组合字的意象仍然是结构化的。在组合字中，字素所表示的意象既可以是元象，也可以是析象、象域或图式，所以说，组合字的合象也是以独体字的字象结构为基础形成的。

一、合象与合象结构

（一）合象与合象义

合象属于一种合成性域象结构，是指由多个相互作用或相互联系的意象所构成的具有完整事态结构或事件过程的域象结构。结合字形而言，合象指由一定字素所表意象构成的合成字象。合象直接表征出的意义可以称为合象义。合象义有些是组合字的语用意义，但更多的则是对组合字素的构造性合象进行的描述，或者说是从组合字素的各个象元直接整合出来的符合一般经验完整性的域象结构。虽然合象义还不完全就是合象的指向意义，但它却是形成指向意义的重要基础。

（二）合象与合象结构

合象在心理空间的表征上是由多个意象或象元按照一定结构顺序组成的域象结构。因为结构性组合是合象的首要特征之一，所以合象又可以称为合象结构。合象结构是能够通过意象互动和象元变化来构建指向意义得出会意结果的会意结构。

（三）合象结构与合体字

由于构成合象的意象是用一定字素代表的，所以合象在字形上表现为组合字。组合字又称合体字，被组合进合体字的独体字、偏旁以及可以独立表意的笔画则相对转称为字素。由字素组成的字形构造称作字素结构，由字素带入组合字的意象或意象成分称为象元。一般来说，字素结构是合象结构的外化表现形式，但字素结构和合象结构不是一一对应关系，二者并非完全相等。

二、合象的会意机理

（一）合象的完型性

合象可以形成指向意义，所以合象等于由多个意象构成的会意结构。在汉字中，要想通过字素组合达成会意的目的，其整合出的合象必须具有完型性。具体地说，在组合汉字中，不论字素结构是否存在意义构成上的间断和跳跃，最后整合出的合象在经验逻辑上必须有一个相对完整的结构形态，这种完整的结构形态称作合象的完型性。完型性是合象的一个主要特征，它体现的是合象对实际经验的反映性。只有同实际经验相符合具备事态和事件完整性的合象，才能在意义的建构和表达上具备选择性和通识可及性。

合象的完型性是理解合象会意机理的基础，特别对于字素不连贯的间连会意结构更具有直接的疏通作用。从结构形式上来说，间连会意结构的字素构成是间断的跳跃的，一般很难疏通其字素构成与所表意义的关系。那它为什么还能会意出意义呢？这是因为，语言文字在本质上只是一种对意象和意义的媒表性和象征性提示，它离不开思维主体在提示基础上对意象和意义的联想、选择和建构。间连会意结构之所以能够会意出意义，关键在于间断的字素和字象构成，可以通过人的经验联想补全短缺的象元，并在重构出完整事态的基础上实现对意义的选择和建构。

（二）合象的会意机理

从合象本身的构造可以直接得出一种合象义，但合象义不一定就是合象的指向意义。在更多的情况下，合象是依靠象元之间的相互作用来投射出一种演绎构象，然后以这种构象为基础来构建出指向意义。从这个角度来说，合象结构是一种通过象元互动来生成构象并构建出相应意义的会意结构。显然，象元之间的互动和演绎不是自发形成的，而是在人的经验和联想参与下形成的。因此，合象的意义并不完全来自象元构成的静态结构本身，而是来自象元结构与人互动形成的某种演绎效应。

具体地说，合象结构的会意机理一般是这样的：首先在字形字素所提示的既有象元基础上，通过经验性联想补全所缺象元并得出相对完整的事态或事件合象，然后再通过合象象元间的互动投射出多个构象，最后才在多个构象基础上选择性地构建出所需要的指向意义。显然，对于合象会意出的指向意义，既可以把它理解为是通过象元互动产生的会意结果，又可以把它理解为是通过联想和推理形成的思维判断。

（三）合象的双层会意结构

在会意机理上，合象会意结构属于一种映指会意结构，它是由表层会意结构和深层会意结构共同组成的双层会意结构。

下面以"休"字为例，通过示意图来看一下这种双层会意结构。

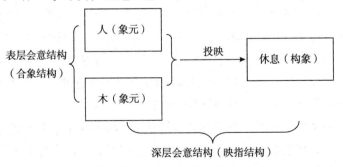

图7－1　合象的双层会意结构

如图 7 - 1 所示，第一层是表层会意结构，指的是由字素所表象元整合而成的合象结构；第二层是深层会意结构，指的是由合象结构和投映构象组成的映指结构。从狭义而言，合象结构可以仅指整合后的完型合象，而由合象结构投映出来的可以表征指向意义的意象则称作构象。

三、合象的特征

（一）合象与意景的特征比较

在讨论意景时我们曾经涉及过多象意景，但那是从意景分解的视角展开的，现在所要讨论的合象则是从多象组合的角度展开的。下面通过与意景的比较来看一看合象会意的特征。总体来说，合象与多象意景有相通之处，但又有区别。

第一，意景是有主要焦象和次要衬景组成的合象，合象是无主无次由多个平等角色互动构成的域象结构。

第二，意景象征的主要概念在于主象，衬景起辅助定义作用。合象的意义由各个象元之间的相互作用共同生成，其中的结构性关系不仅包括映射和转连关系，而且还包括概念周延性的语法结构关系。

第三，意景涉及的往往是一个元生字充作字素后的转意分析，合象涉及的往往是指事，会意和形声字字素及其象元构成的意义指向和投射选择的分析。

第四，合象是一种由组合效应构成的象征结构，合象表示的概念往往从孤立的字素中不能得到恰当解释，需要从合象的会意指向和会意结果上得到解释。

第五，在意义的建构方法上，合象采用的往往是多种方法，一般会包含多种意象类型的构成以及映射和转代方法的综合运用；意景的意义建构一般在于焦象和衬景转换形成的不同主次关系上，其结构和衍转机理相对简单。

通过这些比较可知，意景与合象各有侧重，但在多数情况下，意景的内容可以用合象涵盖，但合象的内容却不一定能用意景涵盖。

（二）合象的其他特征

除了通过与意景比较介绍的合象特征外，合象还有一些其他特征：

1. 象元与字素的不对称性

合象是通过各个象元成分之间的相互作用共同生成完整域象结构来会意相应概念的，其中除了在字形中登场的字素性象元之外，还有各个字素所关联的象元在不登场地参与会意，所以象元不等于字素，合象结构不等于字素结构。

比如，"打"字。字素结构中只有"手"和"丁"，没有用于钉打的工具，但在象元构成中我们能感受到工具的存在。对于这种在象元构成中实际应该有，而字素结构中没有的象元我们把它称为构造性缺象。构造性缺象不是真正的缺象，而是一种字形构造的省略方法。它可以凭借字素的连带关系显现出来，这种通过字素连带关系可以补全出来的象元，一般称为补象。补象是靠合象结构相互作用凸显出来的隐性象元。

2. 合象结构的缩略性

很多合象的结构方式具有不规则跳连的缩略性，或称间连象征性。有的缩略合象形成的缺象不能简单靠字素连带显现出来，因此在理解上需要借助经验联想，才能获得谊合性补象和完整的会意结构。有些字的构造性缺象，可能需要识解者本身的临场性投入才能补全。

比如，"移"字，从禾，从多。表示的是谷禾"摆动"。"多"在其中不简单表示数量，还表示谷禾晃动形成的重影。显然，这是人观察到的主体视觉感象，只有补上主体视角才容易体会。

【按】渔：甲文 ▨—期 ▨—期 ▨—期　金文 ▨ 商 ▨ 西周中期 ▨

再如，"渔"甲文早期的字形只给出了元象"鱼"和象域"水"，但字形所要传达的并不是鱼在水里的意思，而是捕鱼。相对于捕鱼，其间省略了捕鱼之人和捕鱼工具字素，表现出了极大的间连象征性。后来的甲文和金文在"渔"的字形结构上，有加上钓竿的，有加上"糸"（渔线）的，有加上"廾"（双手）的，在理解上就容易多了，但显得不够简练，所以最终的定型字没有采用。其实，字形不是绘画，知道了间连象征性和结构压缩性规律，在理解上是可以通过联想补出相应缺象的。

3. 象元投射的选择性

组成合象的字素大多原本就是可以独立使用包含域象内涵的字。转作为字素之后，字素的域象结构参与合象会意的象元往往并不是全面的投射，而是有选择的投射。有的字素投入合象的是象域，有的投入的是某个性征析象，还有的投入的是图式。如果初期选择的象元与合象的要求不能谊合就要考虑重新调整选择，总之，会意导向决定了合象的象元选择。

【按】乔：金文 ▨　篆文 ▨　易：甲文 ▨　金文 ▨　篆文 ▨

比如，"桥"和"杨"。"桥"，从木，乔声。乔，金文从夭（舞者）从高省声。意为人扮妆踩着高跷表演。"杨"，从木，易声。在甲文中，"易"从日，丂（乃，升起）会意，表示太阳高升。金文在"丂"上加了两点字形变成了"易"。"两点"与"勿"共同表示太阳照射大地蒸腾的炎气，总起来表示"陽气"。

在"桥"和"杨"两字中，"木"作为偏旁就有两种象元选择。在"桥"字中，"木"要选择析象"木质"作为象元来理解。在"杨"字中则要选择元象"树"作为象元来理解。同理，在"桥"字中，"乔"的象元要按踩跷形成的高跨图式来理解。在"杨"字中，"易"的象元要按阳气上升形成的高扬图式来理解。

4. 合象字素的层次性

一个合象字有可能包含多个字素，这些字素在结构关系上大多不是平行的，有的字素需要先行组合起来压缩成一个字素结构来理解，然后才能和其他字素再做第二层组合。从既成合体字来说，就是要合理析形，分清字素层次，才能得出恰当的会意结果。

【按】衡：金文𧗞　篆文𧗱

譬如，"衡"，从角（牛）、大（人）、行会意，行亦声。第一层先要把字素"角"和"大"组合起来，表示一个人在借助牛角上的横木驾驭牛；第二层再把它和"行"组合起来，表示驾驭牛车稳定方向要借助拴在牛角上的横木。"衡"起初表示"横木"，后来通过引申才表示衡量称重的意思。称重调秤是"调衡"图式，这是从驾驭牛车要不断调整前进方向的"调衡"图式映射而来。

5. 合象结构顺序的合理性

构成合象的完型结构要符合一定事态的合理顺序，所谓合理顺序就是要符合实际经验逻辑。结构顺序合理是象元互动和正确形成会意指向的前提，也是正确疏解会意结构与会意结果关系的基础。譬如，"败"的合理顺序不是按字形结构罗列成"贝攴"，而是要调整为"攴贝"，"攴贝"就是将贝壳打碎。这样导出的合象结构是符合实际经验的，也才有可能发现"败"字的会意结构所对应的会意指向是"散碎"。

第二节　会意结构

一、会意结构的涵义

会意结构是指由字素所投射的象元按照实际经验中的交连互动情形和能动

属性构成的合象结构。其中，象元是指由组合字素投射到合象结构中的元象或相应的动变意象。

合象因构成象元的差别可以分为两种层次的会意结构，即具体的元象结构和动变的象元结构。所以上面对于会意结构的定义是包含了元象及其动变意象两种象元内涵的概括性表述。

二、会意结构的分类

合象结构是能够通过意象变化和意象互动来构建指向意义的会意结构，合象形成的会意结构可以从多个角度进行分类：

（一）元象会意结构和象元会意结构

按照形成组合字本义的象元层次（意象类型）划分，会意结构可以分成元象会意结构和象元会意结构。

1. 元象会意结构

元象会意结构属于显性的域象结构，指的是直接借助于组合字字素所表元象的互动来构建指向意义的合象会意结构。也就是说，合象结构用于构建指向意义的意象类型都是由字素所表示的元象构成的，而不是由字素可转代表示的象域、析象等非元象构成的。譬如，"休"，本义指"休息"，构建这个意义的象元分别是"人"和"树"，它们都是组合字字素所表示的元象。因为由元象构成的合象结构具有容易识别的直观性，所以元象会意结构又可以称作直接会意结构。在实际使用中，元象会意结构可以简称为元象结构。

2. 象元会意结构

象元会意结构属于隐性的域象结构，指的是借助于组合字字素可转代表示的象域、析象或图式来构建指向意义的会意结构，同时也指元象与动变意象混成的会意结构。"象元"一般是指意象的构成成分，在这里具体指存在显隐变化的所有意象类型，其中也包括元象在内。所以，象元会意结构突出的是构建指向意义的象元是动变意象这一特征。譬如，"赏"，本义指"君主赐给下属的财物"，构建这个意义的字素分别是"尚"（天窗）和"贝"（钱），它们在会意结构中都不表示字素所代表的元象，而是代指字素元象的形位图式和泛化图式，也即"上下"图式，和"财物"图式。因为由象元构成的会意结构往往是需要通过联想和分析才能识别的，所以象元会意结构又可以称作间接会意结构。在实际使用中，象元会意结构可以简称为象元结构。

需要注意的是，元象会意结构和象元会意结构不是指两种不同的会意结构，而是指一种会意结构的两个层次，即直观的直接会意结构和非直观的间接会意结构。二者有相对层次上的区别，但属于一体关系。具体来说：一方面，显性域象结构和隐性域象结构往往会因一字多义而同聚于一个合象结构之中，同时又由于在同一会意结构中有可能存在着元象同动变意象混合会意的情况，所以区别元象结构和象元结构，有利于突出会意字素所表意象的一体变化性和层次性；另一方面，元象虽然属于象元，但象元却不一定就是元象，所以象元结构可以按动变的元象结构来理解。总之，元象结构和象元结构既属于层次区别关系，又存属于层次递进关系。

象元结构是会意结构对字素所表意象的具体化展开，是细化的会意结构。分析象元结构有利于更加准确地把握会意结构的会意机理。在象元结构的视角下，字素不再是简单直观地元象象征，而是所有与元象有关的各种动变意象类型的象征。一个字素可以代表元象，也可以转代性地代表由元象而来的析象、象域或图式，这样由字素构成的会意结构就转化成了象元结构。因为象元结构是展开的会意结构，所以象元结构既可以在广义上代表会意结构，又可以在狭义上表示会意结构的细化层次。也就是说，由于象元既可以指直观具体的元象也可以指非直观的抽象动变意象，所以在实际使用中，象元结构可以作为元象会意结构和象元会意结构的统称来使用。从关系上来看，会意结构对象元结构既属于包含关系又属于重合关系，象元结构也是会意结构，会意结构也是象元结构。因此从广义角度而言，"会意结构"也可以用"象元结构"来称谓，二者可以替代性地互表。

（二）意象会意结构和概念会意结构

按照组合字的指向意义是否直接形成于字素义来划分，合象会意结构可以分成意象会意结构和概念会意结构。

1. 意象会意结构

意象会意结构指的是借助于组合字字素所表象元的互动来构建指向意义的合象结构。譬如，"休"，由"人"和"木"两个字素构成，其合象所表示的意义是"休息"。这个意义必须通过"人"和"木"两个象元的互动互映才能投射性地构建出来，如果仅凭字素义的合成则难以构建出来。所以"休"的合象结构就属于意象会意结构。

2. 概念会意结构

概念会意结构指的是借助组合字字素所表意义的复合可以直接构建出指向意义的合象结构。譬如，"歪"，由"不"和"正"两个字素构成，其合象所表示的意义通过"不"和"正"两个概念的直接合成就可以表示出来。当然，通过"不"和"正"两个字素的图式互动，同样可以会意出"歪斜"的意义来，所以概念会意结构属于一种相对特殊的意象会意结构。

（三）间连会意结构和续连会意结构

如果按组合字的字素是否属于跳跃关系来划分，合象会意结构可以分为间连会意结构和续连会意结构：

1. 间连会意结构

间连会意结构是指在语法构成上由不完整结构或存在跳跃的字素组成的会意结构。一般而言，间连会意结构只能通过意象间的关联来解读出会意结构的指向意义，所以间连会意结构基本等于意象会意结构。由此来说，意象会意结构还可以表述为：构成字素在语法结构上不周延，需要经过象元互动互映才能形成指向意义的间连会意结构。

2. 续连会意结构

续连会意结构是指在语法构成上由较完整结构或可周延字素组成的会意结构。续连会意结构往往既可以通过意象互动解读出指向意义，又可以通过概念合成解读出指向意义，所以续连会意结构基本等于概念会意结构。由此来说，概念会意结构还可以表述为：构成字素在语法上可以进行语义周延的续连会意结构。

区分间连会意结构与续连会意结构的作用主要在于两方面：一方面可以突出组合字素在语法结构上存在的周延差别；另一方面同样可以突出合象在会意机理上存在的动静和显隐差别。也就是说，在对组合字做会意性疏解时，有的会意结构可以从字素合成的角度做直观性疏解，有的会意结构则不能仅从字素合成的角度做简单直解，而需要从字素跳连、意象演绎的动变角度做曲折性的疏解。

间连会意结构与续连会意结构属于包含与被包含的关系。也就是说，续连会意结构是以间连会意结构为基础发展而来的、可以从语法上直接进行语义构成分析的概念会意结构。它不再是依靠字素的跳连和元象对隐性象元的转代来间接构建义的会意结构，而是可以通过字素之间的语义周延来直接构建意义的会意结构。

由间连会意结构包含续连会意结构的关系递延，意象会意结构和概念会意结构也是包含与被包含的关系。合并来论理由有三：

第一，在历时性上，间连式的意象会意结构比续连式的概念会意结构产生的时间要早。这是因为语言不是产生于长篇大论的需要，而是产生于象征性提示信息的需要。象征性的提示不需要语素具备续连式的完整语法结构，只需要语素具备关键性就可以结合语境传递信息。

第二，在共时性上，续连式的概念会意结构的产生并没有完全消灭间连式的意象会意结构的广泛运用，不论是字词还是语句的构成都是如此。这说明，间连式会意结构的存在有着反映、选择、建构的能动认知基础和联想、判断、推理的认知机制基础，是同语言思维的规律性相符合的一般会意结构。

第三，在深层表意上，不光间连式的意象会意结构需要运用象元相互作用的合成效应来投射指向意义，续连式的概念会意结构同样需要象元相互作用的合成效应来投射指向意义，语法结构和语素的合成意义所起的仍然是象征性的意象提示作用。譬如，"红色政权"是个概念会意性的词组，一般不能直接把它理解为"红颜色的政权"，而应在相对深层的结构上把它理解为"革命的进步政权"。显然，概念会意的表层结构所起的仍然是一种意象性的象征作用，这应该被看作是概念会意结构继承了意象会意结构遗传的表现。

综上可言，续连式的概念会意结构是从间连式的意象会意结构演化而来的。

第三节　会意指向

一、会意指向的涵义

会意结构可以从象元及其互动关系角度形成多种会意指向。会意指向是根据象元的能动属性、交连互动条件、交连互动方式以及交连互动效应，从会意结构中推导得出指向意义和相应表征构象的映射取向。或者说，会意指向是由会意结构中的象元通过相互作用生发出来的待解悬念或结构性空位，是会意结构为形成某种会意结果所设置的会意关窍或提示出来的识解线索。

从机理而言，会意指向是由会意结构构造出来的抽象过渡环节，它与会意结果是投射关系，会意指向一经得到具体阐释，就等于会意结构投射出了会意结果。通过会意指向可以反观会意结果主要来自会意结构的什么成分，并帮助

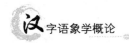

分析会意结构形成会意结果的机制和关系类型。

二、会意指向的形成机制

对于会意指向的确定，特别强调的是要符合实际的经验逻辑。会意结构中的象元，指的是字素所代表的客观实际事物及其意象，而不仅指字素符号本身。符合经验逻辑就是要符合人们经验中关于字素所表事物实际发生的交连互动情形。

关于会意指向的形成机制需要关注的主要是会意指向的来源。会意指向在机制上主要来源于四个方面（参见图 7 – 2，其中的 N 表示多个）：

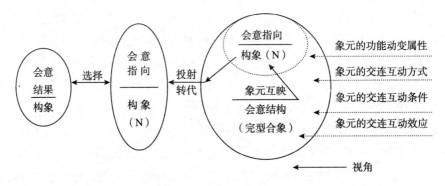

图 7 – 2 会意指向形成示意图

（一）会意指向来自象元的功能动变属性

象元的功能动变属性简称象元的能动属性，在意象分类中属于"析象"。象元的能动属性是对象元所表事物的功能性质、动变趋势和动变条件的统称。从能动的视角来看，象元所对应的实际对象基本都是具有一定功能动变属性的事物，在一定交连互动条件下，事物会依据其能动属性出现相应的状态变化和功能反应，这种事物的能动反应对应到会意结构中就会形成某种会意指向。在会意结构中，象元的能动属性通过关联互动能够激活人对多种相关经验的联想，是形成各种会意指向的基础和来源。

【按】败：甲文 漂一期 漂一期 **金文** 漂春秋

比如，用木棒捶打贝壳，贝壳会散碎。受冲击会碎，就是"贝"这个象元的能动属性，所以在"败"字中，当象元"贝"与"攴"构成交连结构时，就会激发出"散碎"和"毁坏"的会意指向。

【按】尚：甲文 　金文 　篆文

同样在"敞"字中，用木棍作用于天窗（尚），天窗会出现开合状态变化，"开合"就是"尚"的象元能动属性。在会意结构中，象元的具体能动属性是靠互动对象的能动属性关联确定的。譬如，"攴"，从手持棍：在"败"字中，与"贝"互动就该定义为"毁坏""槌击"；在"敞"字中，与"尚"（天窗）交连，就该定义为"打开"或"挑开"。

（二）会意指向来自象元的交连互动方式

在会意结构中，象元之间的互动代表实际事物之间的互动，所以会意结构可以表征出事物之间的相互作用关系。在实际中，事物都由一定的客观交连方式形成互动关系，这种实际中的交连方式会从经验中映射到会意结构中，并由此形成相应的会意指向。从象元能动属性上来说，只有同时与两个象元的能动属性存在呼应关系的作用方式才能成为象元之间的交连互动方式。或者说，交连互动方式是靠两个象元的能动属性互映出来的作用关系图式。譬如，"手"与"丁"组合形成的交连互动方式是"打"。再如，"廾"（双手）与"門"组合形成的交连互动方式是"開"。显然，这两个字构造出来的交连互动方式，都是由象元的能动属性互映出来的相互作用图式。这两个图式，不仅形成了符合实际经验的会意指向，而且还填补了会意结构所构造的结构性空位，完善了合象结构。

（三）会意指向来自于象元的交连互动条件

在实际中，人们做某件事情总要有某种理由或动机，事物之间能够形成交连互动关系也需要一定的条件。因此，当出现某种事态情形时，人们也容易想到追问一下缘由。根据人们的这种反应习惯，会意结构往往会把实现象元交连关系的前提条件或原因设置为会意指向，以便通过会意结构的映射达成表示交连互动条件的目的。譬如，"偏"，象元会意结构是"从人正匾"，会意指向为"不正"。显然，因为"匾偏"才促成了"人正匾"这样的事态发生，所以"匾偏"就是"人正匾"这个会意结构得以成立的交连互动条件，也是会意结构所要表示的会意指向。

（四）会意指向来自象元的交连互动效应

一定事物的组合和相互作用必然会产生某种交连互动效应，这种交连效应或表现为一定客观效果，或表现为某种状态。在会意结构中，通过象元之间的交连动变属性和某种结构效应来构建会意指向，不仅有助于人根据象元所表事

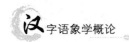

物的关联变化展开经验联想，而且还能激活人对会意指向的判断。譬如，前面说过的"败"字，就是通过"攴"与"贝"的交连动变属性来构造"散碎"的交连效应和会意指向的。

三、会意指向的形成特性

概括地说，会意结构形成会意指向有下列几个特性：

（一）会意结构形成会意指向的多向性

会意结构形成的会意指向可以是多向的，因此要确定会意结果光凭会意关窍是不够的，会意指向还需要通过选择和使用过程才能确定为明确的会意结果。由于会意指向只是会意结构抽象提示出来的待定会意结果，而待定的会意结果又不止一个，所以并非所有的会意指向都会成为实用的会意结果。这也是为什么在会意结构与会意结果之间需要会意指向来过渡的主要原因（参见图7-2）。

（二）会意结构对多个会意指向的包含性

会意结构是通过象元的结构性作用形成的整体合象，但合象并不一定都以整体效应的形式来形成会意结果。在很多情况下，会意结果往往只是从合象结构中投射出来的部分意象或结构关系，因此会意结构对于会意结果常常表现为逻辑上的包含关系（参见图7-2），这也是会意的特点之一。譬如，"受"，其会意结果"接受"，只是其会意结构所含会意指向中的一个，除了"接受"之外，其会意结构中还包含着"授予"和"所授之物"的会意指向。应该说，这种由一个会意结构包含多个会意指向的情形在组合汉字之中不是个别现象。

（三）会意结构投射会意指向的调适性

会意结构投射出的会意指向会因为搭配象域的不同而表现出一定的关联变化性，这与一般词汇在搭配运用时的关联定义情形一致，属于会意结构表现会意指向的能动调适性。因为一个字象的跨域映射等于是一个从具体到抽象再到具体的转域过程，所以都存在一个适域调整的整合问题。特别在映指再具体意义时，更需要做适域性调整才能谊合通顺。譬如，"说"，从会意结构上表述，可以说成是"言语盈展"，"悦"也可以说成是"心情盈展"，但这都是比较机械的结构性表述，具体谊合的语义表述还应该调整为"言表"和"喜兴"。这样对会意指向所做的调整属于会意结构的能动调适性所允许的，因为会意指向本来就是对会意结构可能形成的会意结果的称谓。

第四节　会意结果与构象

一、会意结果的形成方式

会意结果是指合象会意结构最终形成的可用于语言表达使用的文字意义。形成会意结果是文字构造合象会意结构的目的所在。

在会意结构的分类中，我们曾按组合字形成指向意义的方式，把会意结构分为意象会意结构和概念会意结构。其实，会意结构形成指向意义的过程就是形成会意结果的过程，所以会意结果的形成方式也可以由此概括为两种，即意象会意方式和概念会意方式。

（一）意象会意方式

意象会意方式指的是会意结构通过象元互动以及映射和转代关系来形成会意结果的方式。很多汉字的意义是靠意象会意方式形成的，如果仅从字素的结构关系上理解往往非常困难。下面看几个会意结构通过象元互动以及映射和转代关系形成会意结果的例子：

1. 代

"代"，字素结构从人从弋。如果从字素义的周延关系上看，很难解释它为什么表示代替的"代"，但从会意结构的象元关系上就比较容易得到恰当的解释。在"代"字中，"弋"指带绳子的木橛，在实际中可作为拴牲口的工具，"人"是木橛所代替的对象。"代"的会意结构可以理解为"人插木橛"，"人插木橛"的目的是"代替"自己牵制牲口。所以，这是通过用替代物与被替代的人对举互映来转代表示指向意义的意象会意方式。

2. 敞

"敞"，从攴，尚声。尚，元象为天窗。攴，持杖之手。合象的会意结构为"用木杖打开天窗"，两个象元通过结构性作用和映射形成的结果是天窗"敞开"的状态。显然会意结构是形成"敞开"这个会意结果的原因，这是以因代果的意象会意方式。

3. 偏

"偏"，从人，扁声。合象的会意结构是"人正匾"，映射表示的会意结果为"不正"。显然，会意结果所表现的匾额"不正"，是形成"人正匾"这个会意结构的原因。会意结构与会意结果之间是以果代因的关系。

（二）概念会意方式

概念会意方式又称概念合成方式，它是指会意结构直接靠字素义的周延呼应关系形成会意结果的方式，其会意机理基本与一般词组的语义搭配关系相同，譬如，甮——不用。在概念会意的汉字中，字素会意关系还不能都达到现代词组的程度，在更多情况下它是一种类似现代词组的关系。我们再看两个字例：

1. 道

【按】金文𧗟（貉子卣）

"道"，金文字形从行，从首会意。"行首"可以构成一个类似于现代词组的概念会意结构，属于偏正结构关系。"行首"的意思既可以表示向导，又可以表示导向。

2. 但

"但"，"人且"。从主谓结构关系来看，"人且"的意思就是"人诞生"。显然，这种构词方法和现代表达习惯不同。从字素构成的象征性来看，把它归结为类似词组更准确。因此，对这种概念会意结构的语法分析只是比附性的，为的是多做一个视角的考察。当然这种概念合成的会意方式也可以用意象会意方式来解释。

二、构象与会意的关系

合象并非自然等于表示某个意义的会意结果，合象的主要作用在于它能通过结构性作用构建出某种完整的会意结构。这种会意结构，一方面能激发人产生多种会意指向的疑问；另一方面又能促使人通过联想形成多个解答疑问的构象，而会意结果正是在选择基础上由某个构象转化形成的。由于会意结果等于就是某个构象，所以要弄清会意结果的形成方式，自然离不开对构象形成方式的讨论。

（一）构象的涵义

合象所代表的完整会意结构，并非仅仅由直观字素所投射的象元构成，其中还包括由象元之间的相互作用及其结构关系映射生成的构造性意象。这种构造性意象简称为构象，构象一般是通过会意结构中的象元结构和互动关系映射产生的意象图式。构象的形成与象元的关联能动属性相关，但同时也需要从象元的相互作用和结构关系推理得出。生成构象不仅可以形成完整的合象会意结构，同时还能形成会意结果。

从形成来源分析，构象的形成不是单一模式：有的构象形成于会意结构中象元结合的交连方式，属于交连方式构象；有的构象形成于象元由以结合的前提条件，属于交连条件构象；有的构象来源于象元相互作用产生的效应，属于结构效应构象；还有的构象偏向于某个构成象元形成，属于结构偏置构象。

（二）构象与会意指向的关系

构象的形成与会意结构中的会意指向密切相关。会意指向是由会意结构构造出的悬念或结构性空位，构象则是由会意结构生发出来用于释解悬念填补结构性空位的意象或图式。这样来看，会意指向与构象之间是映射性的呼应关系。一般而言，会意指向是对所有待定构象的笼统称谓，构象则可以是对确定会意指向的具体称谓。从不确定的角度看就属于会意指向，从确定的角度看则属于会意结果，而会意结果就是构象。当然，从待定与确定的关联上来说，会意指向也可以称作构象。

（三）构象与会意结果的关系

构象是会意结构构造出来的具体会意指向，会意结果是从某个会意指向投射而来的构象，所以构象与会意结果既是通过会意指向介连起来的投映关系又是不对称的重合关系，这种关系用简单的公式表示就是：会意结构→会意指向（构象 N）→投射→会意结果（构象）。就这个公式而言，一方面，会意结果等于会意结构形成的构象；另一方面，会意结构所形成的多个构象不一定都等于会意结果（参见图 7－2）。

如果简单理解，可以认为会意指向、构象和会意结果是同一个对象在不同视角下的不同称谓。总之，构象生成于会意结构，反过来又完善了会意结构，是形成完整合象结构、呼应会意指向和形成会意结果的重要环节。构象为文字表征不易直接绘形的抽象概念开辟了广阔的道路。

三、一般构象的分类

从会意过程来看，会意结构最突出的特征就是通过合象结构的完型作用，先在象元整合结构中映射生成具有会意指向性的构象，然后再通过会意指向的过渡把构象投射出来形成会意结果，因此一般来说会意结果等于就是构象。由于构象等于会意结果，所以探讨会意结构生成构象的方式就等于在探讨会意结构形成会意结果的方式。

通过构象分类来分析构象和会意结果的形成方式是简化的方法。构象有通过字素所表象元相加构成的特殊构象，但更具普遍性的是通过象元的相互作用构建或映射形成的一般构象，一般构象也称作象元结构构象。从构象同会意结构的关系来看，一般构象往往由象元的功能动变属性、会意结构的交连环节、构成条件或合成效应的映射形成，所以据此可以把一般构象分为四类：即结构性的交连构象、效应构象、条件构象和偏置构象。

（一）结构交连构象

交连构象是指会意结构利用象元所表对象在实际经验中的一般交连关系来会意字素构造中应有而空置的作用环节所形成的映射构象。用会意公式来表示就是 A？B＝C→？C′（关于会意公式见本章第五节）。A 和 B 指两个字素，C 为字素结合形成的完整会意结构，？指 A 和 B 发生交连作用的结构方式，是会意指向设置的结构性空位，也是会意结构所要得出的构象。C′指 C 投射出来的会意结果，？C′指会意结果偏向于交连方式"？"。譬如，"打"，合象从手从丁，会意结构生成的构象是连接"手"和"丁"之间的"捶打"动作，会意构象表现的是抽象的"捶打"图式。会意结构利用了"手"和"钉子"的一般互动关系来激活人们经验中关于"捶打"动作的联想，所以设置了这个动作的结构性空位。在识解中，只要通过会意解包便会弥补这个空位，形成"捶打"构象。

再如，"擂"从手雷声，指手的动作能够产生像打雷一样连续巨大的声响。其会意指向是手的动作，会意结果属于结构交连构象。另外像"摆"、"挖"、"探"、"掏"、"差"（搓）、"砍"、"挥"也都属于由交连构象形成会意结果的字。

交连构象大多形成于会意结构实际完整形态中的行为或动作，但不要误解的是，动作的会意不一定都靠交连构象来形成。譬如，"拱"、"供"、"攻"、"贡"也表示动作，但却不属于交连构象会意出的动作。

（二）结构效应构象

结构效应构象就是指会意结构意味出来的效应性构象，其具体还可以有更为细化的分类：

1. 同构效应构象

同构效应构象，也可称作同步效应构象，指的是构成会意结构的象元互动结构本身就是会意指向和构象，构象直接就等于会意结果。用会意公式表示就是 A＋B＝C→C。譬如，"以"字，从厶，（小孩）从人。会意结构相对于会意结果

"凭借"而言，属于元象结构表征和象元抽象表征之间的同构关系。即用大人和小孩之间互相依靠的字象结构来表征"凭借"这个抽象的构象概念。

同构效应构象在组合汉字中非常普遍，像"采"→采集；"争"→扭执；"愉"→心畅行；"走"→快行；"奔"→跑；"想"→心瞩；"道"→导向（引申义）；"把"→手握蛇；"差"→错开；"治"→整敕（清洗婴儿），等等，都属于这种会意模式。

2. 反成效应构象

反成效应构象指的是会意结构所形成的会意指向与映射后所形成的会意结果是相反形态的构象，会意结果等于会意结构的反射镜像。用会意公式表示就是 $A + B = C \rightarrow C''$，$C''$ 表示反向的 C。

譬如，前面说过的"脱"字。"兑"在其中的图式义是"盈展"，"月"表示人的身体，会意结构的合象义是"把身体从衣服中展露出来"，但会意结果却是"把衣服从身上去除掉"，会意结果与会意结构直接形成的构象正好构成相反的镜鉴关系。另外，"蜕"也同"脱"的情况一样，其会意结果与会意构象也属于反象关系。当然反成构象只是指"脱"作为动词使用时的情形，做形容词时，"脱"所表现出的仍然是会意结构的同构效应构象，譬如，在"活脱脱"这个词中，"脱"所表现的仍然是"盈展"义。

3. 因果效应构象

因果效应构象也称效果构象，指的是形成会意结果的构象来自会意结构相互作用所形成的效应结果，会意结构与会意结果是因果映射关系。效果构象不是在会意结构的前置和交连部位上，而是在结构关系或结构作用的映射结果上。其公式是 $A + B = C \rightarrow C'$。前面讨论过的"敞"，就属于这种会意构象。

再如，"芳"，从艸方声。会意构象指香草散发出的香气。会意结构省略了人这个感受主体，加上补象"人"，合象就是"人在草旁"。会意结构指向人的嗅觉所感受到的"香气"，这是会意结构生成的效果构象。

以效果构象形成会意结果的字非常多，譬如，"功"，合象为用力劳作，构象为工利；"式"，施工桩→房基线样；"君"，发令指挥→国君；"羞"，以手抓羊→拒与；"塞"，用泥坯堵窗→阻挡；"净"，淘洗衣物→洁净；"偷"，人动作缓慢→偷懒，等等。

4. 象征效应构象

象征效应构象简称象征构象，指的是会意结构的构成象元都是会意结果形成的象征物，由象征性象元相互作用共同形成的映射构象即是象征构象。其公式也是 A + B = C→C′，譬如，"贡"从贝，工声。贝，代表财物。工，代表工力。二者都是进献给天子的象征物，会意结构形成的象征效应构象是"进献"。再如，"就"从京，尤声。京，望楼，登临可览远景，有登高可及图式；尤，犁疣。犁地分土时，土随行裹附其上，为趋附遂成图式。"就"的会意结构形成的象征构象也是抽象的图式，表示"登高"、"趋附"、"遂成"等图式义。此外像"厲"、"贲"、"思"、"都"、"官"、"賡"、"鲜"、"羴（膻）"等，也都属于由象征构象形成会意结果的字。

（三）结构条件构象

结构条件构象是指象元形成的构象是会意结构得以成立的某种条件或原因，会意结果由这种条件构象生成。用公式可以表示为 A + B = C→（A + B）/C′。譬如，前面讨论过的"偏"字，从会意结构与会意结果的关联方式上把它归结为以果代因，从构象形成来源上则应该归结为会意结构得以成立的条件。也就是说，会意结果"不正"，是形成"人正偏"这个会意结构的条件构象。

再如，"灰"，会意结构从手拨火（生火），拨火的前提条件是因为有"乏灰"蒙盖而火不旺，拨开蒙灰才能"恢复"火的旺态。

类似的字还有"费"。会意结构为"背财"、"没钱"，会意构象"花费，散财"是造成没钱的原因。再如，"某（呆呆）"，会意结构为人来回看两棵果树或两个梅果，原因构象是选择不定。另外："庞"，从龙在房→房子大；"馑"，人吃野菜→饥饿；"够"，反复勾取（手段）→触及、达成（目的）；"锐"，金光闪烁→锋利；"夏"，展手露脚→夏天；"亶"，加高仓席→谷多；信，托人传话→信任（也是同构效应构象——所传之言）；"孚"，抓获小孩→容易养信（目的）。（孚，也有同构效应构象→悬起、抓获）；"察"，家祭、庙祭→神灵要考核、审视；"改"，给木料打墨线→改样，等等。

（四）结构偏置构象

偏置构象是指会意结构所形成的会意构象在抽象层面上偏向于构成字素的某一成分，而其他成分起关联定义或辅助性的陪衬作用。其公式为 A + B = C→C′A′或 C′B′。偏置构象在形声字中表现得比较突出，一般可分为两种偏置情形：

1. 声旁偏置构象

声旁偏置构象是指会意结果在整体构象上偏向于声旁一边，形旁起具体转意或辅助陪衬作用。譬如，"镶"，指镶嵌。主要构象来自"襄"（挂孝——嵌缀），"金"旁标明嵌缀的物质或对象，对"襄"有凸显其象元为"镶嵌"的选择作用。类似的字还有"飘"、"漂"、"绩"、"遍"、"代"、"唱"、"清"、"敬"、"厉"，等等。

2. 形旁偏置构象

形旁偏置构象指会意结构所形成的整体构象偏向于形旁一边，声旁起辅助定义的图式作用或譬喻作用。譬如，"数"，从攴，娄声。会意结构形成的构象为"清点"，主要由形旁"攴"生成，"娄"为"清点"这个构象提供陪衬定义作用。又如，"壤"，指表土。整体会意构象偏向于形旁"土"，声旁"襄"（浮表）起辅助定义的图式作用。再如，"肚"，整体构象偏向于"月"（躯体），声旁"土"标明具体部位。在五行观念中肚子属"土"，完整会意结构是"身体的土位"，会意的构象就是肚子。此外，像"搂"、"桥"、"杨"、"坑"、"砍"、"代"也都属于由形旁性偏置构象形成会意结果的字。

构象表征的概念既有具体的也有抽象的，譬如，"君"、"扉"、"钟"都是比较具体的，而"忠"、"情"、"信"、"仁"、"匀"就相对抽象。总的来看，会意构象在表现抽象性征和动态图式概念方面优势突出。

四、特殊构象的分类

如果从象元结构关系上观察，还可以发现一些形成方式比较特殊的构象。对于这些构象，我们称之为特殊构象，也可以称之为象元合成构象。当然，特殊构象可以笼统算作结构效应构象，但把它们单列考察，更有利于对会意结构做精细化分析。具体地说，特殊构象包括以下几种：

（一）同象反复构象

汉字的字形有一类同形会意字，表现为一个字由两个以上相同字素叠加组成，譬如，"多"、"朋"、"比"、"森"、"淼"、"磊"，等等。一般认为字素叠加都有"多"的含义，确实如此，但这是笼统看法，没涉及字义辨析问题。从构象的视角看，相同字素会意就是同象反复会意，同象反复可以生成多种构象和构象义。

例如，"辡"，从二辛。辛，錾子，实际中常常用两个以上的錾子组合起来开石劈木，因此"辡"有"分剖"的图式义，会意结构将"二辛"组合，既不代表"多"，也不表示"连绵"，而是表示抽象的"分剖"义，"分剖"义的表征意象就属于同象反复构象。

此外再看几个例子："林"，构象指连片的树；"品"，构象指品味；"叩"，构象指喧哗；"狱"，两犬对吠，构象指争讼；"猋"，构象指狗疯跑；"吕"，构象指比邻屋。显然，同象反复结构是一种重要的构象表现方法。

（二）通象互映构象

有的象征构象，其构成象元之间往往在抽象图式上具有相通性质，彼此构成通象。从会意结果上看，会意结构靠通象形成的构象属于通象互映方式。通象互映构象类似于一般构象中的象征构象，也类似同象反复，但在字形上它不是相同字素的叠加构形。

例如，"存"，从子才声。子，刚出生的小孩。才，幼苗。二者在抽象层次上属于通象，都有存续、后备的性质。会意结构将二者组合，通过通象互映便生成了抽象化的"续在"构象。

再如，"赓"，其中的庚，表示钟。贝，表示贝币。钟编列成排，贝编连成串，都有贯连域象，通象互映表示抽象的"连续"构象。此外像"贲"、"都"、"就"、"鲜"、"贡"、"明"、"思"等字的会意构象，也都可以归结为通象互映形成的构象。

（三）反象互衬构象

1. 静

"静"，从青、争会意，构象为宁静。会意结果偏向于"青"。青，从生从井。生，小草初生；井，井水盈动，都是宁静的象征，因而"青"可以归结为象征构象。但"争"表争执，似乎与"青"所表现的"宁静"格格不入。其实，这是一种以动衬静的对比结构，同时"争"还凸显了"静"所蕴含的生机性，也就是说"静"不是死寂。

2. 卬

【按】卬

在汉字的会意结构中反象互衬并不少见，譬如，"卬"，从人、卪会意。"人"为昂首站立之人，"卪"为跪地仰视之人，两个象元构成反象互衬结构，映射出的构象偏向于站立之人的姿态"昂首"，以后"卬"字抽象化，成为兼表两义的偏旁。"昂首"构象用"昂"表示，"仰视"构象用"仰"表示。在"昂"字的结构中，"日"旁主要表示高扬图式，起凸显站立之人形态的抽象作用；在"仰"字中，又加上的"人"旁，主要起凸显跪地之人仰视姿态的抽象作用。

再如，"隆"，从生，从降；"视"，从见，示（显示）声。这也属于反象互衬式的会意结构。

（四）动量互成构象

在汉字中，有一种会意结构表现的是动静结合构成的动态构象和动量构象，其会意结构的象元之间属于动量互成的结构关系。例如：

1. 略

"略"，从田从各会意。各，表示走走停停（从走路停歇映射而来）；田，表示经过的或看到的田地。"略"的合象为巡视田地，有"营理"、"略过"、"总括"等构象。其中"总括"属于动量性构象，即由于主体的运动形成了关于观察对象相对总量的构象。当然，这种会意结构同时也形成了相应的动态构象"营理"。

2. 楚

"楚"，从林，足声。其会意结构一方面形成了"树多之地"的构象；另一方面也形成了"一棵又一棵"的构象。相对于"一棵又一棵"构象，"林"与"足"两个象元构成的是动量结构关系，在"清楚"一词中，"楚"充当的就是动量副词的作用。此外像"歷"字，表现出的也是动量互成构象。

五、概念合成构象

在汉字中，有很多会意结构的象元关系类似于词组成分之间的概念合成关系，我们称之为概念会意结构。概念会意结构可以用一般语法结构关系来分析会意结构中的象元关系，进而得出会意构象。也就是说，有些字的构象就是不借助意象关联的映射和转代，仅从字素义的搭配关系上也能领会其与会意结果之间的投射关系。

下面我们从并列结构、主谓结构、偏正结构、动宾结构、补充结构、综合会意结构等几种关系模式来简单做一下分析。

（一）并列式会意结构

1. "廓"，从广，郭声。广，房前敞棚。郭，外城。通象互映构成并列结构，表示抽象图式——外廓。

2. "视"，从见，示声。示为祭台，是显示神意的所在，此处表示显现。见，看见。会意结构为"示见"，也即"显见"，属于并列式会意结构。"视"表"看"主要意义在"见"。从不示不见的关系上讲，"视"属于反象互衬构象，这是从会意构象统摄概念合成关系而言的。

（二）主谓式会意结构

1. "朽"，木，木头。丂，气（化）。概念合成构成"木头气化"的主谓式会意结构，木头气化也就是木头槽朽腐烂。

2. "颖"，从禾，顷声。禾顷，即禾麦垂穗，主谓式会意结构。禾麦垂穗意味着麦子成熟生成尖锐的麦芒。这个构象同时也属于结构效应构象。

3. 汉字会意结构中有一种由名量形式组成的会意结构，从会意结果看，也属于主谓式结构。譬如，"劢"，从力二会意。二，在此不表数字，表对分、均分。所以，"力二"是主谓式会意结构，会意构象表示"力量均分"。

（三）偏正式会意结构

1. "粦"，从舛、火会意。舛，舞动双脚。舛火，即会跳舞的火。偏正式会意结构，会意构象为"磷火"。

2. 傅

【按】尃：甲文 ⿰ ⿰　　金文 ⿰

"傅"，从人，尃声。尃，甲文从又，甫声。又，手。甫，拰土幼苗、苗圃。所以"尃"的构象为育苗，属于动宾式会意结构。"尃"加人旁为"傅"，构象指育苗人，偏正式会意结构。会意结果通过譬喻映射指老师，现代也把老师喻称为园丁。

3. "扉"，从户，非声。非，编排。结构顺序应为"非户"。"非户"构象指用木棍编成的木排门，类似后世所称的柴门，属于偏正式会意结构。

4. "扇"，从户、羽会意。羽，翅膀。在此用其能动属性表翻转。组合结构应调整为"羽户"，意思是"能像翅膀一样翻转的门"，也就是带门轴的门板，属于偏正式会意结构。早期扇子的手把置于扇的一侧，形制类似门扇。用途不为扇风，而是为遮脸使用，所以通过廓象映射也称为"扇"。

（四）动宾式会意结构

1. 造

【按】金文 ⿰西周中期　　⿰春秋　　⿰春秋　　⿰戦國

"造"，词源上通噪。金文字形从"宀、告、舟"会意，告亦声。其间还有从具、从戈的"造"字，最后定型为从辶，告声。"造"的字形义为催促生产或船坊噪声。其中，"告舟"即催舟，动宾式会意结构，加上"宀"关联定义，表示的不是在房子里驱船，而是在船坊里催工造船，也表示船坊制造发出的噪声。所以"造"有"制造"和"造次"（咋呼）两个构象义。

2. 敇

【按】金文 ⿰　　篆文 ⿰

"孜",从攴、矛会意,词源通"舞"。动宾式会意结构——舞矛,即演练武艺。抽象图式通"孜"。孜,勤勉任事。其中,力表示努力、勤勉。"孜"等于在动宾结构的"孜"之前又加了修饰状语,构成偏正会意结构。

(五)补充式会意结构

1."砍",从石,欠声。石,石制刀斧,此处指功能析象"伐"。欠,人打哈欠,此处喻指"缺口"。合象是"伐出缺口",属于补充式会意结构。

2."判",从刀,半声。"刀半",即用刀分为两半。属于介宾+补充式的组合会意结构。

(六)综合式会意结构

1."仁"从人、二会意。二,表示对等,和悦。结构顺序应调整为"二人",即"平等和悦待人"之意,属于偏正+动宾式会意结构。

2."骂",从叩,马声。概念合成为人在马上喧哗、叫阵。属于主谓+介宾+偏正的综合会意结构,会意构象指古代战场上的骂阵。

3."扒",手八,即用手分开。兼语结构。八,表示分开而不是代表数字。

第五节　会意的心理区间

一、会意的心理区间和结构图

(一)会意的心理区间

合象会意是在心理空间完成的,就其象元构成和会意过程而言,一般可以按四个心理区间进行分析(参见图7-3):

1. 域象输入区间

域象输入区间也就是由组合字素在心理形成的对应区间。从象征内涵而言,字素代表字象及其象元,字素代表的字象在动变的视角下称为域象,所以域象输入区间就是字素输入区间。一般而言,组合汉字多由两个字素构成,即使有超过两个字素的情况,一般经过整合也能合并成两个字素结构,所以域象输入区间可以设定为两个。每个域象输入区间的字素可以代表静态视角下的元象,也可以代表同元象关联的析象、图式或象域等象元。在动态会意的视角下,字素之间可以根据合象的需要,通过交连互映把各自所代表的象元投射到一个统一的区间,这个统一的区间因可以形成对象元的选择整合作用所以称之为象元整合区间，象元整合区间是可以映指出相应构象和意义的区间（参见图 7 - 3 中的左右两个区间）。

2. 象元整合区间

象元整合区间在字形上表现为由两个字素融合而成的会意结构，但这两个字素之间的关系不是简单相加，而是要有选择的从字素所表的域象输入区间撷取出恰当象元，并经过适当整合后才能形成新的合象结构。其中，从输入区间撷取来的象元，在搭配上一般要按逻辑呼应关系整合成相对完整的合象结构，才便于分析整个会意结构与会意结果之间的关系。总之，象元组合要按一定的谊合关系进行联想并补全缺象，才能形成合理的会意结构和会意指向。

在汉字中，合成字象一般表现为多个字素的组合形式，如果对字素带入合象的相应象元从动变的视角分析，还可以分成两个结构层次：第一层是由字素的所指元象构成的直接会意结构；第二层是由字素的能指象元构成的间接会意结构。

对于第一层会意结构，一般称之为元象结构。从字象表征上说，元象结构就是由字素所指元象或相应域象结构按一定顺序构成的直接会意结构；对于第二层会意结构，从细化分析的角度出发则称之为象元结构。象元结构是由字素代表的析象和象域等能指元象构成的间接会意结构，也是对会意结构的分析性称谓。

之所以把会意结构分为元象结构和象元结构，是因为不同汉字的构成字素投射到会意结构中的象元是存在所指和能指差别的，如果只有第一层元象结构往往不能凸显出会意结构所具有的动变演绎内涵，因此从会意结构可以使元象形成动变演绎的角度明示出第二层象元结构是十分必要的（参见图 7 - 3 中下面的象元整合区）。

在区间示意图中，虽然没有明示出元象结构，但在象元整合区中却包含着元象结构的内涵。从原理上来说，不论字素带入合象的字象结构是元象还是析象，是图式还是象域，一旦投射到会意结构中都会变成具有能动属性的象元，所以一般可以用象元结构涵盖元象结构的内容。

3. 会意结果区间

在心理表征上合象属于一种双层会意结构，所谓双层会意结构，一层是指由字素所表象元直接构成的可以构建出完整合象结构的表层会意结构；另一层是指由合象结构和构象共同组成的可以构建出指向意义的深层会意结构。这两层会意结构表现在心理区间上，一层就是象元整合区间，它代表的就是表层会意结构；另一层则是由象元整合区间和会意结果区间共同构成的映指结构，它代表的就是深层会意结构。

　　由整合区间的象元构成的会意结构投射到会意结果区间的会意结果也是一种意象类型，这种意象类型既不是合象中任何一个字素直接带入的，也不一定是由合象中的字素简单加成的，它一般是通过合象象元间的相互作用构建出来的新意象。因为这种新意象是经多个象元的互动构建而来，因而从来源特点出发称之为构象。构建出构象是会意结构对字素可表象元进行选择和整合的目的所在。相对于会意结果而言，会意结构对构象形成的映指取向称为会意指向。因为会意指向对应于构象，而构象又可以表征出指向意义，所以会意指向既可以代指会意结构投射出的构象，也可以代指构象所表征的指向意义（字义）（参见图 7 - 3 上下两个区间）。

（二）会意结构图

　　图 7 - 3 是合象会意结构四个心理区间的演绎图，图示说明附后：

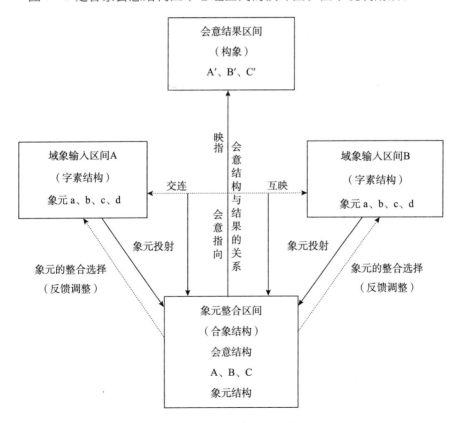

图 7 - 3　合象会意结构示意图

1. 在图 7 - 3 中，连接象元整合区和 A、B 两个域象输入区之间的虚线代表合象对于投入象元的整合选择以及反馈调整。

2. 在图 7 - 3 中，域象输入区之间的横虚线表示 A、B 两个输入区通过相互映射或交连建立的关系。"互映、交连"指两个字素结构形成会意关系所采用的结构方式，在会意结构中它们也是形成会意构象的组成部分，所以用实箭线引向象元整合区。其中，互映指字素在象元表征关系上的关联互动方式，交连指字素在概念逻辑关系上的周延方式。

3. 在图 7 - 3 中，从象元整合区到会意结果区之间的实箭线表示映指，指的是会意结构形成会意结果所采取的投映或投射方式。另外，从会意结构与会意结果的关系上看，象元整合区与会意结果区之间还存在着相互之间的因果推断关系（也属于投射关系）。

二、会意分析的表示方法

会意分析的表示方法是指对会意结构进行会意机理分析所用的简化表述方法。概括而言，对会意结构的分析可以用三种方法来表示：

其一，用文字表示。譬如，对"休"字的会意分析可以表示为：亻 + 木（字素结构）＝人在树下（合象结构）→（亻/木）休息（构象，会意结果）。

其二，用会意分析图表示。一般而言，这种方法直观透彻，比较适合讲解采用。但由于操作相对复杂，所以不适合普遍采用（见图 7 - 4）。

其三，用会意公式表示。会意公式是借助会意心理区间形成的可用于会意结构分析的最简单表示方法，也是我们要重点介绍的表示方法。下面我们重点来看看会意公式表示法（参见图 7 - 3）。

（一）元象结构的表示方法

一般而言，如果不需要细化分析到具体象元的动变或析解构成，那么在会意结构公式中，两个输入区投射到象元整合区的元象可直接用 A、B 组合概括性表示即可。在象元整合区内，C 代表 A、B 两区所投象元经过互映整合得出的完型合象结构。A、B、C 再投射到会意结果区分别用 A′、B′、C′表示，其中 C′代表合象 C 投射到会意结果区的构象。

会意过程是指先经过 A、B 区象元之间的组合形成合象 C，然后再由 C 投射形成会意结果 C′。

A′、B′与 C′配合反映会意结果对于 A、B 两区象元的不同侧重，其不同的组合形式代表最后投映出的构象不同。比如，A′C′表示来自 A 输入区的象元在会意结果中所占的比重比较大；B′C′表示来自 B 输入区的象元在会意结果中占主导地位；（A′/B′）C′表示来自 A 区和 B 区的象元在会意结果中所占的比重相同。也就是说，A′、B′、C′在会意结果区的不同排列顺序表示的是各输入区投入象元对于构象形成的影响大小。下面我们通过字例来看一看元象结构的表示方法。

比如，"休"的会意公式可以表示为 A + B = C→（A′/B′）C′，其中：A 代表 A 区字素"亻"投入的象元是元象"人"；B 代表 B 区字素"木"投入的象元为元象"树"而不是木材；C 代表 A、B 整合后的完型合象"人在树下"；→代表投射；（A′/B′）C′代表会意结果，也就是表征意义的构象；C′代表合象"人在树下"C 投射出的构象"休息"（会意结果）；（A′B′）代表 A、B 两区所投的象元在"休息"这个构象中所占的比重相同。

（二）象元结构的表示方法

一般而言，由于象元可以指元象、析象、象域、图式、补象或概象等任何具体意象类型，所以象元结构是对字素所表元象的具体化展开，是细化的、动变的元象会意结构。

从会意心理区间来说，象元结构是指两个域象输入区的字素分别投射进象元整合区的意象类型构成。换言之，就是指构成会意结构的象元分别来自两个输入区的什么分类意象。结合图 7 – 3 来说，如果域象输入区 A 和 B 中的 a、b、c、d 分别代表各自区间向象元整合区投射的象元，那么用这些大小写字母表示象元来组成会意公式，就可以对会意机理进行分析。

虽然会意结构可以分成元象结构和象元结构，但由于代表元象结构动变形态的象元结构对元象结构具有涵括性，所以在进行会意分析时可以把二者统合起来用同一套会意公式来表示。具体说来，用会意公式来分析会意结构，首先要设定大小写字母的所表内涵，然后才能用大小写字母的不同组合来构拟出会意分析公式。譬如，可以设定 A、B 分别代表两个输入区投入的元象，同时设定 a、b、c、d 分别代表两个输入区投入的析象、图式、象域和补象。这样就可以用这些大小写字母的不同组合来构拟会意公式了。假如，输入区 A 投入整合区的象元为元象就记为 A；输入区 B 投入整合区的象元为图式就记为 Bb，那么，两个输入区在整合区合成的会意结构用公式来表示就是 A + Bb = C。同理 Aa、代表输入区 A 投入整合区的象元为析象，Ab 代表 A 区投入的为图式，

Ac 代表 A 区投入的为象域，Ad 代表 A 区投入的象元为补象，其他可依此类推。

三、会意分析示例

下面通过字例来具体看一看综合运用会意公式和会意分析图进行的会意分析。

（一）"敞"字的会意分析

"敞"从攴，尚声。尚，元象为天窗，记为 A；攴，持杖之手，记为 B。A、B 输入区投射的都是元象，所以象元会意结构为 B + A，相互作用形成的完型合象等于"用木杖打开天窗"，记为 C。会意结构经会意指向投射出的会意结果有两个构象义：

1. "敞开的"

整个字义从"尚"表形容词"敞开的"。象元会意结构、合象与会意结果的关系公式为 B + A = C→A′C′。其中，→表示投射，A′C′表示会意结果是偏重于输入区 A（天窗）投射出来的构象。在整个会意关系中，B + A 是原因，A′C′为结果，是映射形成的状态性构象"敞开的"。

2. "打开"

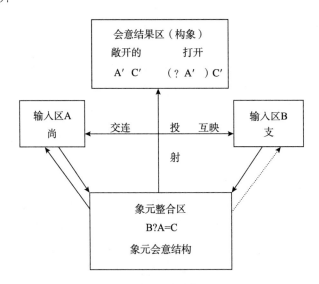

图 7 - 4　"敞"字的会意分析图

整个字义从"攴"表动词"打开"。会意结构与会意结果的关系公式为 B？A＝C→（？B′）C′。其中：B？A 为象元合成的事件性会意结构；？表示打开，它不是字素结构中所直接具有的，而是由会意结构的象元通过相互作用所形成的交连构象；（？B′）C′表示会意结果是偏重于输入区 B 投射出来的交连构象——打开。

对于上述用两个会意公式对"敞"字所做的分析，也可以统一用会意分析图来分析（见图 7 - 4）。

（二）"扁"字及其衍生字的会意分析

1. 扁

"扁"，从户（A）从册（B）会意。元象结构，合象为门楣上的文册（C）。"户"指门楣，为门的象域，记为 Ab。"册"实际指匾额上的文字，为析象，记为 Ba，那么会意结构就是 Ab＋Ba，＋表示结合，会意结果指牌匾。会意结果偏向于会意结构中的 B，会意公式为 Ab＋Ba＝C→B′C′。其中 C 为会意结构形成的完型合象，B′C′为合象会意结构投射出的构象。"扁"的形状是横宽竖窄，以后转代指"扁薄"之意。后来，"扁"转为抽象化偏旁，所以又通过转注造了"匾"字。

2. 遍

"扁"有衍生字"遍"，通徧，从彳，扁声。合象是从头到尾通览牌匾内容，会意结果为遍及、到处。在"遍"字中，"彳"或"辶"，并非表人行走，而是表人的目光移动，为抽象图式；扁，代表写有文字的匾额，为元象。象元结构和会意结果的关系公式是 Ab＋B＝C→A′C′，会意构象为通览匾额的结果——遍及（A′C′），会意结果偏向于——"辶"（A）。

3. 编

"扁"有衍生字"编"，从糸扁声。"糸"（A），指纤维，转代表示纤维的编结象域（c）。"扁"（B）为牌匾，在"编"中指类匾的片状物，为抽象图式（b），映射表示编结的对象。合象为编结某种物品，会意指向为"编结"。会意结构同合象与构象的关系公式是 Ac＋Bb＝C→A′C′，会意结果偏向于 A，属于偏置构象。

（三）"羕"字的会意分析

【按】：金文 𦍌春秋　𦍌春秋

羕，从永（A），羊声（B）。其合象并非是羊游泳。羊，指羊群移动形成的涌动图式，用 b 表示。"永"，指游泳连带形成的水纹廓象，用 d 表示。其会意公式可以表述为 Ad + Bb = C→C′。C′是抽象图式。在不同衍生字中同一图式由于不同形旁的关联定义作用会产生变形。譬如：在衍生字"漾"中，加"水"旁凸显了"涌动"的动态图式；在"様"**❶** 字中，加"手"旁则变形为"模样"的轮廓图式。

（四）"浮"字的会意分析

【按】孚：甲文 𠂤　金文 𠂤　篆文 𠂤

"浮"，从水（A）孚声（B），其合象不是说把小孩扔到水里去，而是说"水"能像抓起的小孩悬空一样使物体悬起来，也即漂浮起来。其会意公式可以表述为 A + Bb = C→B′C′，会意结果属于偏向于 B 的偏置构象。但这里有一点需要注意，即 B′C′作为会意结果，与会意结构中的字素"孚"的图式是一种反象构成关系。"孚"本指把小孩抓提起来，使小孩处于悬空状态，这种悬空是由于上提形成的，但加上"水"旁之后，悬置的力向由"上提"转换成了"下托"，这是象域"水"的关联作用所致，是"水"旁的加入与"孚"相互作用改变了悬置的力向。这也属于会意结构使象元图式产生变形的情形，一般可以把这种情形称作象域关联变形。

第六节　象元的选择原则

在字义疏解时，选择和确定一个字素在具体字形中表示什么象元的总原则是统筹兼顾。一个合象的每个字素一般都可以表示多个象元，所以在选择象元疏解字义时，除了要根据会意指向之外，还要结合合象结构的多种特性注意统筹兼顾。具体而言，统筹选择的原则包括：一般象征与特殊象征兼顾；字形象征与字象表征兼顾；元象本义与文俗转意兼顾；日常体验与社会观念兼顾；元生字与衍生字兼顾；具体与抽象兼顾；映射与转代兼顾，等等。总之，在对字素多种可表象元的选择中，要尽量贴近意源实相，符合会意的谊合性要求。

一、一般象征与特殊象征兼顾

譬如，"岁"。如果从生产生活的一般角度理解，就容易发现其中的"两

---

❶ 様，本指橡，后木字旁与提手旁混同。

止"所夹之"戊"不是兵器而是农具，字形所表现的元象结构是"翻地春耕"。由春耕转连为"年景"，由"年景"又转意为"年岁"，同时由"翻地春耕"也就容易识解由"岁"形成的衍生字"秽"和"刿"的意联关系。如果开始就把"戊"按特殊象征理解为兵器，那么"岁"的字形与其引申义和衍生字的意联关系就难以正确疏解了。同样，"戈"字中的"戈"和"成"字中的"戊"都是如此。这里，一般象征和特殊象征的区别是以文字所象征的事物是否属于日常生产生活的事物来划分的，凡属于生产生活的事物就作为文字的一般象征内容，凡不属于生产生活的事物就作为特殊象征内容。譬如，"戊"和"戌"表示农具就属于一般象征，而表示兵器则属于特殊象征。

二、字形象征与字象表征兼顾

"兑"，字形是从人开口，字象表征的是边说边笑。因为字形所表示的人开口可以象征"说"，也可以象征"笑"，还可以象征边说边笑和说笑转换。所以如果只是拘泥于字形，单纯把"人开口"定为说或是笑，就等于放弃了字象表征的动变视角。在字象表征的动变视角下，边说边笑还可以概括为喜笑颜开，进而才能抽象出"盈展释出"和"转换"图式。有了"盈展释出"图式和通象映射视角才容易理解为什么"兑"被借来表示八卦之一的"丽泽"卦象，同时也就理解了"兑"与"说"、"悦"、"税"、"脱"、"阅"、"锐"、"蜕"等字的意联关系。如果仅从字形不从字象上疏解，"兑"的这些衍生概念就很难统摄。

三、元象本义与文俗转意兼顾

"且"，元象本义是男性生殖器，象征祖先崇拜，但到了甲文时代，其形制基本已经转变为灵牌和灵位形态，这可以视为一种由文俗转意基导致的转意。显然，从象元是灵牌及其排列形态的具体和抽象角度考量，祖（祖先）、俎（案板）、阻（遮挡）、组（组合）、沮（悲态）、姐（女子尊称）与"且"的意联关系，就会变得容易理解，否则就会比较费解。

四、日常体验与社会观念兼顾

（一）王

【按】甲文 一期 二期 五期　金文 西周早期 西周晚期

《说文》："王，天下所归往也。"这是直接从社会观念上解释的，缺乏元象的日常体验基础。"王"的甲文字形为大斧，大斧的象域是执掌生杀的国王。所以，从斧子的刑杀功能到国王有一个从具体体验到社会观念的转化过程。这是就"王"字本身的识解而言。但"王"作为字素时，其象元选择就不能局限在"斧子"和"国王"的意义上，譬如，"往"。

（二）往

【按】往：甲文 金文 篆文

往，从止，王声。止，行走；王，象元指国王的高昂形态。从字形上讲，"往"的意思是"昂首而行"，从字象上讲是"前往某处"。这里就需要对"国王"的象元有一个日常性体验，只有根据这个体验析解出"昂首阔步"的析象，才好对"往"做出更好的疏解。

五、元生字与衍生字兼顾

【按】辟：甲文 一期 五期 金文 西周早期

《说文》："辟，法也。从卩、辛，节制其罪也。从口，用法者也。"许慎认为"辟"的本义是"法度"。这是从"卩（跪人）"为罪人，"辛"为刑刀，"口"为宣判者的象元选择得出的会意结果。但在早期文献使用中，"辟"可以通用为避（躲避）、闢（开辟）、僻（幽僻）、壁（墙壁）、璧（玉璧）、臂（膀臂）、譬（彰明）。显然，从元生字对衍生字的统摄性来看，"法度"的抽象义不能兼容这些衍生字的意思。换言之，这些衍生字原来都用"辟"表示，说明它们都因袭了"辟"字元象的某些析象性征，后来为了分化字义才通过转注成为独立字，所以在分析"辟"字的象元时应该把它同这些衍生字联系起来看。"辟"有词组"辟雍"，指一种四面环水的贵族学校，与"环绕"的抽象义相关。此外"辟"还有分化字"犀"（迟缓），通"栖"（家居）。"辟"字中的"卩"，在"即"和"邑"字中都表示人居家的状态，与"栖"相通。因此综合来看，"辟"的元象应该是"开穴建屋"。字形中，"辛"表示錾凿一类的工具，"口"为开凿的穴口形制，"卩"的跪坐姿态为开凿的目的，表示用于人居。无论是在平地建穴屋，还是凭崖开窑洞都要有法度，这与"式"字的造意表现手法相通，而且穴屋和窑洞都呈圆形，与开挖墓穴在形式上也相通，基本能够统摄与"辟"相关的引申义和衍生字。这是从元衍联系的观点对"辟"的象元选择进行的兼顾。

六、具体与抽象兼顾

（一）聿

【按】：甲文 ⟨甲文字形⟩ 一期　金文 ⟨金文字形⟩ 商　⟨金文字形⟩ 西周早期　⟨金文字形⟩ 春秋

"聿"的元象为笔，譬如，在"書"字中表示早期刻字的刀笔。但在组合字中，"聿"表示什么象元却不一定。

（二）畫

【按】甲文 ⟨甲文字形⟩ 一期　金文 ⟨金文字形⟩ 西周早期　⟨金文字形⟩ 西周早期

"聿"在"畫"字中表示划分田界用的木棍。

（三）律

【按】甲文 ⟨甲文字形⟩ 一期

"律"，甲文从彳，又，聿声。表示的并不是一个人在街边写字。"聿"在"律"字中表示的是木匠用木线笔画在木头上的墨线，属于象域义。"彳"表示运用工具进行加工，所以"律"的元象义是按墨线施工，抽象化后表示行事的法度。

（四）津、建

【按】甲文 ⟨甲文字形⟩　金文 ⟨金文字形⟩　建：甲文 ⟨甲文字形⟩　金文 ⟨金文字形⟩　篆文 ⟨篆文字形⟩

"津"与"建"同出一源❶，在甲文中都是从人撑船的字形。以后两字分化，"津"演化成了从水，从聿。"聿"在其中表示沾了水的船篙，引申表示浸润，同时也表示象域义——水岸渡口。

"建"演化成了从廴，从聿。"廴"（乃）表示高起、"聿"表示立起的船篙，"建"字表示的抽象义是"树立"或"设立"。

显然，同样一个"聿"作为字素，在不同的衍生字中是存在抽象和具体理解区别的，不能一味具体地按象元是"笔"来疏解。

七、映射与转代兼顾

"酷"，《说文》："酒厚味也。从酉，告声。"酒厚味即酒味浓烈，这是从合象会意的结果上所做的抽象解释。从字形引象看，"告"虽然可以按"酒味

---

❶　谷衍奎. 汉字源流字典［M］. 北京：语文出版社，2008.

浓烈可以告人"理解，但不准确。"告"在"酷"中属于从转意基"梏"字得义。"梏"为系在牛颈肩上的曲木，这个概象通过图式映射表示的是在酒坛颈肩部系扎封布的意思。酒坛坛口加系封布，一是为了密封发酵，二是为了保持酒味浓厚，所以"酷"又转代表示"发酵"的意思。以后另造"酵"，从酉，孝声。孝，子养老为孝，在"酵"中表示"养酒"发酵，这与很多酒称"老酒"是一个造意思路。发酵需要封窖储藏，所以从"酷"又转注出了"窖"字，"告"在"窖"字中可以从图式映射和概念会意角度直接理解为"封穴"。

八、字形分析与意源考训兼顾

（一）堇

【按】甲文 🔲一期　🔲四期　🔲春秋

《说文》："堇，粘土也。从黄省，从土。"许慎的解释不为后世认可，所以对"堇"字的元象为何历来众说纷纭。李圃认为像人两手交叉捧腹，张大其口，像人饥馑而呈饥饿捧腹貌。下从火，会水火之灾而成饥馑（《甲文选注》94 页）。这是最接近元象的解释，但也仅是依据字形分析得来的解释。陈梦家据卜辞文句解释为旱灾（《综言十》564 页）❶，概念不错，但没涉及元象问题。其实，"堇"字的字形取自人在旱灾祈雨仪式中的形态和装扮。祈雨是一种古老的民间习俗，祈雨仪式上，祈雨人袒露上身，头戴由野菜或柳条结扎而成的草环，恭谨虔诚地拜求上天怜生赐雨。在甲文一期中，"堇"的字形正是人祈雨的象形。在二期字形中下面又加了"火"，表示干旱，整个字的合象为"天旱祈雨"，会意指向为"旱灾"。所以用"堇"作为字素的衍生字，都与"天旱祈雨"这个元象的析象或象域有关。

（二）"野菜"义

"堇"，又转代表示野菜。旱灾粮食短缺，人们常以野菜充饥，这是从象域关联上孳乳出的引申义。

（三）"馑"

在"堇"的字形中，人头戴草环应该有两重含义：一是代表苍生；二是

---

❶　李圃、陈梦家的说法转引自邹晓丽《基础汉字形义释源》156 页。邹晓丽. 基础汉字形义释源 [M]. 北京：中华书局，2007.

代表人食野菜、营养不良。衍生字"馑"凸显了其中的第二层意思。

（四）"艰难"义

干旱是艰难的日子，所以"堇"就有"时艰"、"灾难"的象域，由这个象域孳乳，便衍生出了"艱"和"難"二字。

（五）"漢"

在组合字"漢"中"堇"也代表"艰难"义。"漢"从漢水的中上游得名，所以称"漢"，是因为漢水的中上游流转于秦巴山区，可谓百转千回，艰难曲折。

以上是把字形分析和意源考训结合起来考虑的。意源清则字象明，其与衍生字的理据联系便容易厘定。

总之，如果从具体字出发，合象的统筹还可总结出很多，此处仅是举要而已。

附录　会意字与形声字的区别

通过会意结构的象元分析可以发现，除了象形和假借之外，甲金文时期的指事、会意、形声、转注基本都包含有会意内涵。由此说来，会意结构在汉字中所涉及的范围是非常广泛的。这里就引出了一个形声与会意究竟有无区别的问题，其实如果综合分析可以发现，二者在象元构成的抽象程度、会意思维模式以及是否谐音这三个方面是存在一定区别的。

从象元构成上来说，会意字素投射到会意结构中的象元构成一般比较直观具体，字素义基本可以从具体元象或一般象征意义上直接识解，字素转代象征的动变析象、关联象域或抽象图式相对较少，其会意结构投射出的构象与所会之意的对应关系比较明显，较易从字素构成上直接得出指向意义。譬如，典型的会意字"休"，字素"人"和"木"所象征的都是元象义，整合起来的合象为"人在树下"，按照一般经验联想直接就可以投射出构象的指向意义是"歇息"。

同会意字相比，形声字字素投射到会意结构中的象元构成一般比较复杂，相对而言可以分成两种情形：

其一，形声字字素投射到会意结构中的象元构成比较曲折抽象，字素往往转代象征的是元象的动变析象、关联象域或抽象图式，其会意结构投射出的构象与所会之意的对应关系比较隐晦曲折，一般不太容易从字素构成上直接看出其与指向意义的投射关系。譬如，"停"字，字素"人"转代象征的是"路人"，字素"亭"象征的不是一般供居住的亭台，而是供路人用的"路亭"，转代象征的也不是"路亭"本身，而是"路亭"的功能析象歇脚处，整合起来的合象是"从人到亭"，至此才能按照一般经验投射出指向意义"停止"。文字学界认为这种模式的形声是比较典型的形声，一般称之为形声会意字。典型的形声字一般是先从一个字的元象拓展出关联象域或是比较抽象的析象和图式，然后再由其作为字素转代象征这些动变象元并添加相应的偏旁转域来组成新字，组成的新字一般顺从声符转读形成形声字的字音。如果用象元会意结构的构成模式表示，典型的形声字基本可以概括为"形旁象域＋声旁图式"。也就是说，典型形声字的会意结构一般应该是声旁表抽象义，形旁起标示所属事域和对声旁义进行抽象的作用。譬如，"镶"、"瓤"、"嚷"，其主要抽象图式义都来自"襄"（挂孝、镶嵌）；再如，"飘"、"漂"、"剽"、"鳔"其主要抽象意义都来自"票"（飞火、轻浮）。

其二，还有一种形声字，其字素投射到会意结构中的象元构成情形和一般的会意字区别不大，也比较直观具体，从其会意结构的字素构成上也不难推出其指向意义。这种形声字同一般会意字相比，往往只是存在着是否同某一字素谐音的区别。譬如，"数"和"搂"中的声旁"娄"，从其元象"竹篓"与"攴"和"手"的会意结构关系上就比较容易得出"清点"和"抱持"的指向意义。显然，"数"和"搂"如果不从"娄"谐音，就可以归为会意字，所以文字学界把这种形声字称作会意形声字还是有道理的。

从思维模式上区分，会意往往表现为"具体——抽象"模式；形声往往表现为"抽象——再具体"模式，但这只是就典型字的区别而言的。在汉字的实际演化中，会意和形声存在着很大的交叉性，有的会意字也同典型形声字一样，有着抽象间接的象元会意结构，譬如，"録"和"剥"。"録"中的"金"比较抽象，转代象征"刻刀"；"剥"中的"刀"相对具体，象征"削刀"。二字中，"录"的元象为辘轳。"录"，在"録"字中转代象征辘轳的"缠绕"图式，在"剥"字中转代象征辘轳放绳的"剥离"图式，应该说二字的象元构成都比较抽象。但从现代读音来看，"剥"因没有同"录"谐音就只能归为会意字，而"録"则因为同"录"谐音则可以归为形声字。

综上可见，如果从一般视角上抛开典型字在象元抽象程度和会意思维模式上的差别，会意字与形声字存在的区别应该只有是否和构成字素谐音的不同。

第八章　语象和语词的孳乳

通音字词多是汉语的一大显著特征。一般认为，汉语的通音字词❶都有某种意联关系，至于是怎样的意联关系，论者大多是从类义上模糊把握的。由于缺乏必要的理论分析工具，因此除了关系比较明显的近缘字词可以通过"声训"关联外，基本不能系统说清通音字词的孳乳机理和意联脉络。所以一直以来，汉语字词"音通意联"的说法基本属于是推测性的说法。

第一节　声训和义解

从音义关联上疏解字义，在传统训诂学上称为"声训"，声训不仅是字义训解的方法之一，而且还具有字源和词源双重考释意义。

一、声训的启示

声训又称音训，这种方法很早就使用了，譬如，孔子："仁者，人也"、"谊者，宜也"就属于典型的依声起训。在《说文》中，许慎对不少字的说解也是通过声训展开的，其中尤以对"爵"的训解最富启示性。"爵，礼器也。……所以礼器象爵者，取其鸣'节节足足'也。"段玉裁注："'节节足足'，如是。……爵形即雀形也。"综合二人的意思可以得出这样的理解："节节足足"是麻雀的叫声，"雀"为会意构形，字音是从其鸣叫之声得名。"爵"

---

❶　通音字词也称通音字，是对同音、近音和谐音汉字的统称。

为礼器，因其形状似"雀"，故而从"雀"得名。显然，这清晰地表明"爵"来源于其与"雀"的相似性映射，相似性映射即意象孳乳。"爵"与"雀"属于通音异形字（通音异字词），二者间能凭意象进行孳乳说明通音异形字也是以意象为媒介构成的意联关系，所以对于通音字的"音通意联"关系也需要以意象为线索去寻绎。应该说，这是许慎这则声训给我们提供的最重要启示。

许慎之后，刘熙也注意到了汉字"音通意联"的现象。他著《释名》一书，完全从语音上来探求事物名称。他要考求语词音义之间的关系，说出事物所以如此称名的缘由。应该说，刘熙对语词"名之于实"的见解，反映了他对汉语音义关联孳乳的认识已经上升到了比较自觉的程度。《说文》就音训义还是比较简单的，譬如，"日，实也，""月，阙也。"《释名》往往会由此敷衍做进一步的解释，如："日，实也，光明盛实也；""月，阙也，满则阙也。"再如："冬，终也，物终成也；""彗星，光梢似彗也；""身，伸也，可屈身也；""脊，积也，积续骨节终上下也"，等等。从《释名》就音以说明事物如此称名的这些字例来看，刘熙的做法就是通过语音和意象关联在训解通音字。虽然，我们还不能说刘熙已经从概念上达到了明确区分字义和字象的程度，但应该看到，《释名》从语音和意象关联上来探索通音字的做法很有启示意义。

受前人启发，宋代的王圣美依据形声字声旁表意的发现提出了"右文说"，并用从"戋"的"贱"、"浅"、"钱"、"残"、"笺"都有"小"义做了论证。这的确是一个重要发现，因为"小"并不直接是这些衍生字的相通类义，而是他从这些衍生字所表意象概括出来的通象特征。然而王圣美并没有意识到这一点，所以他仍然把其发现按相通类义来看待了。另外我们还注意到，王圣美没有把同属于"戋"的"践"、"饯"和"划"（铲）纳入字例。这是因为，"践"的语义是踩踏，"饯"的语义是以食送行，"划"的语义是"新"，他没有从中发现"小"的类义。王圣美的"右文说"具有双重启示意义：一方面，它说明对于通音字不能通过各自的具体语义直接来分析它们之间的意联关系，必须通过对各个具体语义的抽象概括来间接地分析它们之间的意联关系；另一方面，它也说明从元生字的某个抽象意义出发，是做不到统率相关同源衍生字的意联关系的，对于通音字的意联关系应该以字词所表事物的意象为媒介来探讨。

二、义解的片面性

"义解"不是指传统训诂学所称的"义训"，而是指用字义训解两字间意联关系的一般方法。或者说，"义解"是对字义或类义训解方法的简称。

从古代到现代，有不少学者对通音字的意联关系进行过探讨，也有过一些成功的发现，但由于没有对这些发现所运用的方法和媒介进行专门的总结，所以成效非常有限。同刘熙和王圣美一样，大家也基本是把训解媒介局限在了"字义"上。如此一来，即使碰巧从小范围的系联有一定发现，但一经深入推究，马上又会重新陷入不能周全多类字的困境。任继昉先生有一个关于汉字形义关系的概括十分精到，用于说明汉语字词的元衍关系也很适用："汉字的形义关系极为复杂：既有用同一声符表示同一意义者，又有用同一声符表示不同意义者，还有用不同声符表示同一意义者。"❶用同一个声符表示同一意义推演其与同符衍生字的意联关系只适用于三者中的第一者，如果遇见第二，第三者立刻就会陷入作茧自缚的境地，王圣美的字例正是如此。其实"戋"的字形元象指的是战争中的两戈交接，但这是个托义性借象，不是"戋"的字词语用义。因为两戈交接形成的撞击会造成戈刃出现小的锛口，所以从这个元象可以抽象出"小浅"、"轻薄"、"触击"、"交接"、"残损"、"新茬"等析象义。从"戋"之字正是分别在这几个析象基础上衍生的，而并非只是单纯从"小"展开的孳乳。其实，像"戋"这样可以用一个析解通象基本概括其衍生字的情况是比较少见的。另外，这样的概括用于通音字的通义训解虽然可以勉强关联，但在有具体字象的情况下完全放弃声符提示不用，往往会在关联线索上造成抽象类义和具体语义的双重缺失。比如，用"小"概括"戋"的类义，就湮没了"戋"的"间连"图式义，这会给更大范围的训解制造障碍。具体地说，"钱"的通象是串联貌，从"铜制、铭文"与"戋"中之"戈"具体通象；"浅"的通象为连接水岸的水边处，从交接和锛口不深与"戋"具体通象；"笺"的通象为册联貌，从"竹简窄条、刻字"与"戋"中之"戈"具体通象。由此看来，从"戋"之字并非仅是一味地从"小"取象通义。除了"戋"外，"票"的形声孳乳也是如此。"票"的借象是飞火，在轻飘这个通象上的衍生字比较多。通过转意基，"漂"在"表面"这个通象上也有一些衍生字，但在"弹击"这个析象义上，却只衍生有一个"摽"字。显而易见，从字义训解形声字的意联关系，就等于把意联线索的寻绎孤立地寄托在了衍生字意义的侥幸一致上。应该说，对于一般从多向孳乳的元衍关系而言，这无疑是

❶ 任继昉. 汉语语源学［M］. 重庆：重庆出版社，2004.

一种狭隘片面的思路。

从有些学者对一些字例的训解案例中可以发现，他们对元衍关系的顺畅训解，基本都是在意源清楚的基础上通过意象关联达成的。譬如，许慎从"雀"解"爵"，就道出了二者是通过意象相似构成的孳乳。假设意源不清，或仅通过字义没通过意象关联，其对"雀"和"爵"的训解是否还会如此顺畅就可想而知了。

三、字象是训解的基础媒介

从前述可知，字象是由字形象征性提示出来内在于心理表征概念的具体事物意象或抽象结构样式；字义是人借助字形的象征性从所表字象构建出来的功能语义。显然，字象和字义虽然关系密切，但却是两个不同的范畴。一般说来，字象是汉字孳乳的基础媒介，这就意味着它也是汉字训解的基础媒介。因此，要训解元衍孳乳关系不能仅限于以字义为媒介，更需要以字象为媒介才能收到较好的效果。

从总体来看，汉字的孳乳有些是从某一个字象结构一维延展的，但更多的则是通过元象的不同字象结构从多维展开的，其中往往还伴随着相似性映射、邻联性转代、转义基连映、构象映射和概念合成等多种方法的运用。由于元衍之间在意义关联上属于错综复杂的网络关系，因此要想单靠一两个字义梳理出系统的元衍统纪关系是很难办到的。汉字是音形义的统一体，文字的孳乳是如此，用文字表现的词汇孳乳也应该是如此。所以，要训解通音字间的孳乳脉络同样需要把字象作为合理的媒介选择。

汉语的通音字往往有着通音词的性质，所以通音字也可以称作通音词或通音字词。如果结合字形对通音字分析，通音字可以分为通音连形字和通音异形字。通音连形字就是指同素形声字，譬如，"票、漂、標"就属于通音连形字。通音异形字则是指字音相通但字形彼此没有关联的字，譬如，"爵和雀"就属于通音异形字（通音异字词）。通过前述对假借字和形声字进行的分析可知，有通音字词性质的假借字和形声字都是以概念的表征字象为媒介实现孳乳的。由此来看，汉语的通音字词同样应该是以语词概念的表征意象为媒介实现孳乳的，其所用的方法同样应该包括相似性映射和邻连性转代。所以接下来，我们将以字象原理为基础，尝试着对通音字词的孳乳机理做一些浅显的探讨。

需要说明的是，如果把字象原理转用到对通音异形字的关联训解上，就等于把字象分析转化成了词象分析，而词象分析所针对的则不再是对形义关联的字源训解，而是变成了对音义关联的词源乃至语源❶的训解。

第二节　字象与词象的关系

一、字象与词象的涵义

所谓词象，简单地说，当不是从形义关联而是从音义关联上看待文字所表概念的表征意象时，字象就转化成了词象。如果说字象指的是与字形所表语义对应的意象，那么词象则是指与词形❷所表语义对应的意象。总之，字象一经用于通音异形字的分析，就会突破字形限制拓展到对通音词的探讨上，这就意味着它会超越文字的形义关联而进入音义关联的领域。也就是说，从通音异形字的关联来探讨通音词的关联，等于是从语音词形的关联在探讨语词的孳乳关系。这不仅意味着从字象范畴转移到了词象范畴，同时还意味着把对字源的研究转移到了对词源的研究上。由此可见，字象转为词象不简单是名称的变化，而是研究和训解对象的变化。一般说来，字象侧重的是从形义关联来研究和训解文字的孳乳关系，词象侧重的是从音义关联来研究和训解语词的孳乳关系。

从二者的耦合关系上看，字象与词象属于错位交汇关系。也就是说，一个字的字象和词象之间，并不是所有的象元都构成一致对应关系，这从一个字词可以分别用象形、会意或形声等不同构造表现就可以有所体会。譬如，"塙"是"确"的异体会意字，二者虽然在抽象图式上一致，但在具体字象上却有很大不同。这表明在具体意象的表征样式上，字象与词象可能是存在区别的，然而这并不妨碍二者通过某一方面的关联实现耦合。由于汉字是音形义的统一体，所以字形与字象和词形与词象因同处同一个音形义复合体又是相互贯通的。从表层上看，与一个字形所对应的字象概念同时也就是与这个字形所表词形对应的词象概念。总之，一个字象概念，如果抛开字形直接从字音词形观察，字象就转化成了词象。

从语言文字的一体关系而言，字象和词象可以统称为语象，字形和字音可

---

❶　在本书中，词源指词汇的直接源头，即近缘孳乳关系；语源指词汇的总源头也即远缘孳乳关系。

❷　在本书中，词形是指汉字的字音，这是比附英语而来的称谓。一般地说，汉字的字形就是汉语的词形，但汉字不是明示的语音形式，故而借词形与字形相对表示汉字的音形，虽不准确但能表明意思。

以统称为语形（见图8－1）。

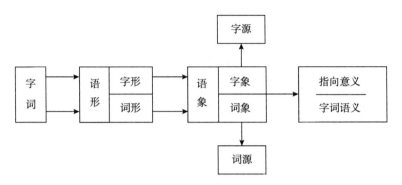

图 8－1　字象和词象关系图

二、字象和词象的比较

下面通过"尚"系联三组字词，来对字象与词象进行一下比较：

（一）"尚、赏、常、裳、堂、敞、当、尝"

这是以相同字素系联起来的同素形声字，也即通音连形字，我们先来看看它们在字象上是怎样的关系。

1. 尚

元象表示"天窗"。"天窗"这个元象可以析解出多个字象结构，依据不同字象结构可以孳乳出诸多衍生字。

2. 赏

天窗设在屋顶上，与人的形位关系形成"上下"图式。"尚"在"赏"字中表示从上往下的动作图式，"贝"表示上下动作图式涉及的财物象域，合起来表示"赏赐"的概念。

3. 常、裳、堂、敞

天窗对外敞开，所以"尚"又有"敞开外露"图式，在"常"和"堂""敞"字中都含有"敞露"图式。"尚"在"常"字中兼表外露和居中两个图式，"常"后为"裳"，元象指穿在外边的短裙。"堂"原本指房子所处的台基，用的是"高上"图式，后来转指门口高台阶和与之相连的正屋，用的是"敞露"图式。

4. 当

天窗处在屋顶的正中央，所以"尚"又有"居中"图式，在衍生字"当"中，"尚"用的是居中图式。形旁"田"表示位置象域，可以具体表示田地，也可以表示田埂小道，所以"当"可以具体解释为田块对应相等或挡住道路。

5. 甞

天窗可以开合，因而又有"动口"图式，在"甞"字中"尚"表现的就是这个图式。"品尝"是一种经历，所以"甞"引申表示"曾经"的意思。

（二）"尚、上、商、赏、晌、裳、筋"

这是以现代音相同的词形系联起来的通音异形字，下面来看看它们之间的词象和上古词形的关系。

1. 尚

词象：元象指天窗。天窗在屋顶上方的正中央，主要作用是排烟，兼可采光通风。有抽象的居中、外向、下上以及相对的上下图式，常用义为"高、尊"或"以之为尊"。譬如，"尚武"。词形：时亮切。禅母，漾韵，去声。

2. 上

元象直接就是抽象的上位图式，即某物在某物之上，有上司的意思。与"尚"的下上图式"↑"相同，词形：时亮切。禅母，漾韵，去声，同尚。

3. 商

元象指"商漏"中的受水器。可以抽象出上下图式"↓"和相对的承上图式"↑"。词形：式羊切，审母，阳韵，平声。"商"为商朝名号，有上承天祚、下导庶民的意思。与"上"谐声谐韵。

4. 赏

原本用"商"表示。指"王上"对立功者进行奖赏。"王"为上位图式，往下赐物，形成上下图式"↓"，与"尚"和"商"有相同的图式。词形：书两切，审母，养韵，上声。与"商"双声谐韵。

5. 晌

元象指正中午。兼有上下和居中图式。字形从日，向声。日，指太阳。向，本指向北的窗户，在"晌"字中通"尚"。合象是阳光从屋顶入窗。词形：始两切，审母，养韵，上声，同赏。

6. 裳

本作"常"。古人系在腰间外边的长裙，兼有居中和外敞图式。与"尚"的居中图式相比，只是发生了方向性的转换和抽象变形。词形：市羊切，禅母，阳韵，平声。与"尚"双声谐韵。

7. 觞

元象指类瓢形酒具。本是舀具，后直接用来饮酒，故引申为盛有酒的酒具。因其能漂浮在酒面，所以有上位图式，与"商漏"有相通的图式。式羊切，审母，阳韵，平声，与"商"双声叠韵。

在第二组字词的词形中，阳、养、漾三韵为同韵不同调的通韵；照、审、禅三母，互为旁纽，可以相通谐转。所以，这些字词在上古时也属于通音字词。

从对第二组字词进行的分析中可以看出，从"尚"所系联的词汇基本都可以通过词象构成关联。"尚"所统率下的各词基本都是以"上下、居中、外敞"等词象图式为基础形成的指向意义，有些甚至直接都与元象"屋顶天窗"具体相关。显而易见，它们都是以词象为媒介，通过相似性映射和邻连性转代构成的关联。从词形词象的角度来说，它们中的有些字词应该属于一词多义，但由于汉字字形的区别作用，它们都被分化成了有明显字形差别的不同字词。

通过第二组通音异形字的分析还可以发现，除了"上"和"尚"能够直接从字义上看出些关联外，其他字仅从字义上基本看不出有什么意联关系，可以说是语义完全不同的词汇。但如果从词象角度分析就会发现，这些通音字虽然字形不同，但在语义表征意象上却有着密切的关系。

（三）"央、亢"

"央"和"亢"属于同"尚"在词形和词象上都密切关联的谐音异形字，按宽泛标准它们也属于"尚"的通音字词，把它们附列在"尚"系字之后，更有利于我们深化对词象和词形关联变化的了解。

1. 央

元象指屋顶上支撑瓜秧豆蔓的棚架，与"尚"属于连象关系。因夏商时代多为圆形屋，所以"央"有高上、居中图式。从高上图式引申指"顶端、尽头"。在甲文"陆"的右旁中，二"央"上下叠置表示类似城楼的亭台。"陆"表示上下高台的阶梯，引申指高地、陆地。"央"的词形为：影母，阳韵，平声，与"商"叠韵。

2. 亢

元象指重檐式屋顶的侧开天窗，是顶开式天窗"尚"的改进型，也是以后重檐式建筑的雏形。从其形制特征抽象，有高上、凸出图式，由此又有鲠直、高傲、亢阳等引申义。上古音为溪母·阳韵·去声，与"央"和"仓（清·阳·平）"叠韵。

"央"从影母，"亢"从溪母，二者虽然声母与"照、审、禅"关系较远，但都从"阳"韵，属于同"尚"谐韵而声母变化的谐音异形字。

三、字象与词象的联系

字形和词形相对于语义概念而言属于外在的语表象征形式，字象和词象相对于语义概念而言属于内在的心理表征形式。字象与词象从同是语义概念的内在表征形式上看是密切关联的。一般来说，汉字是音形义的统一体，一个字的字象同时也就是其所表词汇的词象，二者的不同只在于听觉词形和视觉字形之间的感官形式有别，其对应的心表意象在同一个字词上是通联在一起的。譬如，"尚"这个字形是视觉形式，相应的语音词形"shang"❶为听觉形式，常用语义表示"崇尚"，其心表意象是下上图式"↑"。下上图式相对于"尚"的字形而言就是字象，相对于"shang"的词形而言就是词象。再如，"赏"，表示赏赐。"尚"在其中的表征意象由于转换了关联象域，其图式也由下上图式转换成了上下图式"↓"。"赏"的概念图式与"尚"相比发生了变化，由下对上变成了上对下，相应的象征它们的字形构造和词形声调也出现了不同。显然，字象与词象虽有变化但依然紧密联系，属于同一意象关联下的视角变化。再从表现字象和词象的字形和词形上看也是密切关联的："赏"的字形中明确保留了"尚"作为关联标识，变化的只是作为背景象域的形旁；而"赏"的词形与"尚"相比，声韵相同，只是声调有所变化，二者之间保持的谐音关系也属于词形上的关联标识。

四、字象与词象的差异

字象与词象的差异可以从三个方面个考察：

（一）字象与词象的系联框架不同

从关联条件上区分，字象与词象最明显的区别是它们各自的系联框架不同。字象是以字形构造同素为相关框架系联形成的心表形式，词象是以语音词形接近为关联条件系联形成的心表形式。譬如，从字形同素构造上系联，可以形成"尚、赏、常、敞、裳、当、尝"系列；从词形近似上系联，可以形成"尚、上、商、赏、晌、裳、觞"系列。显然，在词形的系联中排除了"当、

---

❶ 语音词形用汉语拼音代替。严格说，拼音只是汉字的注音形式，并非拼音语言有差别对立性的词形。

常、敞、甞"，因为它们的语音不属于"shang"的词形。同样，在字形的系联中，则排除了"上、商、晌、觞"，因为它们的字形构造中都没有"尚"这个声符字素。由于存在着这样的差别，所以就不能说字象与词象完全等同。因为在以表面形式相区别的视角下，字象从属于字形，词象从属于词形。在此基础上进一步观察还可以发现，由词形相近构成的词汇系联，其各词元象一般来自多个域象背景，各词之间只有在概括的基础上才能贯通；而由字形同素构成的系联字，其元象一般只涉及一个域象背景，各字之间可以分别通过元象展开具体的关联。

但是，这只是从形式上观察到的表面现象。域象背景的不同，只是分别以字形和词形为中心产生的差别。如果以意象表征为中心来观察，这两种系联没有本质差别。因为从字象系联的关系中可以发现，同素通音字之间直观具体的域象背景也不相同，只是由于有同符字素作为元象标识，我们才明确的知道，它们的域象背景不同是由跨域映射造成的，映射的意联关系是以抽象图式相似为基础实现的关联。如果同样从这个角度再来观察，由词形系联起来的字词，尽管它们没有同符字素作为元象标识，但在抽象的层面上，一样可以发现它们之间拥有图式上的关联，这种抽象的图式关联同样可以看作是通过跨域映射造成的。况且，词形上的谐音近似于字形上的同素，只是由于具形表现手段有别才造成了标识形式的不同，而这种不同并不属于内在表征形式上的区别。由此可见，在通音字词存在语表层面差别的深层中，其字象和词象在心理表征上是相通的。

（二）字象与词象涵盖的内容不同

与系联的形式框架不同相一致，字象与词象所涵盖的内容也会有所区别。显然，从字形系联而成的"尚、赏、常、敞、裳、当、甞"系列，与从词形系联而成的"尚、上、商、赏、晌、裳、觞"系列，在意象的涵盖内容上是不同的，而涵盖内容的区别就意味着各自成员之间的意象关系远近和意象关联方式不同。从整体上看，由词形构成的字词系列，看上去关系比较远，关联态势呈现为会聚集中型；而由字形构成的字词系列，看上去关系比较近，关联态势呈现为扩张发散型。

一般而言，我们之所以不能从字义直接感知通音异形字之间的联系，是因为字形孳乳分化后，一般都具有关联通象隐匿、区别差象凸显的特点。我们在基本意象中讲过转意基，其实从相对角度看，转意基即是词义转化的分义基又是分中有连的联意基，是分化与连转的统一。词义通过字形施行的分立，虽然是通过词象共性在通象上构建的孳乳路径，但孳乳的目的决定了孳乳出的字词主要不是为了凸显词象共性的一致关系，而是为了凸显词象个性差别的对立关系。也就是说，对词象施行字形分化是以具体差象的分化为前提和目的的。反过来看，没有差象区别也就没有必要在一个词形之下分立出那么多的不同字形。从这个意义上来说，字形就是差别对立化的词形。所以，词象与字象在抽象层次上存在的是孳乳关联关系，在具体层次上存在的是分化对立关系，是抽象与具体、对立与统一相结合的关联关系。从语形上来说，字形分化相对于元生字所表的意象概念而言是比较大的变化，相应的与之对应的词形往往也会出现声韵调的转变，譬如，"亢"、"央"。从词象上来说，这两个字词与"尚"和"仓"直接相关："尚"为顶窗式房屋，"亢"为重檐式房屋；"仓"为储粮建筑，"央"为仓廪或房屋上的棚架。但由于它们的指向意义不同，词形便有了声母和声调上的变化，相应的，字形才做了明显的区别。

需要说明的是，就上述从"尚"所系联的通音异形词来看，好像通音异形词间的意联关系基本都是图式映射关系。其实，通音异形词间的真实意联关系并非如此，这是我们为了便于理解所采取的系联方式造成的。一般说来，图式映射关系由于抽象图式相同，有可感的共性，因而容易从抽象层面发现和理解它们之间的关联性。而邻连转映关系由于抽象图式不同，没有可感的共性，反而不易发现和理解它们之间的关联性。所以，"尚"系通音词之间所反映出的意联情形，是由于我们在系联中摒除了转映性字例造成的，并不证明在词象的孳乳中只有单纯的图式映射方式。譬如，同是词象孳乳，"章"与"商"就属于由邻连转映方式形成的孳乳关系。这一点在后面对词象孳乳方式进行讨论时，才会体现出来。

（三）字象和词象同六书的关系不同

在与六书的关系中，词象与字象略有不同。字象与六书是全面的联系，从象形、指事、会意到假借、转注、形声，表现的是从形义关联到音义关联的兼容情形。而词象与六书的联系，主要侧重在假借、转注和形声方面。与其说这三种造字方式有表音化倾向，毋宁说它们直接就是以音义关联为基础借助词象形成的孳乳。从这个视角看字词的孳乳，可以得到不少新的认识。

1. 假借

从字形所表的具体字象上来看，借与被借没有直接具体的关联，但从抽象层面的词象上看，借与被借却存在着图式映射或邻联转代的关联。其实，相对于词象的抽象性而言，所有字形表示的具体字象，除了像"马、牛、羊"这些字义与元象直接对应的情形外，都可以视为借象。譬如，"人"和"内"，可以认为都是从谷子入仓取象，但它们所表示的概念却是"进入"和"纳入"的抽象意义。按说这种情形可以算作假借，但为什么没有人把它们视作假借呢？这是因为这两个字一造出来就在假借字象与抽象语义之间确立了直接的对应关系。如果抛开字形从词在字先而言，那么假借基本可以被看作是词义从具体向抽象的转化，譬如，从花草的"花"到花钱的"花"。

2. 转注

从词象关联与分化上来看，转注就是通过词形的某种曲折变化来表现词义变化的方法。从字形上来看，典型的转注是通过给原有的字形加注偏旁表明声符字义发生了关联性变化。譬如，甲文"考"的字形是在"老"的基础上加上了一根手杖；从词形上来看，两个词是把复辅音声母 k'– l 做了拆分变化。从抽象语义上分析，两个字词都指"年老"；从形义关联上分析，"老"的元象可能是从"老女人"而来，抽象所表的"年老"范围比较宽泛；而"考"的元象可能是从"老男人"而来，抽象所表的"年老"范围比较狭窄，多指古稀之上的年老。

3. 形声

如果转注还可以被看作是字形被动适应词象概念孳乳的话，那么形声则可以被看作是主动利用字形孳乳来拓殖词象概念的反映。譬如，"娄"，人顶着的"篓"，与房屋顶着的"楼"，因抽象图式相同可以形成孳乳。于是，词形便主动借助声调变化来表现这种从词象概念上发生的孳乳，字形则主动借助为"娄"加旁来表现这种从字象概念上发生的孳乳。从字形上看，形声性的语义孳乳，往往表现为不经过假借途径直接形成的孳乳，这是它与转注的最明显区别。但抛开字形从语音上看，还等于是通过词形不变的假借或词形有变的转注所形成的词义孳乳。譬如，从语音 qu 上说，"取——娶"就属于词形不变的假借孳乳；而"去——驱"则属于声调有变的转注孳乳。

第三节　字象和词象的统合

一、字象和词象分训的局限

字象分析法是一种基本符合汉字孳乳实际和一般思维规律的综合性方法。

它对于一个字本义的考训，不是单纯靠字形及其意义孤立的进行，而是在考训诸多引申义的同时，还要把它同假借义及相关同素字系联起来，并辅之以实际意源和文献资料来综合考量，其意旨非常强调对一个基础字形的元象钩沉。显然，这在方法上就增加了本义训解的连锁性和旁证性，并从根本上限制了训解的任意性。应该说，这种方法对于一般字的本义考释是比较有效的，但这是相比较而言，并不是说它是可以解决所有字源问题的灵丹妙药。客观地说，单纯的字象分析仍然难保不存在盲点。

语言文字的复杂性基本等于人的思维和人类社会的复杂性。一般来看，文字的产生要远远晚于语言词汇的演变形成。如果文字的考释仅仅局限在字形字象领域，那么不仅从汉字音形义统一的实际上来看是片面的，而且就是从字象与词象的紧密关联上来看也是不全面的，所以把字形和字象的考释同语词的音义关联考释结合起来是十分必要的。

有些基础汉字具形简单抽象，符号化程度高且构造歧义性大，单纯依靠字形进行训解极易造成误判。譬如，许慎解"亢"为"人颈"。再如，多家解"央"都把它纳入人体范畴，诸如"人立于门内"，"像人戴枷形"。其实，这都是由于这两个字的构形与"大"接近造成的误判。还有些基础汉字来源曲折，衍生字少且旁证不足，如果单凭字形来推断元象不仅非常周折，而且极易造成歧义纷扰的局面。譬如，"寅"，甲文从"矢"，后来逐渐繁化，常见的衍生字只有"演、夤"，由于旁证少因而对其元象的考释一直是众说纷纭。

每当遇到此类情况时，前人常用的方法就是结合"声训"来解决。"声训"可以从通音字词的音义关联上协助确证一个字的元象本义，综合运用"声训"可以拓宽思域，增加旁证。譬如，"厂"和"宀"两个字素，一般都可以表示居所，但由于它们同时出现在了甲文"庶"中不好分解，于是便形成了不少歧义性的错解。其实，如果在此处运用一下"声训"就会发现，与"庶"互为旁纽叠韵的有个"厨"字，二字不仅谐音，而且字形构造在甲文中也很接近，据此就可以推断"庶"是"厨"的初文。由此可见，"声训"可以使问题变得简单。同样，对于"亢"和"央"，如果联系一下谐音字"尚"、"方"、"仓"，就可以发现它们的象域都与"房、架"相关。如果再从房屋联系到"宣"和"啬"，还可以发现"亢"是从甲文"宣"而来的析出字，"央"是从"啬"而来的析出变形字。"寅"也是一样，如果联系一下"演、衍、引、蔓"等谐音异字词，也就容易抽象出它们都有"蔓爬"图式，反过来再审视字形繁化所加的手，就可以推断"寅"的元象是大人引导孩子练习爬行。如果进一步从"寅"联系到"黄"在甲文中同字，还可以确证"黄"的元象是小孩戴的"佩璜"。

显而易见，仅从字源考训上说结合语词的音义关联就是十分必要的。如果要进一步深入到词源的考训，那就必须要音形义结合对字象和词象同时进行考量才更可靠。

二、语象是字象与词象的统合

汉字是音形义的统一复合体，一个汉字既表现为一定的字形，又代表一定的语音词形，因此字形与词形相互贯通密切关联。与此同时，字形和词形还共同与一定的意象概念对应，与一个字形对应的字象概念，同时也是与这个字形所表词形对应的词象概念。就汉字而言，字象和词象往往是与同一个音形义复合体相连通过不同背景来区分的同一个东西，二者属于一而二、二而一的关系。显然，如果完全把词象与字象对立起来考察字词，并不符合汉字的实际。汉字有以字形区分词义的功用，字形实际上是汉字所表词形的一个组成部分，所以考察汉语的词形和词象不能绝然脱离字形和字象，需要把二者统合起来。所谓统合起来，就是要把字形与词形统合成语形来综合考察由字象和词象构成的语象。汉字是字象和词象双象同表的语形符号，这个特点有利于我们从抽象和具体两个层面对通音字词进行综合统一的语象考训。

从语象考训字词，就是统合字象和词象对字词进行双象联训。汉语的字象与词象具有统一性，无论是基于字形的形义训解，还是基于词形的音义训解，分别孤立的考训都会造成很大的局限性。字象与词象分训，要么会使考训过程陷入狭促境地，要么会使考训结果处于偏执状态，总之都会因存在一定盲区而达不到全面通训的效果。

孙森有一段从"章、商"谐音推断商族得名于滴（漳）河的考释，由于采用的基本是孤立的"声训"，所以其得出的结论就显得比较片面。

王念孙《读书杂志·荀子第三》："商读为'章'，章与商古字通。"从字形上看，"滴"是水名，故从水，商声。"滴"去水旁则为"商"。因此称水之名则为"滴"水，称族之名则为"商"族或"商"人。商族之名，由"滴"

而起，这就是商人族称的来源。❶

商人族称由"滴"而起，从漳水得名这个结论应该是一种误解。问题出在不清楚"章、商"为何古字相通上。这不是单纯能从"商、章"音近义通上可以理清的问题，从词形相近只能笼统把握两字关联的大概方向，不能明确解决具体的意联关系问题。要想搞清"商、章"字通的缘由，还是要通过两字语象的综合分析才能解决。

【按】商：甲文 $\text{閉} \text{彔}$　金文 秀；章：金文 暈

"商"，从甲文可以看出，其字形并非如许慎所说："从外知内也，从冋，章省声。"而是分别"从羊从内"和"从辛从冋（纳）"而来的会意字。辛，鎏凿契刻工具。羊，从二辛会意，二辛并非实指，而是表示分石剖木或契刻的动态图式。在"商"中，从羊同从辛一样，转代表示的都是"辛"的关联象域——刻标。"内"与"冋"在此通象，均为仓廪容纳图式，表示受纳容器。所以"商"的元象是指古代铜制计时器中的受水壶。通过"商漏"的计量和转运图式映射，"商"有商量和商人等引申义。

"章"，《说文》："章，乐竟为一章。从音从十。十，数之终也。"析形不确，解释为引申义。"章"的金文字形是把"辛"的竖画拉长纵贯于"曰"。辛，在"章"中与在"商"中的所指一样都是表刻标。曰，从人的授意之口喻指"商"的授时之口，也是刻标所以由出之处。以后小篆把下边的"曰"改成了"旦"，"旦"为日升之象，与"章"构成的会意结构还是授时浮标的意思。"商"的元象突出的是整个受水器，而"章"的元象则凸出的是受水器中显示时刻的浮标。"章"，刻有百度，随漏水在"商"中上升以显示时间。以后，通过刻标概象的连续映射，逐渐形成了花纹、条规、乐章、奏章、文章等引申义。

从词象上论，"商"为受水壶，"章"为壶中刻标。二者字形构造相似，在语用中通字互用，属于同域连象的转代关系。从词形上说，"章"的词形为诸良切，平声，照母，阳韵。"商"的词形为式羊切，平声，审母，阳韵。照、审两母互为旁纽，又同为阳韵，所以"商"和"章"在词形上属于通声叠韵的谐转关系。

再看史源。商的始祖契，是帝喾之子，帝喾是黄帝的曾孙。《说文》："喾，急告之甚也。从告，学省声。"许慎的析形不确，"告""学"古音相通，应该是"从学省，从告会意"，其释义以"告"为主也不准确。从字形分析

---

❶ 孙淼. 夏商史稿//[M]. 任继昉. 汉语语言学. 重庆：重庆出版社，2004：24.

看，学与教古字同源，告与牿相通，桎牿为御牛负犁或拉车的枷套，所以"詧"的意思应该是"教民以告"，即教民用牛犁地或拉车。古人"名不虚作"，命名往往象征着一个人的形态特征或事业功绩。譬如，"禹"，字形从夹捕蛇，蛇象征水患，大禹因治水有功所以称"禹"。帝喾又称高辛氏。辛为破石剖木的錾凿工具，古人的氏称，一般与封地和职业功绩有关。帝喾以"高辛"为氏，说明他擅长器物创制，很可能是因为发明了牛耕之犁而成为五帝之一的。进一步来看，商的始祖称"契"，也与"辛"有关。"契"即"契刻"，具体刻什么？也许指"铜器模具"，也许指"商漏章刻"，甚至是指甲文字，尽可推想。总之，都可以从甲文和殷商出土文物中得到确凿的明证。很显然，商族在当时是一个以工商业发达著称的部族，构思巧妙的青铜"商漏"应是其众多器物创造中的代表，而且"商漏"有承上启下的寓意图式，很符合"商人"上承天祚，下启庶民的意识观念。在古文献语用中，"商"同时也是"金"（财富、西方）的代称。商族尚白，白色属金，其又迷信占卜，所以"商"的族称，应该是从善制金铜、善于经商或自诩金运得名。

古人为地区命名也是"名不虚作"。有的从地域物产或地貌特征命名，譬如，"蒋"原为茭白（交菰）的古称。周初在今河南固始地区封有"蒋国"，所以称"蒋"，从其出产茭白得名。"徐国"是位于淮河下游的周初封国，商代称淮河中下游地区为"徐夷"，这是从其泽多难行命名。也有的地名就是从所居部族的族称得名，譬如，"嬴水"（即西汉水），嬴为早期族姓，后迁至西汉水定居，所以嬴水系从"嬴秦"族称得名。至于"漳水"或"滴水"也应该与此相同，即从商族得名（也可能从商漏章刻得名）。"宋"是"商族"在周的后继封国，其得名也有缘由。周灭商后，为了安抚商族后人，封纣王之子武庚在河南商丘一带建国，仍从原名称"商"。武庚因勾结管蔡二叔造反做乱被杀后，周又封纣王庶兄微子启为继，改称为"宋"。《说文》："宋，居也。从宀，从木。"居，即安居之意，这是"宋"的引申义。"宋"的元象本指用以支撑固定天窗的木棍，字形与"更"相比只是去掉了"又"，并且变"丙"为"宀"（"更"字，在"便"中也是从"宀"）。从词形上论，"宋"同"送、颂、耸"相通，支窗的动作是用木棍将天窗"送起"固定，支起的天窗为高扬敞口貌，分别与"唱颂"和"耸立"图式一致。"商"改称"宋"有双重意味，从周室称"宋"而言，有持续相送、继立不灭的意味；从殷人自己称"宋"而言，有安居不反、感恩颂德的意味。作为殷商后人的孔子，倍加推崇周公的"仁政",其中不乏有对周公仁至义尽善待殷人的感念因素。

从"商、章"关系的考释可以看到,没有词形和词象的考训,单凭字形和字象我们很难想到"商"和"章"互为连象,有着语用上的邻联转代关系,也就难以想到把二者联系起来,也就不能具体知晓"章"既非"乐章"又非简单的"契刻"。同样,如果单凭词形和词象考训"章、商",我们也只能笼统地知道二者"音近义通",但究竟情形如何,还是难以明晓具体的关系。所以,要想得到清晰明畅的考释结果,把字形和字象与词形和词象统合起来,进行语形和语象的综合考训是十分必要的。

第四节 语象的孳乳原理

以上我们从字象到词象、再到语象探讨了字词孳乳的媒介和途径问题,下面我们再通过孳乳的方式方法来讨论一下字词的语象孳乳原理问题。

在文字的音形义关系中,语形是外在的形式,语义是内在的内容,语义处于核心地位。所以,要研究字词孳乳离不开语义这个内核,而语义又是通过内在形式的语象来表征的,所以研究语义就变成了研究语象。从字象孳乳的机理来看,汉字的孳乳是以元象、图式、象域、析象等字象结构为媒介和途径、以网络化形式展开的。在孳乳方式上,则包含了不同视角的通象映射、邻连转代、转意基连映、合象会意、概念会意等多种方法的运用。文字的孳乳如此,用文字表现的词汇孳乳在方式方法和意联类型上又是怎样的呢?我们试以许慎所给的"爵"字为例做一个系联分析,主要是通过谐音字词的语象关系来探讨一下语词孳乳方法和意联类型问题。我们按层次关系分析如下:

一、雀、爵、角的意联关系

(一)雀、爵、角的关系

按许慎和段玉裁的解释:"雀"的音义来自对麻雀和其叫声"节节足足"的模拟。"爵"为礼器,因其形状似"雀",故而也从"雀"得名。但这只是从"雀"联系到"爵",从通音词研究上看,显得不够力度。其实,还有一个"角"与"爵"密切相关。"爵"作为礼器,其正规的样式为三足两柱、前有流嘴旁有鋬手的铜制雀形。但这个样式不是"爵"的本初形制。"爵"本起源于兽角制成的酒器❶，兽角一头大一头小，弯曲内空，可以做成杯形酒器。由于不得放置，于是人们便在角的两边捆上两根木柱，与角的尖端共同构成了三足可置的形制。如此一来，"爵"的形态看上去就像一只站立的麻雀，角口朝上并探出流嘴，酷似"雀"扬起的头，角尖在下并后甩充当一足，又似雀尾，两根立柱则像麻雀的两足。用角制成的"爵"有两种样式，一种为两柱高出上口的形制，称作"爵"；另一种为两柱低于上口的形制，直称作"角"。以后用青铜制作变得精致，但基本样式变化不大。由于"爵"的制作基础是"角"，其形状似"雀"，所以这三个字词在语源上有着密切的关联，并由以孳乳成了一个庞大的词族。下面先看看这三个字词的基本情况：

1. 雀

《说文》："雀。依人小鸟也。从小，隹。"元象：指麻雀、燕雀、引申指小鸟。词形：即略切，精母，藥韵，入声。

2. 爵

元象指酒器、礼器，盛行于商周。引申义指"爵位"。词形通"雀"，即略切，精母，藥韵，入声。"爵"有复合词"爵踊"，"爵踊"就是雀跃，引申指跳脚，雀的行进方式就是跳脚。

3. 角

《说文》："角，兽角也。象形。"元象指兽角，经加工可用作酒器，三足前后尾形，形状似爵但边口无柱。因用作量器而引申为量制单位："凡觞，一升曰爵，……四升曰角。"因用作号角，引申指五音之一。古岳切，见母，觉韵，入声。

（二）雀、爵、角之间的孳乳方式

可以看出，爵与雀同音，构拟词形❷为 *tsiok，角的构拟词形为 *kiok，按觉韵入声构拟为 *kuk。从字形上看，雀为会意，爵与角均为象形，三者之间没有明显的关联。从语义上看，爵与角的引申义有关联，从本义上看三者也不关联。从语象上看，三者密切关联：

1. 雀→爵

二者因廓象相似属于通象性意联关系。其对立差象是：爵为器具，雀为动

---

❶ 邹晓丽. 基础汉字形义释源 ［M］. 北京：中华书局，2007.

❷ 严格地说，汉语的音标注音不等于拼音文字具有对立性的词形，这里把字词的注音形式当作汉语词形，也是一种比附性的称谓，为的是方便分析。

物，二者属于不同的象域，其语义孳乳方式属于跨域性譬喻映射。词形不变，属于一词多义孳乳；字形不同，标示出了孳乳后的分化。

2. 角→爵

二者因材料与器物合体属于连象性意联关系。其差象是：独立时各有分属象域。角的基本象域为动物，爵的基本象域为器具，角可以制成"爵"，也可以制成"号角"，但统一于"爵"时，二者互为象域，属于同域，其语义孳乳属于邻连性同域转映。从词形上考量，"角"显然不是从其作为号角的音响得名，而是属于从"爵"谐声转语得名。这也是其后来演化成与"爵"同音的基础。

3. 雀→角

"爵"是介连"雀"与"角"形成意联关系的中介转意基，二者因为都与"爵"相关而间接关联，彼此之间属于转意基连映关系。其关联方式见（图8－2）。

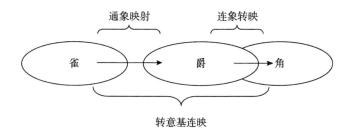

图8－2　雀、爵、角孳乳关系图

二、雀、爵、角的孳乳方式

从上图8－2可见，"雀与爵"属于通象映射的孳乳方式；"爵与角"属于连象转映的孳乳方式；"雀与角"属于通过转意基连映形成的间接孳乳方式。这三种方式在字象的孳乳方式中都有，这说明词象与字象在孳乳方式上有一致性。进一步我们再来看看"雀、爵、角"与相关形声字的孳乳方式：

（一）"雀"的形声孳乳

由于字形接近，"雀"作为声符时常与崔（鹤）讹同。崔，元象指鹤。鹤的短尾身型似"隹"，故从"隹"转文会意，加"宀"凸显"鹤"的长颈黑项形态。"崔"的词形与雀不同，应是从鹤的鸣叫得声，属于另一个语源系列。从"雀"衍生的主要形声字有榷、搉、截。

1. 榷

《说文》："榷，水上横木所以渡者也。从木，寉声。"水上横木即独木桥。在实际生活中，麻雀常有独占树枝的情形，因而在人们的头脑中形成了相关经验意象，"榷"正是以此为基础构造的字形。榷，可以从字形构造直接合成偏正结构"雀占之木"的构象，并通过跨域映射喻指"独木桥"。独木桥有供单人通过的功用象域，于是形成了"独占"的抽象图式。通过"独占"图式的映射，"榷"引申表示"专营、专卖"。"专营"的目的是为了增加国家的财政税收，于是"榷"又有了"税收"的象域义。"榷"通"确"，表示实在、真实的意思。如果以"雀"临空为虚浮不实的话，那么"榷"所表现的"雀立枝头"就可以抽象出"停稳落实"的意义，这是与"独木桥"视角不同形成的指向意义。如果从词象关联上理解就比较简单了：因为"雀"通"角"，所以"榷"也通"确"。由此进一步来说，"确"是通过形旁置换从"榷"而来的转注字。

2. 摧

《说文》："摧，敲击也。从手寉声。"麻雀经常性的活动就是觅食，给人的印象总是啄来啄去。这个印象构成了"雀"啄击动作的析象图式，由此经跨域映射并加"手"旁便造出了表示人手敲击动作的"摧"字。由"敲击"引申又有了"研讨、商量"的引申义，这是直接从"雀"的字象看的。从词象上看，"爵"和"角"都是量制单位，都做过量具，"雀"与二者相通。从此出发，"雀"也就有了斟酌、考量的性征析象，加手旁作为"摧"即突出了"酌量"的析象义。摧，还有较量的引申义，当然，这个意思可以从麻雀竞逐争食上疏解，也可以从研讨引申为切磋技艺上疏解，但如果从"雀"与"角"词象相通上来说，较量这个意思从"角斗"上理解更加直接，而且"角"本身就有"竞逐"的引申义。"摧"为古岳切，见母，觉韵，入声。从词形上看，其同"角"比同"雀"的关系更近。

3. 截

《说文》："截，断也。从戈，雀声。本义为切断。"有截取、界限、一节、从……至、整饬、终结等相关引申义。从字形上看，"雀"为小鸟，"戈"为兵器，"截"字从长戈击杀小雀构形，显得有些不合常理，但若联系词象来看，"截"的构形并不难理解。"戈"从蚌刀演化而来，在构形表意上可以指刀、镰。"雀"通"角爵"，用"角"制"爵"，需要切取适宜的长度，掏空角腔，并修治合适的木柱，然后才能组装出"角爵"。这个连续的工艺过程是

"爵"的事程象域，"截"是其中的事节。所以，在"截"字中，"雀"映射指"角爵"，与"戈刀"组成会意结构，可以凸显"截断"这个事节象域义。清楚了"截"的语象背景，再来看"截"的引申义，就容易理解其孳乳脉络了。

（二）"爵"的形声孳乳

《说文》："嚼，啮也。从口，焦声。嚼，噍或从爵。"嚼的意思为咀嚼。引申为品味、反刍。"爵"为酒器，吃喝咀嚼是它的直接关联象域，所以"爵"与"嚼"属于连象转意关系，加"口"旁则凸显了"咀嚼"这个象域义。

（三）"角"的形声孳乳

角，在合体字中主要作为形旁，多表酒具、量具。由于"角"作为号角，又在五音中表示第三音。"角"有衍生字确、桷、觜和嘴。

1. 确

《说文》段注："确，磐石也。从石，角声。"《正字通·石部》："确，硗确，石地。""确"有异体字埆、墝、碻（高和角词形和词象都相通），都是围绕土块或石块高稳坚硬会意。"角"的质地坚硬，有坚固析象。通过邻连性转映，"角"转代表示"坚硬"这个析象义，并加石旁予以凸显。石头的特点也是坚硬，所以，"确"属于通象互映式的会意结构。由"坚硬"引申，"确"又表示"坚实、坚定"。硬土砾石对于植物生长而言就意味着贫瘠，于是"确"又引申表示"贫瘠"、"俭薄"。这些引申义都属于从不同的象域关联而来。"确"还直接通"角"，表示"角逐"。

2. 桷

《说文》："桷，榱也。椽方曰桷。从木，角声。"角的主要特征是尖角，故而有夹角、棱角析象义。加"木"旁成"桷"表示方椽，属于用棱角析象与"木材"象域会意出的构象。

3. 觜

《说文》："觜，鸱舊头上角觜也。从角此声。"就字象而论，"觜"可以分解成"此角"。此，比近、相似。"此角"，即像角之物，也即毛角、鸟嘴。从词象上论，"铜制角器"有前后尾形制，与毛角通象，且是由饮之处，与人口邻域。所以后来"觜"加"口"旁为"嘴"，既表示鸟嘴、人嘴，又表示像嘴之物。

经过梳理可以知道，在字象中所涉及的孳乳方式，在词象中也都同样涉及，这说明字象与词象的孳乳机理基本上是一致的，这也是因为它们都遵循相同的思维规律使然。

第五节　语象和语形孳乳

语形孳乳包括字形孳乳和词形孳乳。同语象对应时，语形孳乳虽然涉及字形但主要是指词形孳乳，所以语形孳乳指的是语音词形相同或相谐，字形不同的字词孳乳。从某种程度上来说，对语形孳乳进行考训基本就等于是对词源进行考训。

一、雀、爵、角可能的孳乳范围

在对词象孳乳方式的分析中，我们从"雀、爵、角"引出了一些形声孳乳字词，下面我们把"雀、爵、角"和这些形声字词做一列表，再从形义和音义关联的角度看看其可能孳乳范围中的字词。当然这些字词不一定就是"雀"词家族的全部，但基本可以从中了解一些字词通过语象进行语形孳乳的情况。表中的横行为声母，用数字编号；纵列为韵部，用大写字母编序，纵横相拼即是表位中字词的词形，声韵调均按传统文字标目表示。见下表❶：

韵 声	A 藥·人	B 屋·人	C 质·人	D 月·入 或长入	E 觉·入 或长入	F 支·上	G 物·入	H 宵·去 或上	行 列
精 ts	雀爵	足镞	節结	最 揭子		觜嘴			1
见 k		角 珏谷斛捐	拮桔谪	欮厥撅 决玦掬葛 括聒刮	角匊菊梏 告梏搅觉		橘骨	教较校叫 （上） 绞矫敫	2
溪 k′	榷	确曲壳	阒诘	缺阙阔	酷		屈		3
群 g		局		橛 桀碣竭			掘崛倔	轿	4
疑 ng	乐	岳狱玉		月			兀		5
清 ts′		促							6
从 dz	嚼	族		截蕝绝					7
影 Φ	藥约沃	握		屋斡			蔚尉		8
匣 e			穴	活曰戉衞	学		卒位		9
庄		捉							10

第一，"雀、爵"的词形为精母，藥韵，入声，涉及的"精母"列为第1

---

❶　表中字词的词形基本取自唐作藩《上古音手册》，少数取自《词源》。唐作藩．上古音手册[M]．北京：中华书局，2013．

行，药韵入声列为 A 列。表位标示为 1A。以此类推，"榷"的词形涉及的溪母列入第 3 行，韵从"药·入"的 A 列。"嚼"的"从"母列为第 8 行，韵随 A 列；"爵"韵涉及"药"，"药"又涉及"乐"，按汉语形声相谐必同部的孳乳规律，把"药"的影母列为第 8 行，"乐"的"疑"母列为第 5 行。二字的位置分别是 8A 和 5A。"约"和"沃"与"药"词形相同，故而与"药"列在同格，均为 8A。同理，"角"的词形为见母，屋韵，入声，涉及的"见"母列为第 2 行，"屋·入"韵列为 B 列。这样"角"的位置就是 2B。其他以此类推。

第二，从表位关系中可以发现，"爵"的精母，与"角"韵相拼即是"足"，恰好与许慎所讲"节节足足"中的"足"相应。"雀"的词形一般构拟为 *tsiok，基本是"节足"相切而成的词形，想必是许慎在描述时做了重叠处理。"雀"缓读就可以分解成"节、足"两词，既然节、足同源，所以把"节"所从的质·入韵编入了 C 列。"镞"与"足"同音。故与"足"同入一格。按形声关系，"镞"又与"族"谐声，"族"为"从母"，故将其列入 7C 表位。"捉"和"促"与足谐声，但分别为庄母和清母，所以，增列"清母"和"庄母"为第 6、10 行。"结"与"节"同音，故列在一起。"结"又与"拮、桔"谐声，从见母，列在 2C 表位。"结"与"诘"谐声，并与"阙"同音，均从溪母，故列入 3C 表位。

第三，"截"的词形为从母，月韵，入声，声母随"嚼"，"月·入"列入 D 列。"月·入"及其"长入"与表中已有的声纽字母相拼形成的空位，均属于可以谐声孳乳的范围，在空位中补入可能的孳乳字词，便出现了"最、欤、缺、竭、月、屋、活"等一列从"月·入"的字词。同理，"觉·入"从"角"韵成 E 列，便可能孳乳出"掬、觉、酷、学"等字词。"支·上"从"觜"成 F 列，"物·入"构成的 G 列是从 C 列的"谲"和 D 列的"撅"孳乳而成。H 列的"宵·去或上"系从 E 列的"觉和学"孳乳而成。

第四，从表列整体看，有不少字词之间属于双声叠韵的孳乳。其中，由中介字词孳乳构成的词形变化都符合声韵谐转的规律。譬如，"见、溪、群、疑"和"精、清、从"两组声母内部属于旁转关系，而两组之间又存在着相谐关系。韵部之间有的属于对转关系，有的属于旁转关系。譬如，"药"、"屋"、"觉"三个韵部可以构成旁转关系，"质"、"月"、"物"之间也可以构成旁转关系，而"宵"部与"药"部，"支"部与"质"部则又可以构成对转关系。所以表中所列的字词，在词形上或谐声或谐韵，基本都可以构成一定

的语形孳乳关联。

二、雀、爵、角部分衍生词的分析

下面从语象关联角度对表中所列部分衍生词与"雀、爵、角"的意联关系做些分析，在分析中还会顺便涉及一些表中没有但词形和词象也与"雀、角、爵"可能有关的词例。在字词分组上，我们采取"同素形声字"集中为主，"类义相似字"附列为辅的系联方式。

（一）樂、藥

1. 樂

《说文》："樂，五声八音总名。"从字形上看，"樂"从丝弦泊木会意。"泊木"可以理解为丝弦附着在木上，也可以理解为丝弦在木上激荡。"樂"的元象可以指音乐也可以指琴瑟一类的乐器。通过器物和功能转代通指音乐总名。从词形和词象上看，"樂"，既通"角"，也通"龠"。"角"的词形为见母，屋韵，入声，词象号角为单管乐器；"樂"为疑·藥·人，丝弦乐器；"龠"为喻母，藥韵，入声，多管集成的乐器，疑似排箫。三者词形相谐，功用析象相通。在语用中，"樂"为音乐总名，兼指"愉悦"；"龠"指排箫，兼作为量制单位，"角"为五音之一，也兼指量制单位。所以"樂"和"龠"都应该是从"角"孳乳而来。

2. 藥

《说文》："藥，治病草。从艸，樂声。"藥，元象指能治病的植物，泛指药物。从字形上看，艸，指植物。樂，在"藥"中指捣藥发出的乐音。从词形上看，"藥"从"樂"谐转。简单地看，"藥"的字象与词象来源基本一致，可以说都是从钵捣藥的声响析象而来。但也有一点不同，差别在于捣藥发出的声响来自藥钵，而藥钵与"铜爵"属于通象映射关系。所以这里又存在转意基折射的意联关系。也就是说，在词象关联路径上，"藥"还可以从"爵"孳乳。如此一来，就形成这样的情形："角"→"樂"；"爵"→"藥"；"角"—"爵"；"樂"—"藥"。这是从字形与词形耦合机理上而言的，一般理解不必这么复杂。

（二）屋、握

1. 屋

《说文》："屋，居也。从尸，尸，所主也。一曰尸像屋形；从至，至，所至止。室、屋皆从至。"从甲文分析，"屋"的字形从尸、厂、至会意。至，箭矢至于土中，在此表示掘地为穴；厂，崖壁敞屋，在此表示室屋；尸，人正襟危坐貌，在此通过图式映射指隆起的屋顶。由此来看，"屋"的元象义指地穴穹顶。屋顶即地穴上的遮盖，抽象图式为"遮挡"。"屋"有帷帐（幄）、车盖的引申义，都系从"遮挡"图式映射而来。再看衍生字的类义：渥，屋内洒水压土——遮盖地面；楃，室内隔板——遮挡隐私；偓，偓促，气量狭小——自我屏蔽；齷，齷齪，积存口内的食渣——口遮唇挡，引申为肮脏；婑，女子美好——娴静内敛。从词象上论，"屋"通"爵"。古人宴饮一般要用大袖遮脸挡饮，以显知礼不野。挡脸也即遮盖酒爵，酒爵为圆筒形制，与圆形地穴通象，而遮挡的大袖由手腕撑起呈穹窿形，又与屋穴的穹顶通象，于是通过概象映射，"爵"可以孳乳出"屋"。

以袖遮挡，需要挥袖，挥袖与舞蹈通象，"爵"又间接映射到"無"表示舞蹈；舞蹈为手脚空动，又引申为"无"（秃发）；普通人没有大袖，饮酒遮挡用手，以手挡口即捂口，词象又通"吾"；以手挡口等于回指自己，于是"吾"转指自我；挡口之手五指，表示数字常伸出一只手，由此"吾"又孳乳出"五"；用手挡口又等于当口、堵口，于是"吾"又孳乳出"杵"；"杵"即"午"，经常仁立臼中。日上中天，"午"影归臼，于是"午"转表日当中天；悄声说话常伴随以手挡口的动作，于是，"吾"又孳乳出"语"，等等。从词形来看："無"为明母，鱼韵，平声；"吾"为疑母，鱼韵，平声；"五、午、语"为疑母，鱼韵，上声。显然，这些字词已经超出屋韵的范围，但词象密切关联，其中是否蕴含着转语关联，很值得研究。

2. 握

《说文》："握，搤持也。从手，屋声。"搤持，大把攥住，指手屈曲抓持。字象从"屋"，表示内空外拱聚拢持物的手型。从词象上看，"握"通"斡"，"斡"所表的勺把与"握"所表的抓持动作连象，通过连象转代，"斡"与"握"可以直接构成孳乳关联。

（三）欮、撅、厥、橛、阙、阁

1. 欮

一般认为"欮"是"瘚"的初文，本义表示气逆晕倒。从字形提供的字象线索上完全可以这样理解：屰，倒人。欠，人舒气。人倒着不得舒气，就构成了"气闭晕倒"的会意构象。但如此一来，从"欮"的形声字"厥"、"橛"、"撅"、"蹶"就不好疏解了。其实，"气闭"只是"欮"的一个析象义。从词象上论，"欻"与"爵、角"相通。"爵、角"作为酒具，直接相关的象域就是宴饮。宴饮喝酒常要干杯，干杯时人的自然反应往往是先屏住气门然后一饮而尽，以免酒入气管呛了肺道，"欻"要表示的就是干杯前"憋气"的动作。这样反过头来再分析字形，就不必非要把"屵"解释成"倒人"了。抽象一点说"屵"表示干杯时仰到酒杯的动作，"欠"表示人闭气张口"逆"杯痛饮之貌。人在很多情况下都有"憋气"的动作，譬如，"挖土掘地"也是先憋气后用力。于是就有了形声字"撅"字。"撅"，即掘，"掘"从挖地需要"屈身"构形，"撅"从挖地需要"憋气"构形，二者只是造字的视角不同而已。"憋气"是主动屏住气息，"气闭"是受某种刺激出现的病态。严格地说，二者还是很有区别的，但在现象上二者相通，所以"欻"加"病"旁表示"气闭晕倒"。

2. 厥

《说文》："厥，发石也。从厂，欻声。"厂，表示石块，欻，表示抛掷时憋气铆劲的状态。"欻"也可以从干杯猛顷动作的抽象图式上疏解。中国很早就发明了抛石机，抛石机抛石，与人干杯时一饮而尽的图式相通。因为抛石与"石头"和退敌相关，所以"厥"可以通过连象转代表示"石头"和"挫败"之意。从词象上论，用于喝酒的角杯，属于"欻"的象域，由一节截取的兽角制成，角杯形短内空，可以抽象出"短缺"图式，于是通过关联转代，"厥"又表示"短缺"义。同时，"厥"又可以借做"瘶"用。先铆劲后行事的过程，包含着先行后继、由以用事的关系，所以"厥"可以抽象出转折对应图式用为代词、副词、结构助词。这说明，字词的图式性语义特别是具有图式性结构关系的语义，是字词由实变虚，向表现语法结构关系转化的直接基础。

3. 橛

《说文》："橛，弋也。从木厥声。""橛"的本义是短木桩，有根茬、马衔木、直硬等引申义。从字象上论，"厥"代表抛石时短促的发力状态，可以抽象出"短"的图式义，加木旁会意，其构象为短木桩。从词象上论，"厥"通"角爵"，"角爵"为兽角所制，兽角在兽首上看上去与木橛通象，故而"橛"的词形通"角"。这是从字词语形双象统一上讲的，如果单从词象上讲，"橛"直接就是从"角"得名。可以看出，"橛"与"角"的意联关系非常具体，属于通象跨域映射关系。

4. 阙

《说文》："阙，门观也。从门，欮声。""阙"有两个意义，一是指宫门两边的立柱或柱形望楼，如"宫阙"。引申指宫殿、庙宇、对立、对峙；二是指空缺、缺口，如"阙如"。引申指去除、亏缺、毁伤、损害。在语用上，"阙"通"厥"和"撅"。从词象上论，"欮"的象域为"爵"，通过连域转代可以表"爵"，"爵"有两柱对立的性征析象，其形制正好与宫门前两柱或两座望楼通象。于是，通过图式映射并加"门"旁凸显便构成了"阙"字。显然，如果直接从"欮"表逆气疏解，完全可以说它与"望楼"毫不相干。

5. 阕

《说文》："阕，事已，闭门也。从门，癸声。"元象指公事完毕关门歇息，进一步通过相对象域转代又指"开门"。引申义有两类，一是从完毕引申为止息、终尽、曲终、曲词、曲段；二是从空缺引申指过失、缺少。从第二类引申义的词象可以看出，"阕"与"阙"存在转注关系。只是在字形上把代表两柱并立映指分开的"欮"符，换成了代表两柱交叉映指关闭的"癸"符。"癸"，元象指丈量土地的量规。丈量土地一般在冬季进行，所以"癸"有冬终象域，由此引申为"终结"，在地支中排在末尾，与"门"合象会意，构象义指向"关门"。

（四）矞、潏、潏

1. 矞、潏

"潏"为"矞"的加旁形声字，见母，质韵，入声。《说文》："矞，以锥有所穿也。从矛，从冏。一曰满有所出也。""锥有所穿也"，已经点明"矞"中之"矛"，并不实指武器，而是指锥子竹签一类的尖锐物。"冏"，即纳，一般泛指容器，与"尖物"关联定义，具体指田螺。所以"矞"的元象为"用尖物刺取或剜撅田螺肉"。"田螺"有盈出的习性，煮熟的田螺，在口膜与螺肉之间往往积存汤汁，挑撅螺肉时常会沘溢而出，从"盈出"和"沘溢"析象投射，"矞"有"溢出"的指向义。挑出的螺肉为大头小尾的螺旋形，形似云状，且呈褐、黄、白三色，于是从这个特征概象映射，"矞"又表示变幻的云彩。譬如，在"云则五色而为庆，三色而成矞"中，"矞"就表示幻云。

挑出的螺肉呈旋出状，似文火旋转上升，于是"矞"跨域映射衍生出"燏"，表示火苗旋升貌；挑出的螺肉有柔韧颤动析象，于是"矞"加"犬"旁衍生出"獝"，表示"惊惧"义；螺肉与螺壳环绕相套，从此析象出发，

"矞"又衍生出"僪"字，表示副云，即由云气折射形成的光环；还是这个析象又有衍生字"鐍"字，表示箱子上的环纽和锁；田螺每遇外扰都会回缩，而且在刺撅螺肉时，要循着螺壳旋转而出，稍不小心往往会挑断螺肉造成部分回缩，所以在此析象上，"矞"又衍生出了"遹"。《说文》："遹，回避也。""遹"表示"回避"，也表示"遵循"；以尖喙刺取蚌肉的水鸟因为与人用锥刺取螺肉的情状相似，故而称"鷸"；这些都是从字形字象的关联上而论。从词形词象上论，"矞"的词象通"角"。"角壳"为环纹旋锥体，螺壳则是罗纹旋锥体，制作"角爵"需要把角中的杂质撅出，与刺撅螺肉的动作图式相通。另外"角"本身就是一种刺解绳扣的工具，称为觿。刺解的动作和绳扣与刺撅的动作和螺肉概象相通，所以"矞"在词形上直接通"角"，间接通"爵"。在刺取词象上，"矞"又通"责"。"责"，刺取、挑出贝肉，词形为庄母，锡韵，入声。

由云彩变幻，"矞"引申表示权变、奇异、差别、诡诈、曲言，从这层意思上衍生的就是"谲"字。"谲"有正斜通变的意思，其实从词象上论，"矞"通"角爵"。"角爵"，由偏斜的兽角加柱取正而成，其形制翘首尖尾、斜正通变、盘曲怪异，正是"奇谲"和"诡谲"的典型意象。在屈斜、旁侧析象上，"爵"又通"仄"，庄母，职韵，入声；又通"则"，精母，职韵，入声；又通"贼"，从母，职韵，入声。

2. 橘

《说文》："橘，果，出江南。从木，矞声。""橘"指橘子，也指橘树。"矞"有"泄溢"析象，橘果多汁，急剥常造成果汁泄溢，故而从木、从矞构形。从词象上论，"橘"所以称"橘"，是从"月"取象，因为橘瓣与月牙廓象相通。也正是这个原因，"橘"又指月阳之一，"月在甲曰毕，在乙曰橘"。"月在乙"即初月。初月称橘，可以作为"橘"从"月"孳乳的旁证。月，词象从弯月通角。

（五）曷、揭、渴、竭、碣

1. 曷

《说文》："曷，何也。从曰，匃声。"本义为疑问词"什么"，通盍，何不、为什么。语用义有：逮及、遏止。上古音为喻（匣）母，月韵，入声，从"曷"之字多为月韵入声（药韵和月韵在方言中关联较近，譬如，"雀"有的拟音就是*tsiɑk）。"曷"的构造从曰，匃声：曰，拉长音高声说；匃，从亡

（流浪）从人（勹）；会意为乞丐。"曰"、"勹"可以有两种会意结构：一为"勹曰"；二为"曰勹"。"勹曰"指向义为"渴求、拜求"，有衍生字"竭（渴）、谒"；"曰勹"指向义为"喝斥、遏阻"，有衍生字"喝、遏"。从引申义和衍生字看，从"曷"之字多和乞丐的析象特征有关：乞丐乞讨，茫然无定，世人对乞丐也有疑问"何不（干点什么）"？因而"曷"借以表示"何也"；乞丐们穿着染黑的麻布粗衣，由于年久褪色就变成了黑黄混色的"褐"衣；乞丐经常走路，脚力好，遇逐需快逃，因而衍生出"偈"字，表示急驰快跑；乞丐常处在闲散歇息状态，无所事事，在勤劳人看来简直就是荒废时日，由此衍生有"憩"字，表示休息、荒废。"曷"与"角爵"可以从两个词象关联：其一，乞丐的形象为葛衣束腰持钵挂棍，其概象形似"角爵"，由此通象，"角爵"可以转语为"曷"；其二，"角爵"的象域是饮宴，饮宴属于富户的生活，自然也是乞丐的乞讨象域。由此连象，"角爵"可以孳乳出"曷"。从词形论，"角"为见母，"曷"为匣母，互为旁纽。

2. 揭（竭）

《说文》："揭，高举也，从手，曷声。"元象义为举起。引申义有掀起、担负、提起。"揭"本用"竭"表示，后"竭"转表"尽"义，才又造"揭"字。从字象来看，"曷"在"揭"中表乞丐的某种动作特征，乞丐从闲憩转行动时往往要先拾棍举棍再拄地起身，"曷"在"揭"中择取的就是拾棍举棍的动变析象。从词象来看，"角爵"有举杯的动变析象，"揭"可以从"举爵"的析象映射而来，或者说，从"爵"到"揭"，属于通过连象转映形成的孳乳关系。

3. 渴（竭、喝）

《说文》："渴，尽也。从水，曷声。""渴"本指水干涸，后转表口干欲饮之意。而干涸之意转用"竭"、"喝"表示。"渴"由干涸引申又表穷尽。"渴"的词象通"爵"，喝酒干杯自然造成爵中干涸。

4. 竭

《说文》："竭，负举也。从立，曷声。"本义指肩扛，引申指举起、突显。以后转用为"渴"，表示尽、用尽、极尽。"竭"的元象有两个析象与"爵"相连：其一，"爵"的边口"突起"两柱，边口似肩，两柱似举臂，又似肩负有物；其二，喝酒举杯是"酒爵"的常有动变析象。

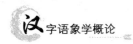

5. 碣

《说文》："碣，特立之石。从石，曷声。"特立之石，即耸立的孤石。引申指凌举、圆顶石碑、立碑、界碑。"角爵"的整体特征是昂首翘立，与耸立的孤石概象相似，通过跨域映射便构成了通象挛乳。

6. 歇

《说文》："歇，息也。一曰气越泄。从欠，曷声。"元象指喘息、缓气，引申指休息、止息。饮酒不同于喝水，一般每饮一口中间都要间停一段时间，即使是干杯，有人也要短暂缓气才能喝干。这个析象被凸显出来，就挛乳出了"歇"义。

（六）屈、穴

1. 屈

屈，从尾，出声，字形义是蜷尾而出。尾，并不一定实指动物的尾巴，而是可以指虫子前行时的缩尾动作，这个动作经图式化映射，表示人从矮门低出时撩裙俯身的屈曲动作，所以在"屈"字中"尾"表裙尾。"屈"的合象指人把长裙撩起来俯身从低矮的地穴出门。"屈"由屈曲动作引申，分别表示"屈服"、"出处"、"俯就"、"进退"、"回缩"等抽象图式义。在词象上，"屈"通"角"，应该是从"角"的弯曲图式映射而来。"屈"又通"出"。"出"，穿（昌）母，物韵，入声。"屈"是"出"的方式，"出"是"屈"的目的，二者通过连象映射可以形成转代关联。"出"的形声字"拙"从章母，章母与"爵"之精母存在谐转关系。

2. 穴

"穴"，词形为匣母，质韵，入声。《说文》："穴，土室也。从宀，八声。"古人居住的半地下穴屋。引申指孔洞、水道、凿掘，扎伤。"穴"是从"角爵"的空腔析象映射而来。"爵"由"角"掏空制成，"角爵"的容腔就是一个筒形孔洞。"穴"，除了与"角爵"的孔洞貌通象外，还与"角爵"的制作工艺"掏撅"、"扎伤"（角有尖锐刺伤的象域）通象。一般来说，"水道"与"穴"并不完全通象，但与"角爵"的筒洞貌却直接通象。

"穴"通"矞"（刺挑），所以又通"血"。《说文》："血，祭所荐牲血也。从皿，一象血形。""血"的词形为晓母，质韵，入声，元象指牲血，以后泛指血液。祭祀杀牲要先在要害处穿洞放血，所以"血"与刀孔连象，通过连象转代，"穴"便挛乳出了"血"。

（七）觉、学、教、校、较

1. 觉

觉，见母，觉韵，入声，词形通"角"。《说文》："觉，寤也。从见，学省声。""觉"，本义为醒悟、睡醒，有使明白，觉悟、发现、感觉、差距等义。从词象论，醒悟即睡醒，睡醒与起身站立连象。"爵"不仅有昂首站立的概象，还有从低而高的举杯析象，由此映射，"觉"与"爵"相通。"觉"有衍生字"搅"，《说文》："搅，乱也。从手，觉声。"有扰乱，搅拌之意。"觉"指醒来，醒来就要活动，所以"觉"又与"活动"连象。人的"神动"为"觉"，手动为"搅"。

2. 学

学，又作斆。《说文》："斆，觉悟也。从教，从冂。冂，尚蒙也，臼声。学，篆文省。"从这个解释看，"学"的本义是教化启蒙，使人觉悟。既表示"教"，又表示"学"。引申义有模仿、纠正、解释、学校等。"学"与"觉"连象，一般来说，"学"而后"觉"，但从词象上说，"学"从"觉"来。

3. 教

《说文》："教，上所施下所效也。从攴，孝（上爻下子）声。"本义指训导启悟，训诲教化。直接地看，"教"从"觉"孳乳而来。"觉"是人的一种明悟状态，"教"是达成"明悟"的途径和手段，二者密切关联，可以在词象上构成连象孳乳。从字形上看，"教"，"从爻，从子"，"爻"通"叕"，所以"教"又有调教使正的意思。这个意思在词象上与制"爵"工艺中为"角"缚柱、使之正立的图式相通，也就是说，"教"也可以从"爵"的"使正"析象直接孳乳而成。

4. 校

《说文》："校，木囚也。从木，交声。"古代拘禁犯人的囚栏。由囚栏和刑束，引申为木栏、订正、考正、比较、较量。在词象上，"校"所表示的囚栏与缚在"角爵"周围的木柱直接通象。为"爵"缚柱的作用，是订正兽角的偏斜状态，为人设"校"的作用是订正罪犯的偏斜状态，二者在功能析象上也属于通象。

5. 较

《说文》："较，车輢上曲钩也。从车，爻声。"古代车厢两边横木上的钩形抓手。抓手与车厢连象，于是"较"转代指车厢。抓握把手要用力抓牢，于是"较"又转代指较力、继而又引申指竞逐、比量、计量。抓手的钩形与几案的弯腿概象相似，于是"较"又通过映射表示"几足"。从词象上论，"较"的较力、竞逐、比量等意义，直接与"角"的两角相抵，竞争角力直接相通，"较"的钩形与"弯角"概象相似，而作为抓手，"较"又与"角爵"的鋬手相通。

（八）约、骨

1. 约

《说文》："约，缠束也。从丝，勺声。""约"的元象是缠束。有多个方向的引申义：其一、由"捆束"引申为约限、约定、约会、邀请；其二、由"捆束"引申为箍紧、紧缩、检点、节省、穷困；其三、由"捆束"引申为理顺、柔顺、柔弱、微弱、隐微、大约；其四、由"捆束"引申为简缩、简要、精要、关键。可以看出，这都是由不同语境关联定义造成的语表形式变化。从字形字象分析，丝表捆束的线绳。勺有搅和、豁拢的功用析象。搅和的动作可以抽象出环绕图式，与线绳关联定义，"勺"表示缠绕线绳时的动作。从词形词象而论，"约"通"爵"，是来自于用线绳把两根木柱捆缚于"角"做成酒具的工艺环节。捆缚析象还通"虐"，疑母，药韵，入声。

2. 骨

《说文》："骨，肉之覈也（内架）。从冎，有肉。"本义为骨头，引申为骨架、尸骨、品质。"骨"为会意字，在词象上通"角爵"。"角爵"由兽角捆缚两根竹木柱所制，整体感觉就是一副骨架，且角质与骨质相似，经通感映射，"角爵"与"骨"相通。"骨"，见母，物韵，入声，词形通"角"。

（九）尉、蔚

1. 尉

【按】段：金文段；叚：金文叚

尉，影母物韵，长入声。《说文》："尉，从上案下也。从尼、又持火以尉申缯也。"析形从小篆，所释为"熨"义。"尉"的字形不见于金文只见于小篆，但从字象分析，"尉"的字形应该与"段"和"叚"相通。也就是说，"尉"字中的尼，并非从尸，而是与"段"和"叚"所从的左偏旁一样，都是从"石"字的变形体"厂、二"而成。"段"和"叚"中的左偏旁在金文中是一样的，但到了小篆中，"段"的左旁讹变成了"尼"，所以"尉"字中的左旁"尼"很有可能也是从"厂、二"讹变而成。"厂"，在此表示石头；

"二"，表示石头碎裂。"尉"与"段"和"叚"的意源都应该来自玉和石的制取工艺。其中，"段"，指用锤击的方法采石或把石头截断；"叚"，其右旁为上下交错的正反手，左旁为碎裂的石头，其意是指往烧热的石头上撩水，以便借助热涨冷缩使石头炸裂或剥落，这个元象可以从"叚"的一系列衍生字得到旁证，譬如"霞"，指映红的云气。"尉"，从"寸"（慎手）与"厂、二"会意，表示为便于磨光和雕琢而烘烤沾水的玉或石。从这个元象析解，"尉"有烘烤和使平的动变析象，由"使平"析象映射指"荡平"和"平复"逆乱，并由此引申表示负责平复逆乱的军事长官。进一步又从"平复"析象衍生出了"慰"字；从"烘烤使平"析象衍生出了"熨"字。从词象论，"尉"作为一种工艺手段，与"兽角"和"玉石"的加工直接连象。兽角和玉石的质地坚硬，在加工中往往需要沾水烤软，才好雕琢加工。所以"尉"可以从"玉"和"角"通过连象转代孳乳而来。

2. 蔚

《说文》："蔚，牡蒿也。从艸，尉声。"本义指牡蒿，一种点燃后可以驱除蚊虫的菊科植物。"蔚"是直接从"尉"孳乳而成。字形中，艸，表示牡蒿；尉，可以直接表示点燃牡蒿，也可以表示烟气升腾的样子，均系从火烤水石形成蒸汽的析象映射而来。因为有蒸汽析象，所以"蔚"又有云气弥漫、茂盛、华彩等引申义。

需要说明的是，会意字的字形没有声符标示，所以对会意字的词源考训往往比较曲折。对会意字的词源考训一般是这样的，首先要通过语象关联找到相应的通音字，如果找不到语象关联的通音字，就需要进一步找到相应的谐音字，然后再通过对通音字或谐音字的语象分析来弄清其词源孳乳的由来。譬如，"爵"是个会意字，从字形分析其有"刺撅"字象结构，但从语象关联上找不到合适的通音字，于是扩大范围便找到了谐音字"爵"。直观地看，谐音字"爵"的语象为"酒杯"，其同"爵"的"刺撅"语象也不关联，这时就需要对"爵"的制造工艺有所了解，知道了"爵"是从撅空的"角"而来，也就找到了"爵"的词源。

一般来说，会意字的字象比词象表现得要具体一些，而形声字的字象则比词象表现得要抽象一些。这说明，在不同构造的汉字中，字象和词象相比是存在抽象与具体差别的。

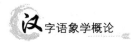

第六节 字象与词象的耦合

一、双语象表意文字

通过对"雀、爵、角"的孳乳分析和比较可以知道，由于存在着时间和空间上的巨大落差，汉语字词的孳乳实际上走的是两条路径：一条是词象孳乳路径；另一条是字象孳乳路径。虽然存在着两条路径，但其在汉字中的表现却是融合统一的。由于汉字具有字形与字象和词形与词象的双象同表特性，因此可以说，汉字是一种双语象表意文字。

所谓双语象文字，是相对于拼音语言的单语象文字而言的。在本质上，文字和语词都是语义概念的外在语形符号，但字词与语义概念不是简单直接的对应关系，而是通过内在的表征语象间接与语义概念构成的积极对应关系。所以称之为积极对应关系，主要在于这种对应关系既有语典义的规约稳定性又有语境义的关联因变性，是一般离场定义与具体临场定义的有机统一。从同语象的关系上来说，字词实际上都是一种提示和激活思维活动的语象符号，或者说字词是语象的象征符号。拼音语言的语形符号单纯表示语音词形，与之对应的只有一套表征语义的词象结构，因而称之为单语象文字。汉字是由对应于一定词象结构的语音符号和对应于一定字象结构的字形符号共同表示同一套语义的语形符号，因而称之为双语象文字。了解汉字的双语象性质，有助于我们从字象和词象对字源和词源展开综合研究。

二、字象与词象的耦合原理

就汉字的双语象而言，由于词象与字象形成的时间先后和表现方式不同，同一个文字所提示的字形和字象结构同词形和词象结构就存在着一个如何协调的耦合问题。下面我们对汉字的双语象耦合机理做一些简要分析。

如果从多个角度划分，字象和词象的耦合关系可以分为多种类型。比如，从字象和词象的关系远近和有无转意基作为中介划分，可以分为直接耦合关系和间接耦合关系；从字象与词象耦合通象的多少可以分为单象耦合关系和多象耦合关系；从耦合的方式方法划分，又可以分为映射耦合关系和转连耦合关系；从抽象程度的比较上划分，又可以分为抽象耦合关系和具体耦合关系，等等。显然，这些分类在总体上实际呈交叉状态，在实际中也往往是综合体现的，所以以下只通过图示做一下综合展示，不再一一赘述。

（一）樂、藥——角、爵

字象：樂→琴→弦乐器→丨乐音（乐器）丨←管乐器←号角←角：词象。

字象：藥→草药→捣藥→丨带杵药钵→铜制器皿←带柱酒器丨←爵：词象。

图 8 - 3　樂、藥和角、爵耦合示意图

在图 8 - 3 上面的文字图示中，从左边到中间为字象的抽象过程；从右边到中间为词象的抽象过程，中间的丨　丨形符号之内为字象与词象的耦合语象。图 8 - 3 的下图，是又一种表现方式，是略去分化差象，简化表现樂、藥与角爵语象耦合关系的示意。

樂、藥的字象和角、爵的词象因乐音而形成系统耦合关系。其中，樂和藥的通象为乐音，属单象耦合关系。直观而言，樂和藥虽然从字形上来看关系较近，但从具体层面而言，琴音与捣藥的声音虽都可归结为乐音，但由于反差很大，构不成直接具体的通感映射，只有把"樂"的具体琴音抽象之后才能同"藥"的捣击乐音形成通象，所以"樂"之于"藥"基本属于概念合成性的语义孳衍关系。具体地看，藥和爵的关系反而比较近，除了捣藥的声响可以和乐音通象之外，藥钵和铜爵在器皿形态和材质上也都构成通象，为多象耦合关系。

（二）血—穴—角

字象：血→牲血→血孔→丨孔洞丨←空腔←角爵←角：词象

↕

字象：穴→丨屋穴丨←容器←角爵←角：词象

因为"血"和"角爵"都与"孔洞"连象，所以可以构成直接耦合关系。但同时"屋穴"又与"孔洞"通象，而且在词形上距离"血"比较近，所以也可以把"血"理解为通过"穴屋"这个转意基与"角"构成的间接耦合关系。这里"穴"和"血"都没有涉及其本身的衍生字，因而不涉及系统耦合问题。也就是说，如果扩展到"恤、洫"或"窒、穷"，只从它们与"血"和

"穴"的形声或会意关联上疏解即可。除非直接疏解困难，才涉及其与"角爵"这层间接关系的耦合问题。

（三）矞与角爵

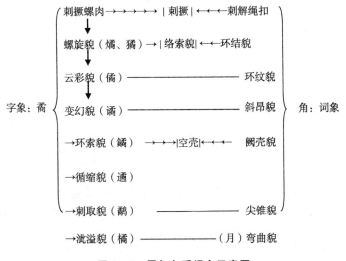

图 8 - 4　矞与角爵耦合示意图

从图 8 - 4 可以看出"矞"与"角爵"的通象交集比较多，属于多象耦合关系。其中有的通象属于概象映射关系，概象虽然与图式相比相对具体一些，但也属于抽象层次的语象。譬如，"刺撅螺肉"和"刺解绳扣"，并非绝对一致，只有抽象为概象才能构成兼容通象。"螺旋貌"与环节貌、环纹貌、其实可以属于通象，但"环节貌"从绳结抽象而来，可以归结为"络索析象"，"环纹貌"从角纹抽象而来，不属于"络索析象"，故而分为两个析象。"獝"，表示"惊惧"义，从签出螺肉的颤动貌，加"犬"旁衍生而成，本属于颤动析象，为了简化归入了螺旋析象。"某某貌"是许慎常用的术语，"貌"其实直接可以理解为"意象"，我们在此转用表示语象，为的是说明"语象"分析的方法其实在《说文》中就已经采用了。从图 8 - 4 还可以看出，"矞"与"角爵"不仅在直接关系上有耦合通象，在间接的衍生字上也有耦合通象。这说明，造字者很好的从"矞"与"角爵"的元象和析象特征上做了比较全面的共性把握。类似于这种比较全面的多象耦合类型还有"曷、竭"与"角爵"的关系。

（四）虐与爵

字象：虐→虎撕咬人→残害→丨暴虐丨←捆人←捆束爵柱←爵：词象。

字和词的孳乳从直接的关系上看，既有一致的情形也有不一致的情形。一个字词在字象和词象的孳衍路径实际上是相互错落的，其具体表现就在于字词的具体语象孳乳在表征上有时关系比较近可以直接耦合，有时关系比较远并不直接耦合。譬如："尉、蔚"与"角"直接就可以从"烘烤"和"升腾"与"制爵"的工艺耦合。再如，"乔、谲"与"角、爵"，无论是在字象上还是词象上，都可以融合的非常一致，但"虐"与"爵"就不直接一致。"虐"的字形提示的是老虎吃人时的"撕咬"字象，而词形所提示的却是从"爵"而来的"捆绑"词象。"捆绑"词象只有映射到"捆人"才能抽象出残暴析象与"暴虐"通象。当然这是从耦合机理上连续地讲，从实际上来看，"捆绑"的词象孳乳在先，所指的伤害程度比较轻；而"撕咬"的字象孳乳在后，所指的伤害程度很严重。这说明"虐"所指称的伤害内涵，在历史的使用中得到了强化。所以到文字产生时，造字者采取了以重概轻的表现手法。虽然词象和字象在轻重程度上有别，但在通感上基本都可以归结为暴虐行为。这说明，字象和词象在具体层面上虽然可以存在差别，但在抽象层面上则需要殊途同归。

以上通过四组字例简要地分析了字象与词象实现耦合的情形。概括而言，字象和词象主要是通过抽象的共性和具体的共性实现的耦合。抽象的共性一般是指字象和词象具有一致的图式，有了一致的图式，字象和词象便可以形成耦合。具体的共性是指字象和词象具有相似的具体性征，通过相似的具体性征，字象和词象同样可以形成耦合。一般来说，具体的事物都有其差别性个性，但在差别性个性之外往往也存在着某些具体的相似方面，这种相似方面虽然是具体层面的，但也属于通象共性。另外，字象和词象不一定非要通过全面的共性或抽象的共性实现耦合，只要有一个具体性征构成通象共性就可以实现耦合。

三、汉字的认知性质

显然，如果单纯运用字象对文字的元衍孳乳进行分析，很容易让人得出这样一种印象，即汉语的词汇是靠汉字的孳乳敷衍的。其实这是因为以文字为中心形成的颠倒看法。当相对于语言发展实际从词象上进行分析时，就需要把这种颠倒看法再颠倒回来，譬如，"觉"与"学"的关系。从字象上论，按"学而知之"的顺序应该是"学"在先"觉"在后，但从词象上论，"觉起"是从"睡卧"相对孳乳的，"学悟"又是从"觉起"和"睡醒"经通象映射而来，因此按先自在后自觉的顺序而言，"觉"在语词中则是先于"学"产生的。

一般而言，语词的产生和孳乳要远早于文字的产生和孳乳。虽然文字在创制和孳乳时会尽量在语象上保持同语词孳乳的总体一致，但字象和词象仍然会出现错落的情形。这是因为，在取象路径上字象和词象有时走的是同一路径，有时走的并非是同一路径，而取象路径上的差别反映到字象和词象同实相关系的对照上就会表现为二者关系的错落情形。也就是说，当对于字象和词象孳乳的观察联系到实相关系时，往往就会体现出既有一致性又有错落性的情形。比如，从实相关系上而言，"教"与"学"就反映为一致性孳乳，而"觉"与"学"则反映为错落性孳乳。从字象上看，"觉"是"学"的结果，但从词象上看，"觉"却是从"爵扬"譬喻"睡醒"而来。虽然存在这种实相孳乳路径上的错落，但我们并不感到字象上从"学习"而来的"觉悟"与词象上从"爵扬"而来的"觉悟"之间存在难以理解的障碍。这是因为在抽象的层次上，从"爵扬"和"睡醒"而来的外在觉悟，与从"学习"和"了悟"而来的内在觉悟存在着相同的通感图式。

从汉字的内涵和外显上看，汉字表现出的是一条从具体到抽象、从元象发端到字象析解重组，然后再到字形分化的孳乳脉络。但从语词先在发展的实际上看，这是一种以文字为中心形成的假象。在文字产生之前，先民社会已经有了相当高的发展程度，汉字正是先民在具备了丰富语言体验和抽象思维能力的基础上创造的。如果说语言的产生和孳乳还含有一定自然因素的话，那么文字产生所体现的则是彻底摆脱了自然性之后的理性创造，汉字在实质上等于是从语义表征意象的对应上为既有语词进行的音义配像。从形式上看，虽然很多字形所采用的构造形式也表现为对一定对象的直观摹写，但这种摹写形式已经属于具形表现手段的二次具体，而不再属于简单直观的表象具体。所以应该说，文字一经产生所体现的思维水平就是一种高水准的理性具体。在前文中，我们曾把形声字明定为理性具体的造字模式，但那是相对于象形、指事和会意在单纯字象范畴之内的比较而言。其实从语词先在的角度上看，所有字形构造相对于词义概念而言都是在抽象基础上的再具体，即使是画成其物的象形字和摹情状景的指事和会意字，相对于它所表现的析象图式义和合成构象义而言也只是一种借象，属于借文字具体之象象征语词抽象之象的理性具体。譬如，"象"，在没有文字时代的言辞语用中，它已经在大象与天象都包含"大"的图式映射中形成了通象连义，所以当"象"字一造出来时，它所表示的就不仅是

"大象"这种动物，而且还表示"天象"这种宏大的格局。这种思维背景可以从《易经》对"象"字的运用中得到清晰的明证。再如，"入"这个字，一造出来就表示抽象义，没有具象义。如果不是把它同"内"、"丙"、"更"进行系联比对，我们很难知道它来自于谷物入仓时堆成的塔尖摹象。如果我们站在字形的角度看，"象"字表示的"大象"义是本义，那么表示"天象"义自然就成了映射而来的抽象引申义。而实际上，这只是把在口语词汇中预先完成的图式映射，一并转移到字形上同时加以表现的反映。语言文字的意义是具体所指与抽象能指的统一，当作为观念形态存在于头脑中时它是抽象的语义，当作为交际工具实际指称对象时它又成了具体的语义。所以，从总体上把握字词元衍关系的正确认识应该是这样的，即文字上的元衍孳乳与语词上的元衍孳乳是思维一致性和通式化的共性反映，离场的抽象语义和临场的具体语义是具体与抽象的统一。

有的观点认为，意象作为一种反映事物对象的摹象属于思维上的低级形态，只有到了比较抽象的语义形态，才进入了较高层次的思维水平。有人由此推断汉字作为具体象形的文字，在思维层次上属于较低水平的产物。应该说，这种观点和推断都是简单片面的认识。首先意象不仅仅等于摹象，而是以摹象为基础包括多种抽象形态的心表样式；其次，汉字并非是简单象形和直观表意的图画文字，而是为抽象语词具形配像的再具体文字。关于具体与抽象在词象与字象中的表现我们需要历史而辩证的来看。语言产生于人类认知还比较模糊的早期，直接诉诸于听觉词形的词象也有很多表现为较抽象的意象结构。这种意象结构虽然抽象，但往往带有夹杂不清的模糊性质，所以并不一定就代表思维水平高。到了文字发明时代，虽然词语概念的心表意象已经基本脱离了模糊状态，但由于字形受具形手段限制，需要借助比较具体的物象形态来加以表现，所以字形比词形相对于物象原型而言要显得具体，但这种具体不再是直接的具体，而是一种抽象基础上的二次具体，也即思维具体。从汉字的情况我们能够突出感到，字形所题引的字象与其所表征的字象义往往不在一个抽象级别上，感觉上好像字象义是从字象抽象而来的引申义，其实情形也许正好相反。因为尽管词形表现的抽象词象概念在先，但一诉诸字形，总要以一定的具体字象来象征性地表现抽象的词象，所以才会使人感到字象显得比词象具体。也就是说，汉字的具体已经属于结构化的具体，是包含了事物多样规定性的具体，其认知层次反而比笼统化的抽象要高。总之，认知是具体与抽象反复交替循环上升的过程，不能绝然把二者对立起来简单看待。就汉字而言，其两种语形和语象的融合正是在具体与抽象的交替发展中达成的，当然这也是造字者很好的把握了字象孳乳和词象孳乳共同认知规律的结果。

四、字象具体和词象抽象的认知成因

在一般认知印象中，汉语的字象关联比较具体，而词象关联则比较抽象。虽然这不是一种全面认识，但这种认知印象还是具有代表性的。之所以形成这种认知印象，总的原因是汉语的语源研究不如文字研究充分，此外还有几个具体的原因也起着很大作用：

（一）系联范围的大小不同

由于字源和词源研究的目的性质不同，字象所涉字词的系联范围往往比较小，而词象所涉字词的系联范围往往比较大，从王圣美对"戈"的分析就可以发现这个特点。一般而言，字形所采用的象征形式都是比较具体的事物意象；而词形只通过对较多字形所表具体元象的特征进行分析，才能得出它们在抽象图式上的联系。或者说，字象都有比较具体的元象，当词象依附于具体的字形，并也以字形所表词义作为自己的具体表征对象时，字象与词象才表现出都有具体的关联途径。但当词形离开具体的字形，兼容众多不同字形所表的语义时，往往会因为涵盖的范围比较大而需要更加抽象的图式，才能使通音字词在词象上获得贯通。也就是说，在研究同素形声字时，研究者往往是一个一个的分析衍生字与元生字的意联关系，而在研究通音词时，往往就会不自觉地变成集群性地概括分析。如果对于通音词也能做到一个一个地进行分析，那么所得到的意联关系与字象的情形应该是一致的，不存在哪一个更抽象的问题。当然，这需要在意源清楚的情况下才能实现。

（二）对字形和词形的敏感度不同

虽然字形所表的语义概念与心表字象之间，存在的也是由直接或间接、映射或转代、抽象与具象等多种途径形成的曲折表征关系，但由于习惯的原因，我们对于字形所表内容的敏感度相对比较高，感觉上也就显得比较具体。而词形对于词象的表现，往往是通过声、韵、调的部分变化来相对区别的，其所代表的语义概念与心表词象之间，虽然存在的也是由相似性映射和邻连性转代形成的孳乳关系，但由于汉语的通音词过多，造成了我们对语音词形缺乏敏感度，所以在直观感觉上总是觉得词象要比字象抽象很多。

（三）字象与字源和词象与语源的关系远近不同

一般来看，字象分析所涉及的往往是源流比较近的字词关系。字形构造对字象的表现往往借助的是比较具体的象征对象，比较容易发现字象的意源，有了意源就容易比较具体地把同素形声字的字象关联梳理清楚。而词象分析所涉及的往往是源流比较远的字词关系，词形符号比之字形符号要抽象很多，所以没有大量的系联范围就不太容易发现词象的意源。没有意源也就不知语源，也就不太容易把存在源流孳乳的词象关系梳理清楚。于是，这就形成了一个两难困局：一方面，因为要弄清语源我们需要分析词象关系；另一方面，因为没有语源我们又不能很好地把握词象关系。因此，只有把字象同词象分析结合起来才能破解这个困局。

在前面对"尚"系字词的系联中，由于是小范围的系联，所以字象关联显得比词象关联具体，但这并不代表所有的字象关联都比词象关联具体。譬如，在后面对"雀、爵、角"进行的大范围系联中我们就可以发现，很多通音词之间的词象关联有时比同素形声字之间的字象关联反而表现得更加具体，譬如，"橛"与"角"。如果单从词象上讲，"角"通过兽角概象直接就可以映射出"橛"，而且意联关系非常具体形象。但若从形声字声旁的字象上讲，则需要先通过"抛石"转连到"短促发力"，然后再从"短促发力"抽象出"短促"图式，最后才能通过图式映射勾连到木橛上。显然，就这个字例而言，从词象上关联要比从字象上关联直接具体得多，所以说词象间的意联关系不一定就比字象间的意联关系要抽象。一般而言，在形声和转注构造中，如果能通过通音词找到近缘词，词象关联往往要比字象关联反而来的具体。但在其他构造的字形中，字象关联则要比词象关联来的具体，譬如，指事和会意。

附录　雀、爵、角可能衍生词的语象分析

一、族、镞、孑、矫、轿、衢、酷

（一）族

《说文》："族，矢锋也，束之以族族也。从㫃，从矢。"字形借象为旗帜下聚集的箭头，其元象指成捆的箭矢，引申指聚集、众多、血族群体，通"奏"，又表音律名。"族"从捆绑图式与"角爵"通象。"捆绑"的相对词象

是"缠绕","缠绕"的词象通"葛"。葛，见母，月韵，入声。葛藤的特点是攀附缠绕，与缠绕角爵两柱的线绳通象。"缠绕"词象又通"匝"，精母，辑韵，入声；又通"叕"。"叕"有两读，一为端母，月韵，入声；一为照（章）母，月韵，入声。"叕"，又通穿（昌）母，月韵，入声的"啜"，表示啜饮义，也与"爵"连象。

（二）镞

《说文》："镞，利也。从金，族声。"表示锋利快捷、箭头、箭。"镞"从"族"衍生，与"族"通象。

（三）孑

从字形上看，孑与孓、了、子同出一源。《说文》："孑，无右臂也。从了、丿。象形。"又："孓，无左臂也。从了、乀。象形。"再："了，尦也。"许慎所说的"无右臂、无左臂"，是指把小孩右臂或左臂裹在襁褓之中，只露出左臂或右臂在外活动，而并非是指残缺一只胳膊。"了"用"尦"解，指把裹好的小孩抱起来。三个字形都是借象，"孑"，表示孤独，有短小、存余、杰出、戟（带侧刃的矛）等引申义；"孓"表示短小。"孑孓"为连绵词，与"节足"声响意象通感，表示蚊子的幼虫。"了"表示捆束完毕，引申表示结束、统控、了然、明白，也表示决断。从词象上看，"爵"为捆扎上两只木足的兽角，"孑、孓、了"为襁褓中捆束小孩的不同状态，彼此属于由捆缚图式映射形成的意联关系。所以，"孑、孓、了"三词，都应该是从"爵"转语而来。

（四）矫

《说文》："矫，揉箭箝也。从矢，乔声。"乔，在此表弯曲不正。元象义指校正箭杆的工具，引申指校正、违背、限制等义。校正箭杆的办法往往是反向捆绑箭杆弯处，从捆绑图式映射，"矫"与"角爵"相通。

（五）轿

字形从车，乔声，早期指一种带棚幔的小车。后来指轿子，即带帷幔的肩舆，两边缚有长杆，可以供人扛马驮。早期的轿子为绑缚扎制而成，因此从捆绑图式与"角爵"通象。

（六）衞

《说文》："衞，宿卫也。从韦、帀，从行。行，列卫也。"甲文字形为"韦"，是两只脚围"囗"（城或院）环绕形，指向义是围绕、戍卫。词象与

"角爵"通象。"角爵"的两柱即两足,绑缚在"角口"两侧,如同戍卫。从字象看,"衛"通"韋、围"(匣母,微韵,平声)。

（七）酷

《说文》:"酷,酒厚味也。从酉,告声。"告,驱牛前进的喊喝之声。喊"告"就是喊"角",因为牛角在前,喊"角"一是让牛加力前进,二是告知路人闪避。"角"用于一般指称,发声可以轻短,所以为见母,屋韵,入声;"告"为高声喊喝,发声需要高长,所以"告"为见母,觉韵,长入声。二者为双声谐韵,其韵变应该是由于声音大小造成的区别。"告"通"梏"。"梏",见母,觉韵,入声。系在牛脖上的曲木称"梏"。虽然喊"告"在主观上是通过喊"角"让牛加力前进,但在客观上等于是让牛用力拉套。牛拉套要把力贯彻到肩膀所系的"梏"上,所以"梏"的构形为从木,告声。"梏"从捆缚貌与"爵"相通。酒酿好后要用布扎口封坛,以便通过窖藏使酒味变得醇厚。"酷"既指酒味浓烈,又指"发酵",也就是封坛扎口的存置状态。用绳把封布扎在坛脖上,与用绳把"梏"绑在牛脖上以及把木柱绑在角爵上的图式相通,由于"捆缚"图式的连续映射,所以,"角"转语通"告、梏",又通"酷"。"告"与"加"词象相通。"加",见母,歌韵,平声,与"告"互为双声,指驱马拉犁的喊喝声。

二、斠、谷、曰、叫、壳

（一）斠

斠,古代刮平粮斗用的平斠木。字形从冓、斗会意;词形通"角爵"。"角、爵"在古代都做过量具和量制单位。平斠木"刮平"量斗的作用是"平余校准",因而"斠"通"校",有"斠例"、"斠注"等引申用法。

（二）谷

《说文》:"谷,泉出通川为谷。从水半见,出于口。"元象为山川出口,引申指山涧、水流。山川走水的出口,一般内小外大呈喇叭形,与用兽角制成的"角爵"廓象相通,兽角也是喇叭形。

（三）曰

《说文》:"曰,词也。从口,乙声。"甲文并非从乙,而是口上加一短横会意。指向义是说、说词。有引申义"称作"、"是"。从词象看,酒从"爵"出与词由口出为通象映射。

（四）叫

《说文》："叫，嘑也。从口，丩声。"本义为呼喊。引申义有鸣叫、召唤、雄性的。从词象上说，"角爵"的形廓像昂首鸣叫的雄鸡，与人呼喊的形态可形成通象映射。再有"麻雀"经常"鸣叫"的动态析象也可以映射通"叫"。

（五）壳

《说文》："殼，从上击下也。一曰素（空壳）也。从殳，壳声。"本义为敲击，又指空壳、硬皮。"角"制成"爵"后，就形成了空壳，空壳的东西敲击可以发出声响。由此概象映射，"爵"转语为"壳"。"壳"在词象上通"甲"。甲为见母，葉韵，入声，"壳"为溪母，屋韵，入声，二者声母为清浊旁转的双声关系。

三、足、捉、促、卒（猝）

（一）足

《说文》："足，人之足也，在下，从止从口。"元象指从脚到膝盖的小腿部分。引申指脚、充足、相当等义。"足"在词象上通"爵"、"雀"。"爵"突出的形象就是有两根支撑站立的木"足"。"爵"与溢满和饮宴连象，溢满和饮宴意味着富裕充足。再从"雀"看，"雀"的行进方式是跳跃，显得腿力十足。"足"所表示的腿脚、富足、充足义都可以从"爵"、"雀"找到通象。

（二）捉

《说文》："捉，搤也。从手，足声。"元象义为抓持、执拿，引申指抓捕。从词象看，"角"杯无鋬，执拿角杯等于连同握其木足，所以"捉"与"角"、"握"连象通词。单纯从字形表意看，"捉"的构形显得非常不合逻辑，因为在实际中，无论捕人还是拿物，很少有从抓脚入手的。但如果从"角爵"来看，"捉"的构形不仅符合实际，而且形象生动。

（三）促

《说文》："促，迫也。从人，足声。"元象义为紧迫、短促。引申义为狭促、催进。词象从"雀"的跃进图式映射而来。"雀"的行进方式为短跳快蹦，给人以狭促紧迫的感象。从相对词象上说，短跳快蹦就意味着灵敏快捷，所以"雀"的这个动变析象又可以通"疌"。"疌"，从母，葉韵，入声。《说文》解释为"疾也。从止、从又。又，手也。屮声"。字象义指田间劳作的动作敏捷迅速。"疌"的字象和词象虽然取象的具体对象不同，但在抽象的层次上却是殊途同归。

（四）卒

《说文》："卒，隶人给事者衣为卒。卒，衣有题识者。"元象指古代役隶所穿带标识的号衣。也指穿着号衣的差役和步兵。差役和步兵均属最低等级，于是"卒"引申表末位和终结义，由"终结"又引申为"死亡"。差役和步卒给人的印象就是跑腿走路，急迫匆忙。所以"卒"引申表急迫、仓促，以后便由此衍生出"猝"字。在词象上，"卒"通"足"。"足"居于人体低位，主要功能就是跑腿走路。差役俗称跑腿的，卒又称走卒，"走卒"即"走足"，所以"卒"与"足"通象。

四、珏、玦、决、缺、玉、岳

（一）珏

《说文》："珏，二玉相合为一珏。"元象义指成对的玉，譬如，耳坠。"爵"左右缚绑两柱，构成双对图式，由此映射，与"珏"相通。

（二）玦

《说文》："玦，玉佩也。从玉，夬声。"元象指带缺口的环形佩玉。其中，字素"夬"可以从弩机的形状映指弯曲。从字素会意上来说，"玦"可以指"弯曲的佩玉"，也可以指射箭用的勾弦扳指。"玦"引申指决断，从环缺佩玉和扳指都可以讲通。"玦"与"角爵"的关联主要在于角的弯曲和质感上，好玉质地细软，其成品手感酷似兽角制品。

（三）决

《说文》："决，行流也。从水，从夬。"元象义指开壅疏流，即疏浚水道。引申指水冲开的缺口、断裂、断定、果断等义。从字象上论，"夬"指机弩钩玄器，其扳机为角曲形。使用时，从缺口瞄准目标扣动扳机，弩箭随即发出。这是个排阻射出图式，与"水"组合，映射构象指"排阻畅流"，相对象域为水冲断阻堰或冲出缺口。从词象上论，"爵"由"断角"掏空制成，砍断兽角并掏出角内杂质，与疏浚水道图式相通。而"爵"的流口又与溃口通象，酒液从"爵流"而出，犹如泛水从溃口泄出，特别是干杯时一饮而尽的动作，给人以果断决绝的感象。所以，从这些析象映射，"决"既表疏浚义，又表缺口义和果决义。

砍断和掏撅的词象通"物"和"勿"。"勿"的字形系从"利"析出而来。"利",从断禾(秸草)加勿会意,指向义原本指顶替"力"的"犁",后引申转指"锋利"、"利益"。"勿"的字形从刀锋带点会意,指犁头上划过的泥土或黏附的土末。"勿"从"利"析出以后,转指刮掉没用的土末,指向义为否定词,表示不要的、没用的。"勿"在"物"中,主要表示杀解牛体,由此关联定义,"勿"中的"几个点"便从指土末变成了转指"血污"。"物"在"卜辞"中当动词用,表示杀解牛体用为祭品。被解体的牛,看上去不再是牛,而是变成了一堆堆骨肉杂驳的东西,于是由此引申,"物"转指杂物。"物"和"勿"与"角爵"主要从捆缚、杀牛割角、剔除角内杂质上通象。

（四）缺

《说文》："缺,器破也。从缶,决省声。"元象义指器具损伤不全。简单地看,"缺"从"决"转注而来。由短缺引申又指空缺。相对于"爵"而言,"决"是从"爵"到"缺"的中介转意基。

（五）玉

《说文》："玉,石之美者。象三玉之连,丨,其贯也。"元象为玉石。玉,引申有磨砺义,譬如,"玉汝其成"。"玉"和"角"在古代都是器具和佩饰材料,其制取工艺都离不开切割、雕琢、打磨。细腻好玉温润光洁,与角制器物质感相似。所以从制取图式和质地通感上映射,"角"孳乳可以通"玉",还可以通"琢"。"琢"的词形为端母,物韵,入声。进一步看,制取"爵"的两根足柱,还有"削"的工艺析象。"削"的词形为心母,药韵,入声。

（六）岳

《说文》："嶽,东岱,南霍、西华、北恒、中泰室,王者之所以巡守所至。从狱声。岳,古文像高形。"狱,争讼,争上峰,为高起图式,加山旁,指高立的大山。从词象上看,"爵"的体态为昂首高峭,与"岳"的高峻图式通象。所以,"爵"可以通过跨域映射孳乳出"岳"。

五、月、戊、敖、斡、沃

（一）月

《说文》："月,阙(缺)也。太阴之精。象形。"元象指月亮,月亮的特征是弯曲圆缺、皎洁明亮。弯曲的廓象通"角",故其词形与"缺"叠韵,与"角"整体谐音。"月"色洁白,与"雪"通象。"雪"的字形从"雨、羽、又"会意,合象是"可掬似羽之雨",词形为心母,月韵,入声,与"月"叠韵，可以从"月"谐音得名。

（二）戉

戉，象形，一种类斧兵器，刃口外弧似月，斧体有镂孔。词形词象通"月"。"戉"的字形通"越"，"戉"刃口弧形，挥砍的使用动作也是桥拱弧形，因而从"弧形"图式映射，与"走"会意便衍生出"越"，表示跨越。与"越"词象接近的是"躍"（跃），喻母，藥韵，入声，表示跳跃，从字形即可看出是直接从"雀跳"的概象映射转语而来。

（三）敫

《说文》："敫，光景流也，从白，从放。"析形不太准确，应该是从白、方、攴。白，白光；方，刀架，在此通过关联转代指刀；攴，手执。合象为舞刀弄剑，会意结构的指向义为"白光闪耀"，后用"皎"替代。"敫"的词象既通"月"（月光），又通"爵"。"爵"中之酒临光闪耀，通过通象映射可以转语为"敫"。而且联系同素字看，从"爵"之象，更容易疏通"敫"与其衍生字的意联关系。如：激——水花击荡或溅起，爵中之酒有激荡溅起的动变析象；缴——容纳、纳入、缴纳，酒从酉入爵，从爵入口，均为交纳析象；檄——传谕天下的书简。倒酒对象往往是多人，有环注转布的动态象域，正与"檄文"传布天下的图式相通。当然，这些字从字象也能讲通，但是要比从词象解释曲折抽象一些。"爵酒"闪耀的析象通"睫"。"睫"，元象指睫毛，又指眨眼。铜制"角"为前后尾形，俯看下去，"角"中酒液闪耀犹如闪动的眼睛。

（四）斡

《说文》："斡，蠡柄也。从斗，㪗声。"蠡，螺或贝壳，可制成水勺、酒斗。斡，酒斗、水勺的手柄。"蠡"未必实指螺贝，瓢壳和竹筒都可以制成酒斗、水勺。从"斡"与"爵"的关系上讲，二者连象，从酉舀酒时，为避免沉淀往往要用酒斗搅动酒液，调匀后再一一倒入各"爵"之中，因而"斡"有迁转、旋转、调和、掌管等多个事节析象的指向义。

（五）沃

《说文》："沃，溉灌也。从水，芺声。"本从芺，以后简化从夭。"沃"本义指浇灌，引申有冲调、浸泡、肥美、调顺、啜饮等义。很明显，"沃"从"斡"与"爵"连象，倒酒与浇灌图式相通，只是象域不同。倒酒与冲调、浸泡、调顺、啜饮等析象直接关联。"沃"与"渥"词象相通而别，"沃"指

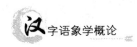

用勺斗浇水或泼水，譬如，"如汤沃雪"；"渥"指掬手往地面撩水，以便压土润地。

六、局、挶、匊、掬、菊

（一）局

局，有狭促、限制、屈曲、拘束、场面、范围、圈套、对阵、棋局等引申义。有衍生字：跼，同局；锔，"以铁缚物"修复器裂的金属锔子；梮，一曰钉履，一曰滑竿。《说文》："局，促也。从口在尺下，复局之。一曰博所以棋。象形。"字形从口在尺下。"尺"，本指小腿，引申指长度单位，有排摆象域。口，有器口通象和开合析象，"局"的合象可以表小腿之间的间距，也可以表食案上排摆的器皿，会意指向都可以指距离近——狭促。从词象上看，"局"可以从"爵"的两个方面取义，一是从"爵"口两柱间距近取象得义。"爵"的两柱就是"爵足"，"爵足"只能站立不能行动，由此映射指行动不得伸展。从"雀"也有此析象，雀不能步行，只能短跳，给人以狭促的感象；衍生字"锔"字可以作为这个析象的旁证。锔子，又称两脚钉，与"角爵"的两足正好通象；二是从"爵"的象域取象得义。"爵"的象域是酒局宴席，席面上排满各种器皿，夹菜放爵，不得不小心选位，给人以狭促之感。这种情形正可以映射到棋局，棋盘面积有限，棋子密布，走棋多要悉心思考慎重落子。对饮的酒局可以和对阵的棋局形成通象，所以"局"的棋盘义应该是由此映射而来。衍生字"梮"的滑竿义可以从捆缚析象通"角爵"。

（二）挶

挶，有三义，持执、耳病、箕畚。《说文》："挶，戟持也。从手，局声。"矛有侧刃称戟。戟持，即从物品侧旁执之。从字象上论，"局"有收束夹紧析象，与"手"会意，即指向"持执"义。从词象上论，"挶"通"爵"。"爵"侧旁有鋬手，形状似耳，饮酒时往往用手从侧旁抓持鋬手。从此元象析解，其一、挶，表侧执的动作；其二、耳朵不舒服，人往往抓之，耳朵与鋬手通象，于是，挶又表耳病；其三、从持鋬的手型向被抓持的东西映射，"挶"又通过邻联转代，表示带手鋬的箕畚。扩展一步说，以手抓"爵"，即用手抓爵的耳鋬，这个词象与"取"也相通。由此来看，"取"字中的"耳"旁，完全可以虚解为器具的耳形手把。进一步来看，在字形上"取"通"最"，在词形上"最"又通"爵"。"爵"，举高即为"最"。

（三）匊

《说文》："匊，在手曰匊。从勹、米。"勹，在此指屈曲持物的手型。"匊"，用手抓起一把米或用双手捧起一捧米都称"匊"，指向义为握住、或是捧起的动作或数量。握住和捧起的词象都通"爵"。"爵"有单手执鐴的握住手型，也有双手合捧的手型，从这两种手型的动作析象映射便可以孳乳出"匊"。

（四）掬

《玉篇·手部》："掬，撮也。"元象义为撮取。撮，用几根手指合聚捏起，或用双手聚拢交叠捧起。单手掬物的手型为几根手指攒成一个凸聚的形象，于是"掬"又表"攒聚、翘起、凸显"之义。"掬"从"匊"加旁转注而来，其与"爵"的关系属于以"匊"为转意基的间接孳乳关系。

（五）菊

《说文》："菊，大菊，蘧麦。从艸，匊声。"元象指大朵的菊花。大菊的花型似匊物时屈曲聚拢的手型，是从"匊"的手型概象经跨域映射而来。

七、節、绝、结、诘、桔、拮

（一）節

《说文》："節，竹约也。从竹，即声。"元象为竹节，引申指衔接处、节点、节段、操守、节制等义。"節"字从"即"，"即"表示人跪踞就餐，在"節"字中取其交接图式义。"角爵"有两个析象可以通"节"：一是爵柱。"爵柱"的形制为两截带有凸头的木杆，其概象恰似两根竹节；二是兽角的纹理和缠绕的绳环似"節"。"節"有中间交连和分界的相对图式，这个图式可以通"介"——甲片交连——见母，月韵，入声；通"劫"——中道阻断——见母，葉韵，入声；通"截"——斩切断开——从母，月韵，入声；通"绝"——割断收结——从母，月韵，入声；通"结"——绳扣（袺结）——精母，质韵，入声。

（二）绝

《说文》："绝，断丝也。从糸，从刀，从卩。"会意结构为人在编织中以刀断丝。断丝大多与编织收结相连，所以，"绝"既有截断的指向义，也有终结、终极的指向义。"绝"与"角爵"在两个工艺象域相通：一是制"爵"时兽角要截齐边口；二是足柱缠好后要断绳系牢。在词象上，"绝"

通"截"和"结"。

（三）结

《说文》："结，缔也。从糸，吉声。"元象指绳扣或缠绕编织。引申指结束、构连等义。"结"与"角爵"也是在加工象域相通：制"爵"时要把足柱缠绕在兽角上，然后断去多余线绳绾扣系结。

（四）诘

《说文》："诘，问也。从言，吉声。"本义指盘问、责问。引申义指追究、弯曲、艰涩。词象主要从制"爵"的缠绕象域而来，缠绕"角爵"的足柱需要多圈盘绕，且要圈圈刹紧，直到收结系牢。这个工艺过程可以抽象出连续、盘曲、滞涩的图式，其指向意义正好与"诘"的语义吻合。

（五）桔

《说文》："桔，桔梗，药名。从木，吉声。"一种形似木节可以入药的植物根茎，又指桔槔——汲水杠杆。"桔"的词象主要是从木质短节上与"角爵"的足柱析象相通。

（六）拮

《说文》："拮，拮据，手口共有所作也。从手，吉声。"用于连绵词"拮据"的一个音节。表示手蜷曲不直，引申指操劳、困窘。在词象上，可以从"爵足"裹束不展和持爵手型屈曲的两个析象映射而成。

八、桀、最、㦤、兀、位

（一）桀

《说文》："桀，磔也。从舛，在木上。"字形义为两只脚站在木上。指向义为木架、木桩、高出、出众、负举。引申义常指夏桀，由夏桀又引申指凶暴。"角爵"的两柱，既是木脚又高于爵口之上，既像木架、木橛又像肩负高举的两臂，在这些概象上，"桀"与"爵"相通。同时，"爵"的昂首峭立词象也通"卓"。"卓"，端母，藥韵，入声。常用语义为高起特立。

（二）最

《说文》："最，犯而取也。从冃，从取。"取，积累、军功。冃，冠或顶。字形合象为顶尖的军功，指向义为首位、顶尖、总聚。"爵"有捆束会聚、足柱凸起和体态高扬等概象，使用中又常有高举的动变析象。从这些析象出发，"爵"与"最"可以构成通象映射。

（三）蕞

蕞，本作蕝。《说文》："蕝，朝会束茅表位曰蕝也。从艸，绝声。"蕝，字形义为割下捆好的青茅，因其常捆束使用又称苞茅。其用法有三说：其一，古代朝会一般用捆扎的茅草标示位次；其二，楚国行军前哨常用举茅示警的办法传递军情；其三，古代祭祀常以木枏缚茅多次滤酒来表示诚敬。成语"名列前茅"可以印证"蕞"的位次之意。"蕞"一般引申指标志。通"最"，表示尖小、聚集。我国华南地区产苞茅和短梗苞茅 2 种，多年生草本植物，小穗成对如总状花序成对，一无柄，一有短柄，承托以狭鞘状的苞片，最下 1—2 对小穗在 1 个或 2 个总状花序上相似；但其分别点为总状花序短，成对。显然，"蕞"所以通"爵"，是因为其小穗和总花序成对的概象与"爵"两根足柱成对的概象相通。

（四）兀

《说文》："兀，高而上平也。从一在人上。"本义指髡刑，与剃发、头发有关，引申指光秃、突出、晃动、不安。在词象上，"兀"与"角爵"相通。"角"制成"爵"要把口边切齐磨光，制成的"爵"体式高扬，呈突起"兀立"态，在使用中经常要举起放下，因而爵和酒总是处在晃动不安的境地。另外"角"长在兽头上，兽角光滑突出，随着兽头晃动而不安，所以"兀"可以从"角"直接孳乳而来。

（五）位

《说文》："位，列中庭之左右谓之位。从人、立。"朝堂上站班的位次、地方。引申指官级、君位、名分等义。从分列两边的图式通"爵"，"爵"的足柱分列在"爵口"的两边。"位"在"位次"词象上通"蕞"，又可以通"居"。"居"，人凭几扶腿危坐。在饮宴或礼仪场合正襟跪坐为"居"，与分列对坐的象域相连，指人的坐姿和神态。"居"在衍生字中有"蹲坐"、"盘坐"、"挺胸"多个析象义，比如：踞——前肢伏地蹲坐，状似宫门口的石狮；倨——傲慢，挺胸昂头目不旁视的样子；锯，盘腿拉锯，破大木需要两个人盘坐拉锯。"居"从"蹲坐"和"挺胸"的析象与"角爵"相通，"居"的词形为见母，鱼韵，平声，与"角"互为双声关系。

九、曲、崛、倔、掘

（一）曲

曲，甲文形似弯曲的竹管，金文像箕口或笸箩，都是弯曲的象形，抽象义表示弯曲不直。"曲"有"蒙昧愚顽"的引申义，《庄子·秋水》："曲士不可语於道者，束於教也。"曲士，愚昧固执之人。由词象上论，"曲"与"角"可以形成通象映射。"角"，弯曲执拗，且可以为号角，与乐曲连象。

（二）崛

《说文》："崛，山短高也。从山，屈声。"隆起的山包，引申指突起，高起。"崛"在词象上通"角"。角，隆起在动物头上的凸起物。

（三）倔

倔强、执拗。昂首挺胸，强硬不屈貌。使用中，通"崛"和"倔"。"倔"在词象上，通"角爵"的昂首挺胸概象和坚硬执拗的析象。

（四）掘

《说文》："掘，掐也。从手，屈声。"本义指挖地刨土。字象与词象一致，都是以"屈身"貌从"角爵弯曲"取象得义。

第九章 语象学和相关学科的关系

语象学既是一种原理性的语言认知学说，又是一种研究语言文字的具体方法。它是把认知语言学与传统文字学结合起来展开双向研究的结果，因而它对于认知语言学的系统化和文字学的源流考释都具有积极意义。一方面，它运用认知语言学的观点研究汉语字词的孳乳，阐明了其孳乳机理和系统联系的理据性；另一方面，它又通过语象表征在汉语字词孳乳中所体现出的系统关系反过来梳理了认知语言学多家理论之间的内在联系。

语象学作为一种认知方法和分析工具缘起于认知语言学，从这个角度来说，本可以称它为认知文字学。但由于受汉语字词孳乳特点和实际需要的改造，它已经有了相对独立的品质，其意义又有超出文字学研究的潜势，所以姑且称之为语象学。语象学与认知语言学和文字学密切相关，同时它还涉及语源学和音韵学。所以下面再来谈一谈语象学的意义以及它同这几门学科的关系。

第一节 语象学和认知语言学的关系

语象学是借鉴认知语言学的理论原则，从认知规律出发研究汉语字词的造意表现以及孳乳媒介和衍转方式的学说。

作为一种认知原理性的语言文字学说，语象学吸收了认知语言学一系列原则和方法，但它不是对某一家认知语言学说的简单照搬，而是结合汉字实际，在借鉴的基础上通过对认知语言学分散的各家学说进行系统化集成和改造性运用形成的新学说。

汉字是在音形义匹配中讲求象征性和理据性的表意文字，它是在汉语语词发展有了一定抽象高度，从为语词音义进行配像的基础上形成的具有思维具体性的文字，因而其在表现语言思维的内容上，体现出了更丰富的结构多样性、形象生动性和系统理据性。可以说，正是由于汉字的具形表意特点和意象孳乳方式深化了我们对认知语言学的认识，才促使我们以语象为重点对认知语言学的原理方法进行了一些改造性运用。从这一点上看，语象学可以反过来为正在发展中的认知语言学提供一些实在的例证资料和系统的参考意见。

语象学同认知语言学的总体关系可以从两个方面来看，一方面，语象学是在运用认知语言学的观点方法研究汉语字词孳乳的过程中形成的，所以它在原则方法上保持着同认知语言学的基本一致；另一方面，正是由于被运用到了汉语字词的孳乳研究中，因而使认知语言学的原理方法在适应汉语具体情况中得到了系统化改造。所以从总体而言，语象学是以语象为核心的系统化语知学说，它同认知语言学是既密切联系又有所区别的关系。

一、语象学同认知语言学的联系

（一）基本原则一致

汉字是有着系统意联关系的文字，无论是汉字的创制还是孳乳发展，都是以相似性映射和邻连性转代为基础展开的。由于汉字创制和孳乳的方式方法与认知语言学对语言认知所持的相似性和邻连性观点正相暗合，所以在借鉴认知语言学研究范式的过程中比较容易贯彻其立场观点，由此也就形成了语象学与认知语言学在基本原则和总体脉络上的一致。

（二）实质方法一致

语象学借鉴了认知语义学的很多范畴和分析方法，譬如，意象图式理论、隐喻转喻理论、原型理论、认知域理论、框架理论、参照点理论、概念合成理论，等等，虽然采取的是化用方式，但实际所体现的仍然是这些方式方法的精神实质。

二、语象学与认知语言学的差异

语象学与认知语言学也有一些不同，简单看有三点存在差异：

（一）语象学是系统化的语知学说

认知语言学虽然在具体的语义研究中强调相似性和邻连性原则，并有两个基本共识和三个哲学假设作为统一的理论基础，但由于其主要语言学家提出的研究范式众多，彼此之间又缺乏呼应协调，所以它基本还处于非系统化分散学说的形态。

语象学是在对汉字孳乳的研究中形成的，由于汉字的孳乳基本是以意象为媒介系统化展开的，所以就促使语象学在综合借鉴认知语言学多家研究范式的基础上形成了系统化形态。可以说，系统化特点是语象学同认知语言学各分散学说的区别点之一。

（二）语象与意象图式的范畴不同

语象学在主体架构上借鉴的是传统的意象理论，同时系统整合进了认知语义学的意象图式理论、原型理论、隐喻转喻理论、认知域理论、框架理论、参照点理论、概念合成理论，并从服务于汉语字词研究的角度把简单的意象理论提升成了语象理论。从这方面来说，语象范畴和意象图式范畴并不完全等同。

从内涵上来说，语象范畴中同图式分类并列的还有元象、廓象、感象、质相和象符等分类，图式只是基本语象中的一种抽象表征形态。另外，语象范畴对于图式的内涵也不是从类型角度界定为十几种模式，而是从接触方式和体验角度界定为从具体对象的内在质相和外部关系中抽象出来的心表样式。也就是说，语象学认为，图式不只是十几种或二十几种高度抽象的有限模式，而是人在与客观世界的互动中可以从众多对象及其关系中具体把握的抽象心表样式。譬如，"资料"和"材料"，从深层抽象上可以说这两个概念的核心图式一样，都属于"原料"，但从附带不同象域的图式上来说却不一样。"资料"是指有凭借性的"材料"，"材料"则是指有应用潜质的一般原料。再比如说"结"和"节"，前者从绳扣抽象而来，后者从竹节抽象而来，从图式而言都可以归结为"节点"，但在具体搭配使用时，却凸显着连接与约制的差别，比如，"春节"就不能写作"春结"，同样"节俭"也不能写作"结俭"。

也许在认知理论表述上，我们可以把图式概括成几种或十几种最抽象的模式。但也应该注意到，在语言实际中所有的动词和介词以及形容词和副词在具备图式化质相的同时又都显示着对立性的差别。这是因为，认知不是纯粹的客观反映，也不是为了认知而认知，而是带有主观意图的能动反映。它既要服从客观反映的实在性，又要服从主观需要的目的性，既要服从共性一致的统摄需要，又要服从个性差别的把握需要，所以在图示的摄取中，其实际体现的是一种既对立又统一的取向。其实，这同范畴兼具统摄性和分类性的功能取向一样，都是满足多重效率要求的反映，也是兼顾系统识解与区别表达以及临场活用和离场典约平衡关系的结果。

（三）意义建构的模式不同

语象学在意义建构和概念化认知机制中提高了语义表征的地位，凸显了语象作为认知环节在意义建构和概念化过程中的主要媒介作用。同时，还区分了心表结构的语象和语表结构的语义之间的差别。

在对语义关系重新梳理的基础上，语象学进一步构拟了意源、实相、语象、概念、语形符号、指向意义、语义等意义建构过程中的具体环节和衍转关系。由于增加了语象和指向意义环节，所以语象学从语言思维机理上给出的语象图与认知语言学给出的语义三角关系图也存在着明显差异（见第一章图1-2）。

第二节　语象学与文字学的关系

其实在对语象原理的整个讨论过程中，我们都是通过文字的关联孳乳展开的。显而易见，语象学是在运用认知语言学的观点分析汉语字词孳乳演化规律中重新概括出来的理论观点和分析方法。所以反过来看，语象学对于汉语字词的研究和考释就有了原理性认知和分析方法两方面的意义。

具体说语象原理可以用于汉字研究的以下方面：其一，汉字的本义考训；其二，汉字元衍关系的分析；其三，组合字的会意结构分析。

一、汉字的本义考训和元衍关系的分析

这部分是把元象本义的考释同字义引申和字形孳乳合起来讨论。这也是语象分析的主要特点。

传统的汉字研究一般以两种方法为主：一是靠因形求义（形训）；二是靠意源推求（义训）。如果二者兼具，疏解一个字的元象本义就比较容易，如果不知道意源（字源），单纯靠字形疏解其难度就比较大。比如，"赤"，甲文字形"从大从火"会意。许慎的解读是："赤，南方色也。"也就是说"赤"的本义是火红的意思，至于什么会意机理没有解释。其实"赤"字的会意形成，有着具体的意源。"赤"的"火红"义和"裸露"义都与其意源有关。在古代成人礼或社火祭祀中有一种仪式，就是由勇敢的男子光脚从烧红的炭火堆中跑过去，以祈求好运。"赤"的字形就来自于这种"从人蹈火"的象形，现代在

南方有的地方，客家人仍然保留着这种传统。在北方传统婚礼上，也有新人跨火盆以求日子兴旺的仪式，这应该是古代"蹈火祈福"习俗的遗存。

　　一般来说，在实际考释中意源本身往往就需要通过分析字形线索和文献资料才能获得，所以不一定都能找到现成的意源。在意源佐证不足的情况下，主要的还是依靠字形和字义来推求本义，这样一来就突出了字形的地位。在意源本义考释中，字形很重要，但单纯依赖字形往往不太可靠。这是因为有多方面的原因左右其间：

　　第一，字形是拓扑的，有时看不出所表事物对象的真实大小和具体意景。譬如，"于"，完全可以把甲文"从字从又"的早期构形看作是用手持"竽"。再如，"岁"，解读成"以戊砍足"似乎也能讲通；"妥"，解释成"以手按头"也可以，"央"看成是"人带枷"也很相似。但如此一来，当扩展到衍生字的疏解时就会陷入困境。

　　第二，有些字形一造出来相对于其所表现的客观对象就是变形严重的抽象符号，很难分辨其出自什么事物对象。譬如，"入"和"辰"，如果没有其他字形的关联印证和出土文物的提示，很难看出其来自什么意源、代表什么元象。

　　第三，有些字形只是借象，象征的是抽象意义，或是元象早已被引申义取代，光凭字形和字义的联系，不好推测出确切的字源。譬如，"久"，即使是面对出土的"炮烙"，一般也难以想到把它跟"久"字联系起来，即使跟"炮烙"联系起来称之为"铜格"，也较难把它跟原始用途"烙印"联想到一起。至于在很专业的纪录片中，把编钟中的"镛"称为"甬鐘"，把"鐘"称为"钮钟"，把"律"解释为"在街边写字"更属于对字形借象把握不清造成的错解。

　　第四，有些字形在甲金文中，就已经根据引申义发生了"讹变"（随义变而转变字形），要想从"讹变"的字形推出准确的本义，更是难上加难。譬如，"内"在早期的字形中其外部结构就已经变成了房子形，这不能不让人把它想象成"人在房内"；"厈"中的"厂"也已变成了"广"，与"岸"实在不敢贸然联系。再有"便"中的"更"旁在甲文和金文中写法不同，一个为"从宀从攴"，另一个为"从丙从攴"，其实这是因为"宀"和"丙"都是从"亼"而来的变形体。在甲金文中，"亼"，表"屋顶"有时写作"宀"，抽象表天窗"莹开"时写作"丙"。这是字形的分化性转变现象，属于转文性的变化。

第五，除了上述几点外，最重要的因素还在于字形是象征的，它可以从字象出发通过相似性映射和邻连性转代进行譬况和象征性的活用，再加之借形托义（借具体之象托抽象之意）、转折引申、关联转注、省形省声等因素，要想确切推断出所有字的元象本义，不啻是一项既艰难而又容易出差错的事情。有了语象分析法，虽然不能说问题迎刃而解，但毕竟为元象的辨析增加了方法和验证手段。下面我们试以语象分析法，来分析几个元象本义争议较大的基础汉字以及它们的字形和字义孳乳关系。由此，也来检验一下语象分析法的有效性。

（一）亡

【按】亡：甲文 ᠘ 一期　ᠺ 三期　ᠴ 四期　　金文 ᠘ 西周早期　᠘ 西周晚期　　入：甲文 ᠕ 一期

"亡"，《说文》："逃也。从乚、人。"许慎解释的是引申义。一般认为，"亡"是"盲"的本字，由"臣"转化而成，是瞎眼睛的象形字❶。虽然从字形上孤立地看"盲眼"的本义显得很合理，但从字象关联上看却有重大缺陷，因为它不能很好的统摄元衍之间的系统意联关系。首先"盲眼"的"本义"与"亡"的抽象义"逃亡"难以牵连。盲人一般也就在家附近走走，与逃亡实在联系不上。其次与用"亡"组成的衍生字"妄"、"肓"、"忙"、"忘"、"罔"、"芒"在字象上也很难关联。总之，要确定"亡"的元象，不仅要考虑字形，同时还要把字形同衍生字及其引申义联系起来看。

"亡"是个很抽象的字形，首先需要确定的是析形问题，也即"亡"字是两体结构，还是一体结构。从"亡"包含"乚"（乚 yin）这个结构部件来看应该属于两体结构字，因为"乚"在甲文中是个多处使用有独立意义的符号。对于"乚"，王筠的注释是"曲行也；"段玉裁的解释是"曲行避敌也，"也就是说"乚"有隐匿、避敌的意思。所以应该认为"亡"属于一个两体组合字。确定了"乚"为"曲行避敌"义，再来看"人"。"人"从本初就是一个表示进入、退入等抽象意思的字，与"乚"配合表示的应该是"曲行退入某处以避敌"的意思，但这仍然是个抽象的合象结构，还是不能确定"亡"的具体元象是什么。好在写成"人"是金文的写法，在甲文中，"人"的写法是"∨"形，很像一对犄角的形状。这里就需要我们调动生活经验，联想一下什

---

❶　邹晓丽．基础汉字形义释源［M］．北京：中华书局，2007.

么长角的东西在遇到危险时会曲折的退入某处规避风险。显然，最常见的东西就是"田螺"或"蜗牛"，但这只是根据孤立字形所做的推测，要想确证还需要看它同"亡"的主要意义和衍生字是否能够建立意联关系。首先看与"逃"义的关联。"蜗牛"的最大特点就是一遇异动马上缩回壳里，所以"躲避"、"隐匿"、"逃避"是其直接的动变析象。由"逃避"进一步可以引申指"逃亡在外的人"，继而引申为"外出不在"以及失去——死亡。因为隐匿不现等于"没有"，所以在卜辞中"亡"表示否定词"无"的意思，后来才进一步表示"不"。再来看衍生字：

1. 盲

盲，从目，亡声。目，眼睛。亡，蜗牛的触角上有两个黑点似的感光细胞，属于它的眼睛，回缩闭合后自然会变得跟瞎子一样失明致盲。所以"亡"在"盲"字中表示"失明"或"蔽目"。

2. 肓

肓，指人的心脏与隔膜之间的位置。蜗牛缩进蜗壳后会有一层隔膜似的封盖堵住壳口，与软体之间会形成一部分空腔，这个意象结构通过映射转指人体的心腔，并加上表示人体的"月"旁便构成了"肓"字。

3. 忘

忘，从心，亡声。亡有隐匿、失去的指向义，心里失却或隐匿就是"忘"。

4. 忙

蜗牛经常性的活动就是不停地爬行，所以"忙"字开始表示心里和行为不踏实，不停地活动，以后才扩展到表示行为紧张，繁忙。

5. 罔

罔，从网，亡声。亡在"罔"字中表示"网"的缩张功能。"亡"所表示的蜗牛经常要开窍盈出或是闭窍回缩，因而有相应的图式析象，映射到网上表示网的舒张和团缩功能。"罔"在"罔顾"中表示的是"亡"的否定意思"不"。

6. 妄

妄，虚浮无据的言行。蜗牛居处不定到处乱爬，因此"亡"有虚浮无据乱动胡行的析象图式，加上"女"旁，映射表示人的言行张扬无据、胡乱作为。

7. 氓

朱骏声《说文通训定声·壮部》："自彼来此之民曰氓，从民从亡会意。"

高诱："野民曰氓，"所以"氓"指游居不定之民。蜗牛有游居不定的习性，所以"亡"字有相应的析象概念。

8. 芒

芒，指谷穗表面的虚尖浮刺。蜗牛有触角形似尖刺，通过譬喻映射在"芒"字中表谷禾芒刺。

9. 蝱

蝱，指贝母。贝母为多年生草本植物，其鳞茎可供药用，有止咳化痰、清热散结之功用。所以从"亡"，是因为贝母的形状恰似蜗牛的外形。

至此，便可以断定"亡"的元象就是"蜗牛"。从词象关联上看，我们还可以进一步假设"亡"字与"枉"字在词源上相通。

（二）九

【按】甲文 ᐣ—期　金文 ᐣ 西周早期

"九"的元象是什么，在文字学解释上也是众说不一。《说文》的解释是："九，阳之变，象其屈曲究尽之形。"就是说，许慎认为"九"的意思是"阳尽趋变"，但由于解说抽象没有道出字形元象，所以一直被后世猜疑。有的解释认为"九"的本义是"尻尾"，即动物尾巴与屁股相连之处。这显然是从"尻"字得出的推论，似乎解释了"九"在十进制中由接近终尾而借为数词的理据性，但依然不能很好地解释"九"与"究、轨、宄、仇、旭"等衍生字的意联理据性。其实"九"的甲文字形是个从力（犁）转文的会意字，也即从"反力"的字形。从现代字形上来说，九字是力字的第二笔反向甩出的写法。"九"，可以有元象和抽象两种解释：其一、犁的扶手、尾把；其二、犁到地端甩尾掉头，抽象引申为端头、竭尽、倒反。许慎的解释属第二种，语义比较抽象，渗入了至阳则变的哲学观念。再看由"九"组成的衍生字：

1. 究

究，穷尽。穴，洞穴。九，从耕地到头的图式映射，表示竭力深探到底。

2. 轨

轨，车轴两端轴头，后引申为轮距、车辙。九在"轨"中表车轴端头或反扣的轮挡。

3. 宄

宄，省形字，甲文从宀、九、攵会意。《说文》："宄，奸也。外为盗，内为宄。"就是说"宄"的意思是内奸、反叛者。内宄，现代写作内鬼。宀，表示房子、内部；攵，表破坏；九，在字形中表示倒反或反叛。

4. 仇

仇，男人。造字方法同"男"一致。九，表示犁把、犁地，"亻"表扶犁耕地的人。引申指男性配偶。夫妻怨怼，对偶转对立，又转指对头、冤家、仇敌。在现代生活中仍有女方称配偶为男人或冤家。冤家又称仇家。

5. 旭

在字形中，"旭"中的"日"表太阳，"九"表示地端，合象为"太阳从地头升起"，会意指向为效应构象，即"旭日"。再有，"旮旯"这两个字也是通过田边地角的字象从"旭"转文而来。

（三）氐和氏

【按】氐：甲文 亻 一期　于　氏：甲文 仆 一期　　金文 乀 戰國　　乇 春秋石鼓

"氐"与"氏"在甲文中相通，以致于有观点认为两字同源，是否如此，这需要通过字形与字象的关联分析来确定。

"氐"，起初的字形像"万"，而后的字形像"于"的变形体，表示的是"提升"、"操持"的意思。郭沫若考为"匙"，也就是勺斗的象形字❶。不过字形非常抽象，实际上是一种类似木铲或勺斗的侧面象形。抛开字形，从词象上看，"氐"与"匙"密切关联，应为"匙"的初文。在抽象意义上"氐"有"提领由出"的意思。在人类早期，掌勺的就是掌权的，所以"氐"也有掌持和首领的意思。

从构造上看，"氏"的字形是一个人手提漆篓的会意字，最初表现的应该是"提篓"的意思。"氏"在早期卜辞中，表示的是"提挈"和"进献"的意思，属于从"提篓"而来的析象义和象域义，所以"氏"是"提"的初文。漆篓又称"由"，有"所以由因"的意思，具体可以指凭借之事、由出之地的意思。由此来看，"氐"与"氏"在字形上并不完全相同，但在"提领由因"的抽象义上是相通的，这一点在各自的衍生字中可以看出明显的区别。在甲金文中，两字一度有通形互用的情形，也是因为都有"由因凭借，所以由出"的意思。

在"提领由出"的抽象图式下，"氏"有领有土地和掌事的意思。在"普天之下，莫非王土"的时代，领地大多从分封而来，而能够得到封地者基本都是贵族。即使是自然形成的土地占有，也需要通过王令来认可确定。《左传·隐公八年》："天子建德，因生以赐姓，胙之以土而命之氏。"这就是说，

---

❶ 邹晓丽. 从郭沫若说. [M]. 基础汉字形义释源. 北京：中华书局. 2007.5

"封赏土地命之以提领掌管一方之事"的"氏领胙封"做法是一种制度。这种制度使"氏"有了"领有土地"和"掌管事务"的意思，因而，胙封之地和职领之事都称"氏"。

掌管氏族土地的代表是首领，其代表全族掌管土地，这就构成了一个族群的聚居地和生息地。土地是氏族生存之本和谋生凭借，从这个角度说"氏"便有了"所因之地"的抽象意思。很多姓氏来源于封地。这就是所谓"氏所以别贵贱，贵者有氏，贱者有名无氏"。

"氏"有"凭借之事"、职司、掌管的意思。有领有就有经营管理，二者密不可分。土地的管理与耕种是早期所本的职业，所以经管事务也成为了"氏"的内涵之一，这样"氏"就扩展到指官职。"或民其官，或氏（职）其事，闻其氏即知德矣，所以勉人以为善也。"以后各业发展，人们所本之业扩大，"氏"字也就从指耕作、官职的具体"职业"概念转化成了泛指各业的抽象"职业"概念。所谓"姓以别血缘，氏以别贵贱"，说明姓氏的"氏"与"封地"、"官职"和"职业"密切相关。在语源上"氏"与"职、事、司"相通，姓氏往往就是所事、所职、所司。

居住地和职业都是人的生存基础，由此概括，"氏"就有了根源凭借、据以由出的意思，这个意义后来进一步又扩展到了表示"亲缘氏族"的概念。

由于"氏"与"氐"的元象一直模糊，所以对于从二字构成的衍生字也大多难明就里。"氏"和"氐"在"根底由出"这层意义上相通，但在衍生字中却是既有区别又有联系。我们可以具体看看由"氏"和"氐"构成的衍生字。

1. "氏"的衍生字

（1）祇

祇，地神。《说文》："祇，地祇，提出万物者也。从示，氏声。"氏在会意结构中通过图式映射表示万物由出的土神。

（2）纸

纸，纸张。糸，表示纤维，丝絮。氏，象域义表锅上黏附的锅巴。勺子刮锅与锅巴连象，锅巴形似抄纸的浆膜，二者通象，所以"氏"通过转代和映射可以表揭起的纸张。当然，从"氏"表"由出"义也可以把"纸"解释成"来自丝絮的东西"。

（3）昏（刮）

刮，声旁从"昏"。《说文》："昏"，塞口也。从口，㕙省声。析形不确，应该是从氏，口声。"氏"，匙的初文，指勺斗。口，在构形中表锅。合象为刷锅时用勺刮铲锅壁。刮锅有声，其声音与"括"的发音相近，似是"舌"的词源。"舌"在组合字中多写作"舌"，"舌"声通"氏"，图式与"舌"相通。

2."舌"的衍生字

（1）括

《说文》："括，絜也。从手，舌声。"用手扣机弩的机括。舌，在"括"中表示用匙刮锅的涵括图式，映射指机括中的扳机。

（2）活

《说文》："活，水流声。从水，舌声。"本义为活动的水或水流的声响。引申出的析象义为"活动、活体"。从字象说，刷锅要放水边刷边刮，刮铲的动作和声响与水的扰动会交织在一起。这样，"舌"在"活"中，既表示水的动荡又表水流的声响。

（3）聒

《说文》："聒，，欢语也。从耳，舌声。"本义为喧声闹语。"舌"，从刮锅的声响映射指喧闹的声音，加"耳"旁为的是突出声响意象。

（4）阔

《说文》："阔，疏也。从门，活声。"本义为疏离。引申指离散、疏远、稀疏、宽大。字形：活，指水流。门，可以实指门口。构形合象为把刷锅水泼到门外，会意构象指向"疏离"。

（5）话

《说文》："话，合会善言也。从言，舌声。"善于言表，滔滔不绝的话语。字象："舌"，刮锅的声响连续而响亮，由此经声响通感映射指人能言善语。

3."氏"的衍生字

（1）柢

柢，《说文》："柢，木根也。从木，氏声。"本义为树的主根。树的主根是树生长由出的凭借。氏，在合象中表"据以由出"的抽象图式义。

（2）底

《说文》："底，山居也。一曰下也。从广，氏声。""底"既表山根的敞屋，又表低下。广，傍崖敞屋，氏，表人提篓的低下图式。篓，有编结容器图式，与敞屋结庐的图式通象。

（3）低

《说文》新附："低，下也。从人，氏声。"表示低头和下垂。人提篓为下垂图式，人看所提之篓自然也要低头。所以"氏"在"低"字中表示下垂图式，映射或转代都可以表示人垂头。

（4）抵

《说文》："抵，挤也，从手、氏声。"用手排摆物品间距称"挤"。"氏"的元象为提篓献贡，献贡的东西多要排摆比对，择优进献，故而"氏"有"排摆比对"的象域义。由此，"抵"还引申出了"相当、对立、凭靠、逼近、如何"等一系列相对关联的析象义。

（5）邸

《说文》："邸，属国舍。从邑，氏声。"属国，诸侯国。本义指诸侯设在京城的客馆。"氏"有进贡的象域义，进贡者多为属国诸侯，所以"氏"在"邸"字中代指诸侯。邑，为居住区，在"邸"字中转代指住所。诸侯进贡先住专门的"京邸"待诏，然后才能进宫。

（四）寅

【按】甲文 ☯ 一期　☯ 五期　　金文 ☯ 西周早期　　☯ 西周晚期　　☯ 战国

寅，与"黄"同源，但所凸显的字象结构不同。"黄"的元象是小孩挂在脖子上的玉璜。"寅"的元象是小孩往前爬，抽象图式义是渐行渐变，有玩耍、表演、模仿等象域义。"寅"在甲文中最早用"矢"来表示，有抽象和具体两重象征义：其一、抽象象征意义。"箭矢"有"牵引"和"前行"的象域图式，一方面表示大人用箭牵引孩子的注意力；另一方面，表示孩子像"矢"前行一样追逐爬行。其二、具体象征意义。把"箭矢"去除锋锐可以用作小孩的玩具，古人教孩子游戏往往与生产需要密切结合。男孩弄箭，以备将来射猎。女孩弄杼，以备将来纺织。"矢"与"杼"通象，因而"矢"有具体的实相意义。由于单纯的"一支箭"表意不清，所以在后期的甲文中，箭矢的中间改成了扁环形，既表示孩子的躯干，也表示爬行的肘手。在西周晚期的金文中，箭矢字形中间的扁环，清晰化为两只倒手，表示爬行的手。到了战国金文，变为箭矢四角各加一只倒手的字形，表示孩子手脚并用的爬行姿态。"寅"有衍生字"璌"，其意通"璜"、"璋"，是指孩子佩戴的玉璜或侍弄的玉璋。"地支"是以人的生命进程表示的时序周期：其中"子"表示小孩初生；"丑"（扭）表示小孩学会抓挠东西；"寅"排在"抓挠"之后，表示小孩开始爬行；"卯"表示小孩从爬发展到了坐着或大人扶着走路（附着貌）。"寅"在古文献中，常表"敬"义，即"敬惕"之意。这个意思可以从三个来源得义：其一，直接从小孩跪趋和专注于箭矢移动的情态得义。其二，从朝臣持箭笏待诏面君得义。早期的笏板形似犁头令箭，因而从小孩弄箭璋映射，"寅"可表朝臣持箭笏的形态。朝臣待诏需要保持敬惕状态，于是"寅"又转连到表"敬惕"。其三，箭矢有狩猎象域，狩猎需要保持敬惕状态，因而从这个象域转连，"寅"也可以形成"敬惕"义。再看由"寅"构成的衍生字。

1. 演

《说文》："长流也。从水，寅声。"长流，水慢行渐进。"演"是从"寅"的渐变义而来的加旁分化字。"演"有同义字为"縯"。"縯"从糸，寅声。字象指用针缝制或弄梭织布的缓进状态，也是"推演"图式，抽象义与"演"相同。

2. 夤

《说文》："夤，敬惕也。从夕，寅声。""敬惕"即专敬致深。此意显然是从"寅"的"敬"义而来的加旁分化字。"夤夜"表示深夜，取"夤"的"专敬深致"之意。"夤"有"攀附"义，是从"寅"而来的析象义。小孩爬行抓箭有"攀附"图式，在这个图式义上，便构成了"夤缘"一词。南方有地方管黄鳝叫"夤鳝"，是从"寅"通"黄"兼有爬行和黄色析象而来的称谓。

3. 殥

殥，从歹，寅声。歹，幽冥之处。寅，趋附，靠近、未知。合象为未知的幽冥之处。构象指边远莫名之地。对于小孩来讲，周围的一切都是新奇的，也是蒙昧不明的，所以，"寅"有"未知"的主观象域。《淮南子》："九州之外，乃有八殥。"高诱注："殥，犹远也。"八殥，也即化外莫名之地。

4. 黃

黃，从艸，寅声。指菟瓜。菟瓜又称土瓜、王瓜，葫芦科，多年生草质藤本植物。有攀爬概象，纺锤瓜形，有黄白色两种。"寅"在"黃"字中表示"攀爬"和"黄色"析象。

5. 瞤

瞤，从目，寅会意。有两个主要意思：一是通"瞬"，表示眨眼。譬如，《素问·宝命全形论》"间不容瞤"；二是表示相互间的注视。小孩会爬之后，充满好奇。看到事物，眼睛多是一眨一眨的予以关注，所以"寅"有眨眼和注视的析象，这个析象加"目"旁便衍生出了"瞋"字。"瞋"有叠音词"瞋瞋"，表示眼睛一闪一闪地看着。譬如，徐渭《启诸南明侍郎》："瞋瞋然不知远害而全身。"比喻像小孩子一样忽闪着眼睛看着不知躲避保护自己。

二、组合字的会意结构分析

有些组合字，其构成字素的本义不存在元象不清的障碍，但要从组合结构上解读出它的会意机理仍然不是件容易的事。通过会意结构的探讨我们可以知道，会意不都是"休"和"寇"那样具体直观的结构模式，很多会意结构相当隐晦，有的需要从析象、象域、图式的映射与邻连上才能辨明指向意义，有的需要通过合象和构象关系才能推知指向意义。显然，这些都离不开字象的原理分析，所以字象原理对于会意结构的疏解就有了重要的作用。我们再来看几个字例：

（一）城、诚、宬

"城"与"诚"和"宬"，三个字都从"成"的字象取义。

1. 城

"成"的元象指挖坑、播种、覆土、踩实这样一个种植过程。"挖坑"形成"土围子"的析象，这个析象通过映射用以表示城墙的土围子，并加"土"旁予以凸显便构成了衍生字"城"字。

2. 诚

"成"有"播种踩实"的字象结构，也就是"实有不虚"的析象图式，这个图式加"言"旁映射到表示人的言行上，就衍生出了"诚实"的"诚"字。

3. 宬

"成"有把种子覆盖掩埋的字象结构，这个字象结构可以抽象出"认真封藏"的析象图式，于是加"宀"便衍生出了表示藏书室意思的"宬"字。

（二）旦

"旦"，一般都很清楚它代表"日出"，可一到了组合字中就不那么容易解释了。

1. 坦

"坦"，表示土地平畅。"旦"在其中的会意作用就比较难理解。其实"旦"在"坦"中的会意作用可以从两条路径获得疏解：

其一，从条件构象直接获得会意解读："坦"的合象是"初升的太阳普照大地"。其中，"且"作为初升的太阳要想普照大地是有前提条件的，那就是地面要平展通旷，如果其间存在着山丘等过大的起伏，阳光就会有照不到的地方，大地就会出现阴影，所以"坦"是个依靠条件构象成立的会意结构。

其二，间接会意。①旦，表示太阳初升，通过图式映射并加"人"旁组合成"但"，表示人出生。②"但"所表示的初生人，是不穿衣服的赤裸状态，于是又置换形旁"衣"转注成"袒"。因为衣服是人的象域，所以"袒"也可以直接从相对关系理解为"人从衣服中展露出来"。"袒"所表示的裸身状态，俗称"光溜"，人不穿衣服叫"光溜"，地面平整也称"光溜"，于是以"光溜"为转意基，便演化出了"坦"字。"坦"在坦白一词中所表示的就是"袒露"的意思。

2. 蛋

鸡蛋的"蛋"是一个会意结构比较曲折的字，确切的说，"蛋"是个由"蜑"转化而来的俗字。"蜑""从疋，旦声。疋，小腿。旦，露出"。合象表示沿海露腿活动的边民。以后可能是直接把字形理解成了分腿产蛋，或是通过腿肚子的形状映射，"蜑"又表示龟卵蛇蛋，进一步，"蜑"又从蛇蛋演化成了俗写的"蛋"字。"蛋"本应从虫、且组合，表示蛇蛋，但由于是俗转，反而把最重要的"且"旁给省略掉了。这样"蛋"就成了一个很奇怪的字。其实如果我们把"蛋"看成是从虫从蜑省声的组合字，其会意机理就容易理解了。

（三）逗

【按】豆：甲文 𧯦 一期　　 𧯦 四期　金文 𧯦 西周中期　　 𧯦 西周晚期　　斗：甲文 𣂁 一期　 𣂁 一期

逗，《说文》："逗，止也。从辵豆声。"许慎的解释容易让人理解为停止不动。从实际用例看，"逗"所表示的概念是行动中间的停顿。如《汉书·匈奴传》："邓鸿还京师，坐逗留失利，下狱死。"逗留，沿途的停顿。邓鸿回到京师，因获罪于沿途停顿造成军事失利而下狱致死。"逗"字表示行动中的停顿，是从"豆"的使用特点而来。

"豆"，《说文》："豆，古食肉器也。从口象形。""豆"的元象是一种高足木碗。其实，"豆"除了做食器外，也作为量米舀水的炊具。在实际使用中，经常有用"豆"酌量添减米面或汤水的使用动作，于是这种动作便在人们的经验中形成了一种"点兑"图式，以这个图式为基础加上表运行动作的

"辵"旁，便衍生出了表示"点兑"义的"逗"字。"点兑"的动作是酌量添减的过程，中间有停有顿，所以可以映射表示有"中间停顿"的行为或事物，逗号的意思用的就是这个图式义。以后"点逗"不断引申，又陆续衍生出了"逗引、招惹、挑逗、撩拨"等类义。

"逗"又通"投"，表示物相投合的图式概念。韩愈《南山》诗："或罗若星离，或翕若云逗。"云逗，浮云聚合。"点逗"就是用豆中之物点兑到另一器物之中，使物兑合。所以，韩愈通过图式映射用"逗"表示浮云聚合，非常贴切。

用"豆"舀水量米只是代用工具，以后把"豆"的高足去掉，改为在旁边加上了手把，就形成了状似水舀的"斗"，"斗"的字形就取自"水舀"的象形。所以，无论在用途上还是在字义上"斗"都继承了"豆"的衣钵。"斗"表示量具和量制单位，也表示淘舀器具，还表示"点兑"的意思。譬如，"斗茶"，表示的是"勾兑茶汤"的一种技艺。称米量面的"点兑"动作中有触碰轻击的析象，于是"豆"和"斗"又引申出了轻击碰撞的析象义。"斗"和"争"原本不同，"斗"本表小的碰触和冲突，正所谓"明争暗斗"。以后经过引申才演变成了与"争"相同的意思。在"冲突争斗"基础上又衍生出了"鬭"和"閗"字，表示剧烈的打斗。"鬭"字中间的声旁构造，从豆，从寸。寸，表示慎手，就是掌握分寸小心把持的手。所以豆、寸组合表示的仍是点兑触碰的意思。倒是"鬥"的构形，直接表示的就是打斗的意思。

（四）白

【按】甲文 ⌂ 一期　　金文 ⌂ 西周早期　　⌂ 春秋

《说文》："白，西方色也。阴用事，物色白。从人合二。二，阴数也。"这是从哲学观念上做的解释。一般认为"白"的字形从白米粒象形❶，表示的意思也比较单纯，就是"白色"和相应的引申义及使动用法，如：纯洁、明亮、使明白，等等。"白"的意思虽然很清楚，但对于由"白"构成的形声字进行解读的却不多。我们尝试着用字象分析法来解读一下其中的几个：

---

❶ 谷衍奎. 汉字源流字典［M］. 北京：语文出版社，2008.

1. 伯

"伯"有受敬之意，早期用"白"表示。所以如此，有两方面因素：其一、据《礼记》记载，"殷人尚白"，在商代人们以穿白衣为贵，卜辞中多有用白牛、白羊祭祀的记述，并且把猎获白鹿、白兕视为吉庆大事。其二、在古代，稻米为贡品，常人一般都是吃合菽豆饭，只有贵族才能吃纯白米饭。如此一来，"白"就有了"贵"义，因而与"伯"同字❶。

对于"伯"，《说文》的解释是："伯，长也。从人，白声。"也就是说，"伯"指受尊敬的长者。应该说许慎的解释简单明了。所谓"长者"，往往指鬓边生白四五十岁的人。刘邦被称为长者，正是如此年龄。"长者"经验丰富，行事相对稳妥，所以古人崇尚长者，常以"长者"为掌管一方事务的长官。由此引申，"伯"才有了爵位、伯主（霸主）、兄长等引申义。

2. 泊

《说文》："洦，浅水也。从水，百声。"《玉篇》："泊，止舟也。"从字形与字象上说，这两个解释都是引申义。"泊"为主谓式会意结构"水白"，合象指水岸边激起的白色水沫，映射构象指水沫泊岸，抽象图式义为停靠、漂浮、淡薄，引申义为滩渍、湖泽。

3. 拍

《释名·释姿容》："拍，搏也，以手搏其上也。"即用手掌扑打。从字象上分析，"拍"是以"泊"为转意基而来的衍生字。水轻荡抚岸，激生水沫为"泊"，水急涌扑岸，激起水花为"拍"。苏轼的"乱石穿空，惊涛拍岸，卷起千堆雪"是最好的注脚。"拍"是一个从"泊"的动变象域映射而来，以"手"换域的转注字。或者说是一个"从手，从泊省声"的衍生字。

4. 迫

《说文》："迫，近也。从辵，白声。"意思是逼近、接近、急促。"迫"也是从"泊"而来的转注字。岸边的水沫在水浪的鼓荡之下，有连续促击岸边的概象，由此概象抽象出的图式，再加上表示运动图式的形旁"辵"就构成了"迫"字。

5. 怕

原本通"泊"，表示恬淡无为，后转义表示胆怯担忧。这种情况属于偏旁

---

❶ 邹晓丽. 基础汉字象义释源［M］. 北京：中华书局，2007.

多义造成的，因为"白"既有"空白没有"的图式义，又有"人死发丧"的象域义。从"心存丧惧"角度理解，"怕"自然就有了"胆怯"的会意指向。

6. 柏

《说文》："柏，鞠也。从木白声。"鞠，是从柏树籽实局促的外观而言的。"柏"实际所指就是柏树。柏树的籽实为霜白色，所以字形从木，白声。

（五）亶

【按】亶：甲文 爲 —期　盒 —期　金文 盦 西周中期

《说文》："亶，多谷也。从㐭，旦声。"本义为粮多。㐭，栽桩围席、攒檩结庐式的粮仓。旦，升高。合象为加高仓廪的围席，会意指向为原因构象——"粮多"。从会意效应构象映射也可以指"仓廪"，譬如，"不实于亶"。因为装粮多而有"厚重实在"的抽象图式，于是映射指"笃厚诚实"。因为苇席加到一定高度运装难度加大，故而又有"疲惫难进"的图式。由此转域，"亶"可以表示"极尽难行"的抽象义。这个意思，以后由转注字"邅"替代。再看以"亶"为声旁构成的衍生字：

1. 颤

《说文》："颤，头不定也。从页，亶声。"抽象义为抖动。亶为苇席续接式的建筑，结构并不结实，因而无论是取粮还是风吹，仓顶和围席都会产生震颤。因"亶"的仓体和仓顶有"抖动"的动变象域，于是由此加"页"旁就衍生出了表示"人头抖动"的"颤"字。

2. 擅

《说文》："擅，专也。从手，亶声。"专，即独揽专断。"亶"为高仓，在收装进程中，苇席要随粮食的增多加高升围，因而有拢揽图式。这个图式通过加"手"旁转域，映射指人的拢揽"专擅"行为。由"专擅"转域于术艺，又引申出了"擅长"的类义。

3. 坛

《说文》："坛，祭场也。从土，亶声。"简单的祭场实际是圈出的一块空地，以后发展为高大的土台，有单层和多层样式。"亶"有圈围升高图式，于是加"土"旁转域便衍生出"坛"字，其构象映指围出的场地或高起的土台。

4. 嬗

《说文》："嬗，缓也。从女，亶声。"缓，在这里不指"慢"，而是指倒手缓劲的意思，用的是元象义，指推针引线、缀连缝补、倒手接续的间停动作。"嬗"的合象指妇女投针引线或倒手做事。"亶仓"装粮多，常常续接围席加高仓体，高仓投粮一般要采取多人传递的方式，所以"亶"有倒手传递投装粮食的动变象域。在"嬗"字中"亶"所表示的是"轮番推让"的抽象图式义，是"禅"的本字。

5. 氊

氊，毛毡。"亶"以席做围，用蒲芦苫顶。羌人用羊毛毡做围以耱鲁苫顶，亶仓与毡房通象。"亶"在"氊"中抽象的指像围席一样的墙围。"毛"具体指墙围的材料，也即毛毡。"氊"是"亶"抽象后又返回到新的具体象域构成的形声字。由此可以看出，形声字的造意思路属于抽象的具体，或称理性具体。而会意字的造意思路属于具体相互作用的抽象。二者在思维方式上有着抽象——具体和具体——抽象的不同模式。

6. 檀

《说文》："檀，木也。从木，亶声。""檀"指檀树，确切的说指青檀树。为了能使种子传播得更远，檀树果实的两边生有翼翅；其形态如同籽实加了环围，这与"仓廪"用席围粮图式相通，二者通过映射可以构成通象。所以"亶"在"檀"字中指檀果围着的翼翅，合象是果实有围挡的树木。

第三节　语象学同语源音韵学的关系

汉语的词象在关联于字象的具体对应形态之外，还有超越字形表征通音字词贯连通象的形态。这种贯连通象属于通音字词更深层次的图式联系，往往拥有更大系联范围的意联统摄力。它不仅可以串联同一个字族的抽象字象联系，而且还可以因语音词象上的关联统摄多个字族的系统意联关系。所以，从字象转移到词象也就等于把对字源孳乳演化的探讨扩展到了语源学和音韵学的领域。

在上一章中，我们曾讨论过语象在语词孳乳中的媒介性作用，其中在很大程度上就涉及了语源学和音韵学问题。这说明语象学不仅可以为语源学和音韵学的研究疏通阻塞开辟道路，还可以为其提供理据性支持和方法性帮助。换言之，语象学对于语源和音韵的研究同样具有原理性和方法性意义。

汉末的刘熙是自觉从语源视角研究汉字关联孳乳的人。他写的《释名》一书在"依声系联，因声训义"方面做了早期探索，以后"声训"成为汉字训诂的重要方法。但汉字不是表音文字，缺乏音韵方面的资料，因此声训一直存在一个是否可靠的问题。虽说反切注音起源于东汉末年，但最早的可靠音韵资料却要从宋人的《广韵》肇始。《广韵》是根据隋代陆法言的《切韵》重修而来，隋代与宋代同属于中古时期，所以《切韵》也并非很古。至于上古时期的语音情况如何，则需要从"直音"、"读若"、"韵文"和"谐声"等疏散的文献资料中寻绎，这样最早可以追溯到《诗经》，而《诗经》距离甲文时代还是有近千年的语音史断档。如此一来，汉语的上古音究竟如何，首先就是一个比文字研究还要复杂而需要探索的问题，所以"依声训义"就逆转回来，成了一个需要通过字义关联来寻绎是否通"声"的问题。音韵的历史演变问题同语源和字源问题密切相关，三者不可能决然分开研究。因为汉字表示词和词义，字有字象与所表词象相通，所以可以通过字象与词象的关联来探寻字词在语源上的关联，同时还可以通过词象关联对通音字词进行系联并由此来核证音韵的演变关联。从这个角度来看，语象学应该能够为汉语语源学和音韵学的研究提供较大的支持和帮助。

一、语象学同语源学的关系

语源学是研究语言中词和词族起源和演变历史过程的一门学问。主要是通过一个语根的发展变化，梳理其孳乳派生逐渐形成词群乃至词族的始末缘由，并由此达成从音义关联上理清语言发展脉络的目的。

一般来看，从语源上研究语词发展的孳乳演化与从字源上探讨文字的衍转脉络在原理上是相通的，二者都离不开认知发展的一般规律，都可以借助语象分析法来展开研究。具体来看，由于把字象分析扩大到词象分析就可以实现字源研究和语源研究的对接，所以语象学不仅是文字学和语源学分别研究的重要媒介，同时也是实现文字学和语源学贯通研究的重要桥梁。

比如，如果我们已经从形声字字形同素和字象关联上考释出了某个字的字源，那么再据以考察通音异形字的词象关联就比较容易找出一个词的词源甚至语源。在"雀、爵、角"的考释中我们采取的正是这种方法。下面再来看几个字例：

（一）久与己

通过前面的字源分析，我们已经知道了"久"的字形元象是"牲股记号"，那么就可以把它和语音相近元象为"墨线记号"的"己"系联起来，从语音词形上来考察一下它们有没有词源上的关联。中古时期，"久"的词形是见母有韵；"己"的词形是见母止韵，二者为声母相同的双声关系，因为两字"记号"的词象是从甲文时期就有的关联，所以就可以认为，"久"与"己"为一源转语的同源词。进一步还可以扩展认为，凡是从"久"和从"己"的字均可能为一源转语词，譬如，从"久"的"灸、玖、疚"和从"己"的"记、纪、忌"。当然，读音不同的会意字不算。

（二）久与九

我们已经清楚了"久"与"九"的字形元象分别是"牲股记号"和"犁尾扶手"，那么把二者系联起来考察就可以发现，"久"和"九"在词象上都可以概括为"终端末尾"这个抽象图式。由于二者有共同的词象图式，又均为见母有韵[1]，属于双声叠韵关系，所以基本可以确定"久"与"九"不仅中古时期是同音字词，甲文时期也是同音字词。换个角度来看，汉语有用字形分化词义的取向，如果抛开字形单从语音上说，基本可以把"久"和"九"看成是一个词形之下的两个义项。但在汉语中，由于有字形做了分化，就只能按两个不同的词来对待了。

（三）九与雀

如果我们调动一下声响意象关联，还可以知道"久"所表示的"给牲股烙记号"的字象中虽然包含"嘶、嘶"的声响意象，但与"久"的读音相去甚远。因此可以认为，"久"与"九"两个词形虽然同源，但都不是语源，语源应该另有源头。"九"的词象为犁把，扶犁与驱牛连象，驱牛喊"告"、驱马喊"加"。由此推源便可以知道"九"的词源不是来自"告"就是来自"加"，因为三者均为双声关系。由于"告"来自"角爵"，"角爵"又来自"雀"，所以"九"和"久"的语源最终应该来自于"雀"。

进一步来看，"九"有衍生字"仇"，群母尤韵。"仇"与"九"的见母有韵属于旁纽同韵，二者通过声纽旁转即可构成转语关系。再进一步来看，"仇"的元象是指驾犁耕地的人；"畴"的词象指带田垄的耕地，所以"仇"和"畴"也属于同源词关系。显然，从"九"到"仇"再到"畴"都属于连象孳乳关系。

由于"仇"从"九"，所以其语源也通"雀"。由于"雀"谐韵通"鸟"，

---

❶ 《词源》上均归入见母有韵。

双声通"隹",所以"仇"与"犨"和"雠"都应该是同源词关系。

以上都属于通过语象关联来考察通音异形字之间的意联关系。一般来说，汉语词汇是用字形表达的，字象和词象密切联系，如果字象清楚，就为考察通音词的语源关系提供了具体而可靠的基础；如果字象不清楚，研究通音词之间的语源关系就成了理据不充分的猜测。

二、语象学同音韵学的关系

音韵学主要是研究古代汉语各个历史时期汉字读音及其变化的学问。研究汉字的语音变迁离不开音义关联，因而语象学可以从语义表征的关联上为音韵学提供理据支持。下面借助字例分析来讨论三个问题，通过这三个问题我们可以来体会一下语象学和音韵学的密切关联。这三个问题分别是：一词多音❶（一字多音）问题、一词多音的语词孳乳问题、以及古汉语是否存在复辅音词（又称复声词）的问题。

（一）一词多音问题

在汉字中，有很多字存在一字多音的情况。一般认为形成这种情况有两方面的原因：一是由于方言读音的渗入所致；二是由于汉语在历史发展中语音演变的不统一所致。其实，如果细加分析还有两种成因：一是有的字词在语源上就有多个读音（一源多词），并在传承上延续了多音并存状态；二是由复声词分化而来，譬如"各"，古读 *klok，所以它在形声字中既表 ke 声（格）又表 luo 声（络）。

语源学认为，"拟声"是早期形成语词音义构成的一大来源。在拟声构词的过程中，由于自然对象的声音多为混杂性的声响，而且又存在不同环节产生不同声响的区别，所以在拟音构词时，就有可能造成一词多音（一源多词），这是客观上的原因。此外，在主观上还有因人而异的听觉造成的拟音差别问题，所以一个语词从语源上就存在一词多音的可能性。我们能够感到汉语的语词有很多起源于拟音，譬如，《诗经》中就包含很多直接从对象声响意象得名的字词，其基本就可以视作现成的语源。比如："坎坎伐檀兮"中的"坎坎"，其实可以通作"砍砍"，就是砍树发出的声响；"凿冰冲冲"中的"冲"，就是冰穿子冲击冰面发出的声响。"区"也属于这样一个语源性字词，而且还是一

---

❶　一词多音是指在无文字时代初拟语词时从一个声响意源同时拟出的多个词音，反映到文字上称一字多音，但从词在字先而言，又不宜称作一字多音，故而比附"一字多音"权且称之为"一词多音"。

个在源出上就有多个读音的字词。下面我们来具体考释一下这个"区"字：

1. "區"的元象义

【按】区：甲文 ⬚ 一期 ⬚ 一期 ⬚ 三期 金文 ⬚ 战国 战国盟书 ⬚

《说文》："區，踦区，藏匿也。从品在匸中。品，众也。"一般都遵从许慎的说法，认为"区"的本义是"藏匿"。但从文献上看，"区"在表示"藏匿"的同时，还有量制名称和"屈生"的意思。

（1）量制名称义

作为量制名称时，"区"读作欧（ou，汉语拼音）。《左传·昭公三年》："齐旧器量：豆、区、釜、钟。"当时，列国的容器量制一般都是三进位制，独有齐国特殊，施行四进位制，即四升为一豆（斗），四豆为一区，以此类推。

（2）屈生义

表屈生义时，"区"读作勾（gou）。《礼记·乐记》："然后草木茂，区萌达。"郑玄注："屈生曰区。"《管子·无形》："然则冰解而冻释，草木区萌。"从两个用例可知，"区"所表示的"屈生"是屈曲屯生之意。

（3）藏匿义

表藏匿义时，区读作欧（ou）。《左传·昭公七年》："作仆区之法。"孔颖达注疏引服虔曰："仆，隐也；区，匿也。为隐亡人之法也。"

显然"区"字在春秋时期表示的并不是一个意思。因此可以说这三个意思都应该是引申义。

"区"是个多音字，除了"欧 ou"、"勾 gou"之外，还有"佝 kou"（蒙昧）、"区 qu"（区分、区处）、"秋 qiu"（藏物处、隐匿）几个读音。

上述几个意思除了量制义之外，概括地说都不离"藏匿"义，但"藏匿"不是元象义，所以只有结合藏匿义从量制上考释元象。从甲文字形看，"区"从三口和乚会意。其中，"乚"表示隐蔽、隐匿。三个口不表"众也"，而是表隐蔽处发出的声音。那么"区"是来自何处之声呢？通过"区"表"量制"单位，并参照"欧、讴"等衍生字的字象基本可以断定，"区"的元象来自用锅煮饭时发出的声响。

除了"锺"是专用量制工具外，与"区"同表量制单位的升、豆和釜都出自食用器具。"升"从盛饭舀汤的"勺斗"演化而来，"豆"为吃饭用的高足碗，"釜"是军用大锅，那么"区"处于"豆碗"与"釜锅"之间，应该就是比"釜锅"小很多的家庭用锅。我们可以通过衍生字进一步验证一下这个推测。

2. "区"的衍生字

（1）瓯

《说文》："瓯，小盆也。从瓦，区声。"从出土文物看，早期的陶器有平底类盆的陶锅，文物界称之为陶釜，但这是后附的现代称谓，上古的称谓应该就是"区"。从"破釜沉舟"的成语来看，金属大锅才称得上是"釜"，所以"区"应该是比"釜"小的普通陶锅。"陶区"在当初应该是大小不等的多用途器具，其中有当锅用的也有当盆用的。由于后来有了"锅、釜"两字，"区"的"锅"义就变成了隐性象义，所以"瓯"字等于是外延缩小了的"区"字。

（2）沤

《说文》："沤，久渍也。从水，区声。"久渍，即用水长期浸泡。"沤"不仅有浸泡的意思，还有捂盖的意思，譬如，"捂汗"又称为"沤汗"。煮饭就是要把米浸泡在锅里盖上盖连沤（熰）带煮，所以可以通过这个词象衍生出"沤"字。从煮饭焖气的词象还可以衍生出"怄"字。"怄"字早期是用"殴"表示的，意思是"怨气"，后来才专门造了"怄"字表示。

（3）殴

《说文》："殴，捶击物也。从殳，区声。"从文献使用上看，"殴"表示的殴击，有连打带骂之意，譬如，"殴击吏卒，所在怨毒"。同时"殴"还通用为"怄"，表示怨怼、晦气之意。这些字象都可以从煮饭闷气和杂响剧烈的意象映射而来。

（4）讴

《说文》："讴，齐歌也。从言区声。"齐歌即众人一起唱歌。煮饭开锅后会连续发出"殴……殴……"的聚合声响，通过这个声响意象的譬喻，再加上用"言"旁标示转域，于是便衍生出了表示众人齐歌的"讴"字。

（5）欧

《说文》："欧，吐也。从欠区声。"这也是从"区"的声响意象映射而来的衍生字，既表示呕吐，又通"讴"表示歌唱，还表示小儿学语欧呀不清的状态；进一步通过声响映射还表示驱赶的"驱"字。

（6）躯

《说文》："躯，体也。从身区声。"身体之意是引申义。"躯"的本义是指肚子，肚子饿了会胀气并发出声响，这与煮饭不仅存在通象关系而且也存在连象关系。以后"躯"由表肚子引申又表"怀孕",进一步才引申表示"躯体"。

(二) 一词多音的语词孳乳问题

通过衍生字的分析基本可以确证,"区"的元象为"用锅煮饭发出的声响"。"区"不仅派生出了大量的衍生字,而且还是汉语重要的语源之一。煮饭是一个事件性过程,开始时锅热水凉发出的声音为"qu…",水开后发出的声音为"ou…",饭接近熟时发出的声音为"qiu…"。当然,如果单纯从音韵上讲,可以说"qiu 秋"是"qu 区"和"ou 欧"的急读合音。其实,由于煮饭发出的声音是杂音,盖着锅和敞着锅听起来也有不同,所以通过不同人可以拟出彼此近似略有区别的多个读音。譬如,除了上面三个读音,"区"还有"勾 gou"、"佝 kou"等整体上类似的读音[1]。

一般而言,煮饭这个事程连同其声音在意识中可以形成多个事节意象。在语词形成过程中,这些事节意象一方面会派生出众多读音的关联语词;另一方面它们会通过不同的角度和方式反映在这些语词的表征语象之中。由于同源,所以"区"的多个读音不仅在所表概念上密切相关,有的甚至还可以交叉互用。从字象上考察就可以发现"区"、"欧"、"秋"除了语音关联,三个字词的字义也都与做饭中的某种析象有关。我们可借助相应词组和通音异形字来探讨一下"区"作为根词的衍转情形。

1. "区区"

区区,表示小少,不值一提。譬如,《左传·襄公十七年》:"宋国区区。"现代也常说"区区小事"。"区区"是从煮饭的声响意象而来。开始煮饭水冷锅热,锅边会形成细小的气泡并发出"区……区"的声响。这种声响连同细小的气泡意象,就是"区区"一词表示"小少"概念的意源。

2. 焌锅

民间口语中,有"焌锅"一词,其实应该就是"区锅"。指的是炒菜之前,把油锅烧热后放入作料翻炒一下然后再放菜的环节。实际上,用油焌锅发出的声响更近于"炝"声,与"区"并不完全一样,所以"焌锅"的概念应该是从开始烧水时的声响意象映射而来。

3. 秋

《说文》"秋,禾谷熟也"。从甲文看表示"庄稼成熟",进一步引申表示

---

❶　所用注音为汉语拼音。

"秋天"。从词形上看，"区"又读溪母尤韵，"秋"为清母尤韵，二者谐声叠韵。从词象上看，"秋"与"区"通象。煮饭接近熟时发出的声音就近于"qiu …"，此外煮饭的结果也是"禾谷熟也"，所以"秋"的词源应该是"区"。如果抛开字形从词形上说，qiu 可以表示成熟、结尾、煴熟、腐烂等词象概念。口语中有"糗饭"的说法，指的是把饭用文火焖熟。严格地讲，"糗"的语典义指干饭，并不表示文火焖饭，文火焖饭的准确写法应该是"煏饭"。当然"干饭"跟"焖煏"在词象上也存在密切关联。

4. 朽、修

"qiu"的词象由熟烂引申而有腐烂的意思。譬如，"朽"，从木从丂。丂即乃，在此表示"风化"。煮烂饭称"qiu 煏"，木风化腐烂则称"xiu 朽"，二者谐声叠韵应为转语。再如，"修"，元象指经过风化腊制的干肉条。从"风化干燥"的词象上讲，"修"与"秋"和"朽"是相通的。从词形上看，"秋"，清母尤韵；"朽"晓母有韵；"修"心母尤韵。三字在词形上应属于声韵通谐关系。

5. "区"的区别义和局域义

"区"的 ou 声来自盖上锅盖煮饭时的声响，因为与遮盖象域连象，因而有隐蔽、藏匿的词象图式。"ou 欧"与"qu 区"虽然是两个词形，但由于出自一源，所以"区 qu"的词形也可以表示从"ou 殴"孳乳来的词象意义。锅里属于一个局部的小空间，盖上锅盖就会同外界分开形成隔绝状态，所以从"ou 殴"的象域孳乳，"qu 区"又有"分别"和"局域"的图式义。譬如，《论语·子张》："譬诸草木，区以别矣。"盖上锅的声响不得伸张畅响，只能憋屈在锅内或从锅盖边缝曲行而出，所以"区"又有"隐蔽屈屯"、"藏身之所"、"蒙昧不开"等词象图式。

6. 驱、去、驶

字词的语形孳乳往往会因字象与词象的错落性耦合而出现不同词源交叠的现象。这是由不同步出现的语词和文字在历史演化中发生交叉孳乳造成的，其中有一部分词源交叉现象是由于近源和远源的区别造成的。譬如，"驱"在词源上通"去"，但其字形和词形又都通"区"，这种情形就属于字源和词源上的错落性耦合现象。当然这是从近源性的词源上来看的，如果从远源性的语源上来看的话，这种错落性耦合现象有些是可以消弭的。比如，"区"和"去"，在语象上二者也是存在同源关系的。一般而言，驱离义和驱赶义通象。实际中，人在近距离对个体的人或家畜进行驱赶时往往发"去"的语声，而在远距离对成群的禽类进行驱赶时则往往发"ou－shi 欧驶"的语声。从词形和词象上看，能够统摄这些音义内涵的恰恰也是"区"字。在"区"的语象中，当蒸汽从孔隙喷溢时其发出的往往就是"嘶……嘶"或"驶……驶"的声音，如果再加上开锅"欧……欧"的声音，那么就可以构拟出"欧驶、欧驶"的语声，而同这种语声相伴随的一是蒸汽溢出后离去的意象；二是去除或移动锅盖使其行气舒畅的意象。所以，"去"和"驶"的语源应该也来自于"区"。

从"区"字多音多义的纠结上，我们能够感到语源流变的复杂性，而借助语象分析，显然对理清语词多音多义错综复杂的衍转流变关系会大有助益。

（三）古汉语的复辅音问题

在古汉语中，是否存在复辅音词也是学界争议的一大问题。从大量存在非双声连绵词的情况来看，古汉语应该是存在复声词的。另外，从形声字的声符多音上也能看到古汉语中复声词的影子。确认这一点不仅涉及词源的考训，同样也涉及字源的考训。

从复声词的分化孳乳拓宽思路，有助于我们破解一些难解字形的元象谜团。譬如，"卯"这个字形既简单又抽象，元象本义为何，说法虽多，但一直模糊不清。

《说文》："卯，冒也。二月万物冒地而出，像开门之形，故二月为天门。"许慎认为"卯"是一种开春的物象，即动植物从蛰伏状态复苏活跃之象。王国维从"卜辞"上"卯一牛"的用法上认为"卯"为"刘"的初文，意思为"杀"，陈直也持王国维同样的看法❶。还有人从"卯"的字形像"剖瓜"形解释为"剖"❷。应该说，不管是"卜辞"用例，还是因形索义，都属于旁证不足的孤立说法，不一定可靠。下面我们通过语象原理和复声词迹象综合分析一下"卯"的元象本义究竟为何。

【按】卯：甲文 卯 一期、五期　　金文 卯 商　　卯 西周晚期　　卯，卯 古 卯

"卯"有榫卯、铆接、地支第四位、点卯等语用义。有贸、茆、峁、昴、刘、留、柳、聊、卵等衍生字。

如果"卯"的元象义为"杀"或"剖"，那么除了"刘"和"留"两字

---

❶ 邹晓丽. 基础汉字形义释源［M］. 北京：中华书局，2007.

❷ 谷衍奎. 汉字源流字典［M］. 北京：语文出版社，2008.

勉强可以和"卯"关联外，其他字则很难从语义上找到同"卯"的意联关系。细加观察可以发现，这些从"卯"得音的字如果抛开韵部从声部上看非常有规律性，即不是从明母（m），就是从来母（l）。那么我们就可以设想，"卯"在上古时期很可能是一个复声词，在以后的演化中才逐渐分化为声母从 m 和 l 两个系列的衍生字词。对于这个复声词的语音形式，我们姑且把它概括为 m - l - 结构（或 ml - 结构）。由此进一步联系可以发现，连绵词"牡蛎"和"茉莉"的声母构成都属于 m - l - 结构。从孳乳规律上讲，如果"卯"在上古也是一个 m - l - 结构的复声词，那么它在词象上应该同"牡蛎"或"茉莉"存在某种关联。下面编辑两条资料，具体从"牡蛎"和"茉莉"的元象特征先来看看 m - l - 结构，然后再看看其与"卯"的关联。先看牡蛎与茉莉的关联：

1. 牡蛎和茉莉的关联

（1）牡蛎

牡蛎，属牡蛎科。一种双壳类软体动物，分布于温带和热带海岸、江河、沼泽水域。中国陆地产有近江牡蛎，为卵圆形、三角形和长圆形不等。幼为游体，成体壳色有紫色或灰紫色，壳内肉体为白色。壳面生有缘膜，喜附着于礁石、枝权上聚集而生，利用这种攀附性可采取插枝方法捕捞，现代沿海多采取插枝方法养殖。"牡蛎"又称生蚝。可食用亦可入药。《神农本草经》："牡蛎味咸平，一名牡蛎，生泽地。"

（2）茉莉

茉莉，为木樨科素馨属常绿灌木或藤本植物的统称。直立丛生或攀援灌木，小枝圆柱形或稍压扁状，有时中空，疏被柔毛。叶对生，叶片蜡质，有圆形、椭圆形、卵状椭圆形或倒卵形，两端圆或钝。聚伞花序顶生，通常有花 3 朵，有时单花或多达 5 朵；花冠白色，裂片长圆形至近圆形，宽 5～9 毫米，先端圆或钝。果球形，有紫黑色和青黄色。繁殖多用扦插，也可压条或分株。茉莉花原产于中国江南地区以及西部地区，一说原产于印度，中国早已引种，并广泛地种植。在素馨属中，最著名的一种是双瓣茉莉，也就是人们俗称的茉莉花。可以用来食用，一般用于花茶的制作。

从"牡蛎"可以抽象出这样几个性征析象：其一，外形为卵圆形、三角形、长圆形，小枝扁圆中空且疏披柔毛。其二，壳色为紫色或灰紫色，肉色为白色。其三，有攀附礁石和树枝，聚集丛生的习性。

从"茉莉"可以抽象出如下一些特征析象：其一，直立或攀援灌木，叶片有圆形、椭圆形、长圆形或倒卵形。其二，叶对生，疏被柔毛。聚伞花序顶生，花冠白色，裂片长圆形至近圆形。果球形，呈紫黑色。繁育多用扦插，也可压条或分株。

可以看出，"牡蛎"与"茉莉"有很多共性特征。首先，二者都有卵圆形或长圆形的概象。其次，牡蛎壳为紫色和灰紫色，肉质为白色；茉莉花为白色，果实为紫黑色；再次，二者都有丛聚或攀附概象，牡蛎可插枝采集或养殖，茉莉可扦插繁育。

显然，"牡蛎"与"茉莉"可以通过多象映射形成语词孳乳关联。从需要的发展规律上来看，人的认知一般是关注"牡蛎"在先、关注"茉莉"在后，所以从孳乳关系而言"茉莉"应该是从"牡蛎"转语而来。

2. 牡蛎和"卯"的关联

再看"牡蛎"和"卯"的关系。因为不能直接比较，我们先从"卯"的衍生字来考察。

（1）贸

《说文》："贸，易财也。从贝，卯声。"元象义指交换财物。古代交换多以贝壳为货币，采取集市交易形式，所以"贸"的构造应该是从贝币和集市聚集取象而来。这从"贸"的引申义上可以得到佐证："贸"有引申义指"杂乱"，集市上熙熙攘攘，有杂乱概象；"贸"还有冒昧义，集市交易人与人不必相识便可以不识而接相互交换，不识而接也就是冒昧交往的意思。此外"贸"还有对等、谋利（牟）、变易等引申义，也都可以从集市交易中得到疏解。

"贝"在字形构造中一般代表货币，也可以代表财物。从形声字两个字素的构成规律而言，如果"贝"在"贸"字中代表的是货币和财物的话，那么"卯"在"贸"字中代表的就应该是"聚集"义。从字象而言，"卯"的"聚集义"应该来自其元象的"聚集"析象，而这个析象恰好与"牡蛎"喜好聚集于礁石和攀附于枝杈的概象正好相通，因此可以推测，"卯"的元象可能来自牡蛎。

从语象原理上来说，一般有一个意象结构相通或相连即可以构成意联关系。不过为了使旁证更充实一些，我们再多看几个和"卯"相关的衍生字。

（2）茆

《说文》："茆，凫葵也。从艸，卯声。"元象指凫葵，即莼菜。多年生水草，根茎横卧水底，叶子椭圆形，浮在水面，花紫红色，嫩叶可做羹。

显然，"茆"也有多个字象与牡蛎通象：牡蛎的壳体为紫色长圆形（椭圆），"茆"的叶子为椭圆形，花为紫红色。二者同为水生，属于多象相通。因此，"茆"可以从"牡蛎"映射孳乳而来。再从字形上看，"茆"从艸，代表它是一种植物，那么"卯"在"茆"中应该表示这种植物的概象特征，而这种概象特征也就是可以与"茆"构成通象映射关系的牡蛎的特征。

（3）柳

《说文》："柳，小杨也。从木，卯声。"元象指柳树。柳树，落叶乔木和灌木，多生于水边。其枝条萌芽为苞突状，而且易结一种青果形的卵瘤。由此而言，"柳"的合象义可以解释成枝条附着芽孢和卵囊的树。按形声字构造规律，如果形旁"木"表树的话，那么声旁"卯"应该表树的特征。也就是说，"卯"在"柳"中表示枝条附着芽苞和卵囊的特征，而这个特征正与牡蛎附枝的概象相通。

综合上述衍生字例的情况可知，"卯"的元象有聚集、紫色、卵圆形和水生等特征，这些特征都与"牡蛎"的词象特征相一致。而"卯"之衍生字的声母又都是非 m 即 l，也符合"牡蛎"所从的 m－l－结构。由此可以推断"卯"的元象就是从"牡蛎"而来。

现在回过头来再审视甲文字形便容易看出，"卯"的构造系从插枝采集牡蛎之象而来。中间的两"｜"为采集牡蛎所插的木枝，木枝左右两边的三角形（甲文）或半圆形构造（金文）实为三角牡蛎或卵圆形牡蛎的象形。

3. "卯"与"卵"和"丱"的关联

从牡蛎和"卯"的关系还可以知道，"卵"和"丱"都是从"卯"而来的转文。

（1）卵

"卵"是在"卯"两边的卵圆形构造中加了两个"丶"，这两个"点"可以从指事凸显上理解为像"牡蛎"形状之物——"蛋"；也可以从会意角度把"卵"理解为"聚集"或"附着"。如果把"点"理解为"虫卵"，那么，"卵"的会意构象就是指"聚集或附着在枝叶上的虫卵"，其中"卵"也兼指性状。

（2）丱

《说文》："丱，古文矿。"《广韵·谏》："丱，总角也。"也就是说，在古代"丱"既表"矿"，又表示头上所梳的像角一样的发型。角式发型有两种：一是成年妇女所梳的两角式发型；另一种是"幼儿"所梳的抓髻。应该说，这三个词象都可以从"卯"得到疏解。

先说"矿"，牡蛎的外形有三角形、卵圆形等多种形状，颜色为紫色或灰紫色，其与矿石的形色可以构成概象映射，故而"茻"从"卵"转文可表示矿石。

再说"茻"表两角发型或抓髻：其一，游牧时代，人们出于对生活所需对象的心理崇拜往往会模仿牛羊的形态把自己的头发梳成或缠成类角形。类角形是个总的概象，其实有的近似于三角形，有的近似于卵圆形，也就是后来的两髻形。附着在头顶上的两髻式发型与三角形和卵圆形的牡蛎在概象上相通，又都有附着析象，于是二者便在语词上形成了映射孳乳。其二，小孩子梳的抓髻，是把头发分成两束然后用绳缠成两个疙瘩束结。这样束结的抓髻同牡蛎附枝的概象相通，通过映射便能构成通象孳乳。所以"茻"可以因通象相似既表"矿石"又表示两角形发髻，这在语象孳乳上是常见情形，属于一象多域孳乳。

关于"茻"，还有一个问题需要厘清，即"茻"的语音词形和 m－l－结构的关系问题。"茻"的词形为见母，阳韵，上声或溪母，阳韵，去声，声母拟构为 k 或者 k′，这里就存在着一个"卵"的词形如何从 m－l－结构关联到"茻"的问题。另外，上面我们虽然推导出了"茉莉"和"卵"在近缘上都是从"牡蛎"的词形孳乳而来，但是还不知道"牡蛎"的语源从何而来。由于"茻"和"牡蛎"的这两个语源问题相关，所以可以一并讨论。一般来说，一个语词往往存在着多种语源的可能途径，下面我们试着从三个角度来为"茻"和"牡蛎"的语词做一下推源。

其一，m－l－结构是通过间接关系从 k－l 结构转语而来。按任继昉先生的研究，在长沙马王堆汉墓出土文献中有"卵一筒"的语句，其中的"卵"写成"茻"，这说明"茻"通"卵"，其声母除了 k′外还可从 l，所以"茻"的原生词形可以归为 k′－l－结构的复辅音词形。

其与"卵"的语音演化关系为：

由此我们进一步推测，由于 m－l－结构和 k′－l－结构之中都有 l，所以 m－l－和 k′－l－结构通过 l 这个交集形成了转语孳乳。另外，从转语关系上看，k′－l－结构与 p－l－结构相通，而 p－l－结构中的 p 又与 m 互为旁纽，k′和 m 可以通

---

❶　任继昉. 汉语语源学［M］. 重庆：重庆出版社，2004：185. 字母为国际音标。

过 p 构成间接旁转关系,所以 m – l – 结构便可以通过 p – l – 结构从 k – l – 结构间接转语而来。k – l – 结构的典型语词是"骨碌",一般表示类圆形的物体,而"牡蛎"在概象上恰好就是卵圆形。同时,与牡蛎同类的还有属于 k – l – 结构的"蛤蜊"一词,所以"牡蛎"完全可以从"骨碌"这个语源演化而来。

其二,m – l – 结构直接可以从实际声响的拟声而来。在人们采集牡蛎的腾倒过程中,牡蛎是可以发出声响的,其大者发出的声响近乎于"木",小者发出的声响近乎于"沥",因为大小混杂所以在撷取语音时就模拟成了 m – l – 结构。(木的上古音读若 * mluk,也属于 m – l – 结构,应该也是通过析象映射从牡蛎而来。)

其三,m – l – 结构从明母与来母复合而来。一般认为,明母可以表明暗貌,来母可以表迁延貌。牡蛎居于水中,外壳呈暗褐色,其肉质呈明亮色,捕捞时往往又有抽取枝条的牵拉貌,于是人们根据这些特征便用明母和来母复合起来构成了牡蛎一词。

4. 卯与同素字的关联

基本确定"卯"的元象为牡蛎之后,我们再来验证一下这个元象对于以"卯"为字素的衍生字是否具有统摄力。

(1)留

"留,从田,卯声。"元象指把收割后的谷草垛在田里,"卯"在其中表示聚集、堆垛。从一般经验上论,在田里最有可能堆垛的东西就是脱粒后的谷草。谷草并非没用的东西,它可以作为饲料,也可以当柴烧,所以有必要打垛保存。有时为了防雨,上面还要加上草顶,做成一个草庐的形状。在堆积草垛这个词象上"留"可以孳乳出"累"——积累、"磊"——堆石、"摞"——叠放、"类"——聚合等谐声词。草垛只是个由以象征指向意义的借象,所以"留"的本义并不实指草垛,而是指停放、存留等抽象义,引申指遗留、传下。"留"的衍生字有"溜",这是从草垛的伞顶可以散雨和谷草容易下滑的图式而来。相对于"卯"而言,"存留"和"滑动"是两个新词象,是"卯"孳乳到"留"之后增生出来的差象。从差象孳乳而来的"溜",只有通过"留"这个转意基才能与"卯"形成间接意联关系。从"溜"这个词象,还可以孳乳出"流",指水顺着一定基面流动。

(2)聊

"聊,耳鸣也。从耳,卯声。"《说文》解释为耳鸣。引申指依赖、赖以消遣、闲谈等义。耳朵附着在脑袋的两侧，概象类似长圆形。所以"卯"在"聊"中象征耳朵的长圆形和其附着于头两侧的概象。

（3）劉

劉，又作"镏"。《说文》："镏，杀也。从金，留声。"《玉篇·金部》："镏，古劉字。"《尔雅·释诂上》："劉，杀也。""镏"是"劉"的后起字。大概许慎为避讳汉代皇姓写"劉"为"镏"。综合三者所说，都认为"劉"的本义为"杀"。"劉"在甲骨卜辞中作卯，"卯"虽然有"杀"义，但不是简单的"杀"或"剖"。在《卜辞》中，有"卯牛、卯羊"的说法，也有"物牛、物羊"的说法。在甲文时代，"卯"和"物"属于相对区别的两种杀祭方式。"物"在卜辞中作动词，表示杀牛献祭，指把活牛杀解后献祭。"卯牛"不是杀解活牛生祭，而是在祭祀之前先要把牛宰好，然后再拼合成一定形制钉在或绑在木架上献祭。"卯杀"献祭，又有生、熟两种形式，一是把宰好的牛先分解做熟，而后再拼合在木架上献祭，这种方式类似于"牺"所表示的内涵；二是宰好后不做熟，直接拼合在木架上献祭，这种方式类似于"牲"所表示的内涵。现代在南方客家人的祭祀中仍然保留着这种献祭方式。"卯"有附着、堆聚，铺陈、拼合（铆接）等析象义，其实都是从牡蛎攀附于礁石或木枝的图式析解而来，所以"卯牛"之"卯"虽可以从剖解牡蛎析象析解出"杀"和"剖"义，但主要还是从牡蛎附着堆聚的习性析象取义，而兵刃、掳掠、杀伐等引申义则应该是以"卯牛"为转意基间接映射而来。

在甲文时代，祭祀是国家大事。"卯牛"是一种技术活，需要有专业职官负责此类事宜。这种职官先期也称"卯"，在"卯"转作地支用词和意义增多后才改称"劉"。"劉"相当于后世的"御厨"，"劉"平常为"君王"备膳，在祭祀时则为"天帝"备膳。《史记·夏本纪》有一则劉累屠龙的传说：说夏代有一个荒淫君主叫孔甲。有一天天上突然降下一对龙，孔甲不知如何喂养它们，这时有人自荐表示愿意帮孔甲养龙，于是孔甲便赐他称御龙氏，让他负责养龙。可是有一天雌龙突然死了，御龙氏便把死龙做成肉羹送给孔甲吃，孔甲吃后觉得非常好吃，还想再吃。御龙氏想到还只剩一条龙，难以连续满足孔甲的食欲，于是就逃走了。御龙氏为了避免孔甲追捕，便改名称作劉累（刘和累在词形和词象上都通卯）。劉累改名有从杀取义的内涵，但这个"杀"显然与刘累屠龙为厨的事情密切相关。❶ 传说往往对事实有某种扭曲性表述，但绝不应该认为是无稽之谈，在一定程度上它曲折的反映了"刘"起源于御厨职官的名称。古人有以职为氏的习惯，所以，可以推测"刘"应该是从"卯"的职官名称转语而来。

（4）昴

《说文》："昴，白虎星宿。从日，卯声。"元象指星宿。即西方白虎七星的第四宿。"卯"在"昴"中表示集群丛聚概象。

（5）峁

"峁，从山，卯声。"西北方言用字，指顶部浑圆坡度较陡的高大土丘。"卯"从卵圆形概象在"峁"中表示浑元的丘顶。

从"卯"与其衍生字在字形和字象的关联上可以进一步确证，"卯"的元象就是牡蛎。上面我们已经附带着从"留"引出了一些通音词的孳乳，下面我们再扩展一下，看看直接从"卯"的牡蛎元象能不能统摄一些通音字词的孳乳。

5. "卯"与通音字的关联

（1）美 【按】甲文𦬺三期 𦫳三期 金文𦬺西周早期

《说文》解释"美"为味美："美，甘也。从羊、大。"从羊肥大解释成味美不准确。在字形构造中，"大"应按人理解，"羊"应按发型理解。其实"美"同"芈"一样，都是从两髻式发型形成的指向意义，不过其侧重角度不同。"芈"为名词，其指向意义侧重于发型本身；"美"为形容词，其指向意义侧重于发型给人带来的意象感受——光鲜、丰美、漂亮。

（2）每、诲、敏、繁、梅、晦、海

从"美"的发型元象可以映射出丰满、繁茂之意。从这个词象出发，"美"在字形上又分化孳乳出了"每"字。不过"每"所象征的发型不再是两髻式，而是高大蓊郁的云髻，这一点可以由"每"从母、从屮的字形构造上体会出来。"屮"象征的是"母"在云髻上所插的头饰，其指向意义为繁盛丰茂。因为梳理云髻比较繁琐，要一件一件簪插头饰，由此便孳乳出了表示"逐一"的引申义和表示"逐一言之"的"诲"字。由于梳头是每天经常做的事情，所以梳发插簪的动作非常熟练，于是从"每"又析解出了"麻邻"❷

---

❶ 何崝：《"刘"姓和屠龙的故事》. 刘志基. 字脉 [M]. 上海：上海锦绣文章出版社，2009：27.
❷ 麻利的词象本从收取牡蛎的动作象域直接转映而来，这里从语象耦合而论归为梳头的动作。

（又作麻利）析象，加上偏旁"攴"就构成了"敏"字（麻邻急读即敏）。梳成的云髻缤纷华茂，于是又孳乳出了"繁"和"梅"字；高耸的云髻有荫蔽析象，于是加日旁又衍生出了"晦"字。由词象"晦暗不明"，"晦"又孳乳出了"海"字。《广雅·释水》："海，晦也。"《孝经》疏引《尔雅》孙注："海者，晦晦无知也。"其实"每"孳乳出"海"未必非要经过"晦"。"海"的构象是天际之水的意思，"每"的元象云髻正是人的顶端尽头，而人的头顶本就称"天"，所以"每"本身就可作为"天尽头"的喻象，加上水旁直接就可以会意出"天际之水"的意思。

（3）丽（麗）【按】甲文 金文

"丽"，甲文字形上从二每，下从一鹿。其会意结构同"美"的造意表现手法相同。"丽"的元象突出的是枝杈交错的鹿角，这在抽象图式上同"美"的两髻式发型属于同构，但其指向义同"美"相比，既有一致之处又有所区别。一致之处在于"丽"也表示"华美"，区别之处在于，"丽"的引申义为成对、相伴、匹配、附着等义。一般容易把"美丽"算作复合词，然而从词象上分析，"美丽"应该是从"牡蛎"孳乳而来的连绵词。

（4）冒

"冒，从冃，从目会意。"冃，元象指折巾缝成的方角帽。由帽子的功能析象通过连象转代，便可以孳乳出字义为覆盖和顶着的"冒"字。"冒"与"牡蛎"在"附着"图式上相通，通过抽象和跨域映射，在析解"牡蛎"词形的基础上可以孳乳出"冒"的词形。

（5）矛

附着析象的相对词象为"组合"析象，由此"卯"可以孳乳出"矛"。"矛"，字形为象形。早期的"矛"是把带有尖刃的锐石夹在劈开木棍的一端捆绑而成，所以"矛"有附着组合的结构析象，这个词象与"卯"的附着、拼合析象通象，所以"卯"可以孳乳出"矛"。

（6）茅

"矛"在字形和词形上都通"茅"。茅，元象指覆盖在屋顶上的茅草。可以从"矛"的顶端复合词象上孳乳而成，也可以从"卯"的附着词象孳乳而成，还可以从"冃"的覆盖词象孳乳而成，全都能讲通。

（7）毛、蟊

从附着析象，"卯"可以孳乳出"毛"。毛。元象指动物体表的纤丝。成语"皮之不存，毛将附焉"清楚道出了"毛"与"卯"的意联关系。也就是说，"毛"是从"卯"的附着图式孳乳而来。

从牡蛎附着或依附的词象"卯"还可以孳乳出"隶"（附属）。

"毛"有衍生字为"蚝"。"蚝"是牡蛎的别称，"毛"在构造中表示附着，概念合成为"有附着习性的甲虫"。这又从一个侧面证明了"卯"的字形和字象均来自于"牡蛎附枝"的形象。

从附着词象孳乳的字词还有"蟊"。"蟊"，树虫。从"蟊"附着于树体和潜行侧啮的词象又可以孳乳出"贼"。

（8）茂、林、邻

"茂"和"林"，同"卯"在抽象图式上通象，但在具体字象和词象上却不一致。"茂"从戊除草，映指草茂盛。"林"从二木会意，构象为树木丛聚。"卯"从牡蛎会聚和插枝"林立"的概象可以析解出茂盛和丛聚两个图式，从这两个图式映射转域便可以孳乳出"茂"和"林"。由"林"还可以孳乳出"邻"、"廪"、"檁"等字词。

此外，"卯"还可以从枝条密集词象孳乳出秘、密、篱；从插枝分疏析象孳乳出"离（疏离）"、"耒"、"力"、"犁"；从牡蛎白色内瓢概象孳乳出"米"和"糸"，进一步从"米"聚难分形数和磷光闪烁的图式还可以孳乳出"迷离""陆离"，等等。

（9）李、栗、荔

"李"，元象指李树及其果实。李子为紫红色或黑紫色圆形果实，牡蛎为紫色或灰紫色卵圆形状，二者经过通象映射便可以形成词形上的孳乳。从紫色绛紫色"卯"又可以同"栗"和"荔"构成通象孳乳。

（10）理、历、利

采集、剥离，剖解牡蛎属于一种打理过程；而且牡蛎的外壳带有纹理，由此析解可以映射出"理"字以及"料、凌、乱"三个字词。进一步来看，采集"牡蛎"需要对其附着物一一查看，由此可以孳乳出"历"、"履"、"旅"；收集牡蛎需要用手或刀将其从附着的枝条或石块上一一捋下或铲下，这又可以孳乳出"屡、缕、率、滤"等字词。用刀分取附着牡蛎，等于让刀贴着石块或枝条蹭，由此又可以孳乳出"厉、砺、麻（劈麻）利、吏"等字词。

（11）六、庐、陆

由"卯"孳乳出的"留"可以从词象上进一步孳乳出"六"、"庐"和

"陆"。"六"从"留"孳乳而来,"留"从"聚集谷草"会意,元象义指保
留、停留;"六"为象形,元象义本指"谷草垛";二者连象,但所表的指向
义不同。"六"的字形似无门草庐,于是有观点认为其本义指草屋。从词象上
看"六"的元象并非指草屋而是指草垛。指草屋的衍生字为"庐",而"庐"
又是从"六"孳乳而来,这从"六"有苫草、高叠、积累、数字六的意思可
以体会出来。"六"由高叠词象可以孳乳出"坴"。"坴"元象指建在高基上的
台亭,台亭视野开阔,便于观赏景色察看动静,于是衍生有"睦"字,表示
目及可盼的析象义;由"坴"加"阜"旁孳乳有"陆"字。陆,元象指亭台
连接地面的斜阶坡梯。高耸的亭台在商代属于时尚,斜阶上常常是人上人下,
光影憧憧,所以又衍生有连绵词"陆续"和"陆离"。以后,"陆"由指坡梯
进一步兼指亭台,进一步引申才转指高地和陆地。

从"牡蛎"衍生的字词应该还不止这些,譬如,"眉"(附着在眼目上的
短毛)、"枚"(衔在口中的木签)、蠡(牡蛎壳)也应该属于从"牡蛎"孳乳
出来的字词。

以上我们分析了不少字例,一方面,是为了通过语象分析来证明"卯"
的字形为"牡蛎附枝";另一方面,也是想通过牡蛎这个复声词的演化来说明
语象学对于音韵学不仅具有媒介性意义,同时还有题引问题的方法性意义。比
如,在分析"卯"的孳乳过程中,就引出了两个音韵学方面的问题:

其一,复辅音声母如何衍转的问题。比如,k-l-结构是通过交集声母 l
直接转到 m-l-结构的,还是通过 p-l-过渡间接转到 m-l-的?这应该是
音韵学以往涉及不多的问题,因此很值得研究。

其二,声母和韵母切合孳乳的问题。从"卝"的词形构成中可以发现:
其声母所从的复辅音 k'-l 结构,有圆结的析象;其韵部所从的阳韵,又有
"高扬"的析象。一般从阳韵的字词都有"高扬"词象,譬如,"上"、"尚"、
"央"、"亢",而"卝"的"总角"词象恰好既有圆结析象又有高扬析象。显
然,这里就提出了一个汉语是否存在语词切合孳乳的问题。语词切合孳乳就是
指一种同时考虑声部和韵部音义关联的复合性语词孳乳。

总之,在语词孳乳上,汉语所凭借的也许并非仅是双声叠韵和旁对转关
系,可能还存在着分解重组及语词切合等多种孳乳情况。当然,这里我们只是
就事论事地提出问题而不是解决问题,为的还是说明语象学不仅可以为音韵学
提供方法性支持,而且还能通过拓展问题空间来推动音韵学的深化发展。

参考书目

[1] 邹晓丽. 基础汉字形义释源 [M]. 北京：中华书局，2007.

[2] 裘锡圭. 文字学概要 [M]. 北京：商务印书馆，1988.

[3] 左民安. 细说汉字 [M]. 北京：九州出版社，2005.

[4] 李福印. 认知语言学概论 [M]. 北京：北京大学出版社，2008.

[5] 孙亚. 语用和认知概论 [M]. 北京：北京大学出版社，2008.

[6] 任继昉. 汉语语源学 [M]. 重庆：重庆出版社，2004.

[7] 殷寄明. 说文解字精读 [M]. 上海：复旦大学出版社，2011.

[8] 谷衍奎. 汉字源流字典 [M]. 北京：语文出版社，2008.

[9] 唐作藩. 音韵学教程 [M]. 北京：北京大学出版社，2002.

[10] 唐作藩. 上古音手册 [M]. 北京：中华书局，2013.

[11] 《辞源》（修订本），北京：商务印书馆，1980.

[12] 刘志基. 字脉 [M]. 上海：上海锦绣文章出版社，2009.